GENSCHOREK

CARL GUSTAV CARUS

Humanisten der Tat

Hervorragende Ärzte im Dienste des Menschen

Herausgegeben von Wolfgang Genschorek und Albrecht Gläser

Carl Gustav Carus

Arzt · Künstler · Naturforscher

VON DR. WOLFGANG GENSCHOREK

Mit 128, zum Teil farbigen Abbildungen

1986

S. HIRZEL VERLAG LEIPZIG

BSB B. G. TEUBNER VERLAGSGESELLSCHAFT

Genschorek, Wolfgang:
Carl Gustav Carus : Arzt, Künstler, Naturforscher /
Wolfgang Genschorek. – 4. Aufl. – Leipzig : Hirzel :
BSB Teubner, 1986.
(Humanisten der Tat)

ISBN 3-7401-0052-4

© S. Hirzel Verlag Leipzig, 1978
4. Auflage
VLN 267 · 245/9/86 · LSV 2008
Gesamtgestaltung: Egon Hunger, Leipzig
Gesamtherstellung: INTERDRUCK Graphischer Großbetrieb
Leipzig, Betrieb der ausgezeichneten Qualitätsarbeit, III/18/97
Bestell-Nr.: 796 790 5
01400

Inhaltsverzeichnis

Vorwort 7

Kindheit und Jugendjahre 11

Frühe Kindheit 11
Besuch der Thomasschule 14
Eine neue Welt wird erschlossen 17
Mit Pinsel und Zeichenstift 20
Wechsel zur Medizin 21
In den Krankensälen von St. Jakob 25

Beginn der ärztlichen Tätigkeit 29

Im Militärhospital 29
Augenzeuge der Völkerschlacht 35
Zeit des Suchens 37
Verheißungsvolle Angebote 42

An der medizinisch-chirurgischen Akademie 45

Mit 25 Jahren Professor 45
Debüt als Wissenschaftler und Künstler 48
Neue und alte Freunde 57
Verdiente Ferienreise 68
Freundschaft mit Caspar David Friedrich 71
Blicke hinter höfische Kulissen 75
Wegbereiter der Gynäkologie 77
Ein glückliches Jahr 80
Begegnung mit Goethe 82
Das Mittelmeer ist eine Reise wert 86
Mitbegründer der Gesellschaft deutscher Naturforscher und Ärzte 91
Einheit von Theorie und Praxis 95
Erste internationale Anerkennung 100
Dialektische Naturbetrachtung 101
Briefe über Landschaftsmalerei 114
Neue wissenschaftliche Erfolge 124

Als Leibarzt am sächsischen Hofe 131

Etikette und Zeremoniell 131
Irrtümer und Erkenntnisse 134
Reise durch Deutschland, Italien und die Schweiz 138
Beeinflußt von der Volksbewegung 144
Villa Cara 154
Paris und die Rheingegenden 160
Kunst des Übergangs 163
Zweifel und Widersprüche 170
Wissenschaft und Poesie 174
Leitbild Goethe 176
In England und Schottland 183
Familienleben und Zeitereignisse 188
Von der menschlichen Psyche 190
Revolution und Gegenrevolution 194
Ärztliche Hilfe für alle 203
Vor neuen Aufgaben 208
Schritte zur Menschenkenntnis 215

Die letzte Wegstrecke 220

Mit polemischer Schärfe 220
Reiche Erfahrungen des Lebens und der ärztlichen Praxis . . 223
Hohe Ehrungen im Alter 228
Alterswerke 232
Einsames Ende 339
Fazit 243

Zitatnachweis 246
Literaturauswahl 258
Personenregister 261

Vorwort

»Ehrfurcht und Liebe waren die Pole seines Lebens«, bemerkte Ferdinand Sauerbruch in einer Gedenkrede über Carl Gustav Carus. Er charakterisierte damit treffend dessen Leben, Wirken und Streben, das stets im Zeichen der Verwirklichung seiner von der deutschen Klassik geprägten bürgerlichen Humanitätsideale stand.

Alles zu tun zum Wohle der Menschen und für den Fortschritt der Wissenschaft, war die erklärte Leidenschaft des Arztes Carus, der als Gynäkologe, Anatom, Pathologe und Psychologe Bedeutendes leistete. Doch er blieb nicht nur Arzt. Er wirkte zugleich als Naturwissenschaftler, der mit seinen Forschungen dazu beitrug, das in feudalideologischen Glaubensdogmen erstarrte naturwissenschaftliche Weltbild zu überwinden, und der den Entwicklungsgedanken förderte.

Bei Carus verband sich die exakte wissenschaftliche Forschung mit aktivem künstlerischem Wirken. Diese sich ergänzende und einander positiv beeinflussende Vielfalt seines Schaffens sollen charakterisiert und dabei der Lebensweg dieses universellen Geistes und Zeitgenossen Goethes dargestellt werden.

So weit sich sein Tätigkeitsfeld erstreckte, so groß ist auch die Zahl der bedeutenden Persönlichkeiten, mit denen Carus in Freundschaft und schöpferischem Gedankenaustausch verbunden war. Allen voran sind zu nennen Johann Wolfgang Goethe, Alexander von Humboldt und Caspar David Friedrich.

Carus' Leben verlief nicht konfliktlos. Seine spätere enge berufliche Bindung an den Dresdner Hof prägte die von widersprüchlicher kleinbürgerlicher Labilität gekennzeichnete Haltung in politischen Fragen, vor allem gegenüber der bürgerlich-demokratischen Revolution.

Dennoch verstand er es, seine Funktion als Leibarzt dreier sächsischer Könige in den Dienst der Durchsetzung demokratischer gesundheitspolitischer Ziele zu stellen. Mit Lorenz Oken begründete er die »Gesellschaft Deutscher Naturforscher und Ärzte« und schuf damit eine antifeudale wissenschaftliche bürgerliche Klassenorganisation, der er in seiner Rede »Von den Anforderungen an eine künftige Naturwissenschaft« zugleich ein erkenntnisförderndes Programm gab. Carus erweist sich mit seinem Werk, seiner vielseitigen Bildung und musischen Aktivität als Vorbild. »Nicht auf blutigen Feldern des Todes, sondern auf palmenreichen Gefilden wechselseitig sich unterstützender und kräftigender Nationen« zu wirken, erklärte er zum Ziel der Menschheit, die dadurch »von Irrsal, Lüge und moralischer Verderbtheit«, befreit und für die »Entdeckung neuer großer Wahrheiten der Wissenschaft und rastlos fortschreitenden Sieg alles Rechten, Guten und Edlen im Leben« mobilisiert werden könnte.

So steht Carl Gustav Carus würdig neben Robert Koch, Christoph Wilhelm Hufeland, Ignaz Ph. Semmelweis, Albert Schweitzer und Georg Benjamin, deren Leistungen bereits im Rahmen der Reihe »Humanisten der Tat« gewürdigt wurden.

Die vorliegende Biographie ist ein Versuch, das Werk von Carl Gustav Carus in seiner Vielgestaltigkeit als Einheit und in enger Wechselbeziehung zu der gesellschaftlichen Entwicklung darzustellen.

Gegenstand der bisher veröffentlichten Spezialuntersuchungen war entweder der Naturforscher, der Mediziner, der Künstler oder der Naturphilosoph Carus. Um Carus' Schaffen in seiner umfassenden Bedeutung zu verstehen und es vor allem möglichst vielen Lesern zu erschließen, erschien die gewählte Darstellungsmethode zweckmäßig. Das um so mehr, als der Naturforscher und Arzt Carus nicht von dem Künstler und Philosophen Carus zu trennen ist, sind doch alle Bereiche seines Schaffens aufs engste miteinander verbunden.

Eine Gesamtdarstellung schließt jedoch auch eine gewisse Problematik ein. Carus' Schaffen ist so umfangreich, daß es notwendig war, sich auf Schwerpunkte zu konzentrieren, die für seine Entwicklung und Wirksamkeit besonders chrakteristisch sind. Seine Leistungen auf Teilgebieten der Naturforschung und Philosophie sind so tiefgründig, daß wiederum eine Konzentration geboten war. Eine umfassende wissenschaftliche Analyse und Wertung des Gesamtwerkes muß einem Kollektiv von Wissenschaftlern unterschiedlicher Fachbereiche vorbehalten bleiben.

Wolfgang Genschorek

Kindheit und Jugendjahre

Frühe Kindheit

Am 3. Januar 1789 wurde Carl Gustav Carus in Leipzig geboren, am Anfang eines Jahres, das mit dem Ausbruch der Großen Französischen Revolution einen Wendepunkt in der Weltgeschichte einleitete. So wie das gesamte 19. Jahrhundert im Zeichen dieser bedeutendsten Revolution des aufsteigenden Bürgertums stand, so prägte sie auch Leben und Schaffen von Carus. Sein Vater, August Gottlob Ehrenfried Carus (1763–1842), war Pächter einer Färberei. Gemeinsam mit seiner Frau, Elisabeth Christiane geb. Jäger (1763–1846), mußte er in anstrengender Arbeit den Lebensunterhalt der Familie sichern. Nur selten war es möglich, einen Spargroschen für das ersehnte eigene Geschäft zurückzulegen.

Die Mutter, eine lebensverbundene kluge Frau, hatte zwar in ihrer Kindheit nur eine geringe Bildung erhalten, unter dem Einfluß ihres Bruders aber war sie später intensiv um die Vergrößerung ihres Wissens bemüht. Ihre äußerst kurz bemessene Freizeit nutzte sie dazu, sich durch Lesen weiterzubilden. »So ergab es sich denn«, wie Carus über sie berichtete, »daß, unbeschadet einer unausgesetzten häuslichen Tätigkeit, ja regster Geschäftigkeit, sie doch von nichts unberührt blieb, was in der damals unter Goethe und Schiller neu aufblühenden Literatur Deutschlands Vortreffliches hervortrat. Es ist leicht zu denken« so bemerkte er weiter, »daß sie in ihrem lieblichen, das innigste Vertrauen erweckenden Wesen mir ... besonders nahe treten mußte, ich konnte alles, was mich von Gedanken über meine künftige Lebensrichtung oftmals beschäftigte, mit voller Unbefangenheit mit ihr besprechen, und die liebevolle Art, wie sie mir dann vieles mehr abfüllte, als daß ich nötig gehabt hätte, es ihr ganz auszusprechen, erwarb ihr mein Herz.[1]«

Während Carus in seiner Mutter ein »recht liebes Bild feiner herzlicher Weiblichkeit« sah, erkannte er in seinem Vater, einem den gesellschaftlichen und technischen Fortschritten aufgeschlossenen, tüchtigen Geschäftsmann, das »Urbild einer kräftigen vollständigen Männlichkeit«.

Die Anforderungen des Geschäfts ließen für die Erziehung des kleinen Sohnes nur wenig Zeit, so daß man dem Vorschlag der Großeltern, den Enkel zu sich zu nehmen, gern entsprach. So kam Carl Gustav Carus mit vier Jahren nach Mühlhausen in Thüringen, wo die Eltern seiner Mutter eine kleine Färberei und eine Druckerei unterhielten. Hier nahm sich vornehmlich der ältere Bruder seiner Mutter, Daniel Jäger (1762–1835), der Erziehung des Knaben an. Von dem Einfluß dieses ebenso gütigen wie klugen Mannes wurde die frühe Kindheit von Carus weitgehend geprägt.

Daniel Jäger hatte dem Wunsche seines Onkels, des Mühlhausener Superintendenten Gottlob Reichel (1724–1796), folgend, in Leipzig Theologie studiert. Doch immer weniger konnte er sich mit dem Gedanken, später ein »geistliches Amt« zu bekleiden, anfreunden. Er hatte sich zunehmend für die aufstrebenden Naturwissenschaften, insbesondere die Chemie interessiert, deren Studium er sich nun mit heißem Herzen widmete. Seine Erziehung weckte auch bei dem ihm anvertrauten Schützling das Interesse für die Natur. Am 22. Dezember 1793 konnte er darüber dessen Eltern mitteilen:

»Die Naturgeschichte ist ihm jetzt seine angenehmste

Unterhaltung. Besonders äußert er allemal seine Verwunderung, daß er dies und jenes von einem ihm bekannten Geschöpfe noch gar nicht gewußt habe; denn er will immer alles lieber selbst erfinden und aus sich selbst gleichsam schöpfen, als daß er es gelernt zu haben gestehen sollte. Beständig ist er beschäftigt. Das erste, wenn er früh aufgestanden ist: gib mir doch was zu tun! Das gefällt mir außerordentlich an ihm.«[2]

Trotz aller Liebe und Warmherzigkeit, die dem kleinen Carus allerseits entgegengebracht wurde, sehnte er sich doch nach seiner Mutter. Nach einjährigem Aufenthalt bei den Großeltern holten ihn im Spätsommer 1794 die Eltern wieder nach Hause. Inzwischen hatten sie eine Färberei in der Nähe des Leipziger Rosentals bezogen. In dem nahe gelegenen Wald konnte Carus nach Herzenslust herumtollen, spielen und die Natur beobachten.

Unterrichtet wurde der Knabe nun von verschiedenen Lehrern zu Hause. Diese weitgehende Isolierung von Altersgenossen weckte jedoch in ihm einen Hang zur Einsamkeit. Von nicht geringem Einfluß auf den wißbegierigen, begabten Jungen waren eine Reihe von Bekannten, die öfters in dem gastfreundlichen Elternhaus weilten. Besonders beeindruckte ihn der Naturforscher Wilhelm Gottfried Tilesius (1769–1857), ein entfernter Verwandter. Mit reichem Forschungsmaterial versehen, bezog dieser, von Portugal kommend, in Leipzig Quartier und erschloß dem Knaben mit seinem versteinerten Seegetier und seinen nach der Natur skizzierten Zeichnungen eine neue Welt. Fortan war in Carl Gustav Carus die Freude an Mal- und Zeichenversuchen, freilich noch in kindlich-zaghafter Weise, geweckt.

Zu den häufigen Gästen der Eltern zählte auch ein weitläufiger Verwandter, Friedrich August Carus (1770–1807). Er hatte an der Leipziger Universität ein Lehramt für Philosophie und Psychologie inne und verkörperte durch Ruhe und Weisheit für den Jungen die Würde eines akademischen Lehrers.

Weiterhin waren der Musikschriftsteller Johann Friedrich Rochlitz (1769–1842), ein Freund und Briefpartner Goethes, sowie der Verleger Christoph Gottlob Breitkopf (1750–1800) und Gottfried Christoph Härtel (1763—1827) Gäste im Elternhaus. In dem weltbekannten, von ihnen begründeten Verlag wurde 1814 Carus' erstes bedeutendes wissenschaftliches Werk herausgegeben.

Carus berichtet über seine Eindrücke: »Durch große Tätigkeit und eine Benutzung der chemischen Fortschritte gesteigerte Kenntnis im Geschäft hatte mein Vater bald eine gewisse Wohlhabenheit sich geschaffen, welche es möglich machte, Freunde und Bekannte öfters bei sich zu sehen ... So bildete sich, gefördert durch das heitere und angenehme Wesen meiner Mutter, ein Kreis von Fremden um unser Haus, wie er sonst vielleicht nur selten in einer einfachen brügerlichen Existenz gefunden wird. Der Knabe gab auf alles, was ihn umgab, gebührend Achtung und lernte bald, in wie großer Mannigfaltigkeit sich Bestrebungen und Eigenschaften der Menschen äußern können.«[3]

Allerdings nahm er diese Einwirkungen aus der Distanz auf: »Ich selbst, soviel ich mich meiner damaligen Eigentümer erinnere, hatte stets etwas mehr in mich Gekehrtes, fast mitunter Verschlossenes und Scheues. Es wurde mir sehr schwer, mich irgendeiner mir weniger bekannten Person vorstellen zu lassen, obwohl ich auf meine Umgebungen gar wohl zu achten gewohnt war. ... Ich lebte auch eigentlich mehr sozusagen in mich hinein als aus mir heraus.«[4]

Dieser Hang zur Einsamkeit wurde, wie bereits gesagt, durch die Isolierung von anderen Kindern vertieft, und es war gut, daß Carus schließlich mit zwölf Jahren erstmals eine öffentliche Schule besuchen konnte.

Besuch der Thomasschule

Der Besuch der berühmten Leipziger Thomasschule sollte ihm nach dem Willen des Vaters die Voraussetzungen für ein späteres Studium geben. Daß er sich dabei von dem Wunsche leiten ließ, der Sohn möge das notwendige Wissen erwerben, um später das väterliche Geschäft übernehmen und erfolgreich weiterführen zu können, verstand sich von selbst.

Die Thomasschule hatte bereits eine lange Tradition. Als

Klosterschule, gemeinsam mit dem St. Thomas-Stift, im Jahre 1212 gegründet, konnte sie den Ruhm in Anspruch nehmen, eine der ältesten Schulen Deutschlands zu sein. Nachdem die Gründung der Leipziger Universität zu Beginn des 15. Jahrhunderts von großem Einfluß auf die Schule gewesen war, deren Rektoren und Lehrer häufig zugleich als Dozenten an der Universität wirkten, leitete die Reformation eine neue Entwicklungsetappe ein. Das Kloster wurde aufgelöst und die Schule mit dem ihr verbundenen Chor in die Obhut des Rates der Stadt genommen. Fortschrittliche Pädagogen wie Jacob Thomasius (1622–1684), Johann Matthias Gesner (1691–1761) und Johann August Ernesti (1707–1781) fanden in der Thomasschule eine Wirkungsstätte. Allerdings gerieten die progressiven Bestrebungen Mitte des 18. Jahrhunderts weitgehend in Vergessenheit.

Während die im Jahre 1511 vom Rat der Stadt gegründete Nikolaischule versuchte, entgegen den überlebten theologischen Bildungszielen den Leipziger Bürgersöhnen eine weltoffene Bildung zu vermitteln – dabei allerdings wegen einer Vielfalt sich ablösender modernisierter Bildungspläne kaum zur Verwirklichung ihrer Absicht kam –, verharrte die Thomasschule zu dieser Zeit in alten Bildungtraditionen. Kennzeichnend dafür war die bis 1799 während mehr als dreißigjährige Amtstätigkeit des Rektors Johann Friedrich Fischer. Selbst im Unterricht der alten Sprachen übte er strenge Auswahl. So ließ er z. B. im Lateinischen Ciceros Reden und Briefe, Horaz' Episteln und Virgil lesen – niemals aber etwas von Tacitus. Im Griechischen Xenophons Cyropädie, einiges von Plato, häufig Aristophanes Pluto, weniger gern Homer oder Euripides. Bei Übersetzungen aus dem Lateinischen begnügte er sich mit sehr freien sinngemäßen Angaben, da er für die Wiedergabe von Feinheiten die deutsche Sprache ohnehin für untauglich hielt. Wehe aber dem Schüler, der diese Methode beim Übersetzen vom Griechischen ins Lateinische anzuwenden versucht war! Hier war Präzision oberstes Gebot. Der Rektor war erklärter Gegner deutscher Lektüre überhaupt, die er »Frauen und alten Weibern« vorbehalten sah. – Auch das Theater lehnte er als »Anreizung zu allen Lastern und Schandthaten« ab. Ein beredtes Zeugnis der

Situation legte der Konrektor der Thomasschule, Friedrich Wilhelm Ehrenfried Rost, 1798 in einer kritischen Denkschrift ab: »Im Unterricht herrscht weder Ordnung noch Vollständigkeit. Manche Autoren werden durch alle Klassen expliziert, von einem stufenweisen Gange des Unterrichts« sei keine Rede. Die nahezu ausschließliche Beschränkung auf alte Sprachen, sei eine »einseitige Bildung des Gelehrten, die nicht nur für ihn selbst schädlich, sondern auch für unsere Zeit nicht mehr passend ist. Auf die eigentliche Bildung des Verstandes durch sogen. Verstandesübungen wird keine bestimmte Zeit verwendet, daher viele unserer Jünglinge in Gedächtnissachen als Männer, im Denken als Kinder erscheinen.« Die Mathematik werde »eigentlich garnicht«, die Logik nicht richtig getrieben. »Von der Poesie weiß man auf unserer Schule gar nichts ... Geographie, Geschichte, Naturlehre werden auch nur orbiter behandelt.«

Rost schloß seine Kritik mit der Forderung nach einer umfassenden Reform ab, für die er entsprechende Vorschläge unterbreitete. Insbesondere regte er an, den Unterricht in alten Sprachen, »mit welchem die Schüler fast ganz allein vom 8. bis 22. Jahre unverantwortlich hingehalten werden«, zu reduzieren und für Mathematik und Naturlehre einen Fachlehrer anzustellen. Nach Fischers Tod übertrug der Rat Rost das Rektorat der Schule. Seine Hoffnung, die Mißstände alsbald zu überwinden, erfüllte sich jedoch nicht. Er stieß, wie er schrieb, auf hartnäckigen Widerstand »den mir das Vorurtheil für das Alte, daß Mißtrauen gegen meine damalige Jugend, der Neid über mein vermeintes schnelles Glück – entgegenstellten.«[5] So wurde der junge Carus, da eine Umgestaltung des Unterrichts erst ab Feburar 1808 erfolgte, noch nach den alten Prinzipien ausgebildet.

Dank der intensiven Vorbereitung durch Privatstunden konnte er in die Sekunda aufgenommen werden. Allerdings mußte seine Hoffnung den dargestellten Umständen entsprechend, nun in der Schule mehr über die Naturwissenschaften zu erfahren, weitgehend unerfüllt bleiben. Carus vermerkt dazu: »So quälte denn auch ich mich durch die Alten hindurch, ich betrachtete es wie eine notwendige aufgegebene Arbeit, aber keine Freude ging mir dabei auf: Im ganzen hat mir überhaupt das Leben auf der Schule weder einen angenehmen noch einen anregenden Eindruck zurückgelassen, und es war mir ganz recht, als gegen das Jahr 1804 mir erklärt wurde, für die naturhistorischen und chemischen Studien, die ich damals allein auf der Universität zu verfolgen beabsichtigte, habe ich nun klassische Nahrung genug eingesammelt und ich könne denn unter die Zahl der akademischen Bürger jetzt aufgenommen werden.«[6]

Wichtig für seine weitere Entwicklung war jedoch, daß er endlich den lange entbehrten Kontakt zu Spielgefährten bekam. Im Gegensatz zu den im Alumnat untergebrachten Chorknaben, deren nahezu klösterliches Leben durch strenge Hausgesetze geregelt wurde, besuchte er als Externer nur den Unterricht. Zu seinen bevorzugten Spielgefährten zählten die Kinder des Verlagsbuchhändlers Georg Joachim Göschen (1752–1828), der sich als Herausgeber zahlreicher Erstausgaben der Klassiker einen bedeutenden Namen gemacht hatte. Von den Besuchern des Göschenschen Hauses machte Johann Gottfried Seume (1763–1810), dessen abenteuerliches Leben – er war 1781 auf einer Fußreise nach Paris von hessischen Soldatenwerbern gefangen und nach Amerika verkauft worden – ihn fesselte, besonderen Eindruck auf den Knaben. Auch Friedrich Schiller (1759–1805) ist er bei Göschen begegnet, ebenso dem Direktor der Leipziger Kunstakademie und Zeichenlehrer Goethes, Adam Friedrich Oeser (1717–1799), der als Maler und Bildhauer zu seiner Zeit Bedeutung erlangte.

Nach nur dreijährigem Schulbesuch erhielt Carus von seinen Lehrern die Universitätsreife bestätigt, und für den erst Fünfzehnjährigen öffneten sich als einem der jüngsten Studenten die Tore der Universität.

Eine neue Welt wird erschlossen

Am 21. April 1804 begann Carus sein Studium. Zunächst belegte er vor allem Vorlesungen in Chemie, Physik und Botanik. Zu seinen ersten Lehrern zählte Ernst Platner (1744–1818), dessen dialektische Verbindung psychologischmedizinischer Erkenntnisse mit der Ästhetik zweifellos Carus stark beeinflußte. So sehr Platner bei den konservativ-reaktionären Philosophen als Vertreter der Aufklärung auch verschrien war, so groß war die Beliebtheit des Arztes und Anthropologen bei den Studenten.

Der Botaniker Christian Friedrich Schwägrichen (1775–1853) führte Carus in das Studium der Pflanzen ein. Zu ihm hatte der junge Student bald eine enge, ihn fördernde persönliche Verbindung.

Doch bestand der Lehrkörper der Leipziger Universität keineswegs nur aus Professoren, die es verstanden, die Studenten zum Studium anzuregen. So trug Professor Ludwig, »der die Naturgeschichte der Menschenspezies sonderbar genug vortrug«, mehr zur Erheiterung denn zur Wissensbereicherung seiner Hörer bei. Eine ähnliche Rolle spielte der Chemiker Christian Gotthold Eschenbach (1753–1831), der deshalb »ebenfalls manchen Mutwillen der Studenten zu erdulden hatte«. Nun gab es ohnehin eine nicht geringe Zahl von Studenten, für die das Studium ein willkommener Zeitvertreib war, die dank stattlicher väterlicher Wechsel weitaus mehr in Wirtshäusern als beim Lernen anzutreffen waren. Für eine solche Lebenshaltung hatte Carus weder die Neigung noch das Geld. Er widmete sich zielbewußt seinen Studien: »Die Vergnügungen, welche angehenden Studierenden besonders lockend zu erscheinen pflegen, das Besuchen öffentlicher Vergnügungsörter, der Tanz, das Kommersieren der Burschen- oder Landsmannschaften – sie existierten für mich gar nicht. Ich hatte keine Art von Verlangen danach, ich fand auch gar keine Versuchung dazu; denn in meinen Kollegien war ich aufmerksam auf die Sachen gespannt, mit meinen Kommilitonen war ich freundlich, aber da sie fühlten, ich bedurfte ihrer nicht, so bekümmerten sie sich auch nicht um mich und überließen mich ruhig meinem stillen Treiben. Was dagegen die gewisse schwermütige Stimmung betraf, deren Grund ich oben berührt habe, so fehlte sie mir auch keineswegs. Sehr bald fand ich, daß dem Geiste Endziele vorschwebten, welche mir einigermaßen zu erreichen ich oftmals völlig verzweifelte. Ich fand die Wissenschaft von einem Umfange, zu welchem meine Kräfte mir unzulänglich erschienen, dabei waren mir meine Verhältnisse selbst zweifelhaft, ob sie jemals mir ein vollkommenes Sichhingeben an die Wissenschaft gestatten würden, und so kam es, daß mich oft ein Gefühl von verfehlter Lebensrichtung anwehen konnte, welches, wenn es bei einsamen Spaziergängen im Walde oder an den stillen Flußufern der Leipziger Umgegend mich befiel, mir eine Trübheit der Seele herbeiführen mußte, welche nicht selten in eine dunkle Sehnsucht nach dem Tode sich endigte. Lange dauerten jedoch damals diese Stimmungen noch nicht. Das Leben war im ganzen noch zu frisch, und die Abwechslung der Gegenstände, welche mich beschäftigten, war noch zu groß, als daß nicht immer bald wieder jene Wolken verscheucht worden wären.«[7]

Carus' Lieblingsfächer waren Botanik und Zoologie. Unermüdlich sammelte und zeichnete er die verschiedensten Objekte. Sein großer Stolz waren von ihm sorgfältig angelegte Herbarien. Eine neue Welt tat sich ihm in dem »Handbuch der vergleichenden Anatomie und Physiologie« des Göttinger Professors Johann Friedrich Blumenbach (1752–1840) auf, der mit seinen Forschungen die moderne Anthropologie und vergleichende Anatomie begründete und der Zoologie eine wissenschaftliche Grundlage gab. Da sich der junge Student nicht allen Bereichen der Naturwissenschaft mit gleicher Intensivität widmen konnte, kam die Chemie mehr und mehr ins Hintertreffen — was zu einem guten Teil auch in der trockenen Wissensvermittlung Eschenbachs begründet gewesen sein mag.

Noch immer aber glaubte Carus' Vater, der den Fortschritten der Naturwissenschaften sehr aufgeschlossen war und vor allem von der Chemie wichtige Auswirkungen auf die Färberei erwartete, daß sein Sohn das Studium später zur Belebung des Geschäfts nutzen werde. Dieser aber hatte andere Vorstellungen:

»Schon jetzt kam mir freilich oft der Gedanke, ob es mir nicht gar schwer werden würde, aus den Vorhöfen der Wissenschaft später wieder zu einer Beschäftigung zurückzukehren, welche doch großenteils mechanischer Art war und als eigentliches Fabrikwesen doch ganz andere Spekulationen als jene szientifischen, denen ich mich jetzt hinzugeben anfing, erforderte. Ich vermied indes diese Gedanken möglichst, ich fürchtete meinem Vater wehe zu tun, wenn ich sie äußerte, ich glaubte auch mitunter, es möge sich gar wohl mit einem Geschäft, welches ganz auf chemischen Prinzipien ruht, vereinigen lassen, daß dabei fort und fort ein geistiges höheres Ziel angestrebt werde, kurz, ich ließ dies alles noch einstweilen auf sich beruhen und sammelte wie eine Biene im Frühjahr allen Honig des Wissens fleißig ein, den mir die Alma mater eben darbieten konnte.«[8]

Mit Pinsel und Zeichenstift

Angeregt von den Naturstudien des Naturforschers Tilesius hatte Carus bereits vor seiner Schulzeit erste kindhafte Mal- und Zeichenversuche ausgeführt. Malen und Zeichnen wurden zu den Lieblingsbeschäftigungen des Knaben, der von dem Maler Julius Athanasius Dietz(e) (1770–1843), seinem zeitweiligen Hauslehrer, erste systematische Anleitungen erhielt. Dietz hatte das Talent des Knaben erkannt und lehrte ihn das Zeichnen nach der Natur. Gemeinsam durchwanderten sie die Umgebung Leipzigs, und Carus zeichnete die Pflanzen und Pilze seiner Heimat. Mit diesen frühen Zeichnungen wurde sein Sinn für die Wirklichkeit und der Blick für das Detail geschult. Diese systematischen Zeichenübungen befähigten ihn später, seine naturwissenschaftlichen Werke durch instruktive bildliche Erläuterungen zu bereichern, sie waren auch die Grundlage für seine Entwicklung zu einer realistischen Darstellungsweise. Als Student hatte Carus entdeckt, daß sich seine zeichnerische Begabung auch für naturwissenschaftliche Studien nutzen ließ:

»Die Kunst tat übrigens meinen naturwissenschaftlichen Studien nicht nur keinen Eintrag, sondern sie ging mit ihnen Hand in Hand und brachte sogar mannigfaltige Vorteile; denn einesteils gab es bei Botanik, Zoologie und Geologie manche Gelegenheit, wo bildliche Darstellungen höchst erwünscht und nützlich waren (so zeichnete und kolorierte ich Pflanzen für Schwägrichen und malte sauber in Gouache [Gouachemalerei verwendet deckende, mit harzigem Bindemittel versetzte Wasserfarben W. G.] fast sämtliche in Leipzigs Flora vorkommenden Pilze), andernteils übte das Zeichnen den Sinn für Formen ganz außerordentlich, und es wurde mir somit immer leichter, im Geiste Gestaltungsverhältnisse festzuhalten und den Metamorphosen derselben mit regsamer Phantasie nachzugehen, während dieselben von andern nur mit Mühe deutlich erkannt und nur unvollkommen begriffen zu werden pflegten.«[9]

Carus' Liebe zur Kunst wurde durch den Einfluß von Dietz ständig vertieft. Die gemeinsame Verehrung der großen Meister führte beide auf einer Fußwanderung über Meißen nach Dresden zu den Schätzen der Bildergalerie.

In seinem Studium machte der junge Student gute Fortschritte. Doch noch immer konnte er sich nicht zu einer klaren Zielstellung entschließen. Die infolge der Auswirkungen der napoleonischen Kriege sich verschlechternde wirtschaftliche Situation der Eltern veranlaßte den Vater mehr und mehr, den Sohn zu drängen, sich endlich zu entscheiden. Doch wie es oft der Fall ist, war diesem eher klar, was er nicht wollte, als daß er wußte, welchen Beruf er erwählen solle:

»Der Gedanke, mich der Besorgung des Fabrikgeschäfts zu unterziehen, jetzt, nachdem ich die Freudigkeit der Wissenschaft, der freien Geistesübung an der Natur gekostet hatte – es hätte mich unglücklich gemacht, ich konnte es nicht! Schwerer war es zu bestimmen, was an dessen Stelle gesetzt werden dürfe. Hin und her schwankten die Pläne, zuletzt schien mir aber doch der Stand des Arztes der wünschenswerteste, deshalb namentlich wünschenswert, weil er die reichste Gelegenheit darböte, mit allen Zweigen des Naturstudiums stets in innigster Berührung zu verbleiben«.[10] Bei der Entscheidung hatte der väterliche Freund F. A. Carus wesentlich beratend mitgewirkt.

Wechsel zur Medizin

Resultat der Überlegungen bildete im Jahre 1806 der Studienwechsel zur Medizin. Die Anatomie bildete den Auftakt. Carus' Lehrer war Johann Christian Rosenmüller

(1771–1820). Auch in dem neuen Studiengebiet betätigte sich Carus mit größtem Fleiß: »Glücklicherweise bedurfte ich keiner besonderen Anregung, um mit lebendigstem Eifer alle mögliche dargebotenen Erkenntnisse einzusaugen: ich schwärmte völlig für meine Wissenschaft. Über Osteologie (Knochenlehre. W. G.) hatte ich mir schon im Sommer ein Heft angelegt, in welches ich alle Knochen des menschlichen Körpers sauber mit Bleistift gezeichnet und mit den ausführlichsten beigeschriebenen Erklärungen versehen hatte. Der Winter eröffnete mir die Lehren über den Bau der Weichteile ...«.[11]

Bei allem wissenschaftlichen Betätigungsdrang war es keineswegs so, daß Carus weltfremd die gesellschaftliche Entwicklung ignorierte. Sehr deutlich wurde ihm die historische Bedeutung des napoleonischen Vormarsches bewußt, als dessen Folge die bürgerliche Umwälzung in Deutschland erleichtert wurde:

»Der Anblick dieser Züge hatte für mich einen welthistorischen Charakter. Es war gleichsam eine Neuzeit, die auf einmal hier durch die Straßen hereindrang. Wie ganz anders diese Völkermassen gegen alles das, was ich bisher als Militär hatte kennenlernen! Das waren noch die durch den Sturm der Revolution geborenen Heere, noch waren sie nicht niedergemäht von den unausgesetzten Kriegen ihres Kaisers, noch sah man in ihnen die Freiheit einer ganzen von einer großen Aufregung erfaßten Nation; es waren überall in den Vorderreihen der Regimenter markige gebildete Physiognomien, selbsttätige Mitwirkung und nicht bloß maschinenmäßiges Gehenlassen ausdrückend und versprechend. Dabei das Große der Taktik im ganzen und das Freie in der Haltung des einzelnen!«[12]

Dank intensiver Arbeit machte das Studium gute Fortschritte. Carus' besonderes Interesse galt dem Geheimnis des Baus des tierischen Körpers. Kein totes Tier, das er fand, blieb unseziert. So betrat er gut vorbereitet im Winter 1807 erstmals den anatomischen Präpariersaal, um sich der Sektion menschlicher Leichen zu widmen:

»Dieser Eifer hatte dann allerdings die Folge, daß ich in den Kenntnissen der Anatomie sehr fest wurde. Ich war überall genau bewandert, half mir noch mit vielfältigen Zeichnungen, die ich nach der Natur und nach guten Originalen ausführte, und so hatte ich denn später auch wirklich die Satisfikation, bei einem Examen besser in der feinern Anatomie bewandert zu sein als mein Examinator. Weniger ging mir danach die Lehre vom Leben selbst, die Physiologie, auf. Freilich waren die Vorträge darüber, wie sie zu jener Zeit von Platner und von Kühn gehalten wurden, die trostlosesten ...«.[13]

Trotz intensiver Vorbereitungen auf den ärztlichen Beruf blieb Carus den Naturwissenschaften treu und erarbeitete sich damit eine fundierte Grundlage für seine spätere vielseitige praktische und vor allem wissenschaftliche Arbeit, deren Universalität ihn weit über den Durchschnitt der damaligen Ärzteschaft hervorhob.

»Unter meinen Arbeiten blieben jetzt auch die übrigen Naturwissenschaften nicht zurück. Botanik setzte ich immer noch fort, obwohl ohne in die so merkwürdige Geschichte der Pflanze lebensvoll einzudringen; in die Mineralogie und Chemie führten mich bessere Vorträge von Weiß ein, der mir auch später, als er Professor in Berlin geworden, immer ein geehrter teilnehmender Freund geblieben ist, und nach und nach rückte ich nun auch dem eigentlichen ärztlichen Wissen näher und ging über zum Studium der Pathologie, Arzneimittellehre und zur Therapie.«[14]

Zu seinen medizinischen Lehrern zählten Karl Friedrich Burdach (1776–1847) und Johann Christian Friedrich August Heinroth (1773–1843).

Während der Physiologe Burdach ihn zu anatomischen und experimentellen Untersuchungen des Zentralnervensystems anregte, forderte ihn der Psychiater Heinroth, der sich mit der Entwicklung eines psychodynamischen pathogenischen Modells zur Erklärung psychiatrischer Krankheitsbilder Verdienste erwarb, mit seiner voluntaristischen Position selbstverschuldeten Krankseins zum Widerspruch heraus. Carus stellte fest: »Die meisten seiner Ansichten schienen mir schon damals unzureichend.«[15] Die damalige Methode der Wissensvermittlung vermochte wenig Lernbegeisterung zu stimulieren:

»Hier ist nun auch der Ort, ausführlicher zu gedenken, wie

die Art des Studiums der Krankheit zu jener Zeit einen vom naturgemäßen in vieler Bezieung abweichenden Charakter größtenteils, ja fast überall zeigte. Die Mannigfaltigkeit und das halb nebelhaft rohe, halb ausgetrocknet Abstrakte damaliger Physiologie machte mit voller Gewalt sich auch in der Pathologie geltend. Anstatt daß dem jungen Geiste zuerst und hauptsächlich nur das Konkrete dargeboten werden sollte (denn eben dieses Einzelne, das den Sinnen scharf und unmittelbar Entgegentretende – es kann doch gefaßt, es kann auch von dem Kurzsichtigen erkannt werden), so liebte man es, gewisse abgezogene Begriffe aufzubauen und mitzuteilen und davon Befriedigung des Wissens zu verheißen! – Wir wurden mit viel Irritabilität, Sensibilität und Reproduktion und der Einteilung der Krankheiten nach diesen Momenten gequält, lange bevor wir wußten, wie im einzelnen eine Zelle entstehe, ein Nerv reizbar sei und eine Faser sich zusammenziehe! Wir sollten uns die Lehre von den sogenannten nächsten Ursachen der Krankheiten, welche eigentlich die Krankheiten selbst wären, einprägen und doch waren die einfachst sinnlich wahrnehmbaren Elemente eines Krankheitsprozesses uns noch fremd, und so vieles dieser Art.«[16]
Im Gegensatz dazu stellte er zu den Naturwissenschaften fest:
»Was die Naturwissenschaften betraf, so mochten sie vielleicht nicht in dem Maße damals meinen Geist erfaßt haben, wäre nicht ihr Wesen selbst zu jener Zeit von einer tiefen Bewegung ergriffen worden, in deren Folge ein neues eigentümliches und bedeutungsvolles Prinzip in ihnen geboren werden konnte. Dies Prinzip war das einer höheren Einheit ...«.[17]
Das Studium hinderte Carus keineswegs daran, seinen künstlerischen Neigungen und Interessen nachzugehen. Ein Jahr besuchte er die von dem Porträtmaler Johann August Friedrich Tischbein (1750–1812) und Veit Hans Schnorr (1764–1841) geleitete Zeichenakademie auf der Pleißenburg. Im Gegensatz zu den Anregungen seines Freundes Dietz wurde hier nahezu ausschließlich nach antiken Vorbildern gezeichnet.
Carus' Interessen beschränkten sich nicht allein auf die

Kunst. Auch die Literatur, insbesondere die Dramatik und später ebenso die Musik, zogen ihn gleichfalls in ihren Bann. Eine Reihe gleichgesinnter Studenten fand sich zur gemeinschaftlichen Lektüre zusammen. Hierbei lernte Carus seinen späteren engen Freund und Briefpartner Johann Gottlob Regis (1791–1854) kennen, der sich als Übersetzer von Rabelais, Shakespeare und Swift einen Namen machte. Standen diese musischen Interessen im Gegensatz zum Medizistudium? Carus gibt darauf selbst eine klare Antwort:

»Bei dem allen darf ich sagen, daß diese ... keineswegs mir die Lust und den Eifer an meinen übrigen wissenschaftlichen Bestrebungen irgend zu beeinträchtigen imstande waren; im Gegenteil, ich kehrte zu diesen von jenen stets mit erfrischtem Geist und erhobenem Gemüt zurück. Mit Ausdauer saß ich dann wieder tief in die Nächte hinein über den anatomischen Tabellen, die ich mir entworfen; über den physiologischen, pathologischen und morphologischen Schriften, die ich mir irgend verschaffen konnte. Am Tage in Freistunden führte ich schwierige und feine anatomische Zeichnungen aus, ich untersuchte und zergliederte, was ich mir immer für meine Zwecke zusammenbringen konnte; kurz ich darf sagen, daß ich mit voller Seele bei der Sache war und daß ich mich tüchtig gerührt habe, um ein Material vorzubereiten und aufzuspeichern, was mir dann allerdings in späteren Zeiten auf das Wünschenswerteste zustatten gekommen ist.[18]

In der Krankensälen von St. Jacob

Nach Aneignung der theoretischen Grundlagen begann Carus schließlich im Jahre 1809 mit der klinischen Ausbildung am St. Jakobshospital. Dabei hatte er das Glück, in dem Direktor der Klinik, Johann Christian Leopold Reinhold (1769–1809), und vor allem in dem sein Praktikum unmittelbar leitenden Chirurgen, Johann Christian August Clarus (1774–1854), umsichtige und verständnisvolle Lehrer zu finden. Sie verdeutlichten ihm, daß zu einer fundierten ärztlichen Ausbildung neben der klinischen auch die poliklinische Praxis unumgänglich ist. Auf der Grundlage der von ihm selbst gesammelten Erfahrungen vertrat Carus die Ansicht:

»So wichtig es nämlich auch dem jungen Arzt ist, bald durch Benutzung großer Spitäler möglichst mannigfaltige Formen von Krankheiten kennenzulernen, so wenig wird ihm doch eine bloße Spitalpraxis das eigentlich so schöne und echt menschliche Verhältnis des Arztes seinen Kranken gegenüber aufzuschließen imstande sein. Allzu leicht wird ihm, wenn außer der ärztlichen Untersuchung und Anordnung gar keine Beziehung zu den Kranken eintreten kann, dieser selbst nach und nach bloß zu einem Objekt seiner Kunst, zu einem Phantom, an welchem man im Diagnostizieren sich übern, und zu einem Plastron, gegen welches man die verschiedenen Arzneiwirkungen mehr oder weniger rücksichtslos versuchen darf.«[19]

Von der hohen ethischen Auffassung des ärztlichen Berufes als echte humanistische Berufung zeugt Carus' Standpunkt:

»Von dem Augenblick an nämlich, daß wir uns den Familien gegenüber als Arzt darstellen, geben wir gewissermaßen einem jeden Kranken das Recht, über unsere Zeit zu gebieten. Es gibt keine uns noch so werte und wichtige Beschäftigung oder Arbeit, von welcher uns nicht, sei es Tag oder Nacht, der Leidende abzuberufen das Recht hat; wir hören bis auf einen gewissen Grad auf, uns unsere Lebensordnung selbst vorzuschreiben, wir können in allem unterbrochen, überall gestört werden, und wir sind in diesem Sinne wirklich, wie mir schon früher einmal ein alter Arzt sagte, ›unseres Lebens nicht mehr sicher‹.«[20]

Zu dieser Ansicht war er schon als Famulus des Mitbegründers der modernen Gynäkologie, Johann Christian Gottfried Joerg (1779–1856), gelangt. Dieser war auf den begabten und außerordentlich interessierten Studenten aufmerksam geworden und hatte ihn, nachdem er zum Direktor des Trierschen Instituts, der Leipziger Entbindungsanstalt, berufen worden war, zur weiteren Ausbildung dort beschäftigt. Darüber hinaus – und das war für die Persönlichkeitsentwicklung von Carus besonders wichtig – gab er ihm die Möglichkeit, gemeinsam mit ihm in seiner allgemeinen ärztlichen Praxis zu arbeiten.

Im Elternhaus hatten sich inzwischen einige — wie sich zeigen sollte — folgenschwere Veränderungen ergeben. Der bisher im väterlichen Geschäft helfende Bruder der Mutter hatte sich selbständig gemacht. An seine Stelle trat eine wesentlich jüngere Stiefschwester des Vaters. Der junge Student war von der neuen Hausgenossin hellauf begeistert: »Das freundliche hübsche Mädchen wollte niemand recht als eine Tante von mir gelten lassen, und bald hatten wir jungen Leute uns recht aneinander gewöhnt; wir lasen abends, wenn ich mit meinen Arbeiten fertig war und sie für meine Mutter die Wirtschaft besorgt hatte, manches zusammen, und wir mochten uns in kurzem recht gern ...«[21]

Allerdings ließen es die beiden nicht allein bei der gemeinsamen Lektüre bewenden. So mußte sich im Jahre 1810 der junge Studiosus mit der Tatsache vertraut machen, Vaterfreuden entgegenzusehen. Der uneingeplante Nachwuchs war neben der sich zusehends verschlechternden Wirtschaftslage der Eltern ein Grund mehr, um intensiv die Beendigung des Studiums und die berufliche Selbständigkeit anzustreben.

Im Jahre 1811 promovierte Carus zunächst zum Dr. phil. und erhielt gleichzeitig die Würde eines Magisters der freien Künste. Doch berechtigte dieser akademische Status noch nicht dazu, Vorlesungen anzukündigen und zu halten. Das setzte die Habilitation voraus, die ebenfalls noch 1811 erfolgte. Carus' »Dissertatio sistens specimen biologiae generalis« (Entwurf einer allgemeinen Lebenslehre) war seine erste Druckschrift. Damit hatte Carus nun das Recht erworben, als Privatdozent Vorlesungen zu halten. Um die kaum zu überbietende Qualifizierungsintensität zu vervollkommnen, promovierte Carus gegen Jahresende mit seiner Dissertation »De uteri rheumatismo« (Über die rheumatische Entzündung des Gebärmutter-Muskelgewebes) auch noch zum Dr. med. Er nahm auch alsbald sein Recht wahr und kündigte 1812 erstmals an der Leipziger Universität »Vorlesungen über einen Teil der vergleichenden Anatomie« an. Damit folgte er dem bedeutenden französischen Naturforscher Georges Cuvier (1769–1832), der mit seinen Werken über Wirbeltierpaläontologie zum Begründer der wissenschaftlichen Zootomie und vergleichenden Anatomie wurde. Zu Carus' ersten Hörern zählten seine späteren Kollegen Heinrich Gottlob Ludwig Reichenbach (1793–1879) und Friedrich August Ludwig Thienemann (1793–1858).

Beginn der ärztlichen Tätigkeit

Im Militärhospital

Die Existenzbedingungen der jungen Familie — nach erfolgreicher Promotion hatte Carus Karoline Carus geheiratet — waren alles andere als günstig. Die Zahl der Hörer seiner Vorlesungen wuchs zwar ständig, doch vermochte nur ein kleiner Teil davon die Gebühren zu zahlen, die ja den Lebensunterhalt der Familie Carus jun. bilden sollten.

So sehr die akademische Laufbahn Carus' Wünschen und Fähigkeiten auch entsprach, eine Familie damit zu ernähren, erwies sich als unmöglich. So mußte er sich schweren Herzens dazu entschließen, als praktischer Arzt zu wirken. Es war sein Ziel, sich als Geburtshelfer niederzulassen. Doch wenn er auch nicht die akademische Laufbahn einschlagen konnte, sollten doch Forschung und literarisches Schaffen ein gut Teil seines Wirkens umfassen. Sein schriftstellerisches Debüt gab Carus im Jahre 1812, auf Anregung Heinroths. Dieser war mit der Redaktion der »Leipziger Literatur-Zeitung« eng verbunden und vermittelte ihm Rezensionen.

Die Zeitereignisse rückten Sachsen und damit auch Carus' Vaterstadt Leipzig mehr und mehr in das Zentrum des Weltgeschehens.

Im Jahre 1806 war das reaktionäre Preußen unter den Schlägen der napoleonischen Armee zusammengebrochen. Im Kampf gegen Napoleon war Sachsen zunächst Bundesgenosse Preußens gewesen. Nach der vernichtenden Niederlage bei Jena und Auerstedt, fand Napoleons Streben, Sachsen von Preußen zu trennen, bei Kurfürst Friedrich August III. eine bemerkenswert schnelle Resonanz. Er wurde, sich damit völlig dem Großmachtchauvinismus der französischen Großbourgeoisie in Gestalt der Außen- und Militärpolitik Napoleons unterwerfend, zu einem der »treuesten« Vasallen. Dieses antinationale Engagement honorierte Frankreich mit der Umwandlung des Kurfürstentums Sachsen zum Königreich. Die Rechnung dafür hatte allerdings das Volk zu bezahlen. Sachsen wurde zu einem wichtigen Versorgungs- und Nachschubzentrum der napoleonischen Armee. Am 18. Oktober 1806 war Marschall Davoust an der Spitze von 42 000 Mann in Leipzig eingezogen und hatte damit eine Zeit schwerer jahrelanger Belastungen eingeleitet.[1]

Mit dem Frieden von Tilsit hatte Napoleon den Höhepunkt seiner Macht erreicht. Ganz Deutschland war der Herrschaft der französischen Großbourgeoisie unterworfen. Dennoch war Napoleon nicht nur ein Gewaltherrscher, er blieb für Deutschland trotz allem Reaktionären auch noch »Repräsentant der Revolution, der Verkünder ihrer Grundsätze, der Zerstörer der alten feudalen Gesellschaft ...« (F. Engels). Die Grenzen seines Antifeudalismus ergaben sich allerdings aus seiner Rolle als Interessenvertreter der fanzösischen Großbourgeoisie. Dieser lag nichts an einem einheitlichen starken bürgerlichen Deutschland. Die Unterwerfung der Völker mit dem Ziel ihrer Ausplünderung wurde zunehmend zum bestimmenden Element seiner bourgeoisen Klassenpolitik. Die Beseitigung der feudalen Produktionsweise ging, abgesehen vom linksrheinischen, von Frankreich annektierten Territorium, nur sehr schleppend — wenn überhaupt — in den außerpreußischen Rheinbundstaaten voran.

Am 23./24. Juni 1812 hatte Napoleons Große Armee mit

mehr als einer halben Million Soldaten, darunter 180 000 Deutschen, die russische Grenze überschritten. Damit leitete er den letzten Akt seiner Eroberungskriege ein. Das russische Volk erhob sich im nationalen Verteidigungskrieg gegen das französische Joch. Geführt von dem Oberbefehlshaber Michail Illarionowitsch Kutusow (1745–1813), der fest an die Kraft des Volkes glaubte, wuchs die Kampfkraft der russischen Armee, die im September unweit von Moskau bei Borodino Napoleon eine folgenschwere Niederlage zufügte. Unter dem Einfluß dieser Niederlage und dem Brand von Moskau verringerten sich Kampfkraft und Moral der napoleonischen Armee, die in der verlustreichen Schlacht an der Beresina am 26.–28. November nahezu völlig zerschlagen wurde.

Unter dem Eindruck dieser Ereignisse schloß der preußische General Hans David Ludwig von Yorck am 30. Dezember 1812 mit dem russischen General von Diebitsch die Konvention von Tauroggen über die Neutralisierung des preußischen Korps in der napoleonischen Armee. Diese mutige, den nationalen Interessen dienende Tat trug auch in Deutschland wesentlich zur Verstärkung des Volkswiderstandes gegen die Fremdherrschaft bei. Unter dem Druck der Patrioten wurde schließlich auch der zögernde preußische König gezwungen, im Februar 1813 ein Bündnis mit Rußland abzuschließen und am 16. März Frankreich den Krieg zu erklären.

Die verheerende Niederlage Napoleons in Rußland vermochte den sächsischen König jedoch nicht in seinem Glauben an die Unbesiegbarkeit des Imperators zu beirren. So blieb Sachsen im Verband der Rheinbundstaaten auch nach Napoleons Niederlage in Rußland Bundesgenosse Frankreichs. Im Frühjahrsfeldzug 1813, der sich vor allem auf sächsischem Gebiet abspielte, blieb die inzwischen noch einmal verstärkte französische Armee in den Schlachten bei Großgörschen und Bautzen zwar siegreich, doch diese Siege erschwerten nur die Lage des drangsalierten Volkes.

Als im Raum Leipzig Anfang April der Ausbruch großer kriegerischer Auseinandersetzungen zu befürchten war, brachte Carus seine Kinder – inzwischen war der kleinen

Sophie Charlotte (1810–1838) noch ein Sohn, Ernst Albert (1812–1816) gefolgt – und seine Frau, die bereits wieder schwanger war, bei Verwandten in Sicherheit. Carus berichtet zu den politischen Ereignissen:

»Sowie nun aber das Frühjahr weiter vorrückte, begannen auch drohende Gewitter erneuten Kriegs von allen Seiten aufzuziehen und von Tag zu Tag sich mehr zu nähern. Im März sahen wir die ersten russischen Truppen in Leipzig, und mit welchen ungeheuren Anstrengungen Napoleon zu gleicher Zeit in Frankreich eine neue große Armee hervorgerufen hatte, ist tief in die Tafeln der Geschichte eingezeichnet. Aber auch Preußen rüstete gewaltig, und in ganz Deutschland regte sich stärker und stärker das Gefühl, daß jetzt oder nie das günstige Moment herannahen werde, die eisernen Bande zu sprengen, welche französischer Despotismus lange und hart über unsere Gaue gelegt hatte. Schiller lebte schon nicht mehr, aber die Freiheitsgedanken, welche in ›Don Carlos‹ und ›Tell‹ vielfach ausgesäet waren, sie hatten tief im Herzen Deutschlands Wurzeln geschlagen, überall regte es sich in Schrift und Rede und Gesang, damit das Volk erwachen und seine Ketten abschütteln möge. Freiwillige erhoben sich überall, große freie Gaben wurden zugleich dem Vaterlande geboten, und eine mächtige Begeisterung machte sich fühlbar durch das ganze Land. Im April zogen sich gegen Leipzigs Ebenen von Ost und West große Heere zusammen ...

Am 2. Mai hörte man eine heftige Kanonade, die Franzosen rückten von Merseburg her immer weiter vor, man sah die fechtenden Linien bereits vom Boden unseres Hauses, der Lärm wuchs, die Franzosen drangen fechtend zum Tore herein, ein paar Kononenschüsse fielen auf unserer Straße. Endlich war die Stadt geräumt, sie wurde förmlich besetzt und eine Deputation ging ins französische Lager ab, um Schonung bittend. Aber noch blieben die Franzosen nicht. Am 3. Mai zogen sie nach Lützen ab. ...«[2]

Hier kam es zu einer erbitterten Schlacht, die unzählige Opfer forderte. Zu Tausenden lagen Tote, aber auch Verwundete, die dringend ärztlicher Hilfe bedurften, auf dem Schlachtfeld. Unter Leitung von Clarus fanden sich am frühen Morgen des 4. Mai eine Reihe junger Leipziger Ärzte bereit,

Bild 1. Geburtshaus von Carl Gustav Carus. Ranstädter Steinweg 14
(Schaufenster erst ab 1879)

GEGEND
um
LEIPZIG.
Eine
Landchartensatz
Probe
von
I.G.I. Breitkopf.
Leipzig, 1776.
aus Breitkopfs Buchdr.
LEIPZIG
L E I P Z I G
AMT
Galgenberg
Gr. Modelwitz
Hänichen
Litzschöna
Freude
Gundorf
Ehrenberg
Behlitz
Burghausen
Barneck
Leutzsch
Rückmarsdorf
Wach Hügel
Lindenau
Schönau
Kl. Miltitz
Gr. Miltitz
Plagwitz
Zschocher
Windorf
Knautkleberg
Knauthayn
Breitenfeld
Lindenthal
Wahren
Birckholtz
Wetteritz
Möckern
Eutritz
Gohlis
Pfaffendorf
Bürger Busch
Raths
Anger
Rosen Thal
Kuhthurm
Connewitzer Holtz
Schleusig
Raths Holtz
Laura
Forst
Raschwitz
Gautzsch
Göpschelwitz
Hohenheyde
Seehausen
Merckewitz
Plausig
Segritz
Parthe Fl.
Plösse
Portitz
Cleuden
Grasdorf
Gra defeld
S. Thekla oder Hohe Tiegel Kirche
Mockau
Abtnaundorf
Schönfeld
Strasenhäuser
Volckmannsdorf
Paunsdorf
Willwisch
Sommerfeld
Sellerhausen
Kohlgärten
Anger
Crotendorf
Stüntz
Engelsdorf
Gerichte
Mölckau
Rüthschke Bach
Gauchs Vorwerg
Brandvorwerg
Strasenhäuser
Thonberg
Kl. Connewitz
Zweynaundorf
Baalsdorf
Stetteritz
Zauche
Holtzhausen
Tobacksmühle
Probstheyde
Connewitz
Leine
Meusdorf
Zuckelhausen
Lösnig
Dölitz
Dösen
Seyfertshayn
Colmberg
Pleisse Fl.
Elster
Kuhgraben
Godge

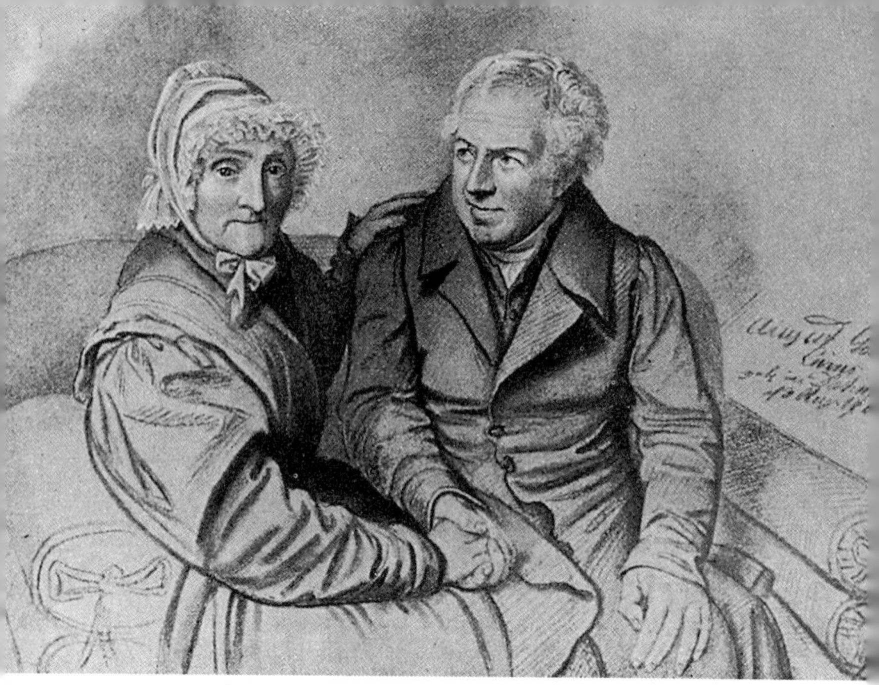

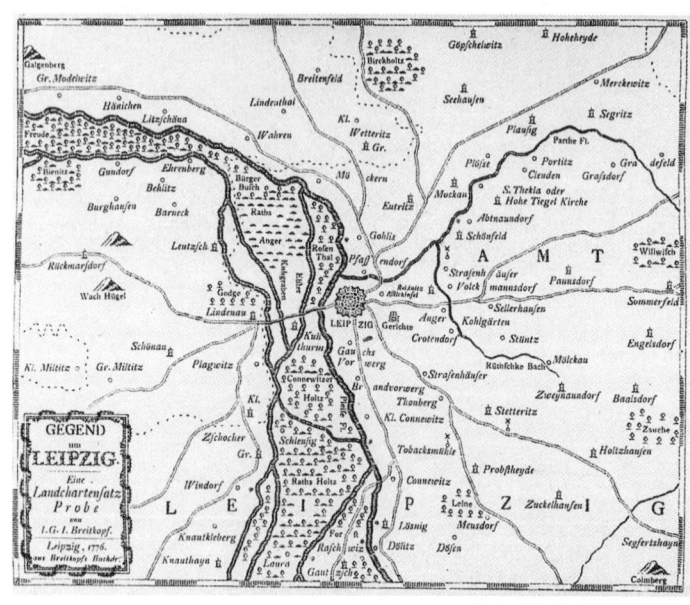

Bild 2. Die Eltern von Carl Gustav Carus
Bild 3. Gegend um Leipzig, 1776
Bild 4. Grundriß der Stadt Leipzig, 1803

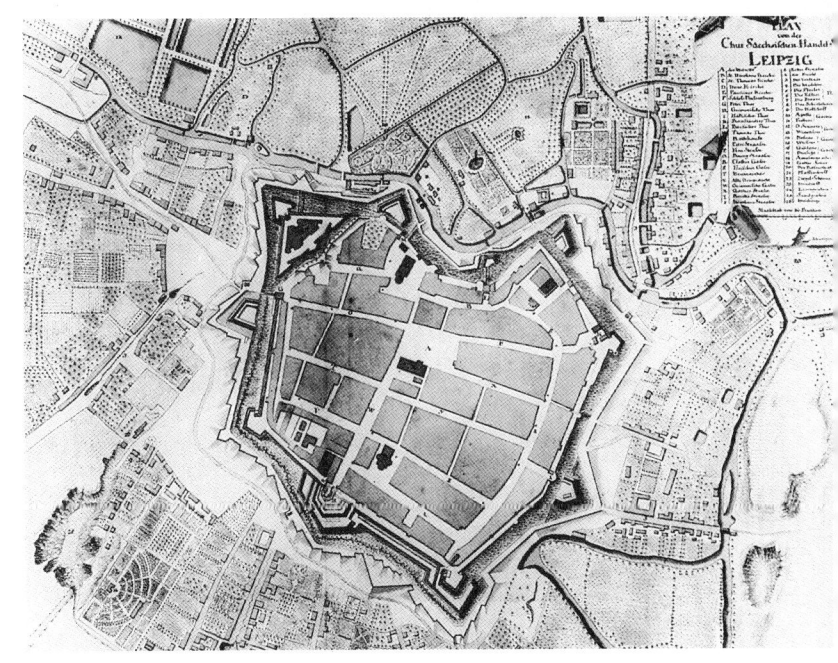

Bild 5. Eingang in das Rosental

Bild 6. Der Thomaskirchhof zu Leipzig nach 1753 mit der erneuerten Thomasschule

Bild 7. Der Leipziger Marktplatz um 1800

Bild 8. Adam Friedrich Oeser (1717–1799). Maler und Bildhauer. Akademiedirektor in Leipzig

Bild 9. Carus im Alter von 18 bis 20 Jahren

Bild 10. Altes Anatomie- und Bibliotheksgebäude der Leipziger Universität

Bild 11. Promotions- und Prüfungssaal

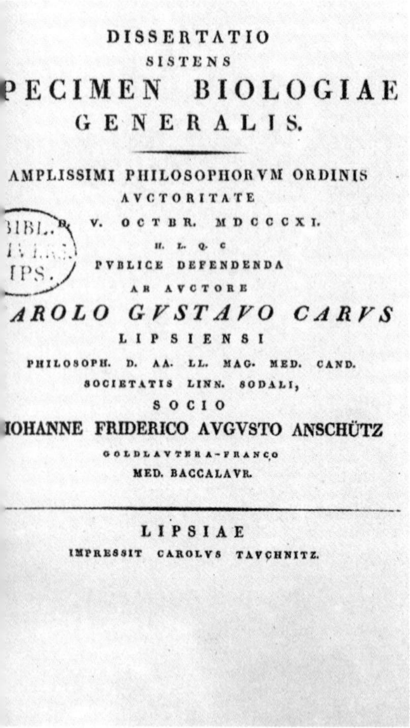

DISSERTATIO
SISTENS
[S]PECIMEN BIOLOGIAE GENERALIS.

AMPLISSIMI PHILOSOPHORVM ORDINIS
AVCTORITATE
V. OCTBR. MDCCCXI.

H. L. Q. C

PVBLICE DEFENDENDA
AB AVCTORE

[C]AROLO GVSTAVO CARVS
LIPSIENSI

PHILOSOPH. D. AA. LL. MAG. MED. CAND.
SOCIETATIS LINN. SODALI,

SOCIO

IOHANNE FRIDERICO AVGVSTO ANSCHÜTZ
GOLDLAVTERA-FRANCO
MED. BACCALAVR.

LIPSIAE
IMPRESSIT CAROLVS TAVCHNITZ.

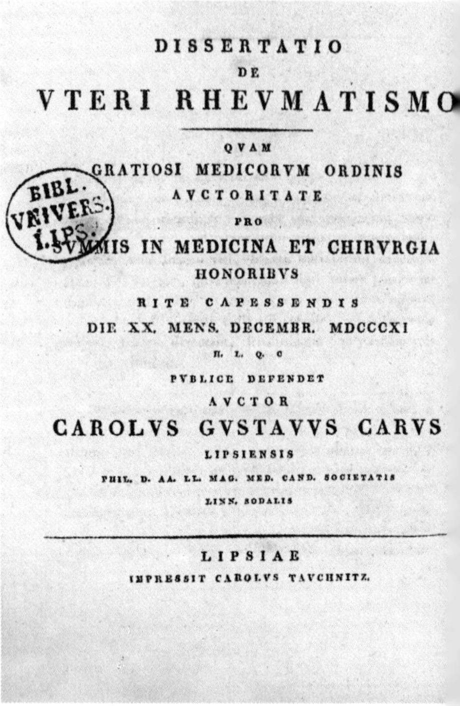

DISSERTATIO
DE
VTERI RHEVMATISMO

QVAM
GRATIOSI MEDICORVM ORDINIS
AVCTORITATE
PRO
SVMMIS IN MEDICINA ET CHIRVRGIA
HONORIBVS
RITE CAPESSENDIS
DIE XX. MENS. DECEMBR. MDCCCXI

H. L. Q. C

PVBLICE DEFENDET
AVCTOR

CAROLVS GVSTAVVS CARVS
LIPSIENSIS

PHIL. D. AA. LL. MAG. MED. CAND. SOCIETATIS
LINN. SODALIS

LIPSIAE
IMPRESSIT CAROLVS TAVCHNITZ.

Bild 12. Habilitationsschrift, 1811
Bild 13. Medizinische Dissertation, 1811

Bild 14. Gefecht Napoleons am Gerichtsweg am 13. und 14. Oktober 1813

Bild 15. Völkerschlacht bei Leipzig, 16.–19. Oktober 1813

Bild 16. Rückzug der Napoleonischen Truppen über den Fleischerplatz am 19. Oktober 1813

Bild 17. Frau Karoline Carus mit Wolfgang oder Jenny

Versuch

einer

Darstellung des Nervensystems

und insbesondre

des Gehirns

nach ihrer

Bedeutung, Entwickelung und Vollendung

im

thierischen Organismus.

Von

Carl Gustav Carus

Med. Doct. und Privatdocent zu Leipzig.

Mit sechs Kupfertafeln.

Leipzig 1814.
bey Breitkopf und Härtel.

Bild 18–20. Carus' Erstwerk mit selbstgefertigten Kupfertafeln, 1814

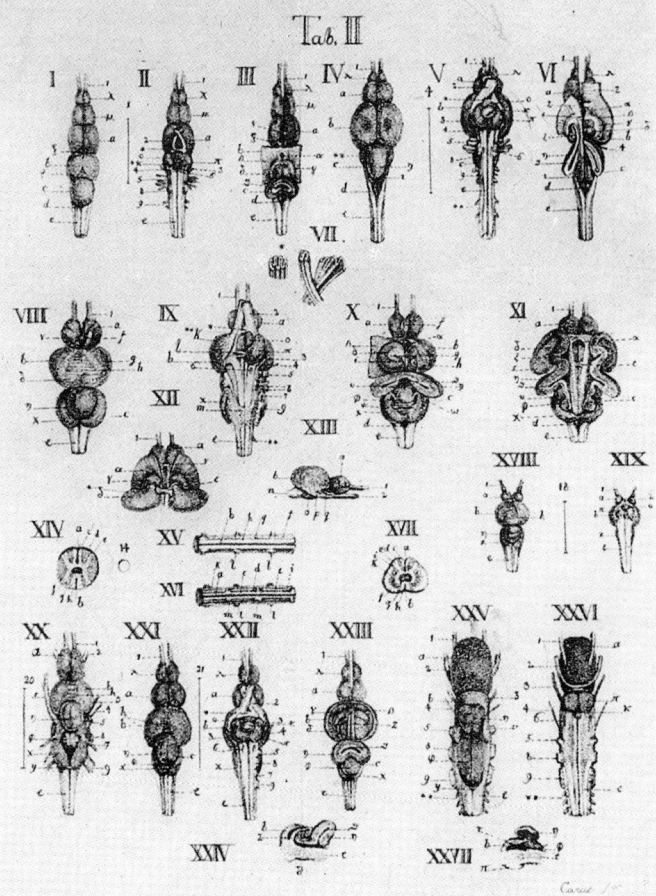

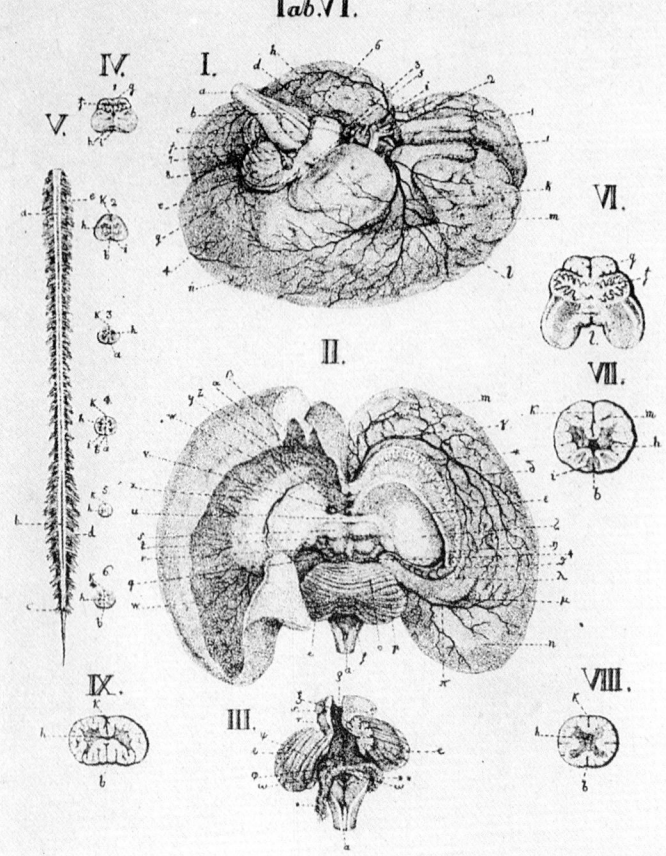

Bild 21. Karl Friedrich Burdach (1776–1847). Physiologe. Einer der Lehrer des jungen Carus in Leipzig

Bild 22. Johann Christian Carus (1774–1854). Professor für Anatomie und Chirurgie. Arzt am St. Jacobshospital in Leipzig

Bild 23. Johann Christian Gottfried Jörg (1779–1856). Mitbegründer der modernen Gynäkologie. Arzt und Lehrer von Carus an der Trierschen Entbindungsanstalt in Leipzig

Bild 24. Johann Friedrich Blumenbach (1752–1840). Begründer der modernen Anthropologie und vergleichenden Anatomie

zu dem Schreckensort zu fahren. Auch Carus zählte zu diesen selbstlosen Helfern. Ehe man aber abfahren konnte, machte ein erneuter Vorstoß der französischen Armee das Vorhaben zunichte. Leipzig hatte die Last der Besatzung zu tragen. Zur Pflege der Verwundeten errichteten die Franzosen Lazarette, und Carus wurde die Leitung eines Militärhospitals angetragen. Er überlegte nicht lange und übernahm ein in einem Bauernhof unweit von Leipzig provisorisch eingerichtetes Lazarett:

»So war ich nun mit einmal aus den stillen Kreisen meines Hauses, meiner Studien und meiner Vorträge in ein vielbewegtes Treiben gedrängt. Die Krankensäle füllten sich rasch, und ich hatte täglich gegen zweihundert Kranke zu sehen. Den größten Teil des Vormittags brachte ich so in meinem Spital zu und hatte oftmals auch nachmittags wiederholten Besuch dort zu geben; außerdem versahen ein paar beigegebene Unterärzte den Dienst, und bald fehlte es auch nicht, daß diese gewechselt werden mußten, indem sie Typhus bekamen und der eine starb. Später mußte ich noch eine Abteilung einrichten, in welcher Kranke und verwundete russische Gefangene untergebracht wurden, und nach der Schlacht von Dresden namentlich häuften sich die Leidenden in allen Abteilungen so sehr, daß der Magistrat genötigt wurde, in größter Eile hinter Pfaffendorf noch ein eigenes, weites Gebäude aufführen zu lassen, worin nun ein Spital, bloß von französischen Ärzten verwaltet, eingerichtet wurde. Im September war auch dies im Gange, und ich verfehlte nicht, zuweilen dort an den Visiten teilzunehmen, wobei ich denn freilich oft mit Schrecken gewahr wurde, mit welcher Gleichgültigkeit da über Hunderte von Kranken hingeeilt wurde, kaum einmal mit Ernst bedenkend, um was es sich eigentlich handele.«[3]

Das schreckliche Elend veranlaßte ihn auch, über die Sinnlosigkeit des Eroberungskrieges nachzudenken:

»Erwäge ich jene Zeit recht, so war es im Grunde hier zum erstenmal, daß es mir deutlich fühlbar wurde, wie gering ein menschliches Dasein oft auf der großen Rechentafel der Welt zu zählen scheint. Ein reiches Land gab hier die Blüte seiner jungen Mannschaft her, Tausende von Familien mußten hierher senden, was lange Jahre mit Liebe und Sorgfalt und voller Hoffnung von ihnen gepflegt worden war, und wie sorglos wurde damit umgegangen! Unzählige hatten kaum vor einem Jahr in Rußlands Eisfeldern ihren Tod gefunden, sehr viele waren jetzt wieder dem feindlichen Geschütz geopfert worden, und nicht wenigere hatten harte Verwundungen oder schwere Erkrankungen sich geholt und liegen nun auf dem Stroh der Spitäler, großenteils unwissenden Ärzten und ungenügender Kost und Pflege anheimgegeben, so daß, wer äußeren Feinden entgangen war, oft den innern erlag! Ganze Generationen wurden so niedergemäht von dem unerbittlichen Engel der Verwüstung, und niemand war, der da schien des einzelnen zu achten. Gewiß, es ist nicht möglich, von dem wundervollen Bau des Menschen und von der Würde der Anlagen des menschlichen Geistes einen hohen Begriff erlangt zu haben und sich nicht tieferschüttert zu fühlen, wenn man solcher – man kann es nicht anders ausdrücken – Mißachtung der Menschheit in Massen gewahr wird!«[4]

Mitte August leitete eine Offensive der verbündeten Streitkräfte nach einem kurzen Waffenstillstand den Herbstfeldzug ein und zerschlug in mehreren Schlachten starke napoleonische Teilkräfte. Am 26. und 27. April tobte ein erbitterter Kampf um Dresden, dem mehr als 20 000 Menschen zum Opfer fielen. In dieser Schlacht errang Napoleon seinen letzten Erfolg auf deutschem Boden.

Ludwig Richter (1803–1884) gibt in seinen »Lebenserinnerungen« ein anschauliches Bild der Schrecken:

»Das unglückliche Dresden, der Mittelpunkt von Napoleons Operationen, ward nun schwerer und schwerer heimgesucht. Der Kriegslärm dauerte ununterbrochen fort. Die Not der Einwohner stieg von Tage zu Tage, und es bleibt unbegreiflich, wie in solcher Lage der gemeine Mann, der auch in guter Zeit, wie man zu sagen pflegt, aus der Hand in den Mund lebt, jetzt, wo er meist ohne Verdienst war, bei unerhörter Teuerung und Mangel der Lebensmittel noch sein Leben fristete.

Kanonendonner und brennende Dörfer, Truppenzüge und Einquartierung illustrierten diese Tage. Erneute Gefechte vermehrten die Zahl der Verwundeten in den Spitälern, in denen das Lazarettfieber wütete, so daß wenige lebend herauskamen. Wir hatten ein solches schrägüber in dem Winterbergschen Hause, wo täglich die Gestorbenen, ganz entkleidet, aus den Fenstern des ersten und zweiten Stockes herabgeworfen und große Leiterwagen bis obenherauf damit angefüllt wurden. Zum Entsetzen schrecklich sah eine solche Ladung aus ... In dieser Zeit starben täglich 200 in den Spitälern, und das Nervenfieber war epidemisch geworden und forderte auch in dem Bürgerstand täglich seine Opfer. ... Viele kranke Soldaten wollten nicht mehr in die Lazarette, weil sie dann unrettbar sich verloren glaubten ...«[5]

Anfang Oktober übernahm die schlesische Armee unter General Gebhard Leberecht von Blücher (1742–1819) und dem Generalstabchef General Neithardt Graf von Gneisenau (1760–1831) die strategische Initiative, drang in das Elster-Saale-Gebiet vor und veranlaßte auch die anderen verbündeten Armeen zum Vorrücken. Napoleon konzentrierte seine Hauptkräfte von etwa 190 000 Mann um und in Leipzig. Die Verbündeten verfügten über 250 000 Soldaten.

Augenzeuge der Völkerschlacht

Bereits vor der sich ankündigenden großen Entscheidungsschlacht war Leipzig von Verwundeten und Typhuskranken überflutet. Täglich strömten Tausende hinzu, so daß wirksame Maßnahmen gegen die Typhusepedemie unmöglich wurden.

In dieser hoffnungslosen Lage versetzten die Franzosen die eingekreiste Stadt in den Verteidigungszustand. Die ungeheure Belastung, die eine militärische Überflutung mit nahezu 200 000 französischen Soldaten zur Folge hatte, wird in einem Vergleich mit der damaligen Einwohnerzahl von 35 500 sehr deutlich. Ruhr und Typhus griffen auf die Bevölkerung über und forderten 1813 unter den Einwohnern 3 531 Opfer, darunter 1 196 Kinder.

Am 16. Oktober 1813 begann die Völkerschlacht, an der nahezu eine halbe Million Soldaten beteiligt war. Vier Tage dauerte die Schlacht. Nach ersten Mißerfolgen bei Möckern und Wiederitzsch am 16. Oktober erlitt Napoleon zwei Tage später die entscheidende Niederlage. In der Nacht zum 19. Oktober floh er mit Resten der geschlagenen Armee über Lindenau nach Westen. Leipzig wurde von den verbündeten Truppen gestürmt. Der Sieg wurde mit hohem Blutzoll bezahlt: 22 000 Russen, 16 000 Preußen, 12 000 Österreicher und 300 Schweden starben auf dem sich mehrere Kilometer erstreckenden Schlachtfeld. Hinzu kamen nahezu 70 000 tote französische Soldaten.

Die Not erreichte in und nach diesen Schreckenstagen ihren Höhepunkt. Es galt, um die Seuchengefahr nicht noch größer werden zu lassen, die Leichen zu beseitigen. Die Zahl der in Leipzig lagernden Verwundeten, von denen etwa ein Drittel verstarb, überstieg bei weitem die Einwohnerzahl. Die Dörfer und Ländereien um Leipzig waren verwüstet. Blücher hatte befohlen, Leipzig nicht zu beschießen und rettete so die Stadt. In diesen Tagen weilte Carus bei seiner Familie, die ihren Wohnraum mit einquartierten Soldaten zu teilen hatte. Am Morgen des 22. Oktober versuchte Carus, sich den Weg zu seiner Wirkungsstätte, dem Lazarett, zu bahnen, das am 18. Oktober durch Artilleriebeschuß weitgehend zerstört worden war. Glücklicherweise war kurz zuvor die Mehrzahl der Kranken und Verwundeten verlegt worden. Bei seinem Eintreffen bot sich ihm ein entsetzliches Bild:

»Das Wegtransportieren aller war unmöglich gewesen, aber jede Sorge für die zurückgebliebenen Kranken während der Schlacht hatte aufgehört, und so traf ich nun nur noch auf wenige Lebende, aber auf hochgeschichtete Berge von herabgeschleppten, ja teilweise aus den Fenstern geworfenen Leichen ...

Der Anblick jenes verbrannten und dieses halb ausgestorbenen Spitals hatte mich im tiefsten ergriffen. Es fehlte dort an aller Aufsicht und Anordnung. Ich konnte es nicht lassen, mehrmals hinauszugehen, ich half mit Anweisen, Einrichten, sorgte mit für Herbeischaffen von Nahrung und Heilmitteln für die wenigen noch Lebenden.«[6]

Bei dieser selbstlosen Hilfe infizierte sich Carus mit Typhus und schwebte drei Wochen zwischen Leben und Tod. Die Bemühungen seines ihn behandelnden Lehrers und Freundes

Clarus hatten endlich Erfolg. Carus kam völlig abgezehrt langsam wieder zu Kräften. Gerade rechtzeitig, um seine Mutter und seine Frau, die von der Epidemie ebenfalls nicht verschont geblieben waren, zu pflegen.

Not und Seuchen sind die Geschwister von Kriegen. Viele, die dem Kugelhagel entronnen waren, wurden jetzt dahingerafft. Die schreckliche Typhusepidemie forderte unter Leipzigs Einwohnern bis zu achthundert Opfer wöchentlich. Die Ärzte hatten geradezu Übermenschliches zu leisten.

Zeit des Suchens

Während dieser Schreckenszeit suchte Carus nach den Belastungen der täglichen Arbeit in Natur und Kunst Entspannung. Neben dem Zeichnen von Landschaften, das er bereits früher unter Anleitung von Dietz betrieben hatte, wandte er sich seit 1811 auch der Ölmalerei zu. Allerdings bereitete ihm dabei die fehlende malerische Ausbildung erhebliche Schwierigkeiten. Carus beschaffte sich einige kleinere Gemälde des zu dieser Zeit sehr bekannten Landschafts- und Tiermalers Johann Christian Klengel (1751–1824), der seit 1800 an der Dresdner Kunstakademie wirkte. Die von ihm gewählten zarten Lichteffekte bereiteten die romantische Stimmungsmalerei vor. Carus kopierte zunächst Klengels Bilder und versuchte sich so autodidaktisch die Technik der Ölmalerei anzueignen.

Nach wie vor aber fertigte er in seinen freien Stunden in der Einsamkeit des Rosentals Naturstudien an. Eine romantische Grundstimmung entsprach seinem Gemütszustand. Er schrieb dazu in seiner Autobiographie:

»Ein gewisser Zug von Ernst und Schwermut in der Tiefe meines Lebens wurde den meisten fühlbar, die mir damals nahestanden. Es war ein Suchen, ein Ringen nach innerer Gewißheit in mir, und das um so mehr, je mehr mir das Studium der Natur zeigte, in welchem ewigen Wechsel von Entstehen und Vernichtetwerden alles vorübereilte, was dem minder erschlossenen Auge wohl als Bleibendes und Festes für einige Zeit sich darstellen kann. Die ungeheure Frage nach dem ›Warum‹ all dieses Wechsels, all dieser steten Vernichtung, sie lastete oft mit Zentnerschwere auf dem jungen Geiste, und ich darf es wohl als ein besonderes Glück und als die Wohltat einer gesunden und widerhaltenden Organisation betrachten, daß diese entschiedene Überzeugung von dem an sich durchaus Vergänglichen und Eiteln alles Irdischen mich doch keineswegs abhielt immerfort bemüht zu sein, eben dieses Irdische auf das möglichst Vollkommene erkennen zu lernen.«[7]

Diese positive Grundhaltung kennzeichnete sowohl seine Malerei als auch sein wissenschaftliches Werk. Zur Malerei bemerkte er: »Wie oft ist es mir daher nicht auch noch späterhin gelungen, das innerste Geheimnis der Seele von schwerer Trübung zu reinigen, indem ich dunkle Nebelbilder, in Schnee versunkene Kirchhöfe und Ähnliches in bildlichen Kompositionen entwarf, welche, wenn sie auch manchen andern gleichfalls umflorten Seelen zusagten, doch endlich immer am meisten mir selbst Erleichterung ja Befreiung zu schaffen pflegten.«[8]

In seinem naturwissenschaftlichen Schaffen beeinflußten ihn während der ersten Periode seines Schaffens zwei Tendenzen. Er schreibt:

»In all diesem innern Streben und Suchen und mitten unter so vielen Arbeiten, welche zunächst nur die Bewältigung des Materials zur Aufgabe hatten, traten zwei Geister in ihren Werken mir näher, welche auf meine weitere Entwicklung nicht ohne Einfluß geblieben sind: Kant und Schelling. Der erstere in seinen ›Metaphysischen Anfangsgründen der Naturwissenschaft‹ läuterte meine Gedanken über das materielle Substrat aller Erscheinung durch die Reduktion der Materie, inwiefern sie allein begriffen werden könne als das ›Bewegliche im Raume schlechthin‹. Der andere in seiner tiefsinnigen Naturphilosophie ...«[9]

Kant charakterisierte die Situation der Naturwissenschaften: »Indes in der Wissenschaft und insbesondere in den Naturwissenschaften erhob sich auch wirklich damals eine merkwürdige und neue Zeit. Wenn ich in diesen Beziehungen die ungeheuren Fortschritte nur der letzten drei Dezennien betrachte, so darf ich kühnlich sagen, daß drei vorhergegangene Jahrhunderte gegen sie nur Geringes geleistet haben, und auch hier dankte man allerdings vieles, ja das meiste, jungen frisch hervorgetretenen Geistern.«

In bezug auf sein eigenes Werk sagte Carus:
»Für mich war nun, wie ich schon früher bemerkt habe, die Lehre von der unendlichen Vielfaltigkeit und der rastlosen Umwandlungen des Organismus das, was mich besonders anzog, was mich zu eigenen Untersuchungen anhaltend drängte und was mich auch die Beobachtungen anderer mit gespanntester Aufmerksamkeit verfolgen ließ. Ich darf in dieser Beziehung wohl sagen, daß ich angestrengt um das Material dieser Wissenschaft gekämpft habe und daß ich bemüht war, überall das Konkrete fest ins Auge zu fassen, bevor ich mir erlaubte, zum Abstrakten mich zu wenden. Will doch die Natur durchaus zuerst in allen ihren Tiefen durchdrungen sein, ehe sie dem allgemeinen höhern Überblicke sich darbietet, denn keine Lücken werden hier geduldet, und wie der reiche selbstbewußte Geist sich überhaupt nur erschließen kann, da, wo durch unbewußtes Walten zuvor eine wundervolle Organisation gereift ist, so dringt auch der höhere, überschauende und vernehmende Geist der Wissenschaft erst dann mit eigentümlichem Rechte hervor, wenn durch tausendfaltiges Mühen und Erfassen des Lernens die Gliederung sich entwickelt hat, in welcher dieser Geist zu walten und zu beharren wahrhaft vermag.«[10]

In diesem Sinne stand Carus' erstes größeres Werk »Versuch einer Darstellung des Nervensystems und insbesondere des Gehirns nach ihrer Bedeutung, Entwicklung und Vollendung im thierischen Organismus«, das 1814 bei Breitkopf und Härtel in Leipzig erschien. Über sein Bestreben, eigene, neue Wege zu gehen, ließ er bereits in der Einleitung keine Zweifel:

»So lange die Naturforschung in Schilderung der Mannigfaltigkeit und Vielheit der Naturerscheinungen verharrt, so lange bleibt sie Naturgeschichte und kann auf den Namen einer Wissenschaft keinen Anspruch machen, deren Wesen auf der Erkenntnis der Einheit in der Vielheit beruht — wollen wir daher eine Naturlehre des thierischen Organismus, eine wissenschaftliche Physiologie begründen, so darf es uns nicht genügen, die verschiedenen Formen und Kräfte dieses Organismus unzusammenhängend zu beschreiben, wir müssen vielmehr unablässig dem Gange der Natur folgend, mit wohlbedachtem Streben allmählig mehr und mehr in ihre Tiefen einzudringen, in ihr jene stete Einheit, jene ewige Gesetzlichkeit zu erkennen und nachzuweisen suchen ... verharren wir in einem solchen edeln Streben, so wird uns oft da, wo wir anfänglich chaotische Wildnis sahen, ein schönes, herrlich geordnetes Ganzes immer klarer und deutlicher hervortreten ...«[11]

Carus stellt fest:
»Es liegt im Geist der jetzigen Natur-Erforschung und Betrachtung, stets das Allgemeine zu ergreifen, die einzelnen Momente der Erscheinungswelt zu vereinigen und unter bestimmte Gesichtspunkte zu bringen, um sie endlich in der Form eines Naturgesetzes zusammenzufassen und zu erkennen.«[12]

Davon ausgehend ist seine Auffassung:
»Es ist der Gang des menschlichen Geistes in der Wissenschaft, wie im Leben und in der Kunst, daß er nur durch unzählige einzelne Erfahrungen, Beobachtungen und Reflexionen zu der Übersicht und dem Verständnis des Allgemeinen gelangen kann ...«[13] Mit seinem Buch wollte er einen Beitrag leisten zur Begründung einer wissenschaftlichen Physiologie des Nervensystems. »Sie (die Physiologie, W.G.), deren tiefste Wahrheiten von den ältesten Forschern bereits geahndet wurden, die späterhin mit den übrigen Künsten und Wissenschaften das gleiche Schicksal theilte, durch Grübeleien und Hypothesenwesen entstellt, oft bis zur Karikatur erniedrigt zu werden ...« stehe nunmehr vor ihrer wissenschaftlichen Fundierung:

»Man durchging jetzt immer besonnener die unendlichen Reihen organischer Bildungen, man verglich, man reflectirte, und je höher die Umsicht stieg, je ausgebreiteter das Feld der Erkenntnis sich dehnte, desto geordneter erschien die Natur, desto mehr verschwand des Zufalls rohes Walten, desto deutlicher ahndete man das Daseyn ewiger Naturgesetze. — Man erkannte, wie die ganze organische Welt nur die stufenweis erfolgende Entwicklung eines unendlichen Organismus darstellte, wie auf gleiche Weise die Entwicklungsgeschichte des thierischen Organismus in der unendlichen Menge verschiedener Thiergeschlechter sich fixiere, wie der menschliche Organismus die endliche Vollendung dieser Entwicklung darstelle ...«[14]

»So viel nun auch mit diesen allgemeinen Resultaten für die Gesamtgeschichte organischer Wesen gegeben war, so unendlich viel bleibt doch im Einzelnen noch zu beobachten und nachzudenken übrig, bevor es möglich seyn wird, über die besonderen Erscheinungen des Lebens, über Bedeutung einzelner Organe, und so viele jetzt noch dunkle Gegenstände mit Bestimmtheit zu urtheilen.«[15]

Carus betrachtete sein Buch »nur als ein Summiren und Ordnen bisher erworbener Resultate«. Es sollte die Grundlage bilden, für eigene, weiterführende Forschungen, als deren Hauptprinzip er die »vergleichende Betrachtung der Hirnformen in der Thierwelt« ansah. Die dem Werk beigegebenen sechs erläuternden Kupfertafeln wurden von Carus selbst angefertigt.

Bereits in dem wissenschaftlichen Frühwerk läßt Carus erkennen, daß er es künftig in seiner Arbeit nicht bei einer weiteren empirischen Akkumulation wissenschaftlicher Fakten bewenden lassen will. Sein Ziel ist es vielmehr, von der Erfahrung in die Breite zu der Erkenntnis in die Tiefe vorzudringen.

Die Resonanz auf seine Veröffentlichung war nicht ausgeblieben. Im Februar erhielt er das vorläufige Angebot einer Professur der Anatomie und Physiologie nach Dorpat (jetzt Tartu), das ihn zu noch aktiverer Arbeit anspornte, jedoch blieb ein endgültiges Angebot aus. Inzwischen hatte Carus auch seine Vorlesungen weitergeführt. Bis in den späten Nachmittag arbeitete er als Assistent im Trierschen Entbindungsinstitut oder versorgte als Armenarzt des Grimmaischen Stadtviertels seine Patienten. Gegen Abend setzte er sich an Manuskriptarbeiten oder widmete sich der Malerei. So malte er 1814 nach der 1813 entstandenen »Waldlandschaft« sein reifstes Gemälde der frühen Schaffensperiode, die »Frühlingslandschaft im Leipziger Rosental«.

Carus bemerkt dazu: »Eine Szene aus dem Rosental im

ersten noch blätterlosen Frühlingstreiben, sorgfältig zuvor nach der Natur gezeichnet und dann als Ölbild mit größter Sauberkeit ausgeführt, gehört zu dem Besten, was ich überhaupt gemalt ...«.[16]

Verheißungsvolle Angebote

Im Sommer 1814 wurde Carus angeboten, an der provisorischen Lehranstalt für Medizin und Chirurgie in Dresden eine Professur für Geburtshilfe und die Leitung der Entbindungsanstalt zu übernehmen. Waren auch die in Aussicht gestellten materiellen Bedingungen — 500 Taler bei freier Wohnung — keineswegs optimal, so bedeutete dies für ihn eine Entwicklungsmöglichkeit. Doch Carus war ein Mann der Realität. Erst wollte er die Lage sondieren und reiste zu diesem Zwecke im Oktober 1814 einige Tage nach Dresden. In Begleitung von messereisenden Kaufleuten traf er nach zweitägiger beschwerlicher Fahrt in der Elbmetropole ein. Hier residierte der russische Fürst Nikolai Grigorjewitsch Repnin Wolonski (1778–1845) als Generalgouverneur der Alliierten in Sachsen. Seinem Einfluß war sowohl die Reorganisation der Kunstakademie als auch die Gründung der provisorischen Lehranstalt für Medizin und Chirurgie, der späteren Medizinisch-Chirurgischen Akademie, zu danken. Diese Leistungen waren um so bemerkenswerter, da Repnin laut offizieller Verlautbarung des Generalgouvernements ein schweres Erbe übernommen hatte: »Ganz Sachsen..., erschöpft durch mittelbare und unmittelbare Folgen des Krieges, durch jahrelange Einquartierung; mehrere Provinzen fast gänzlich verheert; viele Orte abgebrannt oder zum Teil zu den Wachtfeuern der Truppen abgetragen; viele andere durch Plünderung des Notwendigsten beraubt, die Einwohner geflüchtet und zerstreut; auf großen Domänen, in ganzen Gemeinden kein Zug- und Zuchtvieh, kein Getreide zur Brödung und Aussaat; in allen Landesteilen pestartige Seuchen; tausende unglücklicher Kinder verwaist, ohne Versorgung; die Städte angefüllt mit Lazaretten, in welchen viele Tausende verwundeter und kranker Krieger aller Nationen auf Kosten des Landes geheilt und verpflegt werden mußten; die königlichen Kassen bis auf eine Summe in damals unbrauchbaren Kassen-Billetts gänzlich erschöpft, der Landeskredit vernichtet, kein Hilfmittel darbietend; das Papiergeld ohne Kurs, die Einwohner betäubt von so unerhörtem Unglück, die Behörden, deren Einrichtung nicht auf solch eine Zeit berechnet war, außerstande, mit der erforderlichen Kraft lebendig einzuwirken; die Angelegenheiten der Verwaltung zerrüttet, ...«[17]

Nicht die zu erwartende Fülle der Arbeit bei geringer Bezahlung war es, die Carus noch zögern ließ, sondern die Ungewißheit der Zukunft der provisorischen Lehranstalt:

»War es doch im ganzen immer für ein sonderbares Schicksal zu halten, daß ich zu jener Zeit, als fünfundzwanzigjähriger junger Mann, mit noch sehr weichem Gemüt, im Wissenschaftlichen zwar tüchtig durchgebildet, und schon als Verfasser eines gut aufgenommenen anatomisch-physiologischen Werkes genannt, zugleich aber der Poesie hold und der Landschaftsmalerei mehr als Künstler denn als bloßer Dilettant zugethan, mich plötzlich mit der Führung eines Amts betraut fand, das sonst nur ältern, vielerfahrenen und gewöhnlich nur vollständig prosaischen Naturen übergeben zu werden pflegt. Mancher eigenthümliche Conflict konnte hier nicht ausbleiben, ich mußte in mancher Hinsicht mich unter, in vieler mich über den Forderungen meiner angewiesenen Stellung fühlen; einer Stellung, die übrigens mich vielfach beengte und durch ihre große Verantwortlichkeit doch auch eigenthümlich beschränkte, sodaß denn natürlich jener schon früher erwähnte tiefmelancholische Zug meines Innern aus diesen Verhältnissen noch mannichfache trübe Nahrung saugen konnte und mußte. Dazu kam noch der eigenthümliche Umstand, daß ich anfänglich nur von einer provisorischen Landesverwaltung angestellt war, und mich selbst insofern sogar in einer etwas unsicheren Lage befand.«[18]

Auch seinem Freund Regis schrieb er im gleichen Sinne am 22. November 1814: »... Was im ganzen meine Lage hier in Dresden anbelangt, so kann Ihnen Dietz darüber manches Nähere mittheilen, das Mißlichste daran ist ohnfehlbar, daß Sie nicht vollkommen gesichert, nicht von Allen Seiten gewiß ist, allein was hatt denn endlich der Mensch ganz gewiß?«[19]

So entschloß sich Carus zu dem für seine Zukunft entscheidenden Schritt und leitete den Umzug nach Dresden ein. Der Abschied von seiner Vaterstadt Leipzig und seiner ersten ärztlichen Wirkungsstätte fiel ihm keinesfalls leicht.

In seiner Tätigkeit als Armenarzt war er in den Wohnungen der Notleidenden ein beliebter, gern gesehener Gast geworden, ein Arzt des Vertrauens, dem seine Patienten ans Herz gewachsen waren:

»Einen in ganz anderer Weise rührenden Abschied hatte ich auch noch bei den mancherlei dürftigen Familien zu nehmen, denen ich seit längerer Zeit als Armenarzt hilfreich gewesen war. Gerade in diesem Verhältnis aber, wo der Arzt ganz frei und unentgeltlich Kranken und Bedrängten zur Seite steht, in diesem Verhältnis, wo er zugleich durch Verordnung von Nahrung und Holz zum Wohltäter so vieler werden kann, ist dem, der mit Milde und echter Teilnahme seine Aufgabe behandelt, eine gar schöne und im edelsten Sinne humane Stellung gegönnt. Als viele dieser Bedrängten, wie ich sie nun so der Reihe nach zum letzten Mal besuchte, mir mit Tränen die harten Hände reichten und klagend, daß ich sie verlasse, mir ihren Dank und gute Wünsche lebhaft fühlend nachriefen, da empfand ich es wohl, was es mit dem großen, rein menschlichen Berufe des Arztes für eine Bewandtnis habe, und erkannte es zugleich, daß die wahre Belohnung eines echten ärztlichen Wirkens in einem anderen Buche niedergeschrieben werde als in dem Kontobuche des Kaufmanns.«[20]

An der medizinisch-chirurgischen Akademie

Mit 25 Jahren Professor

Am 2. November 1814 traf Carus mit seiner Frau, den Kindern Charlotte und Albert sowie seiner Mutter auf einem Fuhrwerk in Dresden ein.

Mit der Aufnahme der neuen Tätigkeit leitete Carus eine wichtige Etappe seiner beruflichen Entwicklung ein. Er besaß ein Berufungs- und Bestallungsdekret als Professor, unterzeichnet von dem Fürsten Repnin. Doch er schreibt: »... Fast zur gleichen Zeit indeß, als ich in Dresden mit den Meinigen ankam, hörte Repnins Regierung auf und eine neue Landesverwaltung unter preußischer Obhut trat ein, fortzudauern bestimmt, bis im günstigsten Falle, nach Rückkehr des angestammten Königs, die frühern Verhältnisse wiederhergestellt sein würden, also jedenfalls eine bevorstehende Veränderung, bei welcher man nicht wissen konnte, welche Entscheidung dann auch über die wissenschaftlichen Institute zu erfolgen haben würde.«

So blieb Carus und mit ihm eine Reihe von Fachkollegen

weiter im Ungewissen. Direktor der Akademie war der Anatom und Physiologe Burkhard Wilhelm Seiler (1779–1843), der im Jahre 1814 von Wittenberg nach Dresden überwechselte. Seiner Fürsprache hatte Carus die Berufung zum Professor zu danken.

Die von Carus geleitete Entbindungsanstalt war in der an das Kurländer Palais angrenzenden ehemaligen Oberzeugmeisterwohnung untergebracht. Seine Wohnung befand sich in der Klinik, in der auch während ihrer Ausbildung bis zu 24 Hebammenanwärterinnen Quartier bezogen. Diese Vielzahl der Mitbewohner hatte natürlich mancherlei Mißhelligkeiten zur Folge. Um zur Verbesserung des spärlichen Familienetats beizutragen, arbeitete Carus' Frau in der Klinikverwaltung.

Diese zusätzliche Einnahme war um so notwendiger, da kurz nach dem Umzug die Geburt des dritten Kindes, Mariane Albertine (1814–1868), die Familie vergrößert hatte.

Zu Beginn des Jahres 1815 schickte Carus seinem Freund Regis eine Skizze der Wohnung und schilderte humorvoll seine Lebensumstände:

»Es ist jetzt Sonntag Abend, – ich stopfe daher Tabak in einen trefflichen Meerschaumkopf mit Silber beschlagen und mit einem Weichselrohr versehen (die Pfeife habe ich durch den bekannten Akt der Schenkung), trinke einiges baierisches Bier, werfe mich wieder in einen anmuthigen schwarzen Lehnstuhl, mit dem meine Frau am Geburtstage mich erfreute und fahre, wie Sie sehen im schreiben fort. Nun von was denn erzählen? Wissen Sie wovon? Jetzt fällt mirs ein: ich beschreibe Ihnen etwas genauer meine Wohnung! – Weiß Gott, mir ist's immer fatal, wenn ich an irgend einen Freund denke, mir nicht seine nächste Umgebung hinzudenken zu können; wie zu einem lebensgroßen Portrait immer ein Zimmer oder so etwas als Hintergrund gehört, so tritt auch das Bild eines Menschen in Gedanken lebhafter hervor, wenn ich mir seine Umgebung hinzudenke. Aber zu dem Ende wird eine kleine Zeichnung besser seyn als viele Worte.

Da haben Sie in einigen Zügen meine ganze zweyte Etage. Die Fenster mit *) bezeichnet, haben die Aussicht auf die Elbe und den Elbberg. Sie sehen, ich habe da also eine kleine Einsidelei (B), die mir gar nöthig ist, indem meine Kinder von

Tage zu Tage mehr Lärm vorführen und mich, wenn ich mich nicht zu Zeiten dorthin, wie eine Schnecke ins Haus ziehen könnte, selten zum Arbeiten würden kommen lassen. Die Stube mit (A) bezeichnet soll hauptsächlich für einen oder anderen guten Freund bestimmt seyn, der auf dem Zeughofe einzusprechen gedenkt, wonach Ihr Euch fördersamst zu achten habt!«[1]

Carus war mit der Wohnung sehr zufrieden, freudig genoß er den Blick auf die Elbe. Auch die landschaftliche Schönheit Dresdens und seiner Umgebung entsprach seinen Wünschen:

»Übrigens fühlte ich nun immer mehr und mehr, wie sehr meine neue Heimat nach allen Richtungen mir zusagte. Der eigene poetische Schimmer, der über Dresdens Terrasse und Kirchen und Brücke gebreitet war (damals noch mehr wie jezt, weil das Leben um soviel stiller und einfacher), er war ganz für mein Wesen geeignet. Welche Abende verlebte ich nicht mit meinen Phantasien, wenn Nebelduft über die Elbe dämmerte und der Mond über den fernen bewaldeten Hügeln heraufkam, welche Träume kamen mir nicht, wenn ich über den umrankten Trümmern am Zwinger unter den alten Linden wandelte«.[2]

Carus' Mutter war mit der jungen Familie nach Dresden gezogen, während der Vater noch immer hoffte, gegen den drohenden geschäftlichen Ruin ankämpfen zu können. Aber vergebens. Um die anwachsenden Schulden zu decken, mußte er schließlich Haus und Geschäft verkaufen und siedelte ebenfalls nach Dresden über. »Hier wohnten denn die beiden Alten in einem Dachzimmerchen bei mir und teilten mit uns, was eben Spärliches uns selbst verliehen war ...«, vermerkt Carus in seinen »Denkwürdigkeiten«.

Die Erfahrungen seiner praktischen Arbeit ließen neue Pläne zu schriftstellerischen Vorhaben entstehen, in denen er sein Wissen vor allem den Studenten vermitteln wollte. Zunächst begann er die Arbeit an dem »Lehrbuch der vergleichenden Zootomie«, widmete sich aber bald noch einem weiteren Vorhaben, dem »Lehrbuch der Gynäkologie«.

Die Schönheit der landschaftlichen Umgebung Dresdens lockte ihn oft vom Schreibtisch, an dem die Vorarbeiten zu beiden Büchern reiften, in die Natur.»Und«, so schrieb Carus, »indem da manche Naturzeichnung entstand, saugte ich Erquickung und neue Lust auch zu meinen wissenschaftlichen Arbeiten aus dieser grünenden und blühenden Welt.«[3]

In Dresden lernte Carus J. Chr. Klengel persönlich kennen, dessen Landschaftsbilder ihn bei seinen autodidaktischen Malstudien wertvolle Hilfe geleistet hatten. Klengel war eine etwas schrullige Erscheinung, mehr durch sein malerisches Beispiel als durch helfende Kritik anregend.

So glücklich wie das erste Dresdner Jahr verlaufen war, so schwer begann das Frühjahr 1816. Carus, sein Töchterchen Charlotte und der kleine Ernst Albert erkrankten an Scharlach. Während Vater und Tochter bald wieder genasen, verstarb der Vierjährige. Dieser schwere Schicksalsschlag traf Carus tief:

»Es war das erste Mal, daß der Tod, den ich in hundertfältigen Gestalten wohl so viel Opfer hatte fordern sehen, mir nahe ans Herz griff, und eine Eiseskälte durchrieselte mich, von der ich mich nur langsam wieder erholte. So zog es mich also auch jetzt wie im Frühjahr 1814, nach den schweren Kriegs- und Krankheitsstürmen, in allen Mußestunden wieder an die Staffelei, und je mehr die schwere Trübung des Innern und der einsame tiefe Schmerz in irgendeinem sinnigen dunkeln Bilde offenbar wurde und wie in einer geheimnisvollen Spiegelung dort widerschien, um so mehr kehrte der Friede wieder ein, und selbst die wissenschaftlichen Arbeiten für vergleichende Anatomie und Gynäkologie gingen nun kräftig, ja mit einer eigenen, gleichsam aus der Resignation des Lebens gewonnenen Klarheit wieder vorwärts«:[4]

Debüt als Wissenschaftler und Künstler

Wenige Monate waren seit dem siegreichen Ende der Befreiungskriege gegen die französische Fremdherrschaft vergangen, als Ende September 1814 der Wiener Kongreß zusammentrat, um den Friedensvollzug in Europa und die staatliche Neuordnung Deutschlands festzulegen. Von dieser Versammlung der meisten europäischen Staaten »erwarteten die von der napoleonischen Unterdrückung befreiten Völker, daß die Beschlüsse des Kongresses den Leistungen, die sie während des Krieges vollbracht, und den Opfern, die sie für die Befreiung auf sich genommen hatten, Rechnung tragen würde.«[4a] Doch Verlauf und Ergebnisse des Wiener Kongresses standen im krassen Gegensatz zu solchen Hoffnungen und Erwartungen: »Hauptziel des Wiener Kongresses war, die seit der bürgerlichen Revolution in Frankreich und der Herrschaft Napoleons I. eingetretenen politischen und staatlichen Veränderungen soweit wie möglich wieder rückgängig zu machen und durch eine politische und territoriale Neugestaltung Europas einen Ausgleich der Machtinteressen vorzunehmen, um eine gemeinsame Abwehrfront der Fürsten gegen die nationalstaatlichen und freiheitlichen Bestrebungen der Völker zu schaffen. ...

Die Deutsche Bundesakte vom 8. Juni 1815 regelte die staatliche Neuordnung Deutschlands und schuf den Deutschen Bund. ... In Deutschland wurde der Gebietsumfang der Partikularstaaten endgültig fixiert und dabei Preußen u. a. die Hälfte des Königreiches Sachsen, das Rheinland und Westfalen zugesprochen.«[4b]

Zur Aufrechterhaltung der monarchischen Ordnung und des auf dem Kongreß geschaffenen politischen und staatlichen Systems in Europa wurde die Gewaltherrschaft der Heiligen Allianz mit ihren Unterdrückungsmaßnahmen gegen die bürgerlich-nationale Opposition begründet.

In Auswirkung der Beschlüsse des Wiener Kongresses war der sächsische König Friedrich August I. (1750–1827) aus seiner »Ehrenhaft« in das erheblich verkleinerte Königreich Sachsen zurückgekehrt. Von den vielfältigen Maßnahmen, die Fürst Repnin, der historischen Entwicklung Rechnung tragend, zur Förderung von Wirtschaft, Wissenschaft und Kultur eingeleitet hatte, war der »Landesvater« nach Kräften bestrebt, so viele wie möglich rückgängig zu machen.

Die von Fürst Repnin angeregte Errichtung der medizinisch-chirurgischen Akademie entsprach jedoch auch den Interessen des Herrscherhauses, so daß der König am 17. Oktober 1817 deren Gründung bestätigte. Damit gab es für

Carus endlich keine Zukunftssorgen mehr. Als Termin für die öffentliche Einweihung der Akademie wurde der Namenstag des Königs, der 3. August 1816, vorgesehen.

Zu einer solchen Festlichkeit gehörte auch eine Festrede. In der Beratung des Professorenkollegiums der Akademie schlug Carus eine Rede über fossile Reste urweltlicher Tiere vor. Dieser Vorschlag fand allgemeine Zustimmung — damit zugleich die Person des Redners feststand, denn kein anderer außer Carus selbst, war geeignet, diese Thematik zu behandeln. Er informierte Regis darüber, wie er zu diesem Auftrag kam:

»Auch zu dieser Arbeit bin ich auf eine sonderbare Weise gekommen. In einer Conferenz nämlich, wo über das Detail jener Feyerlichkeit bestimmt werden sollte, und wo unter anderem auch der Vortrag einer Rede beschlossen wurde, welche allerdings, da die sämtlichen Minister, Präsidenten usw. beywohnen werden, ein allgemeineres Interesse haben müßte, äußerten mehrere der Professoren, daß hierfür besonders ein Gegenstand aus der Physik sich eigene, worauf denn der Lehrer der Chemie und Physik eine Vergleichung der neuern Farbentheorien vorzutragen sich erbot, bey welcher ich denn wohl merken konnte, daß es vorzüglich auf ein Herabsetzen der Theorie Goethes abgesehen war, welche allerdings in der Strahlenbrechungslehre einige schwache Seiten zeigen mag.

Da ich nun ein solches Bekritteln demohnerachtet nicht wohl leiden mag, so schlag ich (der bis dahin, um sich nicht neue Lasten aufzubürden, weislich stillgeschwiegen hatte) eine Abhandlung über die fossilen Thiere vor, welchen allen so sehr wegen des allgemeinen interessanten Gegenstandes den Vorzug zu verdienen schien, daß ich auch zu einem bey dieser Gelegenheit erscheinendem Programm Zeichnungen zu entwerfen gehabt, welche jetzt von Schröter in Leipzig gestochen werden, und so ist mir denn durch diese Feyerlichkeit wieder eine Menge Zeit geraubt worden.«[5]

Die Vorarbeiten, auf die sich Carus stützen konnte, waren wenig ergiebig. Die mit Hilfe des Mikroskops ermöglichte Erforschung der Mikrogeologie wurde erst durch Christian Gottfried Ehrenberg (1795–1876) Mitte der 50er Jahre des

19. Jahrhunderts eingeleitet. Alle diese umwälzenden Erkenntnisse waren Carus noch unbekannt. So stellte er später fest: »... in allen diesen (wissenschaftlichen, W. G.) Beziehungen war also jene Rede eine wahre Kindesarbeit, und doch hatte sie damals ihren Zweck vollständig erfüllt, sie paßte in die Zeit, sie hatte die hoch und niedrig gestellten Hörer interessiert und meine Darstellungsweise und Eigentümlichkeit zuerst in weitern Kreisen Dresdens bekanntgemacht.«[6]

Hierin lag für Carus die große persönliche Bedeutung seiner Festrede.[7] Sie machte ihn erstmals in den Kreisen der Hofgesellschaft bekannt. Nicht zu unrecht vermerkte er: »Diese Rede ist zu datieren und zu erklären aus einer Larvenperiode meines Lebens ...«. Das erste öffentlich-gesellschaftliche Auftreten half Carus in nicht geringem Maße, das Larven-Jugendstadium zu überwinden. Carus hatte die besondere Aufmerksamkeit seines einflußreichen Professorenkollegen an der Akademie, Friedrich Ludwig Kreysig (1770–1839), der seit 1803 Leibarzt des sächsischen Kurfürsten war, auf sich gelenkt. Kreysig ließ sich fortan von ihm regelmäßig über neue Forschungsergebnisse der Anatomie und Physiologie berichten und betrachtete mit großem Wohlwollen auch sein künstlerisches Schaffen. In Kreysig hatte Carus einen Fürsprecher, der für seine weitere Entwicklung bedeutungsvoll wurde.

Einen Tag nach der Stiftungsfeier berichtete eine Druckschrift eingehend über die Festlichkeiten. Zugleich werden hier, und das ist von Bedeutung, erstmals die wissenschaftlichen und praktischen Aufgaben der neuen Akademie detailliert fixiert:

»Es sollen erstlich, durch sie alle Hülfsmittel vereinigt werden, welche eine große Stadt, mit ihren volkreichen Umgebungen, allein vorzüglich reichlich darbietet, um durch practische Anstalten jungen Ärzten, die auf Universitäten ihre Studien schon vollendet haben, Gelegenheit zu verschaffen, in allen practischen Theilen der Heilkunde sich zu vervollkommnen. Sehr wichtig und nothwendig ist es aber gewiß für jeden jungen Arzt, daß er einige Jahre lang unter Anleitung mehrerer Lehrer die ärztliche Behandlung der Kranken lerne und sich in derselben übe, ehe er zum selbständigen Handeln übergeht; denn dieses allein führt den jungen Arzt zur Sicherheit und Festigkeit in seinem Heilverfahren.

Sehr wichtig ist der zweite, ihr angewiesene Geschäftskreis: der Unterricht und die Leitung der Bildung des ärztlichen und wundärztlichen Personals für die Königl. Sächsische Armee.

Nicht minder wichtig ist die dritte Bestimmung derselben, als Bildungsanstalt für Wundärzte. Sie hat dahin zu wirken, daß diejenigen, welche sich dem Stande der Wundärzte widmen wollen, so weit ausgebildet werden, daß sie als Wundärzte, zum Wohl der Kranken, zweckmäßig selbständig handeln können, und zugleich den Ärzten, als brauchbare Gehülfen, zur Seite stehen, die bei der Besorgung der Kranken, vorzüglich in kleinern Städten und auf den Dörfern, ganz unentbehrlich sind. Um zur Erfüllung dieses Zwecks hinzuarbeiten, werden die Studirenden vor der Inscription geprüft, wenn sie nicht auf Schulen ihre Studien ganz vollendet haben und darüber vollgültige Zeugnisse vorzeigen können. Nur die Fähigern werden angenommen, welche Hoffnung geben, daß sie durch gehörigen Unterricht und Privatfleiß brauchbare Männer werden können. Diese sucht man, nach ihren individuellen Bedürfnissen, in den Vorbereitungswissenschaften zu vervollkommnen und ihren Geist auszubilden, ehe ihnen gestattet wird, Vorlesungen zu besuchen, welche sie, ohne solche Vorübungen, nicht verstehen würden. In Allen sucht man, durch Lehren und Ermahnungen, edle und moralische Gute Sitten zu erhalten und zu erwecken. Nur denjenigen, welche sich in den Kenntnissen der Vorbereitungswissenschaften auszeichnen, welche bei einer neuen Prüfung hinlängliche Bekanntschaft mit den theoretischen Theilen der Heilkunde zeigen und gute Fähigkeiten besitzen, wird der Zutritt zu den practischen Anstalten für innere Krankheiten gestattet, und von diesen sucht man die Vorzüglichsten so weit zu bilden, daß sie da, wo Doctoren der Heilkunde mangeln, die Stelle derselben, unter den nöthigen Einschränkungen, versehen können. Nach Vollendung der Studien wird aber erst durch eine Prüfung von dem Königlichen Sanitäts-Collegio bestimmt, welcher Wirkungskreis einem jeden Zöglinge nach seinen Fähigkeiten und Kenntnissen angewiesen werden kann, und Gesetze werden für Aufrechterhaltung der Ordnung sorgen. Durch dieses gemeinsame Wirken darf man mit Zuversicht hoffen, daß nach und nach für die Kranken, auch in den kleinern Städten und Dörfern, so zweckmäßig als nur möglich gesorgt werden wird. Nur muß man nicht erwarten: in einem wichtigsten und schwierigsten Theile der Gesundheitspolizey schnell zum Ziele der Vollkommenheit eilen zu können. Hier, wo es auf bessern Unterricht der Volksärzte, auf Verbreitung richtiger Ansichten unter dem Volke selbst ankommt, führt allein Bedachtsamkeit, Beharrlichkeit und Zeit mit Sicherheit zum Ziele.

Durch die Entbindungsschule sorgt die Akademie viertens, für den zweckmäßigen Unterricht der Geburtshelfer und Hebammen. Mündlicher Unterricht wird mit oft wiederholten practischen Übungen verbunden, durch welche allein die Hebammen die gehörige Geschicklichkeit erlangen können, und ohne welche jeder Versuch des Hebammenunterrichts ein gefährliches Scheinwerk ist. Se. Königl. Majestät haben bereits befohlen, daß die Thierarzneischule verbessert und mit der Akademie vereinigt werden soll. Auf diese Weise wird sie fünftens, einem sehr fühlbaren Bedürfnisse des Landes, dem Mangel an wohlunterrichteten Thierärzten abhelfen. Man wird dahin trachten, daß vorzügliche Wundärzte in diesem Zweige der Heilkunde unterrichtet werden, um so dem Lande eine hinlängliche Anzahl recht brauchbarer Thierärzte geben zu können.

Durch die clinischen Institute sind endlich Anstalten begründet, in welchen Kranke und Schwangere stets die ihnen nöthigen Bedürfnisse und Hülfleistungen bereit finden. Hier sollen Leiden und Noth, die manchen armen Unglücklichen drücken, gehoben oder doch gelindert werden.«[8]

Zur gleichen Zeit, als Carus in das öffentliche wissenschaftliche Leben trat, beteiligte er sich auch erstmals an einer Kunstausstellung. Unter dem Motto »Festtagsarbeiten eines Kunstfreundes« stellte er in Dresden vier Landschaftsbilder aus. Aus den poetischen, naturverbundenen frühen Gemälden sprechen die Anregungen seines, an dem Landschaftsmaler Christoph Nathe (1753–1806) geschulten ersten Lehrers Julius Dietz, unter dessen Anleitung er eine Fülle von Naturskizzen erarbeitet hatte, und die autodidaktischen Studien an den Gemälden von Klengel. Ein Brief an Regis, mit dem er sich frei und offen über politische, wissenschaftliche und künstlerische Fragen austauschte, zeigt, daß Klengel Carus insbesondere auf das Studium der niederländischen Malerei orientierte: »Sie haben wahrscheinlich von Dietz gehört, daß ich mit dem alten Klengel bekannt geworden bin. Nun kann ich Ihnen auch erzählen, daß er bei mir gewesen ist, meine Bilder durchgesehen hat und über einige, zumal einige größere, die ich erst hier gemalt habe, viel Freude bezeugt hat, vieles hat er indes auch verworfen, um mich vorzüglich auf das Studium der Alten, eines Both, Waterloo und Swanevelt verwiesen. Ich bin zu dem Ende jetzt öfters hier im Kupferstichkabinett.«[9]

Wie ein weiterer Brief an Regis zeigt, hatte Carus lange gezögert, sich an der Dresdner Ausstellung zu beteiligen: »Es ist mir wunderlich gegangen mit dieser Ausstellung. Sie wissen doch selbst, daß ich nie Lust hatte, etwas dahin zu geben.« Carus blieb weiterhin unentschlossen. Er schrieb: »... hat jedes öffentliche Auftreten, sei es auch nur hier mit ›Festtagsarbeiten eines Kunstfreundes‹, ... etwas Schreckhaftes, daß ich nicht bestimmt zu entscheiden vermochte, sondern endlich dem Zufall es zu überlassen beschloß, ob ich etwas abgeben sollte oder nicht.

Die Rücksicht auf einige lange Gesichter über Ölgemälde von einem Arzte und öffentlichen Lehrer hat mich hierbei sehr wenig bewegt ...«[10]

Noch immer zeigte Carus recht wenig Initiative, die fehlenden Rahmen erschienen ihm als Alibi, von der Ausstellung doch noch Abstand zu nehmen. Seine Frau aber erwarb die Rahmen preisgünstig bei einem Antiquitätenhändler, und sein Vater nahm nun die weitere Organisation der Angelegenheit in die Hand, so daß schließlich in der Ausstellung folgende vier Bilder von Carus zu sehen waren: »Eingang zur Unterwelt«, »Felsenlandschaft mit ruhendem Kind und Kapelle«, »Waldeinsamkeit« und »Weide im Herbstnebel«.

Carus' Bilder fanden das Interesse der Besucher. Namentlich Caspar David Friedrich (1774–1840) wurde auf ihn aufmerksam. Von dem Erfolg legte ein Ausstellungsbericht in dem »Morgenblatt für gebildete Stände« beredtes Zeugnis ab: »Vor vielen anderen aber zogen uns Nr. 121 bis 124 vier Landschaften in Öl von D. Carus, unstreitig einem Kunstdiletanten an. Denn hier spricht sich angehende Meisterschaft aus, die nur noch einiger Praktik bedarf, um bald vollkommen siegreich hervorzutreten.«[11]

Diese Bestätigung der malerischen Begabung war für Carus sehr wichtig, denn nach der Übersiedelung nach Dresden hatte er sich dem Zeichnen mit Kreide gewidmet und das Malen zunächst eingestellt. Dazu hatte er Ende des Jahres 1814 an Regis bemerkt:

»Es geht mir wunderlich hier mit meinen Malereien, sie sind mir zum Teil und zwar zum größten Teil recht fatal geworden; bei der größeren Natur von hier und den reineren Farbtönen, die bei der weiten Ferne hier sich deutlicher darstellen, fühle ich das Enge, das Unreine meiner früheren Bilder nur zu lebhaft. Soviel ist sicher, entweder male ich künftig gar nicht mehr oder was ich male, muß einen größeren und freieren Charakter erhalten.«[12]

Die universelle Bildung und eine vielseitige Begabung ließen Carus' wissenschaftliches und künstlerisches Schaffen weiter reifen. Seine Existenzgrundlage blieb der ärztliche Beruf, den er jedoch keineswegs nur als »Broterwerb« betrachtete:

»Man hätte nun vielleicht glauben mögen, daß, weil Kunst und Wissenschaft mich geistig immer mehr und mehr nach ihrem Heiligtume fortzogen, dagegen der tägliche Beruf meines damaligen Lebens mit aller seiner Prosa nur eine bloße Last gewesen und nur notgedrungen und obenhin von mir verwaltet worden wäre, etwa wie Jacques Rousseau Noten abzuschreiben pflegte oder Spinoza neben seinen philosophischen Studien das Glasschleifen trieb, um sich seinen Unterhalt zu gewinnen, aber ich darf versichern, daß das keineswegs der Fall war. Der Himmel hatte mir darin eine eigene Gabe verliehen, die mir und andern doch gar mannigfaltig im Leben zugute gekommen ist, nämlich mit ziemlich gleicher Energie und Ausdauer ebenso einerseits in das kleinste Detail praktischer Tätigkeit, als andererseits auch wieder in die verborgensten Tiefen der reinen Abstraktion mich versenken zu können, und so kostete es mir durchaus keine schmerzliche Überwindung, oft mitten aus meinen vergleichend anatomischen Studien oder aus physiologischen und psychiologischen Spekulationen, ja wohl auch von dem Entwurf irgendeines mir lieb gewordenen Gedankenbildes hinabzusteigen zu meinem Lehrzimmer und mich auch da wirklich herabzulassen zu den schwachen Fassungskräften meiner Schülerinnen und zu den oft nicht viel stärkern so mancher unter diesen Chirurgen und Militärärzten. In Wahrheit, ich darf es sagen, es war ein großes Maß von Berufstreue in mir auch für dieses Wirken! Die Überzeugung war nur zu lebendig, wie unendlich wichtig in seinen Folgen einmal dieser Unterricht — Frauen und Kindern in den gefahrvollsten Lebenslagen auf die rechte Weise Hilfe zu leisten — werden müsse; die größte Genauigkeit und die frischeste kräftigste Darstellung erschien mir hier ganz unerläßlich, und ein Beweis, daß meine Mühe und Sorgfalt gute Früchte trug, war die außerordentliche Anhänglichkeit und Liebe, mit welcher diese oft so ganz roh vom Lande hereingekommenen Frauen und größtenteils auch meine männlichen Zuhörer an mir festhielten; ja auch von den Behörden blieb alles dies nicht unbemerkt, denn kaum hatte ich das zweite Jahr meiner Professur vollendet, als mir eine nicht unbedeutende Zulage in sehr erwünschter Weise bewilligt wurde.«[13]

Die Gehaltsaufbesserung erhielt Carus jedoch erst, nachdem er in einer Bittschrift vom 26. Juni 1816 zum Ausdruck gebracht hatte, daß ihm eine in Halle freigewordene Stelle als Professor für Geburtshilfe mit sehr günstigen Bedingungen angeboten worden sei.

In dieser Zeit widmete Carus seine wissenschaftliche Hauptarbeit dem Abschluß des Lehrbuches der Zootomie, zugleich aber begann er die Arbeiten an einem noch umfassenderen Vorhaben, einem Handbuch der vergleichenden Anatomie sowie entsprechenden Erläuterungstafeln. Er sezierte und präparierte mit Energie und Hingabe, schrieb Erläuterungen, fertigte Zeichnungen und ätzte Kupferplatten.

Ein Jahr nach dem Tode des Sohnes Ernst Albert wurde sein viertes Kind, Albert Gustav Carus (1817–1891) geboren; er wurde später als Leibarzt der Nachfolger seines Vaters. Die Liebe zu dem Kleinen ließ Carus den noch immer tiefempfundenen Schmerz über den tragischen Verlust seines Sohnes allmählich überwinden, zumal ihm die wachsende Beanspruchung nur wenig Zeit ließ, über Vergangenes zu grübeln. Aus der Liebe zu den Menschen erwuchs ihm die Kraft für seine Arbeit, sie wurde gestärkt durch ein glückliches Familienleben, eine tiefempfundene Naturverbundenheit und vielfältige Bereicherungen durch kulturelle Impulse.

Neue und alte Freunde

Nach mehrjähriger Arbeit schloß Carus 1818 sein zweites bedeutendes Werk der ersten Schaffensperiode, das »Lehrbuch der Zootomie« ab, mit dem er das berühmte »Handbuch der vergleichenden Anatomie und Physiologie« seines Vorbildes Blumenbach weiterführen wollte.

Einleitend erklärte er, warum er als Arzt, ja als Gynäkologe sich so intensiv den Fragen der Zootomie widmete.

»Die Zergliederungskunde, inwiefern sie den Bau der verschiedenen Thiergattungen kennen lehrt und vergleicht, verdient und erregt die Aufmerksamkeit des Physiologen, des Zoologen, des denkenden Arztes in gleich hohem Grade; denn wenn sie dem Erstern die Annäherung zu den Geheimnissen organischer Kräfte erleichtert, und dem Andern die Verwandtschaft innern und äußern Thierlebens verstehen lehrt, so verspricht sie dem Letzteren dagegen eine klarere Ansicht von der Bedeutung mancher krankhaften Bildungen und Zustände auch des menschlichen Körpers zu gewähren.

Überraschend bleibt es demnach, wenn bey einem so reichen Gegenstande doch nur Wenige bisher es unternahmen, vom gesammten Umfange desselben umfassendere Darstellungen zu geben...«[14]

Die Hauptaufgabe der Zootomie sei es »... eine Geschichte der stufenweise sich vervollkommnenden Organisation in der Beschreibung des verschiedenen Baues der einzeln thierischen Geschöpfe zu geben...«.[15]

Ziel seines Buches war, »daß durch die Zootomie nachgewiesen werden solle, die Geschichte der stufenweise sich vervollkommnenden thierischen Organisation, in der Beschreibung des verschiedenartigen innern Baus der einzelnen thierischen Geschöpfe«.[16]

Dabei hielt er es für zweckmäßig, »stets von der Betrachtung der tiefsten Stufen thierischer Organisation ausgehend, diese letztere in ihrer Steigerung bis zur vollendeten Form«[17] zu verfolgen.

Carus räumte auch den Umweltfaktoren großen Einfluß ein: »Wie aber der Mensch überhaupt die Tiefen seines Wesens am sichersten aufzuklären hoffen darf mittelst einer treulichen Erforschung und Beobachtung seiner mannigfaltigen äußeren Umgebungen, so scheint auch dieselbe äußere Natur, wo es nur darum zu thun ist, die Gebilde des thierischen Körpers nach gewissen größeren Abteilungen zu ordnen, die einfachsten und sichersten Eintheilungsgründe darzubieten.«[18]

Mit seinem »Lehrbuch der Zootomie« hatte Carus seine in dem wissenschaftlichen Erstwerk »Versuch einer Darstellung des Nervensystems« angedeutete, von Goethe beeinflußte, »genetische Methode« der Naturforschung weiter auszuarbeiten begonnen. Das zentrale Anliegen war dabei, die Erscheinungen der Natur nicht als isolierte voneinander unabhängige Sachverhalte zu sehen, sondern sie in ihrem Werden und Entstehen darzustellen (siehe S. 107).

Bei der Erarbeitung des Werkes nutzte Carus seine künstlerische Begabung zum Erläutern der wissenschaftlichen Darlegungen. Nicht weniger als 200 der 330 beigegebenen Abbildungen wurden von ihm nach der Natur gezeichnet:

»Nach langen Vorstudien und mehrjähriger angestrengter Arbeit hatte ich im Jahre 1818 mein Lehrbuch der vergleichenden Anatomie vollendet, eine Menge von Zeichnungen waren dazu nötig gewesen, ich selbst hatte die Tafeln auf Kupfer radiert, und der Atlas mit, wenn auch nur skizzierten, doch jedenfalls erläuternden und charakteristischen Abbildungen lag fertig vor mir. Als ich das Werk an einige gelehrte Freunde zu versenden im Begriff war, erschien es mir als eine Pflicht der Dankbarkeit, auch insbesondre dem Manne ein Exemplar überreichen zu lassen, dem ich schon in

Jünglingsjahren die lebhaftesten Anregungen verdankte, dessen tiefes Naturgefühl mich aus seinen Gedichten und seinem Faust begeisternd angeweht hatte und in dessen Bestrebungen, die Metamorphose der Pflanzen zu durchdringen und das Geheimnis mancher Skelettbildungen zu entziffern, mir die in der Wissenschaft seitdem mit Riesenschritten weitergediehene genetische Methode zuerst schöner und deutlicher erschienen war. – Mit einem Briefe, in welchem ich diese Gesinnungen möglichst auszusprechen versucht hatte, sendete ich daher das Buch an Goethe, ein Buch, welches eigentlich bei den wenigen Hilfmitteln, welche mir damals zu Gebote standen, eine Art von Wagnis war, welches indes doch selbst in dieser unvollkommenen Form in weitem Kreise anregend gewirkt hat und späterhin durch eine Ausgabe vervollständigt, und in englischen und französischen Übersetzungen vervielfältigt, zur gegenwärtigen reichen Entwicklung des Studiums der vergleichenden Anatomie wesentlich beigetragen hat.

Das Schreiben, womit Goethe diese Sendung erwiderte, war mir zu jener Zeit, wo ich, die Unvollkommenheit dieser Arbeit nur zu gut fühlend, fast an ihrem Erfolg verzweifeln mußte, in jeder Beziehung ermutigend, und noch jetzt ist es mir, als die erste mir persönlich von ihm zugekommene Mitteilung, als der Anfang eines nähern Verhältnisses zu ihm, so wie als in seinen Äußerungen im hohen Grade bezeichnend für die gesamte Individualität Goethes, lieb und wert.«[19]

Mit der Zusendung seines Buches leitete Carus einen vierzehnjährigen anregenden Schriftwechsel mit dem von ihm hochverehrten und bedeutendsten Repräsentanten der deutschen Klassik ein. Die von Carus erwähnte Antwort Johann Wolfgang Goethes (1749–1832) vom 23. März 1818 lautete:

»Ew. Wohlgeboren

Sendung kommt mir zu einem glücklichen und bedeutenden Moment: denn indem ich seit einem Jahr den Auftrag habe in Jena, unter Leitung Herrn Professor Renners, eines vorzüglichen Mannes, dessen Verdienste Ihnen gewiß nicht unbekannt sind, eine Schule der Tierkunde einzuleiten und zu fördern, damit uns die höchst notwendigen und nützlichen Haus-Geschöpfe im gesunden und kranken Zustand, sodann auch in ihrem Bezug zu der übrigen animalischen Welt genauer würden; so gab mir dies den schönsten Anlaß ältere leidenschaftliche Studien zu erneuern, meine Papiere vorzunehmen und einiges, als Zeugnis meines innigsten Anteils, dem Publikum darzulegen.

Wenn ich nun schon längst ein Kompendium entbehre, welches methodisch genug angelegt wäre, den hohen Begriff zu erleichtern und die ungeheure Naturidee knapp im Einzelnen und lebendig im Allgemeinen nachzuweisen; so mußte mir Ihre Arbeit höchst erwünscht sein und ich zweifle nicht daß in wenigen Jahren sich der akademische Unterricht nach Ihrer Leistung richten werde. Wie sehr hätte ich gewünscht, dieses nächsten Sommer schon bei uns zu erleben.

Da ich mich seit vierzig Jahren in diesem Felde reichlich abquäle; so gehöre ich gewiß unter die welche Ihr Werk höchlich schätzen. Nur wenige Stunden konnte bisher darauf verwenden, allein ich sehe schon auf jedem Blatt, auf jeder Tafel meine Wünsche erfüllt. Das von andern Geleistete, Bekannte, aber in tausenderlei Schriften und Heften Zerstreute gesammelt und mit Neuem, Eigenem vervollständigt.

Ich nehme nun mit desto mehr Zuversicht meine alten Papiere vor, da ich sehe daß alles was ich in meiner stillen Forscher-Grotte für recht und wahr hielt, ohne mein Zutun, nunmehr ans Tageslicht gelangt. Das Alter kann kein größeres Glück empfinden, als daß es sich in die Jugend hineingewachsen fühlt und mit ihr nun fortwächst. Die Jahre meines Lebens die ich, der Naturwissenschaft ergeben, einsam zubringen mußte, weil ich mit dem Augenblick in Widerwärtigkeit stand, kommen mir nun höchlich zugute da ich mich jetzt mit der Gegenwart in Einstimmung fühle, auf einer Altersstufe wo man sonst nur die vergangene Zeit zu loben pflegt.

Nehmen Sie beikommendes Heft freundlich auf! Sie finden größtenteils darin worüber wir einig sind. Zu Michael hoffe ein zweites zu senden. Unterrichten Sie mich von Zeit zu Zeit von Ihren Zuständen und Arbeiten, ich habe Pflicht und Muße daran Anteil zu nehmen.

Vergessen darf ich zum Schlusse nicht, daß die geistreiche Behandlung der Tafeln für den allgemeinen Begriff, wie er hier erwartet werden kann, sehr willkommen erscheint. Verzeihen

Sie übrigens eine etwas eilige Behandlung Ihrer so wichtigen Arbeit. Bei so vielen Zudrang bin ich gewohnt, daß Freunde es nicht so genau mit mir nehmen: denn manchen lieben werten Brief ließ ich unbeantwortet, eben weil ich etwas Würdiges zu erwidern mir zur Pflicht machte. Das Beste wünschend ergebenst

Goethe.«[20]

Carus war durch sein wissenschaftliches und künstlerisches Werk bekannt geworden. Bald zählten hervorragende Persönlichkeiten zu seinen Gästen. Aus Dänemark kam der mit seinem klassizistischen Werk die europäische Kunst stark beeinflussende Bertel Thorvaldsen (1768—1844). Carus bekennt: »er hatte ... mächtig und nachhaltig auf mich gewirkt.«[21] Während einer Durchreise besuchte ihn auch Alexander von Humboldt (1769—1859). Er leitete damit eine ständige, von großer gegenseitiger Hochachtung getragene Beziehung ein. Humboldts »Ansichten der Natur« erwiesen sich für Carus' wissenschaftliche Veröffentlichungen von größter Bedeutung. Sie hatten ihm »die Wissenschaft ... in poetischer Verklärung vorgeführt.« Carus vermerkt: »Bis dahin war mir die Wissenschaft fast überall nur im ernsten und trockenen Gewande erschienen, denn beinah so wie Talleyrand von der Sprache sagte, daß sie dem Menschen gegeben sei, seine Gedanken zu verbergen, so waren die deutschen Gelehrten bekannt dafür, der Menge gegenüber die Wissenschaft meist so zu behandeln, daß die Wahrheit dabei größtenteils dem gewöhnlichen Publikum verborgen bleiben mußte. Für Humboldt wird immer der Ruhm bleiben, in bezug auf Naturwissenschaften dergleichen Schranken zuerst entschieden durchbrochen zu haben ...«[22]

Carus war mit Erfolg bestrebt, in seiner an Umfang ständig wachsenden schriftstellerischen Tätigkeit, diesem Vorbild folgend, Wissenschaftlichkeit und Verständlichkeit als Einheit zu betrachten.

Weniger bekannt, doch von nicht minder positiven Einfluß war ein weiterer Besucher, der Anatom Karl Asmund Rudolphi (1771—1832). Carus schreibt: »Dieser, durchaus Mann vom Fache, tüchtig in der alten Literatur bewandert und in Anatomie und Physiologie vollkommen tatsächlich und prosaisch verfahrend, wovon seine umsichtige und vieljährige Beschäftigung mit der Naturgeschichte der Eingeweidewürmer sattsames Zeugnis abgab, er hatte bei alle diesem zu dem so viel jüngern, aber für die vergleichende Morphologie aufrichtig begeisterten Mann eine besondere Zuneigung gefaßt und brachte, wenn er während seiner Ferien nach Dresden kam, manche Stunde bei mir zu, durchsah meine Präparate, stritt sich wohl auch mit mir über meine philosophischen Tendenzen und diente so als heilsames Gegengewicht, welches mich immer wieder dem irdischen und praktischen Boden näher brachte, wenn mein vielleicht zuweilen etwas gewagter Flug mich zu weit in die transzendentalen Regionen zu entführen drohte.«[23]

Nach Abschluß seiner Arbeiten am Lehrbuch der Zootomie wandte sich Carus unter Auswertung seiner inzwischen reichlich gesammelten praktischen Erfahrungen wieder stärker der Gynäkologie zu.

Trotz intensiver literarischer Neigungen widmete sich Carus nach wie vor in gleichem Maße auch seiner ärztlichen und Lehrtätigkeit:

»Denke ich an diese Jahre, erinnere ich mich der Anstrengungen, welche meine amtliche Stellung mitbrachte, der Nachtwachen bei manchen schweren Operationen, der Überlandfuhren zu Kranken und Kreißenden bei Tag und Nacht, der vielen Lehrstunden des täglichen Unterrichts und der täglichen Klinik, dabei der schriftstellerischen Arbeiten und Korrespondenzen und, als Erholung, der zuweilen wohl auch ermüdenden Fußpartien sowie der künstlerischen Tätigkeit an der Staffelei, so begreife ich kaum, wie ich allen diesen Anforderungen damals Genüge leisten konnte. Doch ein Vorrecht bei so manchem Mangelhaften muß die Jugend sich bewahren, und das ist die enorme Produktivität und der frische Mut alles rasch zu begreifen und zu überwältigen, was an Aufgaben das Leben herbeiführt, und nur mittels dieses Zaubers möchte auch ich jene Lasten lieben und alle diese Felder bestellen.«[24]

Auch an den sich entfaltenden wissenschaftlichen Gesellschaften nahm Carus regen Anteil. Seine Mitwirkung war allseitig gewünscht, und so blieb es nicht aus, daß er mit einer

Reihe zeit- und kraftraubender Ämter bedacht wurde. Glücklicherweise befreite ihn der Lauf der Dinge bald ohne größeres Zutun wieder von so manchem Ehrenamte:

»Übrigens pflegen fast alle diese gelehrten Gesellschaften«, stellte er zuversichtlich fest, »darin mit vielen menschlichen Dingen das Schicksal zu haben, daß sie anfangs mit Heftigkeit angestrebt sind, einige Zeit in lebendiger Tätigkeit blühen und dann oft bald an innerer Leerheit und Auskühlung verscheiden.«[25]

Für seine weitere künstlerische Entwicklung boten sich in Dresden vielfältige Anregungen. In der Jugend hatte Carus in Begleitung seines Freundes und Lehrers Dietz eine beschwerliche Fußreise von Leipzig nach Dresden nicht gescheut, um die Kunstschätze zu sehen. Jetzt standen sie ihm ständig zur Verfügung. Sie beeinflußten sein Schaffen neben den Anregungen Friedrichs und Klengels stark, vor allem zog ihn die humanistische Kunst der Antike an:

»Als ich nach Dresden kam«, stellte Carus fest, »war eine tiefere Kenntnis der Antike mir noch fast ganz fremd. Ich hatte auf der Leipziger Akademie, wie ich früher erzählte, größere Studien nach dem Borgheseschen Fechter, nach Laokoon und ähnlichen mit Sorgfalt gezeichnet, aber ich hatte diese Werke so hingenommen, wie man die Natur hinnimmt, ohne viel dazu zu denken; und als mir hier das Augusteum seine Schätze öffnete, als die reiche Sammlung der Mengsschen Abgüsse sich auftat und so nun auf einmal ein reicher Blick in jene Kunstwelten selbst gewährt wurde, da fühlte ich innerlich mich erschüttert, und weite neue Gedankenzüge drängten sich mir zu. Ein einziges gab es, das anfänglich störend einwirkte, und das waren die Umstände unter welchen damals diese Sammlungen allein sichtbar wurden. Nicht, wie jetzt, frei und offen dem Publikum zur Anregung und Bildung anheimgegeben, sondern der eifersüchtigen Bewachung habsüchtiger Inspektoren anvertraut, wurden sie nur unter drückenden Verhältnissen geöffnet, und mancher Ausflug der Gedanken erlahmte sogleich, wenn man der in der Person eines philisterhaften Führers verkörperten Prosa streng zu folgen verpflichtet war. ... Nach und nach jedoch fand ich Wege, auch allein, in einzelnen Stunden und mit

Muße, dem Studium so großer Werke mich hinzugeben, und nun ging auch hier eine eigene Welt mir auf.

Ich hatte früher so oft von der ungeheuern Naturwahrheit und strengen Nachahmung der Wirklichkeit in der Antike vieles Rühmen gehört, und es überraschte mich daher nicht wenig, als ich bei ruhigerm Erwägen bald zu der Überzeugung gelangte, daß gerade die Freiheit und die Abstraktion in diesen Werken es sei, die die höchste Bewunderung verdiene.«[26]

Bei seinen Besuchen in Leipzig zog es ihn immer wieder in das Rosental, wobei er sich an die Jahre der Kindheit erinnerte. Carus versäumte es nicht, seine Leipziger Freunde und Kollegen aufzusuchen, zu denen Heinroth, Clarus, Rosenmüller und Joerg zählten. Im Ergebnis eines regen Gedankenaustauschs griff er dankbar Anregungen auf. Dabei gab es auch manche heiße Auseinandersetzung, vor allem mit Heinroth. »Denn unsere Ansichten«, so vermerkt Carus, »waren in drei Jahren meilenweit auseinandergerückt. In ihm waren seitdem gewisse pietistische Ansichten von der Sündhaftigkeit des Menschen als nächsten Grunde von Krankheit und namentlich psychischen Krankheitszuständen aufgetaucht, welche ich keineswegs teilen konnte und welche auch in ihm zuletzt nur auf unvollkommenen physiologischen Ansichten ruhten.«[27]

Nach seinem Besuch in Leipzig im Jahre 1817 reiste Carus weiter nach Halle. Hier hatte sein Freund Christian Friedrich Nasse (1778–1851) eine Professur für Innere Medizin erhalten. Neben Neuerungen in der Behandlung Geisteskranker hatte er das Stethoskop in die medizinische Diagnostik eingeführt. In Halle traf sich Carus auch mit dem Direktor des Anatomischen Instituts, Johann Friedrich Meckel (1781–1833), dessen bahnbrechende Forschungen im Bereich der vergleichenden und pathologischen Anatomie zahlreiche Anregungen boten. Meckel war der Begründer des »Archivs für Physiologie«, für das Carus bereits einige Abhandlungen vorgelegt hatte.

Besonders interessierte ihn die bereits von Meckels Vater, Philipp Friedrich Meckel (1756–1803), der gleichfalls in Halle eine Anatomieprofessur inne gehabt hatte, angelegte reichhaltige Sammlung anatomischer Präparate. Hier fand er vieles, was er in seinem »Lehrbuch der Zootomie« nur nach Beschreibungen und Abbildungen dargestellt hatte.

Von Halle führte Carus der Weg nach Berlin, wo ihn vor allem die Charité, namentlich die Abteilung für Geisteskranke, interessierte. Die Mediziner waren sich keineswegs über deren Behandlung einig, und so wurde in der Charité unter Anton Ludwig Ernst Horn (1774–1848), einem der letzten Vertreter einer harten Zwangsbehandlung, der bedauernswerte Patient zum Beispiel auf einen Drehstuhl geschnallt und im Kreise herumgewirbelt, bis er, wie Carus beobachten mußte, »blindlings befolgte, was ihm aufgegeben war«.

Auf den chirurgischen Stationen traf er mit Johann Nepomuk Rust (1775–1840) und Christian Ludwig Mursinna (1744–1823), zwei ehrwürdigen Vertretern der preußischen Militärmedizin, zusammen.

Der Aufenthalt in Berlin diente Carus nicht nur der Bereicherung an medizinischen und naturwissenschaftlichen Kenntnissen. Der Assistent des berühmten Christoph Wilhelm Hufeland (1762–1836), Emil Osann (1787–1842), der sich freundlicherweise als Fremdenführer zur Verfügung gestellt hatte, führte ihn auch in das Berliner Musikleben ein und machte ihn mit dem Leiter der Singakademie Karl Friedrich Zelter (1758–1832) bekannt.

Carus' bisher theoretisch motivierte Ablehnung des von Franz Anton Mesmer (1734–1815) begründeten »Animalischen Magnetismus« wurde in Berlin durch die praktische Anschauung vertieft. Er vermerkt in seiner Biographie: »Endlich habe ich denn hier noch eines wunderlichen Abends zu gedenken, den ich in dem mesmerisch-magnetischen Kreise des Dr. Wolfart zugebracht habe.«[28] Karl Christian Wolfart (1778–1832), ein begeisterter Anhänger des Mesmerismus, hatte trotz Einspruchs der medizinischen Fakultät 1817 einen Lehrstuhl für Heilmagnetismus erhalten. Kurz danach erlebte Carus dessen »Behandlungsmethode«:

»Als ich nun abends in das Heiligtum des Magnetismus eingeführt wurde, bot sich mir ein sonderbarer Anblick dar. Der ziemlich große Saal war spärlich erleuchtet, man trat ein unter herabrollenden Vorhängen, und rings an den Wänden

standen hinter ähnlichen Vorhängen und spanischen Wänden Sofas und Armsessel in noch tieferm mystischen Dunkel. In der Mitte des Saales stand das große Bacquet. Man kann in Mesmers und Puysegurs Schriften nachlesen, wie aus Feilspänen, Glasscherben, Kohlen usw. mit einer durchgehenden Eisenstange ein solcher magnetischer Kondensator konstruiert werden soll; hier sah die Maschine aus wie ein großer, aber nicht hoher Ofen, aus dem eine starke Eisenstange heraufragte, an welcher weiter oben eine Anzahl breiter bunter Wollenbänder befestigt waren, deren eines jede der Kranken, die im Kreise auf Stühlen um das Bacquet saßen, mit dem freien Ende in die eine Hand bekam, damit dann mit der andern Hand durch regelmäßiges Herabstreichen das magnetische Fluidum den Nerven zugeführt werden könne, was nach der gläubigen Meinung in dem Eisenstabe aufsteige und durch die leitenden Bänder sich ausbreite.
Man denke sich denn die seltsame Erscheinung: in all diesem Halbdunkel und zwischen all den Schirmen und Vorhängen eine Anzahl von zehn oder zwölf Kranken, meistens Frauen und Mädchen, die in großer Stille mit Streichen an jenen Bändern einen geheimnisvollen Selbstmagnetismus ausübten! Zwischendurch schritt Wolfart gleich einem Magier umher, hier und da hörte man ein leises Flüstern über die kommenden oder ausbleibenden Wirkungen, und plötzlich mußte auch wohl eine der in Schlaf fallenden Kranken (mir schien mehr Langeweile, Affektation, höchstens auch wohl überreizte Imagination die Ursache) fortgeführt oder fortgetragen werden, um dann auf einem der Sofas oder Armsessel hinter den Schirmen nun den sogenannten magnetischen Schlaf- und Traumzustand abzuwarten. Ich gab ziemlich lange einen Zuschauer dieses etwas unheimlichen Schauspiels ab und hätte freilich wohl, bevor ich ging, etwas tiefer in die Geschichte aller der dort Streichenden und Schlafenden eindringen mögen; etwas romanhafte Verhältnisse würden sich dabei öfters herausgestellt haben!«[29]
Nach Dresden zurückgekehrt, widmete sich Carus der Weiterführung seiner Forschungen zur vergleichenden Anatomie und den Abschlußarbeiten an seinem »Lehrbuch der Gynäkologie«. Er beschäftigte sich darüber hinaus bereits

mit der Konzeption eines neuen Werkes »Von den Ur-Teilen des Knochen- und Schalengerüstes«, das ihn das kommende Jahrzehnt in Anspruch nahm.

Sehr gern hätte er seinen Freund Regis für immer in Dresden gehabt, und er versuchte ihn deshalb für eine Professur an der Akademie zu gewinnen:

»In Eile schreibe ich Ihnen einige Zeilen. Es wird wahrscheinlich in den nächsten Tagen bey unserer Akademie die Professur der Vorbereitungswissenschaften erledigt werden. Die Stelle ist freilich mehr eine Art Schulstelle, fördert Unterricht im Deutschen Stil, im Lateinischen, etwas Mathematik und Moral fördert eine gewisse Pünktlichkeit und Zutraun erregende freundliche Behandlung der oft gar nicht mehr so jungen Schüler. Indessen nimmt sie täglich nur eine Stunde, indessen sind 2 Sommermonathe (der neuen Einrichtung zufolge) Ferien. Indeß trägt sie 400 Tl., ja vielleicht bis 500 Tl. ein (ich lege den Anschlag des jetzigen Lehres M. Haan bey).

Noch sind übrigens die Prüfungen der ankommenden Studierenden usw. Geschäft dieses Lehres; er ist Mitglied des akadem. Senats und hat beym Antritt ein Programm zu schreiben und zwey Probevorlesungen zu halten, insofern er nicht schon früher öffentlicher Lehrer war. Bey alledem sind Sie mir nun zuerst eingefallen! Glauben Sie wohl einen solchen Posten mit dem Eifer, welcher bey einem öffentlichen Amte der Art Pflicht wird, verwalten zu können, wollen Sie auf diese Weise den Aufenthalt bey uns für längere Zeit begründen? so schreiben Sie mir darüber bald, was Sie denken. Wie sehr ichs wünsche, brauch ich nicht zu sagen, aber ich mag Sie zu nichts treiben, wo Sie nicht sich wohlfühlen könnten, obwohl ich, wie Sie längst wissen, Ihr thätigeres Eingreifen ins Leben wünsche, endlich melden sich denn hier auch immer viel Candidaten, und mancher weiß durch Protcktionen zu ersetzen, was an Gehalt mangelt; doch wenn Sie nur wirklich wollen, so wollen wir auch das unsere versuchen, und ich schreibe dann bald das weitere.«[30]

Bereits in seiner frühen literarischen Schaffensperiode hatte sich Carus neben medizinischen Fachproblemen auch kulturellen, kulturgeschichtlichen und philosophischen Fragen gewidmet. Wie sein Aufsatz »Frommsein und Pietismus« aus dem Jahre 1818 zeigt, wandte er sich entschieden gegen die dogmatisch erstarrte Orthodoxie religiöser Eiferer:

»Hier also, theuerster Freund, haben Sie meine Gründe, warum mir jeder Dogmatismus der Religion, welcher Glauben ohne Vernunftüberzeugung verlangt, so entgegengesetzt ist, und ich gestehe, daß ich eben hierin immer den hohen Sinn Luther's verehrt habe, welcher die Schranken des Dogmatismus durchbrach, wahrlich nicht, damit aus seinen Worten nur wieder ein neuer Dogmatismus geschmiedet werde.«[31] Carus kämpfte gegen das Streben, »zum Göttlichen durch Ertödtung alles Menschlichen« zu gelangen.

Der wachsende Umfang seiner vielfältigen Aufgaben wirkte sich negativ auf seinen Gesundheitszustand aus:

»Daß nun alle diese verschiedenartigen Anstrengungen meines Geistes, verbunden mit nicht unbedeutendem körperlichen Kraftaufwand, wie er durch die Direktion eines großen Entbindungsinstituts, einer oft die Nachtzeit mit in Anspruch nehmenden weitläufigen Praxis und durch mehrfache Vorlesungen und Privatunterrichtsstunden über operative Hilfeleistungen bedingt wurde, zuletzt nicht verfehlen konnten, meine Gesundheit etwas anzugreifen, kann man wohl denken. In Wahrheit fing ich damals an, öfters an rheumatischen Anfällen zu leiden, sah übel aus, war zuweilen auch innerlich tief verstimmt, und so stellte es sich mir immer deutlicher heraus, daß, sollte ich nicht erliegen, ich einige Jahre hindurch die Sommerferien würde zu Reisen benutzen müssen, zu Reisen, welche zu neuen größeren Naturszenen mich brächten und dadurch geistig und leiblich zu erfrischen, ja zu erneuern imstande wäre.«[32]

Verdiente Ferienreise

Einer Anregung Caspar David Friedrichs folgend, fuhr Carus im Sommer 1819 an die Ostsee, seinem ersten Ferienziel. Es begleitete ihn sein alter Leipziger Freund und Lehrer Dietz sowie ein Dresdener Münzbeamter, der bereits mit C. D. Friedrich gereist war. Drei Tage dauerte die Fahrt bis

Berlin als erste Etappe. Hier zog es Carus zu einem kurzen Abstecher in das Anatomische Museum. Die nächste Station war Neubrandenburg, wo ihn die historischen Bauten zum Zeichnen einluden. Für einige Tage bei dem Schmiedemeister Johannes Samuel Friedrich (geb. 1773), einem Bruder C. D. Friedrichs weilend, genoß Carus die Ruhe und Entspannung:

»Ich war in der kurzen Zeit ganz heimisch hier geworden, das der Beschränkung Glück zog mich recht eigen in seinen stillen Hafen, und all mein ängstliches Suchen nach Erkenntnis und nach wissenschaftlicher tiefster Befriedigung fing an, fürerst mir etwas ferner zu treten.«[33]

Über Demmin ging es weiter nach Greifswald, wo sie wiederum einen Bruder C. D. Friedrichs, den Seifensiedermeister Johann Heinrich Friedrich (1777–1844), trafen. Von dem beeindruckenden Treptower Tor in Neubrandenburg bis zu den Bürgerhäusern Greifswalds und Stralsunds zog die Schönheit der Backsteingotik mit ihren schlanken aufragenden Giebeln, hohen Spitzbogen, Pfeilern und Fenstern Carus in ihren Bann.

Am frühen Morgen des 14. August begab sich die Reisegesellschaft auf einer kleinen Segeljacht zur Fahrt nach der Insel Rügen. Carus berichtet, was für uns kaum noch vorstellbar ist:

»Es war damals Rügen im ganzen noch wenig von Fremden besucht, und eine größere Einfachheit herrschte dort. Statt eines zum Empfange wohleingerichteten Hotels etwa lag da unter verstreuten Granitblöcken eine rauchige Fischerhütte, die dem Anlangenden eben nur Befriedigung der nächsten Bedürfnisse bot. Ich fand es sehr originell, als die Wirtin, um unser Frühstück zu besorgen, aus dem großen Rauchfange gleich neben der sogenannten Gaststube von den in dichten Reihen dort hängenden Flundern und Zungen sofort eine Anzahl herunterholte und uns zum Kaffee auftischte, aber die Praxis war gar nicht übel, und die zarten wohldurchräucherten Seebewohner mundeten wirklich gut. Alles war eine neue Welt für mich, und mit Lust ging ich immer wieder hinaus an den Strand, atmete die prächtige Seeluft und fühlte von Stunde zu Stunde mich frischer.«[34]

Zu Fuß durchquerte man die Insel, deren herrliche Natur auf Carus »still und träumerisch wie eine altschottische Ballade« wirkte. In seinem späteren Bild »Erinnerung an eine bewaldete Insel der Ostsee« hat er diese Eindrücke verarbeitet.

Am 21. August trat er die Rückreise an:» »Vielfach erfrischt und an Geist und Körper wieder vollkommen gesundet, kehrte ich an Goethes Geburtstage in den Kreis meiner gewohnten Tätigkeit heim und nahm nun nach und nach alle die Fäden wieder auf, die ich, auf einen Monat etwa, nur zu gern hatte fallenlassen können.«[35]

Von Carus' sprachlicher Ausdrucksstärke zeugt ein Brief an seinen Freund Regis, dem er noch unter dem Eindruck des Ferienerlebnisses seine Reise schilderte:

»Wie ein so recht einfaches, aber tief empfundenes Gedicht hat diese Ostseenatur auf mich gewirkt. Das Meer ist natürlich in allem das erste, aber in einem einzigen Hinblick auf diese elementarische, stets in sich wühlende und wogende salzige Flut, welche mit ihrer grenzenlosen Ausbreitung sich so ganz einfach vor uns hinstreckt, liegt auch eine unaussprechliche Erhabenheit! Überall ist hier dem Sinn nur wenig, dem Geist das meiste gegeben, und so muß denn der, welcher nur Augenlust sucht, manchmal sich kümmerlich behelfen, doch Sie werden, denke ich, mir einmal recht geben, daß man nicht vergebens nach Rügen zieht. Eigentlich muß man jedoch Rügen allein besuchen! Man muß sich still und treu dieser monotonen Natur überlassen, einsam an den hallenden Buchten die anrollende Meereswoge beobachten, den Flug der Möwen, der Kraniche und Schwäne verfolgen, dem Rauschen oder Donnern der Brandung horchen, in den dichten Buchenwäldern um die Denkmäler alter nordischer Vorzeit schweifen und von den gewaltigen Kreideklippen dann wieder die fernhin segelnden Schiffe über die stets farbenwechselnde Meeresflut mit Blicken begleiten, und dann, glaube ich, regt dieses Leben in uns mancherlei auf, wovon die Früchte noch in späten Tagen erfreulich sind.«[36]

Auch für Carus' künstlerische Entwicklung war der Rügenaufenthalt bedeutungsvoll. Hier erwarb er »das vollkommene Verständnis dessen, was man in der Zeichnung die

Linie nennt.«[37] Nach seiner Erfahrung ist »kaum etwas mehr geeignet, das Bedeutungsvolle der Linie so recht zur Empfindung und Anschauung zu bringen, als das Studium solcher Küstengegenden wie die des Rügenschen Eilands. Diese eigentümliche Linie des Seehorizonts schon, die als gerade Linie nur gezeichnet werden kann und doch eine horizontalkreisförmige eigentlich ist; dann die feinen Linien der ins Meer sich streckenden Landzungen, der am Meer sich hinlagernden Küstenerhöhungen! Nur mit der genauesten Aufmerksamkeit, der sichersten Hand, dem schärfsten Bleistift und der reinsten Papierfläche lassen sie sich ganz entsprechend wiedergeben. Alle diese Dinge nun hatte ich früher wohl leichter genommen, die Linie an sich war mir nie so bedeutungsvoll vorgekommen, und so hatte ich auch die Festigkeit nicht angestrebt, sie vollständig nachzubilden. Gegenwärtig wurde dies anders! Ich verstand nun auch besser, was Friedrich mit seinen feinen Zeichnungen gewollt hatte, und für alle künftige Zeit wurde mir daher von nun an eine reinere Intention in Darstellung der Linie zur andern Natur ...«.[38]

Die künstlerische Ausbeute seiner Rügenreise waren 62 Zeichnungen. Verwendete Carus bei seinen frühen Zeichnungen meist Kreide, Tusche, Sepia und nur ausnahmsweise Bleistift, so widmete er sich nach Rügen häufig auch dieser Zeichentechnik.

Freundschaft mit Caspar David Friedrich

Carus hatte sich, offensichtlich aus Zeitgründen, nach der Übersiedlung nach Dresden zunächst weniger seiner künstlerischen Neigung widmen können und fand selten Gelegenheit, sich für das Kunstleben zu interessieren. Das änderte sich 1816 nach dem Erfolg seiner Ausstellung und vor allem seit 1817 nach der persönlichen Bekanntschaft mit Caspar David Friedrich. In die Kunstanschauung und das vorherrschende künstlerische Schaffen schlug, wie Carus später feststellte, C. D. Friedrich eine Bresche:

»Friedrich mit seiner etwas starren und trüben, aber hochpoetischen Weise war überhaupt und insbesondere in der Landschaftsmalerei der erste, der hier das Philistertum angriff und aufschüttelte ...«.[39]

Bereits 1809 hatte Friedrich, als er erstmals mit einem größeren Gemälde in Dresden an die Öffentlichkeit trat, sich nicht an die Regeln des erstarrten Klassizismus gehalten und die Kunstkritiker gegen sich auf den Plan gerufen. Er suchte in der Malerei die Harmonie darzustellen, die er in der Wirklichkeit vermißte. Carus hatte diesen Zustand erkannt, wenn er schreibt »wenn der moderne Künstler, eingeklemmt zwischen die Räder einer in heftigem und sonderbarem Umschwunge begriffenen Zeit und bei der Reizbarkeit des poetischen Gemüts, seine Wunden nur um so tiefer empfinden muß, so tritt eine Nötigung in ihm hervor, diesem Schmerz in seiner Kunst eine Stimme zu geben. Daher der Ausdruck der Sehnsucht eigentlich vorherrschend ist in diesen Werken.« Aus seiner bürgerlich-humanistischen Grundhaltung machte Friedrich keinen Hehl. In seinen von Carus erstmals herausgegebenen Selbstzeugnissen heißt es: »Über Charakterlosigkeit klagt unsere Zeit, und doch, wo nur einigermaßen Charakter angetroffen wird, sucht man ihn zu unterdrücken.« Friedrichs Kunst stand bewußt im Gegensatz zu jener höfischen Salonmalerei, die, wie er feststellte, weder ihre »armselige Nacktheiten« noch ihre »geistigen Blößen« zu bedecken vermochte. In den Jahren der Fremdherrschaft und der Befreiungskriege bekannte er sich mit Wort und Werk zu den patriotischen Zielen, und nach 1815, der Zeit der Freundschaft mit Carus, nahm er mit seinen Gemälden Partei für den Fortschritt. Im Zeichen dieser Grundhaltung standen die geistigen Anregungen und praktischen Anleitungen, die Carus von Friedrich erhielt. Am 26. Juli 1818 schrieb er an Regis:

»Ich finde wirklich, daß ich seit dieses Jahres Anfang beträchtlich im Aussprechen dessen, was ich freilich vorher ebenso gedacht, vorgerückt bin, und ich danke hierin Friedrich recht viel, in wiefern er mir über das eigentliche Kunstmäßige, was doch einmal gefordert wird und geleistet sein soll, manche Andeutung gegeben hat, die mich finden ließ, was ich ohne ihn erst nach einer langen Reihe mißlungener Versuche gefunden hätte«.[40]

Die Bande der Freundschaft zwischen Friedrich und Carus festigten sich. Ein Brief an Regis (begonnen am 15. abgeschlossen am 31. August 1818) stellt dazu fest:

»Gestern kehrte mein alter Friedrich zurück, nachdem er zwei Monate wieder an der Ostsee geweilt. Er wird mir immer lieber. Es ist eine Tiefe des Gefühls in ihm, wie ich noch in wenig Menschen gefunden und dabei eine hohe Reinheit und Liebe zu allem Guten«.[41] Wenn sich auch, wie noch darzustellen ist, später die freundschaftlichen Beziehungen lockerten, so setzte Carus als erster dem 1840 verstorbenen Künstler mit einem Gedächtnisbuch – der ersten monographischen Darstellung über Caspar David Friedrich überhaupt – ein bleibendes Denkmal (s. S. 174).

Der Einfluß Friedrichs hatte eine Wandlung in Carus' künstlerischem Schaffensprozeß zur Folge. Friedrich hatte Carus wichtige Erfahrungen in der Technik der Ölmalerei vermittelt und damit dessen malerisches Können wesentlich verbessert. In einer Wertung seiner Gemälde heißt es im Jahre 1820 voller Anerkennung: »Unbegreiflich ist es, wie Herr Carus als fleißiger, beliebter praktischer Arzt, es zu einer so gediegenen Meisterschaft im Technischen der Kunst hat bringen können.«[41a] Hierbei hat Carus Friedrich viel zu verdanken. Er bemerkt dazu: »Es war mir von großer Wichtigkeit, Friedrichs Verfahren bei Entwerfung seiner Bilder kennenzulernen.« Nach dem Grundsatz »Ein Bild soll nicht erfunden, sondern empfunden sein«, machte er »nie Skizzen, Kartons, Farbentwürfe zu seinen Gemälden, denn er behauptete (und gewißt nicht ganz mit Unrecht), die Phantasie erkalte immer etwas durch diese Hilfsmittel. Er fing das Bild nicht an, bis es lebendig vor seiner Seele stand, dann zeichnete er auf die reinliche aufgespannte Leinwand erst flüchtig mit Kreide und Bleistift, dann sauber und vollständig mit der Rohrfeder und Tusche das Ganze auf und schritt hierbei bald zur Untermalung. Seine Bilder sahen daher in jeder Stufe ihrer Entstehung stets bestimmt und geordnet aus und gaben immer den Abdruck seiner Eigentümlichkeit und der Stimmung, in welcher sie ihm zuerst innerlich erschienen waren.«[42]

Friedrich gab Carus viele künstlerische Anregungen: »Dabei erfreute ihn übrigens sehr ein gewisser freier Naturalismus in meinen Bildern, wie er eben nur aus unzähligen Naturstudien vollkommen hervorzugehen pflegt.«[43]

Allerdings findet seit 1817 auch Friedrichs romantisches Gedankengut bei Carus Aufnahme. Bilder wie »Blick über abendliche Felder auf ein Gehöft« (1819), »Gotische Kirche über Baumwipfeln bei Mondschein« (1820), »Ruine im Mondschein« (1820), »Gotische Ruine auf dem Oybin« (1820) u. a. widerspiegeln Friedrichs Kunstanschauung.

Die Welt des Todes, die Sehnsucht nach der Ferne, Symbole der Vergänglichkeit, verklären, in Nebel und Dunkelheit gehüllt, die Wirklichkeit der Zeit. Der nüchterne Blick des Naturforschers bewahrte dabei jedoch immer eine Position des Realistischen, die Carus vor der Gefahr einer Mystifizierung seiner Motive bewahrte. Darin lag bereits die Grundlage zum Übergang in eine neue Schaffensperiode, die in den zwanziger Jahren einsetzte.

Friedrich ermunterte Carus im April 1820, zwei seiner neuesten Bilder, das »Gasthaus auf dem Brocken« und »Tannenwald« an Goethe zu schicken. Voller Ungewißheit fragt Carus in seinem Brief an Regis vom 21. 4. 1820 »Was wohl der alte Herr sagen wird, ich halte mich im Stillen auf das Ärgste gefaßt«.[44] Erleichtert kann er am 29. 6. 1820 Regis mitteilen:

»Der Buchhändler Frommann, welchem Lacerf meine Bilder zur Übergabe an Goethe gehändigt hat, schrieb mir neulich, daß er sie übergeben habe, und zwar so, daß er erst sie, ohne den Autor zu nennen Goethe gezeigt habe. Sie sollen ihm wirklich gefallen und er sie bei sich aufgestellt haben, auch Frommann späterhin versichert worden sei (nachdem er ihm den Namen gesagt), daß sie ihm allerdings Freude machten.«[45]

Am 1. Juli 1820 griff Goethe selbst zur Feder, um Carus seine Anerkennung zu zollen »... schon zu lange hab' ich angestanden, teuerster Mann, für die liebwerte Sendung zu danken. Ihre einsichtige Darstellung des animalischen Zimmergerüsts hat sich in dem anatomischen Werke genugsam erprobt, daß sie aber auch den Schein, durch welchen uns die gute Natur überall, wenn wir ihn gewahr werden, beglückt, so lebhaft fühlen und kunstreich nachbilden, war mir eine freudige Überraschung. Erlauben Sie, daß ich dankbar die beiden Bilder bei mir aufstelle und Sie glücklich preise, daß die herrliche Dresdner Natur Sie umgibt, nicht weniger, daß Sie sich mit den abgeschiedenen großen Vorfahren, unter denen ich nur Ruisdael nenne, von Zeit zu Zeit nach Belieben und Bedürfnis unterhalten können.

Den Aufsatz, ›Von den Naturreichen‹ usw. habe mit Vergnügen gelesen, als wenn ich ihn noch nicht gelesen hätte. Verweilen wir doch immer gerne da, wo wir gemeinsame Gesinnung finden.«[46]

Die Anerkennung durch Goethe war ein entscheidender Impuls für sein weiteres künstlerisches Schaffen. Carus erfreute diese Würdigung aus berufenem Munde besonders, denn es gab auch ihm gegenüber Mißgunst und Neid. Ein Schreiben seines väterlichen Freundes Johann Friedrich Rochlitz vom 23. Oktober 1820 an Goethe, macht das deutlich:

»... Daß Sie dem Dr. Carus in Dresden das reichverdiente gute Wort nachgesagt haben, freuete mich um so mehr, da die Dresdner Manieristen und Kopisten gern über ihn sich äußern: Ach ja, er hat manchen artigen Einfall, und für einen Dilettanten ziemliche Geschicklichkeit u. dgl. Gern sagte ich Ihnen von diesem vortrefflichen Manne als Gelehrten, Arzte, Künstler, und reinem, einfach-edlem, liebenswürdigem Menschen, recht vieles, wenn ichs nur mündlich könnte. Und dieser Carus sollte ein – Wollfärber werden; und Gott ließ mirs gelingen, daß ich, bekannt mit seinen Eltern, den Knaben auf die rechte Bahn bringen half! ...«[47]

Blicke hinter höfische Kulissen

Carus begann in den Kreisen der Hofgesellschaft bekannt zu werden. War er bereits bei den Fachkollegen durch seine Veröffentlichungen angesehen, so hatte er mit seiner Rede im Sommer 1817 erstmals die »höhern Kreise« auf sich aufmerksam gemacht. Die Frau des französischen Gesandten nahm als erste seine ärztliche Hilfe in Anspruch und empfahl ihn der Familie des englischen Gesandten, welche Carus in die sogenannte Gesellschaft einführte.

Das verschaffte ihm manchen Blick hinter die höfischen Kulissen. Er berichtet: »Ich erinnere mich noch wohl einer Art naiven Erstaunens, wenn ich, der ich immer in größter Einfachheit und Enge gelebt habe, hier zum erstenmal sah, welche Weitläufigkeiten veranstaltet und welche Dienerschaften in Bewegung gesetzt wurden, um das Alltäglichste des Lebens, ein Mittag- oder Abendessen zustande zu bringen, dann auch, welche Bequemlichkeiten die Häuser der Reichen darboten ...«.[48]

Mit wachsendem Ansehen erweiterte sich auch sein Wirkungsbereich:

»Nach fünf Jahren Dresdener Lebens fing ich sonach an, auch als Arzt hier aus der Verborgenheit der Studierstube hervorzutreten, und konnte von nun an mehr von den seltsamen, oft in die tiefsten Geheimnisse menschlichen Seelenlebens deutenden Erfahrungen sammeln, welche in keinem andern Stande so vielfach und eigentümlich sich darbieten als in dem ärztlichen ...«[49]

Das hatte spürbare Veränderungen seiner eigenen Lebenslage zur Folge: »Man kann nun wohl sich denken, daß es mir, zurückschauend, ebenfalls oft ein Traum scheint, wenn ich gedenke, wie so ganz allmählich aus den engsten und anspruchslosesten Verhältnissen des Lebens meine Stellung und meine häusliche Existenz weiter und weiter sich heraufgehoben und endlich im Äußern es zu einer Daseinsform gebracht hat, von welcher ich, so sehr sie auch in mancher Hinsicht immer beschränkt blieb, in frühern Jahren doch noch wirklich keine Vorstellung haben konnte.«[50]

Die in Aussicht stehende Verbesserung des Einkommens kam sehr gelegen, denn im Spätherbst wurde die Tochter Caroline Cäcilie (1819–1895) geboren.

Carus' Schaffen wurde durch eine neue Thematik erweitert. In seiner wissenschaftlichen Arbeit spielten neben der vergleichenden Anatomie zunehmend Fragen der Psychologie eine Rolle. Das veranlaßte ihn, sich stärker als bisher auch der schöngeistigen Literatur zuzuwenden, wobei ihm besonders das Werk des volkstümlichen katholischen Ordenspredigers Abraham a Santa Clara (1644–1709) gefiel. Dessen mit kraftvoller Urwüchsigkeit über kirchliche Dogmen hinausgehenden burlesk-volkstümlichen Predigten, Traktate und Sittenschilderungen vermittelten ein anschauliches Zeitbild, wobei der biblische Stoff durch mancherlei Andekdoten und Fabeln aus dem täglichen Leben stellenweise zurückgedrängt wurde. Erneut griff Carus auch nach dem »Wilhelm Meister« und konnte freudig feststellen, daß diese Lektüre ihm »immer neue und immer lebendigere Seiten« erschloß.

Wegbereiter der Gynäkologie

1820 erschien als nächstes größeres Werk sein zweibändiges »Lehrbuch der Gynäkologie, oder systematische Darstellung der Lehren von Erkenntniß und Behandlung eigenthümlicher gesunder und krankhafter Zustände, sowohl der nicht schwangern, schwangern und gebärenden Frauen, als der Wöchnerinnen und neugebornen Kinder.« Mit diesem Buch betrat er medizinisches Neuland. Sein Ziel war es, nicht nur die »widernatürliche Trennung« von Chirurgie und innerer Medizin in der Frauenheilkunde zu überwinden, er war zugleich bestrebt, die Teilgebiete »Frauenzimmerkrankheiten« und Geburtshilfe in der Gynäkologie zu vereinigen. Er stellt dazu seiner Vorrede fest:

»... die Behandlung des Geburtsgeschäftes konnte wenig ersprießliche Folgen haben, solange sie als bloßes Conglomerat gewisser mechanischer Fertigkeiten erschien, die Beobachtung eigentlicher lebendiger Wirksamkeit des Organismus aber fast ausgeschlossen blieb ...«.[51]

Carus vermittelt den gesicherten Wissensstand der Naturwissenschaften und Medizin seiner Zeit, den er sowohl den Darstellungen anderer Autoren als auch der eigenen Praxis entnahm: »... ich habe so viel als möglich durchgängig auf Naturbeobachtung mich gestützt ...«, kann er mit Recht feststellen.

Nach der Behandlung der allgemeinen Gynäkologie (Physiologie, Pathologie) widmet er sich in dem Hauptteil des Lehrbuches einzelnen Krankheiten, von Mißbildungen über Blutungsanomalien bis zu den Geschwülsten und bezieht auch die Krankheiten der Neugeborenen ein.

Die von ihm angestrebte individuelle Therapie ist in der Regel rein symptomatisch-medikamentös und diätetisch. Da Carus bemüht ist, über die klinische Betrachtung hinaus auch psychische Aspekte einzubeziehen – und damit eine wesentliche Neuorientierung zum besseren Verständnis einer Reihe von gynäkologischen Erkrankungen bietet – wendet er teilweise auch eine psychische Therapie an.

Besonderes Interesse fand seine Darstellung von Untersuchungsmethoden und Diagnose des Gebärmutterkrebses. Als Therapie orientierte er auf die lokale Operation, wobei er sich auf die Erfahrungen von Friedrich Benjamin Osiander (1759–1822) stützte. Zur Durchführung der Operation vermittelt er folgende Grundsätze:

»Im allgemeinen wird sonach die Operation um so mehr leisten a) je localer die Entstehung des Übels ist; b) je weniger dasselbe sich bereits ausgebreitet hat, und je mehr es auf einem oder einige Punkte der Vaginalportion eingeschränkt ist; c) je mehr die Krankheit noch auf der Stufe bloßer scirrhöser Induration ... verweilt; d) je besser die allgemeine körperliche Konstutition ist ...«.

Carus' Lehrbuch war nicht nur ein medizinisches Standardwerk, es vermittelte zugleich wichtige Lehren zur ethischen Grundlage des ärztlichen Berufes, die nichts an Aktualität verloren haben. Grundsätzlich forderte er eine individuelle Behandlung des Patienten, die eng mit der Persönlichkeit des Arztes verknüpft ist:

»Alles beruht nämlich hierbei fast auf der Individualität des Arztes, welcher sie anwendet. Nur der mit Kraft des Geistes, mit energischen Willen und reiner Theilnahme an fremden Leiden Ausgerüstete wird auf diese Weise zum Wohle seiner Kranken wirken können, für ihn aber bedarf es auch keiner Regeln, denn es sagt ihm die Erwägung vorliegender Umstände bald, was in diesem Falle zu thun sei.«

Das von ihm gezeichnete Bild eines Frauenarztes schließt menschliche und fachliche Eigenschaften für eine erfolgreiche Tätigkeit ein:

»Von einem jeden, der helfend und heilend auftreten will, fordert man mit Recht noch außer den genügenden Kenntnissen und Fertigkeiten eine gesunde kräftige Individualität, innere Sicherheit, Gegenwart des Geistes, Schärfe sinnlicher Wahrnehmungen, Rechtlichkeit und Milde in seinem Handeln. Auch der Frauenarzt und Geburtshelfer muß daher mit solchen Eigenschaften ausgestattet seyn, wenn er seinen Beruf würdig erfüllen soll, ja er muß es um so mehr, da das weibliche Geschlecht einen sehr feinen Sinn für männlichen Werth zu besitzen pflegt, und ihm leicht das Vertrauen, und mit ihm eine so wesentliche Bedingung der Heilung schwinden wird, wenn ein unsicheres, schwankendes oder wohl gar unschickliches Benehmen, Mangel eines wohlgegründeten Selbstvertrauens errathen läßt ...

Außerdem hat das Betragen des Arztes sich insbesondere nach weiblicher Individualität zu fügen ... Es ist die Aufgabe einerseits, zart und würdig den Frauen zu begegnen, damit sie es wagen mögen, vertrauensvoll selbst Geheimnisse, welche weibliche Schamhaftigkeit sonst gern verbirgt, dem Arzt offen darzulegen; ein Vertrauen, welches der Arzt durch eine einzige unschickliche leidenschaftliche Äußerung bei zartfühlenden Frauen verscherzen wird. Andererseits ist aber auch Scharfblick, sichere Ordnung im Krankenexamen und vielfache Umsicht nöthig, um ... durch absichtliche auf Täuschung abzweckende Darstellung eines zur List geneigten Geschlechts nicht von der richtigen Ansicht des eigentlichen Zustandes sich abbringen zu lassen. ...

Mit einem Wort: der Mittelweg zwischen einer zu regen Theilnahme und einer abstoßenden Kälte wird jeder ärztlichen Ausmittlung bei weiblichen Individuen den sichersten Erfolg gewähren.«

Carus blieb allerdings den seinerzeit verbreiteten gesellschaftlichen Vorurteilen der Männerwelt über die Frau verhaftet, wenn er schrieb:

»Das eigentliche Feld der Wissenschaft und Spekulation, die Schärfe des Urtheils, die Tiefe männlicher Vernunft, sind der weiblichen Seele unzugänglich.«

Carus »Gynäkologie« war in ihrer übersichtlichen Stoffauswahl und -darbietung so aufbereitet, daß sie nicht nur als Lehrbuch und dem jungen Arzt als Handbuch diente, sondern daß sie auch der erfahrene Praktiker als Nachschlagewerk nutzen konnte. Als Direktor der Gebärklinik widmete er seine ärztliche Tätigkeit vor allem den Problemen von Schwangerschaft und Geburt.

»Wer mit Aufmerksamkeit und freyem Blick eine geraume Zeit hindurch einem wissenschaftlichen Gegenstande sich widmet, wird — es kann nicht anders seyn — der Natur bald hier bald da eine neue eigenthümliche Seite abgewinnen, es werden ihm einzelne Fälle sich darbieten, welche zu erneutem Erwägen und wiederholter Betrachtung anregen, und, wie denn alle Wissenschaft nicht das Werk eines Menschen, sondern der Menschheit überhaupt ist, wird er sich dadurch von Zeit zu Zeit zu allgemeinen Mittheilungen aufgefordert fühlen.«[52]

So entstand 1822 in Ergänzung der »Gynäkologie« sein Werk »Zur Lehre von Schwangerschaft und Geburt, physiologische, pathologische und therapeutische Abhandlungen mit besonderer Hinsicht auf vergleichende Beobachtungen an den Thieren.« Er beschäftigte sich darin auf der Grundlage seiner von 1814–1821 gesammelten klinischen Erfahrungen vor allem mit pathologischen Schwangerschaftsverläufen. Das Buch sollte eine Reihe eröffnen, in der er in Einzelabhandlungen seine neuen Forschungsergebnisse zu publizieren gedachte. Die Absicht, »Die Folge einer zweyten Abtheilung wird durch Gelegenheit und Muße bedingt werden«[53], ließ sich mangels »Muße« leider nicht verwirklichen.

Ein glückliches Jahr

Auch im Jahr 1820 unternahm Carus eine Erholungsreise, die ihn dieses Mal nicht ans Meer, sondern in das Gebirge führte. Auf dem ersten Teil der Reise begleitete ihn seine Professorenkollege der Medizinisch-Chirurgischen Akademie, Heinrich David August Ficinus (1782–1857), der als Chemiker, Physiker und Botaniker bekannt war. Über Karlsbad, wo Carus erstmals mit Friedrich Wilhelm Josef Schelling (1755–1854) zusammentraf, Eger und Marienbad gelangten sie schließlich am 6. August nach Prag. Hier besichtigte Carus eine Reihe medizinischer Institutionen, genoß vor allem aber die großartige Architektur. Am 10. August begab er sich nach

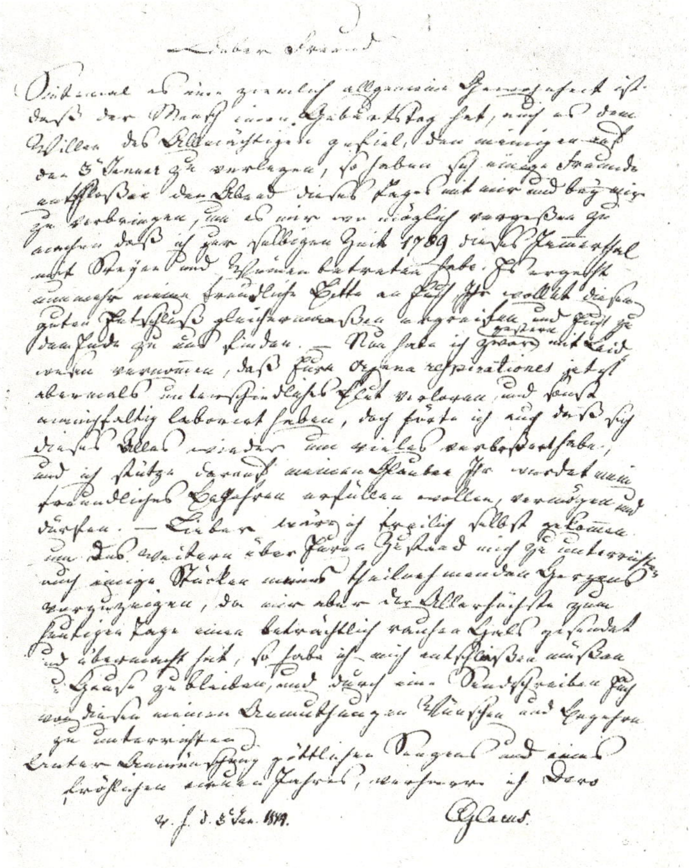

Bild 25. Carus' erster Brief an den langjährigen Freund Johann Gottlob Regis (1791–1854)

Bild 26. Burkhard Wilhelm Seiler (1779–1843). Erster Direktor der Lehranstalt für Medizin und Chirurgie in Dresden

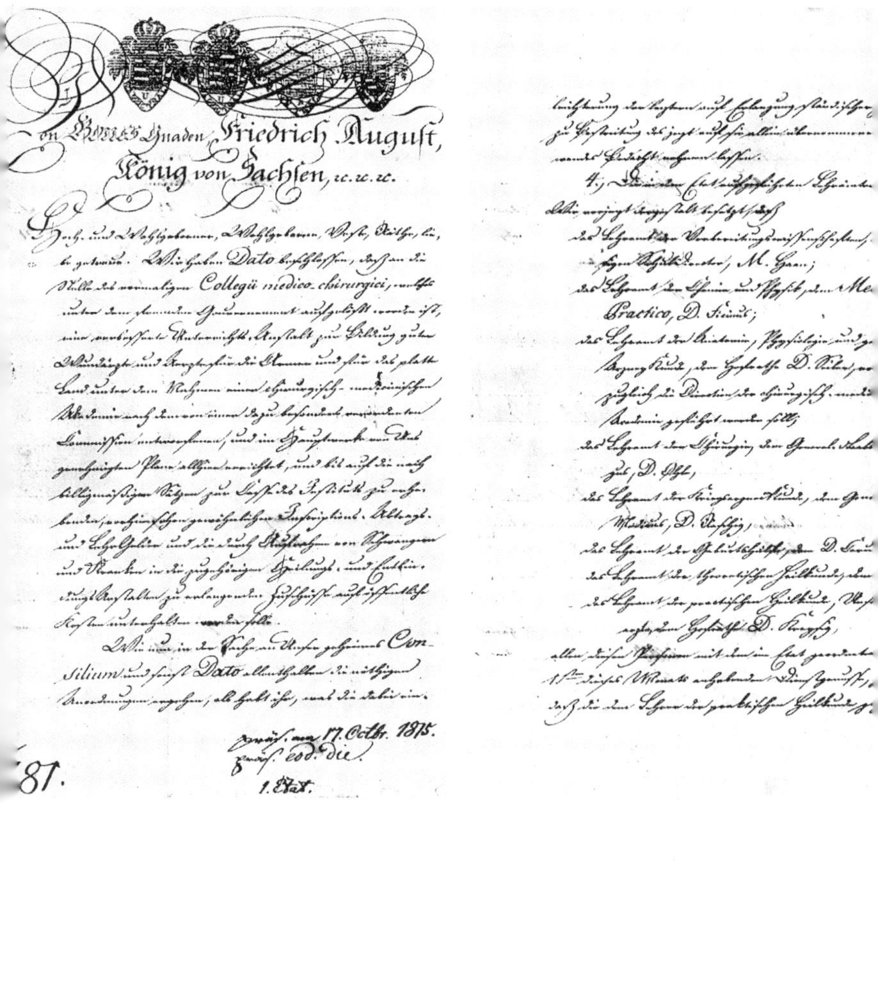
Von Gottes Gnaden, Friedrich August, König von Sachsen, rc. rc. rc.

Bild 27–28. Gründungsurkunde der chirurgisch-medizinischen Akademie mit Ernennung von Carus zum Professor für Geburtshilfe

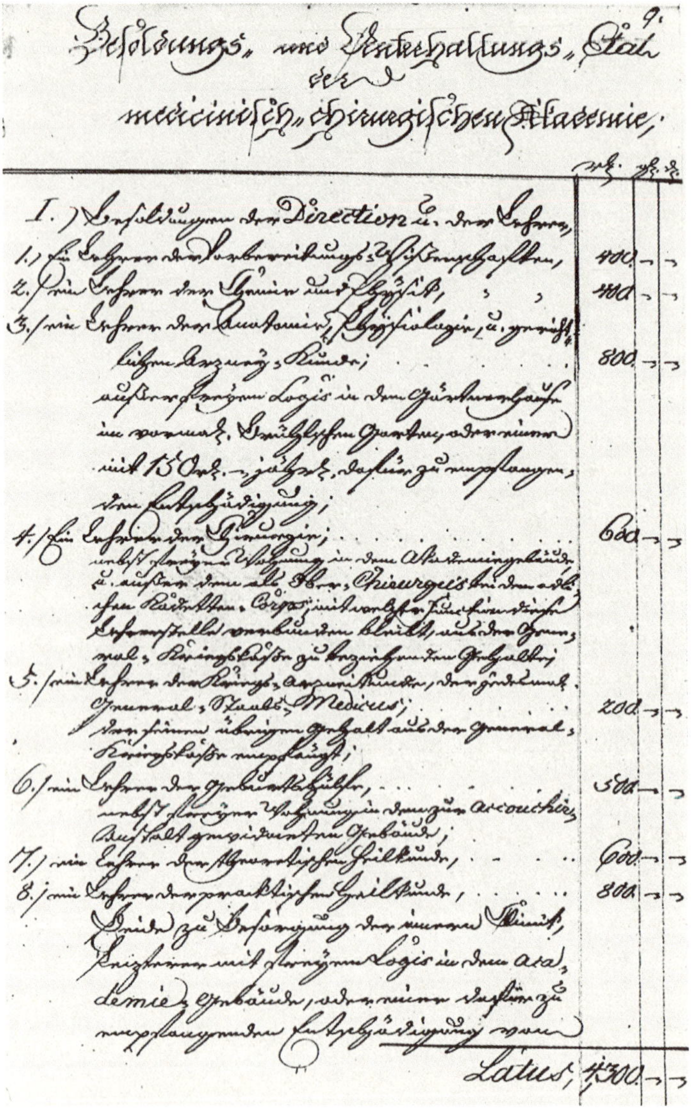

Besoldungs- und Unterhaltungs-Etat
der
medicinisch-chirurgischen Akademie.

	rth.	gr.	d.
I.) Besoldungen der Direction u. der Lehrer,			
1.) für Lehrer der Vorbereitungs-Wissenschaften,	400	–	–
2.) dem Lehrer der Chemie und Physik,	400	–	–
3.) dem Lehrer der Anatomie, Physiologie, u. gerichtlichen Arzeney-Kunde;	800	–	–
außer freyem Logis in dem Gärtnerhause im vormals Brühlschen Garten, oder einer mit 150 rth. jährl. dafür zu empfangenden Entschädigung;			
4.) für Lehrer der Chirurgie;	600	–	–
nebst freyer Wohnung in dem Akademiegebäude u. außer dem als Ober-Chirurgus bei dem adelichen Kadetten-Corps, mit welcher Function diese Lehrerstelle verbunden bleibt, aus der General-Kriegscasse zu beziehenden Gehalte;			
5.) dem Lehrer der Kriegs-Arzneikunde, der zugleich General-Staabs-Medicus;	200	–	–
der seinen übrigen Gehalt aus der General-Kriegscasse empfängt;			
6.) dem Lehrer der Geburtshülfe,	500	–	–
nebst freyer Wohnung in dem zur Accouchir-Anstalt gewidmeten Gebäude;			
7.) dem Lehrer der theoretischen Heilkunde,	600	–	–
8.) dem Lehrer der practischen Heilkunde,	800	–	–
Beide zu Besorgung der innern Klinik, Leztere mit freyem Logis in dem Academie-Gebäude, oder einer dafür zu empfangenden Entschädigung von			
Latus;	4300	–	–

Bild 29. Besoldungs- und Unterhaltsetat der neugegründeten Akademie

	rtl.	ggl.	rl.
Transport:	4300	–	–
150 rtl. jährlich,			
9.) für Prosector,	250	–	–
10.) Dem, mit der Direction der Akademie beauftragten Inspector, vor, von dieser Direction,	400	–	–
Summa:	4950	–	–

II.) Uebrige Kosten:

1.) Zur Unterhaltung eines chirurgl. Clinici,	1500	–	–
2.) " " " Clinici für innere Krank.	1500	–	–
3.) " " " des Gebaum. Instituts,	1500	–	–
4.) Zur Unterhaltung der anatom. Anstalt;	150	–	–
5.) Zur Ausbesserung u. Anschaffung für nöthiger Instrumenten;	50	–	–
6.) Desgl. zu Arzeneien für Clinici und Hospital;	40	–	–
7.) für das nöthige Expeditions- und Dienst-Personale,	655	–	–
Sa:	5395	–	–

Hierüber
die Deputat von
18. Scheffel Gerste, und
30.   "   weichen Wr. allischem Holze,
von dem hiesigen Königl. Holzgarten jährlich
an Inspector

Bild 30. Ansicht des Kurländer Palais (rechts) und des Oberzeugmeisterhauses, seit 1814 Entbindungsanstalt und Wohnung von Carus

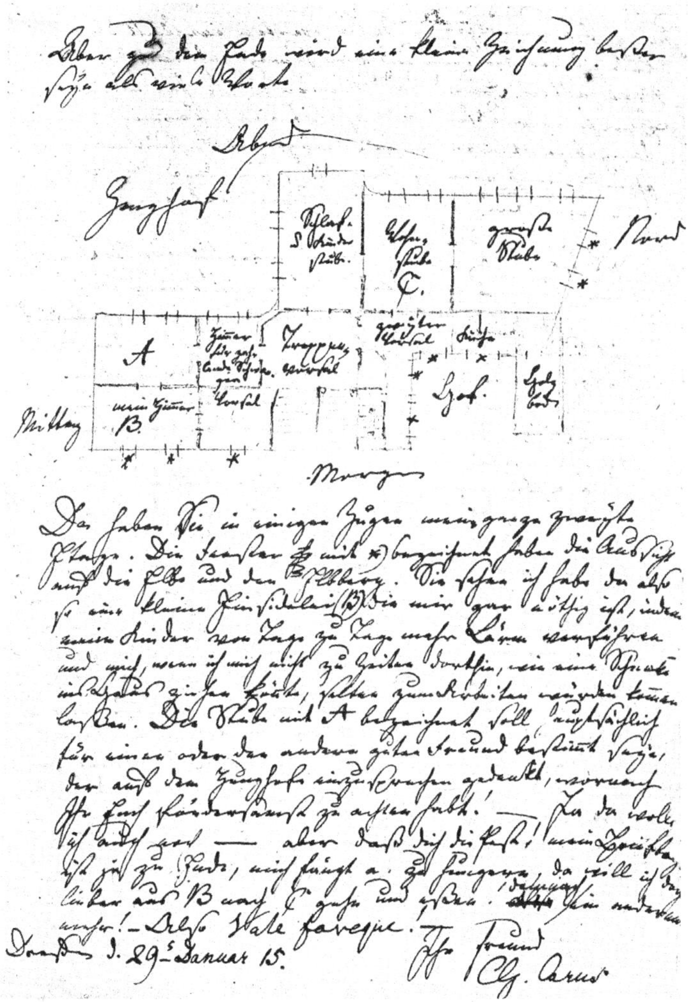

Bild 31. Skizze der ersten Dresdener Wohnung. In einem Brief an Regis

Bild 32. Frühlingslandschaft im Leipziger Rosental. Ölgemälde, 1814

Bild 33. Caspar David Friedrich (!774–1840). Selbstbildnis um 1810. Bedeutender Landschaftsmaler der deutschen Romantik und Freund von Carus

Bild 34. Christian Gottfried Ehrenberg (1795–1876). Naturforscher und Freund von Carus

Bild 35. Friedrich Ludwig Kreysig (1770–1839). Leibarzt am sächsischen Königshofe. Förderer von Carus

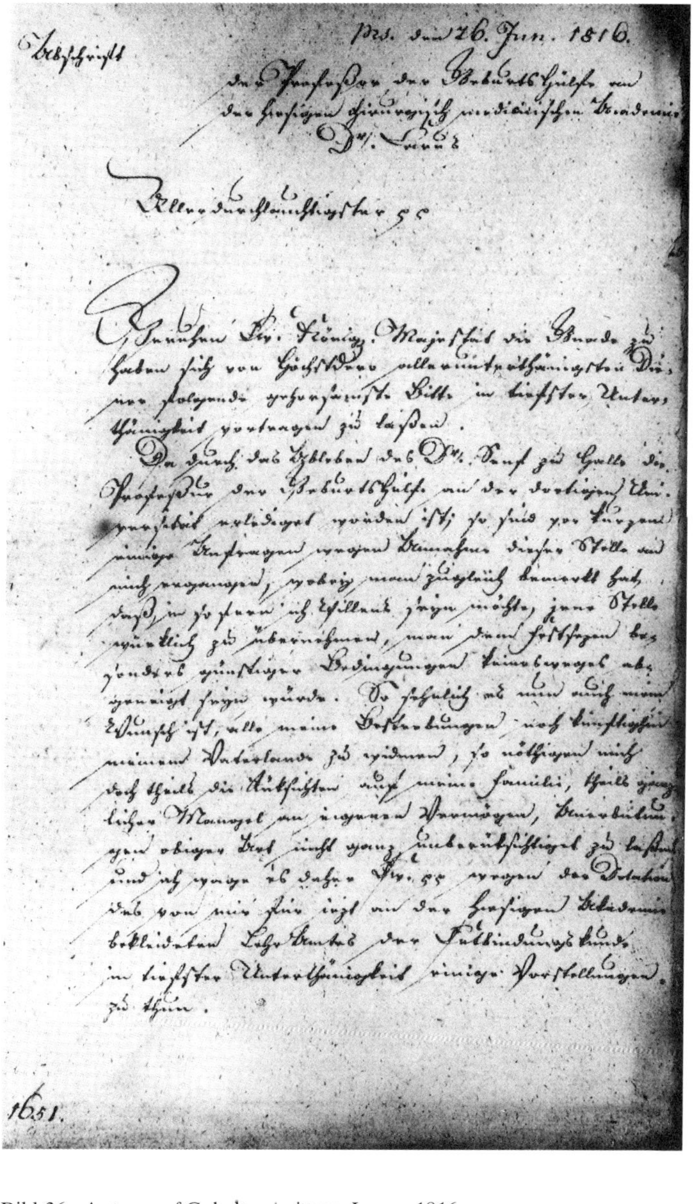
Abschrift

Prs. den 26. Jan. 1816.

des Professor der Geburtshülfe an der hiesigen chirurgisch medicinischen Academie Dr. Carus

Allerdurchlauchtigster pp

Geruhen Sr. Königl. Majestät die Gnade zu haben sich von Höchstdero allerunterthänigsten Diener folgende ehrerbietigste Bitte in tiefster Unterthänigkeit vortragen zu lassen.

Da durch das Ableben des Dr. Senff zu Halle die Professur der Geburtshülfe an der dortigen Universität erledigt worden ist, so sind vor kurzem einige Anfragen wegen Annahme dieser Stelle an mich ergangen, wobei man zugleich bemerkt hat, daß, in sofern ich Willens seyn möchte, jene Stelle wirklich zu übernehmen, man dem Festsetzen besonders günstiger Bedingungen keineswegs abgeneigt seyn würde. So sehnlich es nun auch mein Wunsch ist, alle meine Bestrebungen noch künftighin meinem Vaterlande zu widmen, so nöthigen mich doch theils die Aussichten auf meine Familie, theils gänzlicher Mangel an eigenem Vermögen, Anerbietungen obiger Art nicht ganz unberücksichtigt zu lassen, und ich wage es daher Ew. pp wegen des Gehaltes des von mir für jetzt an der hiesigen Akademie bekleideten Lehramtes der Entbindungskunde in tiefster Unterthänigkeit einige Vorstellungen zu thun.

1651.

Bild 36. Antrag auf Gehaltserhöhung, Januar 1816

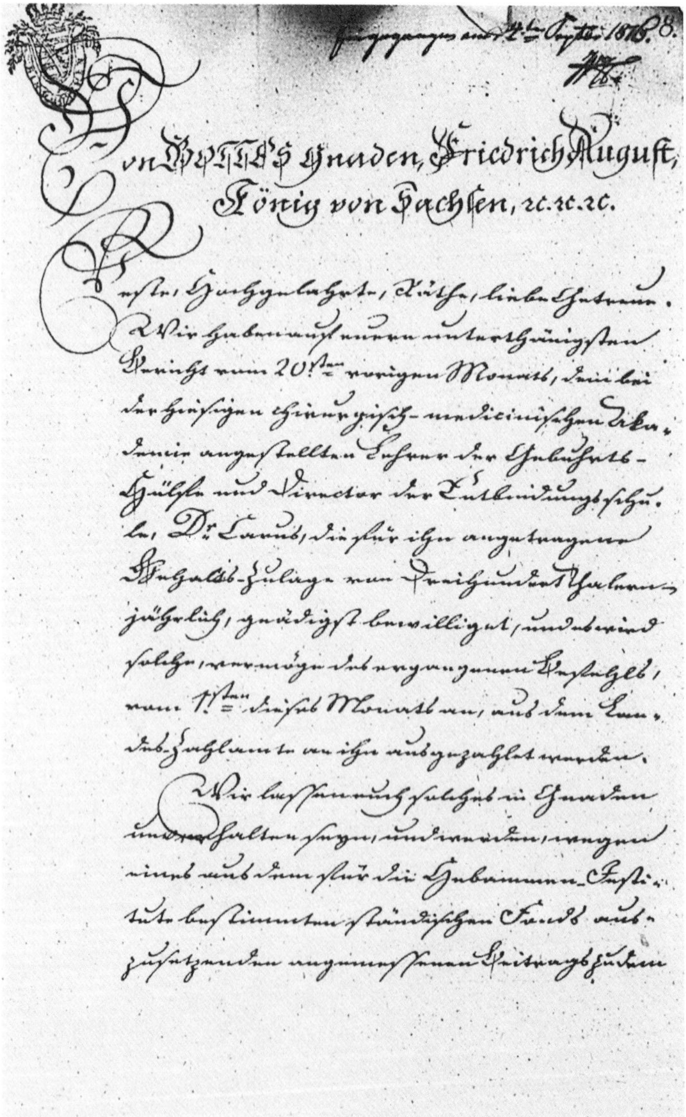

Bild 37. Genehmigung einer Gehaltszulage für Carus, September 1816

nicht Dero[?]en Sachen bis jetzt allein übertragenen Richter und der hiesigen Entbindungs-Anstalt künftig das Nachgehörige in Obacht nehmen laßen.

Wir bleiben euch in Gnaden gewogen.
Gegeben zu Dresden, am 13. Septbr. 1816.

signature

An
die wegen der chirurgischen medicinischen Akademie verordnete Commission.
Pr. d.m Prof. Dr.
Carus, den 4. Oct. So-
fallt Zulage eth.

Carl August von Hoßhaupt[?]

Lehrbuch
der
Zootomie.

Mit

stäter Hinsicht auf Physiologie ausgearbeitet,

und

durch zwanzig Kupfertafeln erläutert,

von

Carl Gustav Carus,

Doctor der Philosophie und Medicin, Professor der Entbindungskunde an der chirurgisch=medicinischen Academie zu Dresden, Director des dasigen Königl. Sächs. Hebamineninstituts, der physicalisch=medicinischen Gesellschaft zu Erlangen und der öconomischen im Königreiche Sachsen Ehrenmitgliede, der Linnéischen zu Leipzig und der mineralogischen zu Dresden Mitglied.

Alle Gestalten sind ähnlich, und keine gleichet der Andern;
Und so deutet das Chor auf ein geheimes Gesetz.
v. Göthe.

Leipzig, bei Gerhard Fleischer dem Jüngern.
1818.

Bild 38. Lehrbuch der Zootomie, 1818

Bild 39. Der Mann an der Stadtmauer. Ölgemälde, 1818

Bild 40. Mondnacht auf Rügen

Bild 41. Brandung bei Rügen. Ölgemälde, 1819

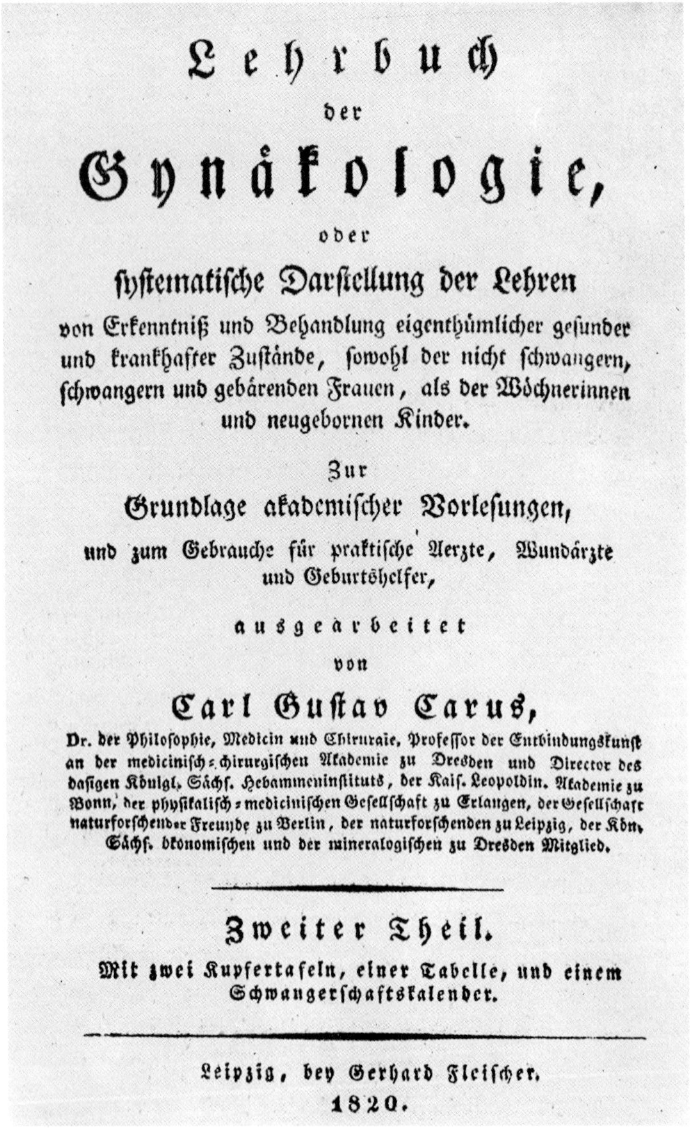

Lehrbuch
der
Gynäkologie,
oder
systematische Darstellung der Lehren
von Erkenntniß und Behandlung eigenthümlicher gesunder
und krankhafter Zustände, sowohl der nicht schwangern,
schwangern und gebärenden Frauen, als der Wöchnerinnen
und neugebornen Kinder.

Zur
Grundlage akademischer Vorlesungen,
und zum Gebrauche für praktische Aerzte, Wundärzte
und Geburtshelfer,

ausgearbeitet
von
Carl Gustav Carus,
Dr. der Philosophie, Medicin und Chirurgie, Professor der Entbindungskunst an der medicinisch-chirurgischen Akademie zu Dresden und Director des dasigen Kdnigl. Sächs. Hebammeninstituts, der Kais. Leopoldin. Akademie zu Bonn, der physikalisch-medicinischen Gesellschaft zu Erlangen, der Gesellschaft naturforschender Freunde zu Berlin, der naturforschenden zu Leipzig, der Kön. Sächs. ökonomischen und der mineralogischen zu Dresden Mitglied.

Zweiter Theil.
Mit zwei Kupfertafeln, einer Tabelle, und einem
Schwangerschaftskalender.

Leipzig, bey Gerhard Fleischer.
1820.

Bild 42. Lehrbuch der Gynäkologie, 1820

Zur Lehre
von
Schwangerschaft
und
Geburt

physiologische, pathologische und therapeutische Abhandlungen,

mit besonderer Hinsicht auf vergleichende Beobachtungen an den Thieren.

Von

Dr. Carl Gustav Carus,

Professor der Entbindungskunst an der medicinisch-chirurgischen Akademie zu Dresden, Director des hasigen Entbindungs-Instituts, und Mitglied mehrerer gelehrten Gesellschaften.

Erste Abtheilung.

Mit einer Kupfertafel.

Leipzig, bey Gerhard Fleischer.
1822.

Bild 43. Zur Lehre von der Schwangerschaft und Geburt, 1822

Bild 44. Carl Gustav Carus. Selbstporträt, 1822

Bild 45. Schilflandschaft. Ölgemälde

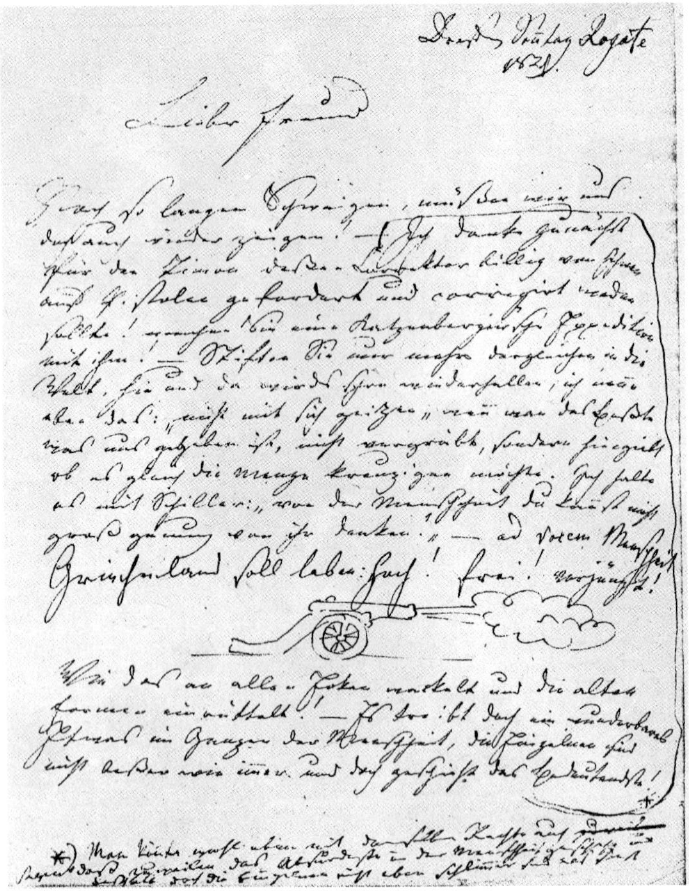

Bild 46. Begeisterung für den Freiheitskampf des griechischen Volkes. Brief an Regis

Bild 47. Carl Gustav Carus als junger Arzt

Dr. Carl Gustav Carus

von

den Anforderungen

an eine

künftige Bearbeitung

der

Naturwissenschaften.

Eine Rede gelesen zu Leipzig am 19. September 1822 in der ersten Zusammenkunft deutscher Naturforscher, und Aerzte.

Leipzig: Ernst Fleischer.

1822.

Bild 48. Programmatische Rede während der Gründungsversammlung der „Gesellschaft deutscher Naturforscher und Ärzte“, Leipzig 1822

Bild 49. Dresdner Gesellschaft für Ärzte und Naturforscher mit Carus als Sekretär, 1823

Es besteht in Dresden eine Gesellschaft von Aerzten und Naturforschern, welche an der Feyer des Regierungs-Jubiläi Sr. Majestät des Königs sich vereiniget haben, theils die Natur- und Heilkunde überhaupt durch gemeinschaftliche Arbeiten zu fördern, theils durch Verbreitung nützlicher Kenntnisse sich ihren Umgebungen nützlich zu erweisen. — Die Gesellschaft, in der Absicht namentlich auch die Arbeiten gebildeter und geschickter Künstler und Handwerker zu unterstützen, erklärt sich daher jetzt, nachdem sie die allerhöchste Bestätigung erlangt hat, gern bereitwillig, denjenigen Künstlern und Handwerkern, welche von Naturkunde im Allgemeinen, und besonders von Physik und Chemie oder von der praktischen Mechanik irgend eine Förderung ihrer Arbeiten erwarten können, nach Kräften mit Rath und That an die Hand zu gehen. Mögen daher Künstler und Handwerker innerhalb Dresdens oder Sachsens überhaupt, entweder über neue Entdeckungen sich belehren wollen, mögen sie bei irgend einer unternommenen Arbeit den Rath eines Mitgliedes der Gesellschaft wünschen, oder mögen sie endlich ein neues Produkt ihres Fleifses gern weiter bekannt machen wollen; so wird die Gesellschaft die Erlangung dieser Zwecke zu unterstützen bereit seyn, und hat in dieser Absicht diese Bekanntmachung erlassen. — Es folgen defshalb hierunter die Namen der vier Deputirten und des Secretairs und es steht jedem Künstler oder Handwerker frey in den genannten Beziehungen sich entweder an einen der hier Genannten oder sonst an ein ihnen zufällig bekanntes Mitglied der Gesellschaft zu wenden, und der möglichsten Beförderung seiner Zwecke, so weit sie im Bereich des Wirkungskreises der Gesellschaft liegt, gewärtig zu seyn.

Sitzung vom 15. Januar 1823.

Deputirte:

Hofrath D. Seiler.
General-Stabs-Medicus D. Raschig.
D. Ficinus.
D. Franke.

Secretair:

D. Carus.

D. CARL GUSTAV CARUS

Professor an der chirurg. medic. Akademie zu Dresden, Mitglied mehrerer gelehrten Gesellschaften,

VON DEN

ÄUSSERN LEBENSBEDINGUNGEN

DER

WEISS- UND KALTBLÜTIGEN THIERE.

Eine von der Königlichen Akademie der Wissenschaften zu Kopenhagen

GEKRÖNTE PREISSCHRIFT.

Nebst zwei Beilagen

über Entwicklungsgeschichte der Teichhornschnecke, und über Herzschlag und Blut der Weinbergsschnecke und des Flusskrebses.

Hierzu eine colorirte und eine schwarze Kupfertafel.

Leipzig: Gerhard Fleischer.
1 8 2 4.

Bild 50. Preisschrift der Königlichen Akademie der Wissenschaften zu Kopenhagen, 1824

Bild 51. Lorenz Oken (1779–1851). Gemeinsam mit Carus Gründer der „Gesellschaft deutscher Naturforscher und Ärzte"

Bild 52. Aufruf an die Naturforscher und Ärzte Deutschlands zur Teilnahme an der Dresdner Versammlung 1826

An die Naturforscher und Aerzte Dresdens.

Sr. Majestät der König von Sachsen, haben allergnädigst zu erlauben geruhet, dass die Gesellschaft der deutschen Naturforscher und Aerzte dieses Jahr ihre Versammlung in Dresden halten darf, es werden demnach die Sitzungen den 18ten d. M. des Vormittags um 9 Uhr in dem Saale des Landhauses beginnen. Die Versammlungen werden bei offenen Thüren gehalten und Beitritt haben Alle, die sich wissenschaftlich mit Naturkunde und Medizin beschäftigen. Als Mitglied wird jeder Schriftsteller im naturwissenschaftlichen und ärztlichen Fache betrachtet, und es haben sich diese vor der Eröffnung der Versammlung, in dem Saale des Landhauses zwischen 8 — 9 Uhr bei den Unterzeichneten zu melden, um ihre Namen und die Vorträge, die sie zu halten gesonnen seyn sollten, in das Protocoll eintragen zu können.

Da der Hauptzweck der Gesellschaft ist: den Naturforschern und Aerzten Deutschlands Gelegenheit zu verschaffen, sich persönlich kennen zu lernen; so werden die fremden Naturforscher und Aerzte sich täglich des Mittags um 1 Uhr, in dem Saale des Traiteur's Herrn Kaempfe am alten Markte zu einem Mittagessen an einem billig bedungnen Table d'hôte versammeln, und es wird angenehm seyn, wenn auch Bewohner Dresdens Antheil nehmen wollen. Es werden zwar immer einige Plätze bereit gehalten werden, sicherer ist aber doch, wenn diejenigen, welche die Gesellschaft durch ihre Gegenwart erfreuen wollen, jeden Tag des Morgens zwischen 8 — 9 Uhr ihre Namen schriftlich oder mündlich anzeigen.

Dresden, den 11. September 1826.

D. Burkhard Wilhelm Seiler,
Geschäftsführer.

D. Carl Gustav Carus,
Secretair.

Bild 53. Vorleseabend in Tiecks Dresdner Wohnung

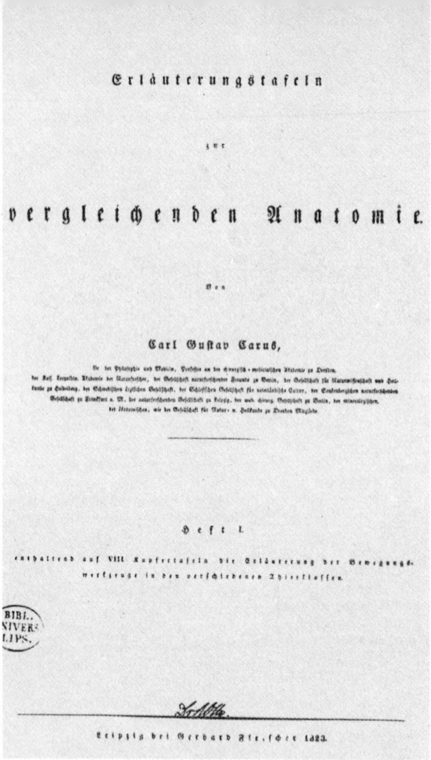

Erläuterungstafeln

zur

vergleichenden Anatomie.

von

Carl Gustav Carus,

Dr. der Philosophie und Medicin, Professor an der chirurgisch-medicinischen Akademie zu Dresden, der Kais. Leopoldin. Akademie der Naturforscher, der Gesellschaft naturforschender Freunde zu Berlin, der Gesellschaft für Naturwissenschaft und Heilkunde zu Heidelberg, der Schwedischen ärztlichen Gesellschaft, der Schlesischen Gesellschaft für vaterländische Cultur, der Senkenbergischen naturforschenden Gesellschaft zu Frankfurt a. M., der naturforschenden Gesellschaft zu Leipzig, der med. chirurg. Gesellschaft zu Berlin, der mineralogischen, der ökonomischen, wie der Gesellschaft für Natur- u. Heilkunde zu Dresden Mitgliede.

Heft I.

enthaltend auf VIII Kupfertafeln die Erläuterung der Bewegungswerkzeuge in den verschiedenen Thierklassen.

Leipzig bei Gerhard Fleischer 1823.

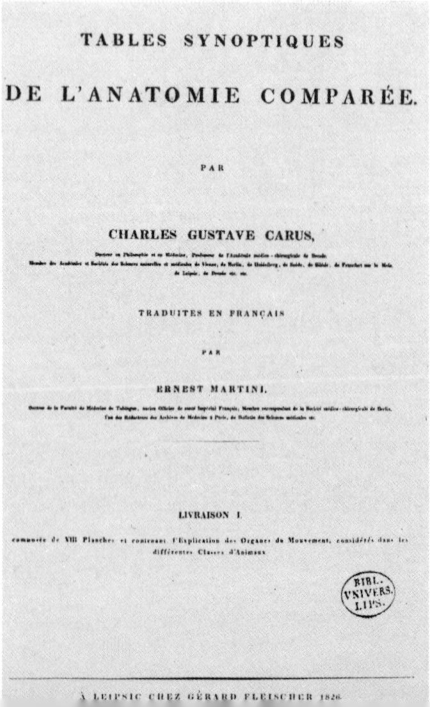

TABLES SYNOPTIQUES

DE L'ANATOMIE COMPARÉE.

PAR

CHARLES GUSTAVE CARUS,

Docteur en Philosophie et en Médecine, Professeur de l'Académie médico-chirurgicale de Dresde, Membre des Académies et Sociétés des Sciences naturelles et médicales de Vienne, de Berlin, de Heidelberg, de Suède, de Silésie, de Francfort sur le Mein, de Leipsic, de Dresde etc. etc.

TRADUITES EN FRANÇAIS

PAR

ERNEST MARTINI,

Docteur de la Faculté de Médecine de Tubingue, ancien Officier de santé Impérial Français, Membre correspondant de la Société médico-chirurgicale de Berlin, l'un des Rédacteurs des Archives de Médecine à Paris, du Bulletin des Sciences médicales etc.

LIVRAISON I.

composée de VIII Planches et contenant l'Explication des Organes du Mouvement, considérés dans les différentes Classes d'Animaux.

À LEIPSIC CHEZ GÉRARD FLEISCHER 1826.

Bild 54–56. Erstes fundamentales Standardwerk zur Vergleichenden Anatomie. Von 1826 bis 1855 erschienen 9 Bände mit 1076 Tafeln

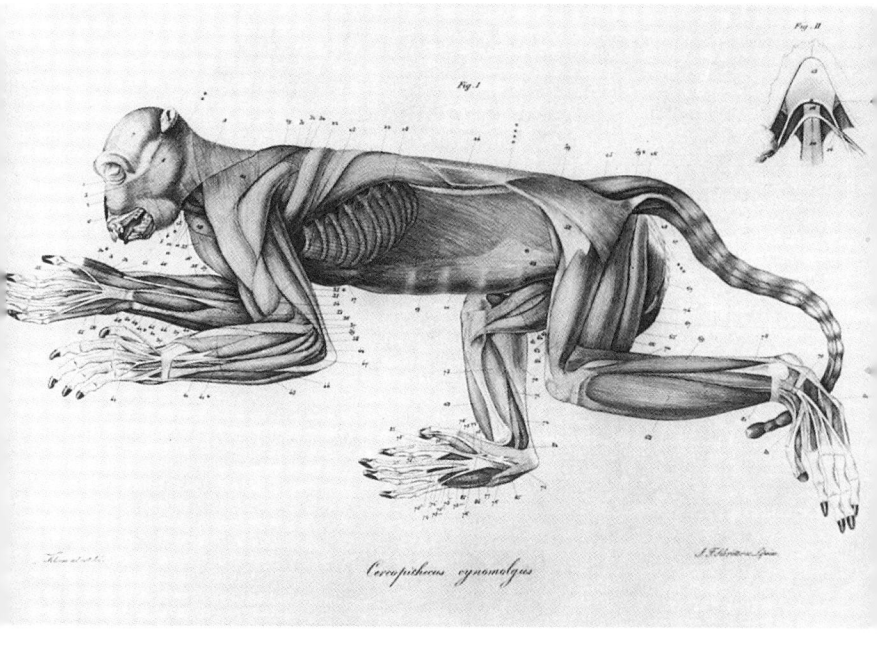

Cercopithecus cynomolgus

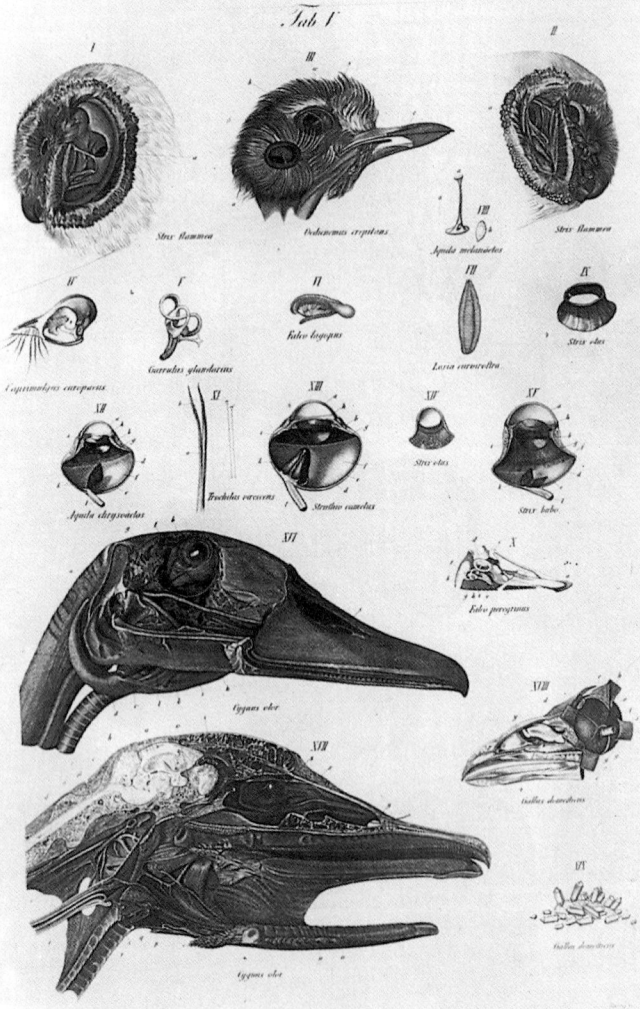

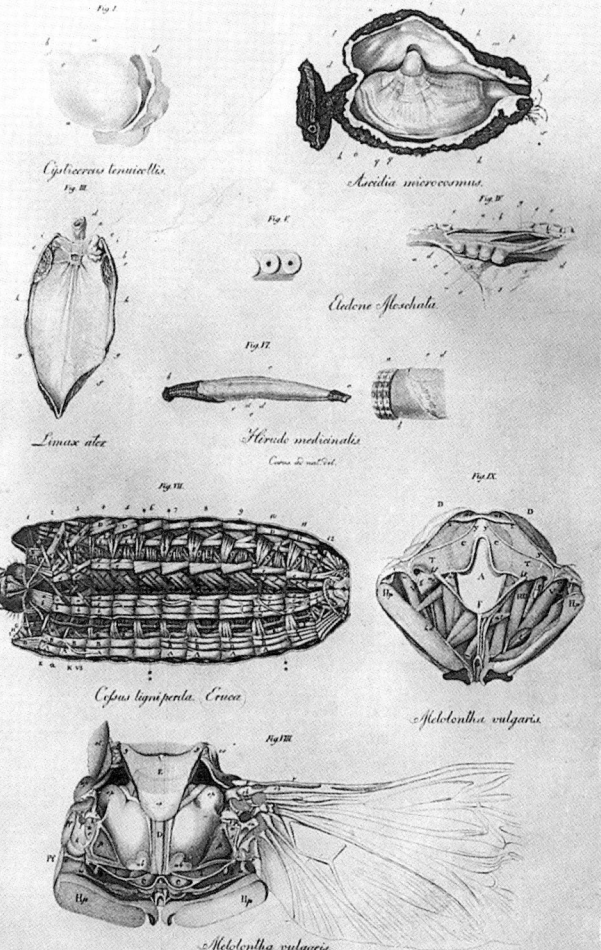

Bild 57. Friedhof in Oybin im Winter. Ölgemälde, 1828

Zittau. Im Lausitzer Gebirge inspirierten ihn die romantischen Ruinen des Oybin zu einigen zeichnerischen Studien. Der Weg führte ihn weiter zu einer Gebirgswanderung durch das Riesengebirge. Am 24. August kehrte Carus »abermals mit vielen neuen Vorstellungen bereichert, durchatmet von Gebirgsluft und gestärkt in allen Gliedern«[54] nach Dresden zurück. Gut erholt machte nicht nur seine Arbeit Fortschritte, auch im privaten Leben sah es »munter und lebenslustig« aus. Er schreibt:

»Ist es doch so merkwürdig, wenn ich auf den Gang meines eigenen Lebens zurückblicke oder irgendein anderes ausführlicher verfolge, überall gewahre ich eigentümliche, mehr oder weniger sich widerholende Schwankungen! Einzelne Zeiten sind, in denen alles nur langsam und fast widerwillig fortrückt, ja wo gleichwie in winterlicher Erstarrung das meiste zu stocken scheint; andere sind dann wieder, wo zwar das Fortschreiten unverkennbar ist, aber doch keine bedeutenden Resultate sich ergeben, und noch andere endlich kommen, wo ein wahrer Frühling einzieht, alles sich frisch regt und quillt und in wenigen Monaten oft mehr durchmessen und geschaffen wird als sonst in zwei- und dreifach längern Zeiträumen. Das Jahr 1821 war mir ein solches besonders treibendes und förderndes.«[55]

Zu Beginn des Jahres erreichte ihn der Antrag einer Professur der Physiologie und Pathologie nach Erlangen. Es bedurfte nicht langer Überlegungen, dieses Angebot auszuschlagen, da die Bedingungen in Dresden günstiger waren, zumal Carus die Unterstützung für eine Sommerreise an das Mittelmeer in Aussicht stand.

Seit Frühjahr 1821 datiert die persönliche Bekanntschaft mit Ludwig Tieck (1773–1853), der 1819 nach Dresden gezogen war und hier seit 1825 als Dramaturg am Hoftheater wirkte. Tiecks spätere Wohnung am Altmarkt wurde zum Treffpunkt der geistigen Welt, die von seinen berühmt gewordenen Leseabenden begeistert war. Von 1824 ab war auch Carus, dessen Beziehung zu Tieck sich bald in eine feste Freundschaft vertiefte, hier ständiger Gast, wo sich ihm der Reichtum der Shakespeareschen Werke in Tieckscher Übersetzung und der antiken Klassiker erschloß.

In Begleitung seines Leipziger Freundes Dietz begab sich Carus im Juli 1821 schließlich auf die seit langem vorbereitete wissenschaftliche Mittelmeerreise, über die ein sorgfältig geführtes Tagebuch interessante Aufschlüsse vermittelt. Über Leipzig gelangten sie nach Jena. Hier trat Carus mit dem Psychiater Dietrich Georg Kieser (1779–1862) in Verbindung, der neben entwicklungsgeschichtlichen und anatomischen Forschungen vor allem durch sein »System der Medizin« bekannt wurde. Dieses von Schelling inspirierte Prinzip konnte nicht die Zustimmung von Carus finden. Sein Tagebuch vermerkt: »So sah ich denn zuerst Kieser, eine etwas ungelenke große Gestalt in ziemlich pedantischer Haltung eines modernen Professors. Es lag für mich etwas Starres, Festgewordenes in seinem Wesen, welches mir damals einigermaßen mit dem System seiner Krankheitslehre zu stimmen schien; denn die meisten Systeme gleichen ja dem Kristall, dem man zwar wohl ein organisches Leben zusprechen muß, solange er sich bildet, der aber, indem er fertig ist, auch erstarrt, erstorben vor uns liegt.«[56] Ein Gegensatz zu dem Theoretiker Kieser war der Praktiker Theobald Renner (1779–1850), dessen Sammlungen der physiologischen und pathologischen Zootomie sich Carus in Jena eingehend betrachtete.

Begegnung mit Goethe

Eines der wichtigsten Ereignisse seiner Reise war die lang erwartete persönliche Begegnung mit dem von ihm hochverehrten Repräsentanten der deutschen Klassik, Johann Wolfgang Goethe.

Am späten Abend des 20. Juli 1821 traf Carus in Weimar ein, wo er für den nächsten Tag um elf Uhr bei Goethe angemeldet war. Zuvor sah er sich noch die anatomischen Sammlungen Friedrich Ludwig von Frorieps (1779–1849), eines der Mitbegründer der wissenschaftlichen Geburtshilfe, an. Dieser hatte allerdings, nachdem er von seinem Schwiegervater, Friedrich Justin Bertuch (1747–1822), einem engen Freund Hufelands, die Leitung des bedeutenden Weimarer »Industriecomptoirs« übernommen hatte, durch geschäftliche Verpflichtungen nur noch wenig Zeit für die Wissenschaft.

Gegen elf Uhr war es endlich so weit. Der seit langem erhoffte Zeitpunkt des ersten persönlichen Kontakts mit Goethe war gekommen. Carus schildert dieses für ihn nachhaltige Erlebnis ausführlich in seinem Tagebuch:

»Unter all diesen Betrachtungen war indes 11 Uhr herangerückt, ja vorübergegangen, und ich eilte nun, Goethes Wohnung aufzufinden. Gleich beim Eintritt in das mäßig große, im einfach antiken Stil gebaute Haus deuteten die breiten, sehr allmählich sich hebenden Treppen sowie die Verzierung der Treppenruhe mit dem Hunde der Diana und dem jungen Faun von Belvedere die Neigungen des Besitzers an. Weiter oben fiel die Gruppe der Dioskuren angenehm in die Augen, und am Fußboden empfing den in den Vorsaal Eintretenden, blau ausgelegt, ein einladendes »Salve«. Der Vorsaal selbst war mit Kupferstichen und Büsten auf das reichste verziert und öffnete sich gegen die Rückseite des Hauses durch eine zweite Büstenhalle auf den lustig umrankten Altan und auf die zum Garten hinabführende Treppe. In ein anderes Zimmer geführt, sah ich mich aufs neue von Kunstwerken und Altertümern umgeben; schön geschliffene Schalen von Chalcedon standen auf Marmortischen umher, über dem Sofa verdeckten halb und halb grüne Vorhänge eine große Nachbildung des unter dem Namen der Aldobrandinischen Hochzeit bekannten alten Wandgemäldes, und außerdem foderte die Wahl der unter Glas und Rahmen bewahrten Kunstwerke, meistens Gegenstände alter Geschichte nachbildend, zu aufmerksamer Betrachtung auf.

Endlich kündigt ein rüstiger Schritt durch die anstoßenden Zimmer den werten Mann selbst an. Einfach, im blauen Zeugoberrock gekleidet, gestiefelt, in kurzem, etwas gepudertem Harr, mit den bekannten von Rauch herrlich aufgefaßten Gesichtszügen, in gerader kräftiger Haltung schritt er auf mich zu und führte mich zum Sofa. Die zweiundsiebzig Jahre haben auf Goethe wenig Eindruck gemacht, der Arcus senilis in der Hornhaut beider Augen beginnt zwar sich zu bilden, aber ohne dem Feuer des Auges zu schaden. Überhaupt ist das Auge an ihm vorzüglich sprechend, und mir erschien darin zumeist die ganze Weichheit des Dichtergemüts, welche sein übriger ablehnender Anstand mir mit Mühe zurückzuhalten und gegen das Eindringen und Belästigen der Welt zu schützen scheint; doch auch das ganze Feuer des hochbegabten Sehers leuchtete in einzelnen Momenten des weitern mehr erwärmten Gesprächs mit fast dämonischer Gewalt aus den schnell aufgeschlagenen Augen.

So saß ich denn nun ihm gegenüber! Die Erscheinung eines Menschen, welchem ich selbst einen so großen Einfluß auf meine Entwicklung zugestehen mußte, war mir plötzlich nahe gerückt, und ich war um so mehr bemüht, diese merkwürdige Gegenwart genau zu betrachten und zu erfassen. Die gewöhnlichen einleitenden Gespräche waren bald beseitigt, ich erzählte von meinen neuen Arbeiten über die Ur-Teile des Knochengerüsts und konnte ihm die Bestätigung seiner frühern Vermutung über das Dasein von sechs Kopfwirbeln mitteilen. Zur schnellern Darlegung des Ganzen ersuchte ich um Bleistift und Papier, wir gingen in ein zweites Zimmer, und wie ich nun den Typus des Fischkopfes in seiner Gesetzmäßigkeit schematisch entwickelte, unterbrach er mich oft durch beifällige Ausrufungen und freudiges Kopfnicken. ›Jaja, die Sprache ist in guten Händen‹, sagte er ›da haben uns der Spix und Bojanus so etwas hergedunkelt! Nun, nun! Ja, ja!‹ Mit diesen, auf eigentümlich gutmütige Weise betonten Worten pflegte er überhaupt alle Pausen des Gesprächs zu beleben.

Der Diener brachte eine kleine Kollation. Es war mir ein rührendes Verhältnis, Goethe zu sehen, wie er mir den Wein eingoß und ein Brot mit mir teilte, selbst von der einen Hälfte genießend und mir die andere reichend! — Dabei sprach er von meinen beiden Bildern, die ich ihm vor einem Jahr durch Frommann gesendet hatte, erzählte, wie ihm das eine (das Haus auf der Brockenspitze) längere Zeit seiner Bedeutung nach rätselhaft geblieben. Wie nur später erst eine dritte Person (der Großherzog, wie Frommann mir sagte) ihm den Aufschluß darüber gegeben und wie diese Dinge überhaupt wohl in Ehren gehalten würden. Dann ließ er sein Portefeuille über vergleichende Anatomie bringen und zeigte seine frühern

Arbeiten. Späterhin kamen wir auf das Bedeutungsvolle in der Form der Felsen und Gebirge für Bestimmung der Art des Gesteins, ja für die gesamte Bildung der Erdoberfläche; und auch in diesen Ideen war er völlig einheimisch, ja er hatte dafür gesammelt, wie eine zweite wohlgefüllte Mappe mit Felszeichnungen vom Harz und andern Orten deutlich bewies.

Merkwürdig waren mir, als ich jetzt kurze Zeit im Zimmer allein blieb, die Anordnungen und Ausschmückungen desselben. Außer einem hohen Gestelle mit gewaltigen Mappen für Kupferstiche und ihrer geschichtlichen Folge interessierte mich ein mit Schubkästen, behufs der Aufbewahrung einer Münzsammlung, versehener Schrank. Der Aufsatz desselben trug nämlich unter Glas eine ansehnliche Menge antiker Götterbildchen, Laren, Faunen usw., unter welchen ein ganz kleiner goldener Napoleon, in das glockenförmig verschlossene Ende einer Barometerröhre gestellt, sich sonderbar genug ausnahm. Auch sonst aber wollte noch manches beachtet sein; so beschäftigte mich ein altertümliches wunderliches Schloß, welches mit seinem Schlüssel am Fenstergewände hing, so forderten auch hier manche Kupferstiche zur Betrachtung auf, ja selbst die Einrichtung der Zimmertür war bemerkenswert, da sie nicht in Angeln sich bewegte, sondern aus dem Türgewände hervor- und zurückgeschoben werden mußte. Zuletzt noch sprachen wir über entoptische Farben, und es brachte ihn dies darauf, Karlsbader Glasbecher mit gelber durchsichtiger Malerei herbeibringen zu lassen, an denen er mich die fast wunderbar scheinenden Verwandlungen von Gelb in Blau und Rot in Grün, je nachdem die Beleuchtung auf eine oder die andere Weise geleitet wurde, wahrnehmen ließ. — Äußerungen über die ungünstige Aufnahme so mancher seiner wissenschaftlichen Arbeiten konnte er hierbei doch nicht ganz unterdrücken. — Gegen 1 Uhr entfernte ich mich endlich, in aller Hinsicht erfreut und erwärmt.«[57]

Auch Goethe war über die Ergebnisse des Gedankenaustausches sehr zufrieden. Insbesondere erfreute ihn die Übereinstimmung in den morphologischen Anschauungen, wobei er seine Hypothesen durch Carus' anatomische und zoologische Forschungsergebnisse bestätigt sah. Im Postscriptum zu einem Brief an den Physiologen Karl Friedrich Burdach, einen früheren Lehrer von Carus, vermerkt Goethe am 22. Juli 1821: »Soeben als ich schließe, besucht mich Herr Hofrat Carus von Dresden; derselbe, ein trefflicher Beobachter, geübter Zeichner, stimmt wegen der sechs Hauptwirbel vollkommen mit mir überein, beruhigt und erfreut mich. Möge ich bald ein gleiches von Ihnen erfahren.«[58]

Das Mittelmeer ist eine Reise wert

Dieses große Erlebnis gleich am Beginn seiner Reise war für Carus sehr bedeutungsvoll. Von Weimar führte der Weg über Rudolstadt, Koburg nach Bamberg. Neben den Schönheiten der Natur und den Baudenkmälern waren es immer wieder auch medizinische Einrichtungen, die er besichtigte. Sein spezielles Interesse galt dabei der Ausgestaltung und Organisation von Krankenhäusern.

Nächste wichtige Stationen in Deutschland waren Nürnberg, wo er den Spuren Dürers, Pirkheimers und Hans Sachs folgte, und München. Am 3. August fuhr er bei Konstanz über die Grenzen der Schweiz und gelangte über Zürich zum Vierwaldstätter See. Doch blieb überall nur wenig Zeit zum Verweilen. Bereits am 14. August ging es zu Pferde über den St. Gotthard und von Aurolo aus, das reizende Tessiner Tal hinab, in Richtung Italien. Am Abend des 15. August bezog Carus in Lugano Quartier, und bereits zwei Tage später weilte er in Milano, wo er das große Krankenhaus, das Entbindungs- und Findelhaus sowie Kulturschätze der Stadt besichtigte. Eine Woche später gelangte er in Genua zum Ziel seiner Reise, dem Mittelmeer. Carus machte sich alsbald an die Arbeit. Sein Tagebuch vermerkt unter dem 26. August:

»Gestern hatten nun unsere Arbeiten an den angekauften Fischen begonnen, und ein tüchtiger, hübscher, junger Fischer schleppt nun fleißig neue, zum Teil lebende Seetiere herbei. Mit einem Hai wurde der Anfang gemacht, und Dietz bekam genug zu zeichnen, während ich sezierte und selbst skelettierte. Es gab fortwährend Neues und Interessantes!

Besonders beschäftigt mich die Farbengebung und bei Lebenden der chamäleonartige öftere Farbenwechsel bei den Tintenwürmern, besonders den Moschuspolypen; auch erhielt ich frische Kalmar und Seeigel. Den einen großen Kalmar hatte ich angefangen zu zergliedern und ließ ihn zur Nacht auf einer zinnernen Schüssel mit Meerwasser ausgebreitet. Es war sehr warm, Fäulnis begann, und in der Nacht erwachte in von einem hellen Lichte (ich schlafe gern im Dunkeln), das von der Schüssel ausstrahlte. Es war der Kalmar, der so stark phosphorzierte! — Am Morgen kam der Wirt sehr höflich in mein Zimmer und fragte, ob es mir nicht gefällig wäre, weiter oben ein einsameres Zimmer in Beschlag zu nehmen. Hier in der belle Etage (vierter Stock) beklagten sich die Nachbarn über den Geruch. Wir zogen also aus in die sechste Etage, wo es einsam und sehr hell, aber grimmig heiß ist.«[59]

Die wenigen Tage in Genua waren mit Arbeit voll ausgefüllt. Die gesammelten Präparate wurden unter Spiritus in große Gläser gefüllt und diese in einer Kiste verstaut, die einem Spediteur zum Transport nach Dresden übergeben wurde.

Am 31. August traten Carus und Dietz die Rückreise an. In dem Schweizer Städtchen Yverdon machte Carus Bekanntschaft mit dem 78jährigen Johann Heinrich Pestalozzi (1746–1827), dessen humanistische Naturanschauung seiner Auffassung weitgehend entsprach. Auch auf der Heimfahrt versäumte es Carus nicht, wo immer sich die Gelegenheit bot, Kunstschätze oder Naturaliensammlungen und Kliniken zu besichtigen. In Würzburg verbrachte er einen anregenden Abend mit dem Anatomen und Physiologen Ignaz Döllinger (1770–1841), einem Wegbereiter der Entwicklungstheorie.

Über Bamberg, Bayreuth, Plauen und Chemnitz kam Carus am 7. Oktober wieder nach Hause, wo ihn eine böse Überraschung erwartete: Während seiner Abwesenheit waren seine Frau und die kleine Caroline schwer erkrankt. Ihrer Pflege galt seine ganze Sorge.

Die Reise hatte Carus' Gesundheit und Schaffenskraft gestärkt und nachdem, dank seiner unermüdlichen Fürsorge, die Krankheit auch aus seiner Familie vertrieben war, widmete er sich der Auswertung des auf der Reise reichlich gewonnenen Materials.

Carus' wissenschaftlicher Ruf drang mehr und mehr in alle Teile Deutschlands, so daß sich die Anträge zur Übernahme von Lehrstühlen mehrten. Doch er schlug das Angebot einer Professur der Physiologie in Breslau ebenso aus, wie das der Geburtshilfe in Göttingen, wo man ihn gern als Nachfolger des berühmten Osiander gesehen hätte.

Die Reise hatte Carus nicht nur neue wissenschaftliche Erkenntnisse gebracht, sondern auch sein künstlerisches Schaffen angeregt.

Die noch immer kränkelnde Caroline veranlaßte ihn, den Sommer auf dem Lande in der Umgebung Dresdens zu verbringen, wo er sich gleichermaßen der Kunst und der Wissenschaft widmete. Mit Goethe stand er fortan im Gedankenaustausch. Carus berichtet: »Mit Goethe wechselte ich mehrere Briefe, und er schickte mir regelmäßig die neuen Hefte zur Naturwissenschaft, sowie denn der damals erschienene Feldzug in der Champagne als köstliche Gabe mit vollen Zügen genossen wurde. Er hatte gewünscht, einmal wieder etwas von meinen Bildern zu sehen, und ich sendete ihm diesmal einige größere Sachen, welche einige Zeit in Weimar ausgestellt wurden, zugleich aber die jetzt vollendeten Briefe über Landschaftsmalerei. Die Erwiderung, die ich erhielt, war sehr zustimmend, und ein junger Künstler, der nachmals so berühmt gewordene Landschaftsmaler Preller, wurde mir zugleich zu Rat und Tat von Goethe empfohlen.«[60]

Friedrich Preller d. Ä. (1804—1878), der aus der von Goethe geförderten Weimarer Zeichenschule hervorging, weilte nach seinem ersten Aufenthalt 1820/21 in den folgenden Jahren wiederholt bei Carus. 1826 schloß er sich in Rom dem Kreis um den Erneuerer der deutschen Landschaftsmalerei, Joseph Anton Koch (1768—1839), an, von dem er auch die Orientierung auf mythologische Szenen griechischer Landschaften übernahm.

Carus hatte Goethe vier Landschaftsbilder, darunter das Gemälde »Faust. Osterspaziergang« sowie das Manuskript seiner ersten »Briefe über Landschaftsmalerei« geschickt, in denen er sich mit der Wirkung der Natur auf den Menschen beschäftigte, dabei aber bereits auch gesellschaftliche Bezüge herstellte. Es wird deutlich, daß Carus mehr und mehr von den kunsttheotetischen Positionen Caspar David Friedrichs auf die Goethes überwechselt.

Die Anfänge zu den Landschaftsbriefen lagen bereits in der Zeit kurz nach seinem Umzug nach Dresden, als er ein »Malerisches Tagebuch« begann. Seinem Freund Regis hatte er von seinem Vorhaben berichtet und von ihm auch Anregungen erhalten. Am 19.11.1820, als das Manuskript des ersten und zweiten Briefes vorlag, schrieb Carus: »... daß meine Landschaftsbriefe mancher irrigen Deutung und fremder Auslegung fähig sind, gebe ich gern zu, indes glaub ich schwerlich, daß ich dazu kommen werde, sie noch einmal umzuarbeiten. Überhaupt ist doch kaum etwas schwerer, als eine Idee, welche erst wenigen Geistern zum Bewußtsein gekommen ist, klar auszusprechen, so daß sie in der Seele des Lesers gleichsam neu und vollständig aufgebaut wird.«

Von Goethe wurde Carus erneut in seiner künstlerischen Arbeit bestätigt und insbesondere zur Erarbeitung und Veröffentlichung der Briefe über Landschaftsmalerei ermuntert. Diese Arbeit mußte Carus jedoch aus Zeitgründen unterbrechen. Er führte sie später weiter, als sich seine Kunstauffassung wandelte, so daß in den späteren Briefen, über die noch zu sprechen sein wird, eine andere Problematik erkennbar ist.

In Erinnerung an das persönliche Gespräch mit Carus, schrieb ihm Goethe auf die Mitteilung, daß er eine kunsttheoretische Schrift über Landschaftsmalerei plane, am 13. Januar 1822:

»Ew. Wohlgeboren
nur allzukurzer Besuch hat mir eine tiefe Sehnsucht zurückgelassen, ich habe mich die Zeit her gar oft mit Ihnen im stillen unterhalten und Ihre Reise in Gedanken begleitet, überzeugt, daß schöne Früchte zu erwarten seien, und zwar nicht späte, sondern unmittelbar, indem Sie sammelnd und erwerbend, alsobald zu ordnen wissen. Wir leben in einer eigenen Zeit, die wahre Naturansicht verbreitet sich zwar immer mehr, das Wunderliche jedoch ist dabei, daß die Mitarbeiter sich als Rivalen zeigen und wenige recht begreifen, daß, um etwas zu sein, man einem großen Ganzen gehören müsse. ...

Schließlich aber bekenne ich gern, daß es mir sehr angenehm sein wird, Ihren Aufsatz über die landschaftlichen Bilder zu lesen. In meiner Kupferstichsammlung habe diesem Kapitel eine große Breite erlaubt und besitze sehr viel erfreulich Belehrendes von der Zeit an, wo die Landschaftsmalerei sich mit der geschichtlichen erst ins Gleichgewicht setzte, dann sich von ihr loslöste, aber noch immer dichterisch blieb, bis sie in der neuern Zeit, nach dem Durchgang durch eine gewisse Manier, sich zu verwirklichen Ansichten beinahe ausschließlich herangibt.

Wie sehr Sie ein Recht haben, über diese Gegenstände zu sprechen, beweisen Ihre eigenen Arbeiten, die noch täglich mir und meinem Sohn viel Freude machen, dem ich, als einem Höhelustigen, das Brockenhaus abtreten mußte.

Von Zeit zu Zeit würde uns eine Sendung dieser Art sehr erfreuen, sie sollte ungesäumt zurückkehren; fürs Porto ist diesseits gesorgt.«[61]

Nach Empfang der ersten Manuskriptteile schrieb Goethe freudig zustimmend:

»Ew. Wohlgeboren

die angenehmen Bilder zurücksendend, füge auch zugleich den schriftlichen Aufsatz hinzu; beide stehen in dem reinsten Bezug und deuten auf ein zartes gefühlvolles Gemüt, das in sich selbst einen wahren haltbaren Grund gefunden hat. Die hiesigen Kunstfreunde wallfahrteten fleißig zu dieser lieblichen Erscheinung und eigneten sämtlich mit Behagen und Zufriedenheit jeder sich das Seinige zu. Haben Sie daher sehr vielen Dank für die Mitteilung, wobei ich mir wünsche, daß die zarten Arbeiten wieder glücklich zu Ihnen gelangen mögen, worüber mir gefällige Nachricht erbitte.

Die so wohl gedachten als schön geschriebenen Briefe über Landschaftsmalerei sollten Sie dem Publikum nicht vorenthalten; sie werden gewiß ihre Wirkung nicht verfehlen und für die mannigfaltigen Anklänge der Natur das Auge der Künstler und Liebhaber glücklich aufschließen.

Wenn ich nun von der andern Seite betrachte, wie tief und gründlich Sie das organische Gebild erfassen, wie scharf und genau Sie es charakteristisch darstellen, so ist es wirklich als ein Wunder anzusehen, daß Sie bei solcher Objektivität so gewandt sich zeigen in demjenigen, was am Subjekt allein anzugehören scheint. ...

Lassen Sie mir von Zeit zu Zeit, wie ihre Tafeln fertig werden, einen Abdruck sehen, damit ich die Ungeduld auf Ihr erst in einem Jahre zu hoffendes Werk einigermaßen beschwichtige. Das neueste Heft meiner Morphologie etc. übersende nächstens

treulich teilnehmend
J. W. v. Goethe«[62]

Mitbegründer der Gesellschaft deutscher Naturforscher und Ärzte

Die Praxis der sich entwickelnden kapitalistischen Gesellschaft stimulierte ein sprunghaftes Anwachsen der naturwissenschaftlichen Forschung. Die neue Wissensqualität bedurfte einer ihr gemäßen Wissenschaftsorganisation, da die zumeist in feudaler Tradition erstarrten Universitäten den neuen Aufgaben des Informationsaustauschs nicht mehr gewachsen waren. In dem ökonomisch weiterentwickelten England wurde bereits 1662 die Royal Society (Königliche Gesellschaft) gegründet, die sich der Förderung der experimentellen Wissenschaften annahm. Wenige Jahre später entstand die Pariser Académie des Sciences, an der der Physiker Christian Huygens (1629–1695) als deren erster Präsident wirkte. Die Gründung der Berliner Akademie der Wissenschaften im Jahre 1700 war vor allem das Werk ihres ersten Präsidenten Gottfried Wilhelm Leibniz (1646–1716). Im Gegensatz zu den Akademien in England und Frankreich, die nicht nur wissenschaftliche Zentren, sondern zugleich auch Vereinigungen von Gelehrten waren, ermangelte es den deutschen Wissenschaftlern und wissenschaftlichen Institutionen des Kontaktes untereinander. Die gesellschaftliche Ursache für diesen Zustand lag in dem vorherrschenden politischen Partikularismus, der auch die Entwicklung der Produktivkräfte behinderte.

Die bereits 1652 von vier Ärzten in Schweinfurth gegründete »Academia Naturae Curiosorum«, später zu Ehren Karls

VI. in »Academia Leopoldino-Carolina Naturae Curiosorum« umbenannt, vermochte bei aller guten Absicht ihrer Präsidenten und Mitglieder infolge der politischen Zersplitterung Deutschlands, der daraus entstehenden Kompetenzkonflikte zwischen Preußen und Bayern und auf der Basis der mißlichen ökonomischen Lage bis in das beginnende 19. Jahrhundert keinen entscheidenden Einfluß auf das wissenschaftliche Leben zu gewinnen.

Dem Beispiel der sich in einer Gesellschaft vereinigenden Schweizer Naturforscher folgend, hatte der Physiker Johann Salomo Christoph Schweigger (1779–1857) zur »Beförderung einer gegenseitigen Verbindung der Naturforscher Deutschlands« im Rahmen der Leopoldina die Veranstaltung öffentlicher Versammlungen angeregt. Da die von ihm 1820 in Berlin vorgesehene erste Jahresversammlung der Leopoldina jedoch nicht zustande kam, ergriff der Naturforscher und Philosoph Lorenz Oken (1779–1851) die Initiative und propagierte die Idee der jährlichen Versammlung der deutschen Naturforscher und Ärzte.

Nach einer ersten Information im Dezember 1820 veröffentlichte er im April-Heft 1821 der »Isis« den Aufsatz »Versammlung der deutschen Naturforscher«. Hierin heißt es: »seit dem die Versammlungen der schweiz. Naturforscher durch ihre löbl. Bestrebungen und große Wirksamkeit sowohl zum Nutzen der Wissenschaften als auch des Staats, die Augen aller Gebildeten von ganz Europa auf sich gezogen haben, ist auch in Deutschland von vielen Seiten der Wunsch rege und lebhaft geäußert worden, man möchte auf eine ähnliche Art zusammentreten, und in jährlichen Versammlungen sich dasjenige mittheilen, was man in der Zeit gedacht und gethan; man möchte seine Zweifel den Männern vom betreffenden Fache vorlegen, um sich Raths zu erholen, oder um andere, deren Lage oder Talente dem Gegenstande günstiger sind, zur Untersuchung anzuregen; man möchte endlich durch die vielen persönlichen Bekanntschaften einen milderen Ton in der Literatur bewirken, indem Menschen, welche sich von Angesicht zu Angesicht gesehen und gesprochen haben, auch in der Entfernung, wenn eben nicht eine besondere Hochachtung, doch eine Art Scheu behalten, welche sie hindert, litterarische Arbeiten mit Bitterkeit zu beurtheilen.«[63]

Die politische Bedeutung der Gründung dieser neuen Institution zeigt sich in der Ursache für das bisherige Fehlen einer solchen Zusammenkunft:

»Der Grund, warum bis jetzt keine Anstalten zu den Versammlungen der deutschen Naturforscheer getroffen worden, lag in der Angst, es möchten verschiedene unwissenschaftliche Köpfe auch hier eine heimliche Verbindung wittern, die Versammlung von Menschen aus allen deutschen Landen überhaupt ihren kurzen Ansichten unangemessen findet, und sie daher bei den Regierungen anschwärzen«.[64]

Zu den Mitbegründern der ersten, vom 18. bis 23. September 1822 in Leipzig veranstalteten Versammlung deutscher Naturforscher und Ärzte zählte auch Carus. Er berichtet darüber in seinen Lebenserinnerungen:

»Es war dies der erste Versuch, jene Versammlungen zu begründen, welche von da an sich immer zahlreicher gestalteten, später fast ohne Unterbrechung jährlich an den verschiedensten Orten Deutschlands abgehalten worden sind, dann in der Schweiz, in England, Frankreich, Italien sowie auf der skandinavischen Halbinsel vielfache Nachahmung und Wiederholung gefunden haben und in vieler Hinsicht belebend und fördernd für den Aufschwung der Naturwissenschaft und Heilkunde gewesen sind. Auch hier war der Anfang klein, aus welchem nachmals eine große Bewegung hervorging. Okens Aufruf war von den meisten der Leipziger Professoren für eine bloße exzentrische Idee genommen worden, und auch nur wenige von andern Orten hatten das Bedeutungsvolle desselben erkannt. Als ich daher mit Freund Reichenbach von Dresden ankam, fanden wir noch wenig Glauben an irgendeinen Erfolg des Unternehmens und kaum einige Vorkehrung, um der Versammlung doch wenigstens ein Lokal anzuweisen. Nach und nach kam indes eine geringe Zahl Teilnehmender zusammen, und in einem kleinen Auditorium wurde durch einige kräftige und entschiedene Worte Okens endlich die Versammlung eröffnet. — Wie es denn schon in dem Ausrufe ausgesprochen worden war, daß diese Zusammenkünfte wesentlich den Zweck persönlicher Bekanntschaft und wechselseitiger Unterstützung für wissenschaftliche Arbeiten haben sollten, so war auch mir zunächst die Persönlichkeit Okens selbst der interessanteste Erfolg dieser Reise. Oken war damals noch Professor in Jena, und sein Wesen hatte den vollen Ausdruck von Schärfe, Lebendigkeit und Tatkraft. Seine Arbeiten, namentlich seine Naturphilosophie, hatten... vielfältige Wirkung auf mich ausgeübt, aber ich freute mich nun auch, an ihm wahrzunehmen, daß jene gewisse ideale Richtung des Geistes ihn keineswegs verhindert hatte zugleich eine große Kenntnis des Speziellen der Naturwissenschaft und eine rege Tätigkeit im Leben zu beweisen, ja zu behaupten. ... Wir kamen ganz gut zusammen aus, eine Rede, die ich zu Hause entworfen hatte und nun vortrug – über die Bedeutung der Naturwissenschaften – (sie wurde alsbald gedruckt und viel verbreitet), hatte ganz seinen Beifall, manche andere Naturforscher hielten dann ebenfalls kürzere Vorträge und zeigten Seltenheiten vor; meine schönen, von Genua mitgebrachten Abbildungen dortiger Sepien wurden bewundert, kurz, es kam nach und nach mehr Leben in die Zusammenkünfte, und eine neue Versammlung auf nächstes Jahr in Halle wurde beschlossen, von welcher man denn schon jetzt voraussehen konnte, daß sie weit zahlreicher und umfänglicher sich gestalten würde. So schloß denn also dieser erste Versuch nach wenigen Tagen doch sehr befriedigend, und es ist mir immer angenehm, mich zu erinnern, daß ich einer der Mitbegründer eines Unternehmens gewesen bin, welches für Förderung jenes höhern und rechtmäßigen Sozialismus der Wissenschaft stets wird bedeutend genannt werden müssen.«[65]

An der ersten Zusammenkunft beteiligten sich unter anderem Johann Friedrich Blumenbach, Ludwig Friedrich von Froriep und Jan Evangelista Purkyne (1787–1869). Unter den Anwesenden blieb Johann Ludwig Formey (1765–1823) bei Carus am besten im Gedächtnis: »Er repräsentierte namentlich ... die praktische Medizin und fiel mir auf durch eine gewisse imponierende Persönlichkeit, wobei der Ruf seiner ausgezeichneten ›Praxis aurea‹ nicht wenig mitwirkte. Irgend bedeutendere wissenschaftliche Mitteilungen bot er nicht dar, aber er beförderte den geselligen Verkehr durch einen eigentümlichen berlinrischen Humor, wie er mir denn noch ganz deutlich vorschwebt ...«[66]

Offensichtlich bildeten die »Nachmittagssitzungen« in Rudolphs Garten, einem damals sehr beliebten Leipziger Café, einen nicht zu unterschätzenden geselligen Teil der Zusammenkunft.

Die in Leipzig beschlossenen Statuten erwiesen sich als ein für die damalige Zeit zutiefst politisches Programm. Hauptziel war die freiheitliche Zusammenkunft deutscher Gelehrter über die willkürlichen Schranken feudaler Staatlichkeit hinweg. Gegen die drohenden Eingriffe von außen sollte der § 20 »In den ersten fünf Versammlungen darf nichts an diesen Statuten geändert werden«, schützen.

Mit welchen persönlichen Gefahren allein die Teilnahme an der Gründungsversammlung verbunden sein konnte, zeigt die Tatsache, daß, wie später erklärt wurde, »zu Leipzig 1822 einige der Anwesenden Bedenken getragen hätten, ihren Namen in die Liste der Gegenwärtigen eintragen zu lassen, befürchtend, ihre Anwesenheit in einer solchen Versammlung könne von ihren Regierungen übel gedeutet werden.« Die Teilnahme war eine eindeutige politische Entscheidung gegen die anmaßende Autokratie und kennzeichnete zumindest geistigen Widerstandswillen.

Einheit von Theorie und Praxis

Neben Oken hatte sich in Leipzig vor allem Carus exponiert. Seine Leipziger Rede »Von den Anforderungen an eine künftige Bearbeitung der Naturwissenschaft« bildete nicht nur das Programm der Zusammenkunft, sie erwies sich als geradezu wegweisend für die Zukunft. Carus fixierte die Situation der Naturwissenschaft in Deutschland zur Zeit der Gründung der Gesellschaft deutscher Naturforscher und Ärzte und leitete daraus die Aufgaben ab: »Wie es jedem Menschen eine schöne Anregung zur innern Läuterung und Veredelung ist, wenn er sich die Frage aufwirft: was ihm bisher vornehmlich gemangelt, wo er vorzüglich gefehlt, und welchen Weg er eingeschlagen habe, um ähnliches Irren in Zukunft zu vermeiden, vielmehr ein Höheres zu erreichen; also frommt es auch der Wissenschaft sich von Zeit zu Zeit es möglichst klar zu machen, wie weit ihr gegenwärtiger Standpunkt von ihrem eigentlichen Ziele entfernt sey, und welche Richtung sie zu nehmen habe, auf daß sie immer kräftiger jenem Ziele entgegen wachse. Soll aber eine Selbstprüfung des Menschen sowie der Wissenschaft in Wahrheit Frucht bringen, so ist eines vor allen Dingen noth, nämlich daß die Selbstliebe überwunden werde, daß man sich frei mache von der Einseitigkeit, welche gern uns den gegenwärtigen Zustand als den fürtrefflichsten vorspiegeln möchte, daß man sich nicht überreden lasse von der süßen Gewohnheit, welche ein verjährtes Gängelband als das allein Heil bringende darzustellen sucht, daß man Überwindung genug besitze, um ein Streben, welches vielleicht lange mit größter Liebe verfolgt worden war, als einen offenbaren Irrthum zu erkennen, daß man aber zugleich Ruhe und Festigkeit genug zeige, um das wahrhaft gute bisheriger Anstrengungen zu würdigen, und dadurch gegen einen unbedingten Zug nach Neuem als Neuem sich zu sichern ...

Sey es mir denn vergönnt hier einige Gedanken mitzutheilen, welche über den Gang der Naturwissenschaft im Allgemeinen und über Erforschung der organischen Natur insbesondere mir gekommen sind! Andere werden sie prüfen, läutern, und vielleicht können sie dadurch auch bey der Unvollkommenheit, in welcher sie jetzt ausgesprochen werden, für eine Anregung zu etwas wahrhaft gutem gelten.«[67]

Mit treffsicherer Ironie stellte er, ein Distichon Schillers zitierend, in bezug auf die Naturwissenschaft fest:

»Einem ist sie die hohe, die himmlische Göttin, dem andern
    Eine tüchtige Kuh, die ihn mit Butter versorgt.«

Daß er in seinen Betrachtungen jenes traurige Streben nach ausschließlicher »Erlangung gewöhnlicher Lebensbedürfnisse« ausschloß, verstand sich von selbst. Zu den Zielen der Naturwissenschaft stellte er fest:

»Fragen wir nun, welche Bedeutung die Wissenschaft, und die Naturwissenschaft überhaupt, bey solcher Stellung des Menschen haben könne, und es scheint mir eine Antwort möglich, nämlich, daß dem Menschen in ihr und durch sie in der Gesammtheit der Welt klar werde, wie eine harmonische Entfaltung von Vernunftgesetzen und Naturbildungen in innerer Wahrheit, Schönheit und Güte des Grundwesens alles Daseyns erfülle, und wie dadurch dem Menschen, als Gliede dieses Daseyns, eine ewige Anregung geworden sey, sein eigenes Leben nach gleichen Maaßen immer tüchtiger zu gestalten ...«[68]

Basis allen Forschens sei die Naturbeobachtung:

»Die reine Naturbeobachtung betreffend, so öffnet sie den Blick für eine unendliche Mannigfaltigkeit von Erscheinungen; sie ist es, welche den Menschen gegen jede Art von Einseitigkeit bewahren kann, sie erfreut durch den Anblick so reich ausgebreiteter Naturschönheit, sie belehrt durch das Wahrnehmen von gewissen organisch verbundenen Reihen der Phänomene, sie nützt durch die Verfügung der Naturmannigfaltigkeit zu menschlichen Zwecken. —« Der Beobachtung aber habe sich die »speculative Betrachtung« anzuschließen, »Naturbetrachtung und speculative Betrachtung können und dürfen demnach nicht geschieden seyn, ja sie können es nie ganz, und nur ein Mehr oder Weniger von einer Seite bedingt Ab-Irrungen wissenschaftlicher Thätigkeit, als welche in voller Kraft immer nur bey vollkommen gleichmäßiger Ausbildung beider Seiten sich darstellen wird ...«[69]

In seiner Leipziger Rede begründete Carus das methodologische Fundament seiner wissenschaftlichen Arbeit. So sehr er dem Empirismus als rationalen Ausgangspunkt unmittelbarer Beziehung zur Natur anerkennt, so wenig reduziert er sich auf das Sammeln ständig neuer Fakten und Daten. Voraussetzung für das Erkennen des Wesens der Naturerscheinungen ist als weiterer Schritt im Erkenntnisvorgang das theoretische Durchdringen des gesammelten Erfahrungsmaterials. Es gelte, alle Seiten und Zusammenhänge aufzudecken, wobei man sich allerdings vor bloßem Theoretisieren oder dem Aufstellen vorschneller Hypothesen hüten müsse.

Die von Carus formulierte Zielstellung der naturwissenschaftlichen Forschung hat an Aktualität nichts verloren:

»Hat nun allerdings die neuere Zeit ... vieles geleistet, so dürfen wir uns doch auch nicht verschweigen, wie groß noch die Lücken sind, welche künftige Generationen zu fernerer Ausfüllung überlassen bleiben. Die erste Bedingung, welche nach allem Vorerwähnten aufzustellen seyn möchte, wenn für genügende Ausfüllung solcher Lücken gearbeitet werden soll, ist wohl, daß dem Naturforscher künftighin nicht ausreichen könne eine Schärfe der Sinne und Sicherheit der Beobachtung, ein anhaltender Fleiß, eine Emsigkeit im Sammeln und eine Belesenheit in den Schriften seines Fachs, sondern daß gleich wesentlich gehalten werden müsse eine gründliche philosophische Ausbildung, eine Entwicklung des Geistes an der strengen Folgerichtigkeit mathematischer Wissenschaft, und eine Fähigkeit, das was Sinn und Vernunft ihm an gewissen Welterscheinungen aufgeschlossen haben, in klarer Ordnung kunstgemäß und schön darzustellen.«[70]

Und als wollte er späteren Fehlinterpretationen seiner Position als »romantischen Naturphilosophen« vorbeugen, endet sein Vortrag nachdrücklich mit der Bemerkung: »Übrigens möge das Aussprechen des Wunsches einer künftigen tiefern Bearbeitung der Naturwissenschaften von philosophischer Seite, durchaus nicht als eine Zurücksetzung der beobachtenden Seite betrachtet werden, denn nur als Hinweisung auf die Nothwendigkeit gleichmäßiger Ausbildung beider Richtungen, sollen diese Worte angesehen seyn, und jeder, der die Welt überhaupt nur, in wiefern sie ein Ganzes ist, zu denken vermag, wird von der Nothwendigkeit dieser Gleichmäßigkeit sich überzeugt halten; wer hingegen nur Stückwerk sucht und Stückwerk will, wird auch für die Nothwendigkeit innern Gleichgewichts wissenschaftlicher Ausbildung keinen Sinn haben, und es wäre vergeblich, für solche Gesinnung Beweise zu häufen, welche nothwendig fruchtlos bleiben müssen, wo das Organ sie zu fassen mangelt.«[71]

Carus entwickelte mit seiner berühmten Rede das Programm zukünftiger naturwissenschaftlicher Forschung. Es war zugleich eine Vertrauensbekundung in die Erkenntnisfähigkeit der Wissenschaft. Carus nannte auch die unabdingbaren Voraussetzungen des wissenschaftlichen Fortschritts:

die Einheit von sinnlicher Wahrnehmung und theoretischer Erfassung. Zwei gleichberechtigte, eng miteinander verbundene Erkenntnisschritte, deren jeweilige Vernachlässigung sich folgenschwer auswirkte, und er betont die Notwendigkeit, beide Schritte gleichbedeutend zu beachten: »wie ertötend und schlecht überhaupt ein jedes Beruhen auf einer einzelnen Richtung, mit gänzlichem Negieren der entgegengesetzten im Wissenschaftlichen wirke, und wie daraus eigentlich, daß z. B. der Beobachter alle Spekulation als Hirngespinste von sich weist, oder der Philosoph, ohne gleichzeitige Ausbildung der ihm zu niedrig dünkenden Beobachtung verfahren will, eben das Wahre stagnieren, die Ertötung alles wissenschaftlichen Lebens, hervorgehen müsse . . .«.

Seinen Kollegen empfiehlt Carus als Grundsatz wissenschaftlicher Arbeit das »freie, geistige, zur Einheit aufschauende Auge der Spekulation verbunden mit treuer, einfacher, geordneter Beobachtung.« Das aber bedinge eine umfassende philosophische Ausbildung, die interdisziplinäre Zusammenarbeit, besonders die Anwendung der mathematischen Wissenschaft mit dem Ziel, das logische Denken zu schulen und die folgerichtige Ordnung in der Arbeit zu gewährleisten.

Inwieweit es Carus gelang, in seinen eigenen Werken den von ihm proklamierten Prinzipien des Denkens und Handelns zu entsprechen, ist zu untersuchen.

Neben der Förderung des wissenschaftlichen Austauschs, der programmatischen Orientierung naturwissenschaftlicher Forschung hatte die Leipziger Tagung ein weiteres, nicht zu unterschätzendes Ergebnis: Wie nie zuvor wurde begonnen, auch die Aufmerksamkeit breitester Schichten auf die Naturwissenschaften zu lenken. In seiner Dresdener Wirkungsstätte wuchsen die praktischen Anforderungen an den Arzt Carus ständig. Die Ergebnisse seiner Arbeit hatte er in den Lehrbüchern der Zootomie und Gynäkologie dargelegt. Doch auch der Naturforscher Carus opferte viel Zeit für Kleinarbeit an scheinbar abgelegenen Teilproblemen – die aber, im Zusammenhang gesehen, Schritt für Schritt eine Beweisführung für die von ihm vertretene historische Betrachtungsweise darstellten.

Erste internationale Anerkennung

Der unermüdliche Fleiß fand seinen Lohn. Im Frühjahr 1823 erhielt Carus die Mitteilung, daß ihn die Königliche Akademie von Kopenhagen für die Beantwortung einer Preisfrage ausgezeichnet hatte. Über seine Arbeit informiert Carus: »Jene Frage betraf die ›äußeren Lebensbedingungen weiß- und kaltblütiger Tiere‹ und sollte namentlich beitragen, einen Streit zu entscheiden, welcher, durch einen sehr seltsamen Fall im Kopenhagener Spital veranlaßt, in der Akademie über die Möglichkeit des Fortlebens gewisser niederer Geschöpfe innerhalb des menschlichen Leibes geführt worden war. Natürlich mußten, um hierüber zur Entscheidung gelangen zu können, zuerst die Bedingungen geprüft werden, unter welchen das Leben solcher Geschöpfe überhaupt nur zu denken ist. Daß diese Bedingungen wirklich ganz andere sein würden als die für das Leben höherer Tiere oder des Menschen, verstand ich alsbald, dieselben indes genau und einzeln aufzuführen war bisher unterlassen worden, und eben darum hatte jene Frage mich interessiert, ich hatte ziemlich lange an deren Beantwortung gearbeitet und meine Schrift endlich im vorigen Jahre der Akademie übersendet, von welcher sie denn preiswürdig gefunden wurde.«[72]

Am 18. September 1823 reiste Carus, begleitet von seinem Kollegen David August Ficinus, Professor der Chemie und Physik an der Akademie, zu der 2. Versammlung deutscher Naturforscher und Ärzte nach Halle. Er berichtet darüber:

»Die Gesellschaft erschien jetzt schon in großartigerm Maßstabe. Curt Sprengel, als Botaniker und Literarhistoriker der Medizin gleich berühmt, präsidierte, und manche interessante Vorträge wurden gehalten, wie ich denn namentlich hervorheben will, daß Professor Döbereiner aus Jena hier zum erstenmal öffentlich über die so merkwürdige, von ihm entdeckte Erscheinung sprach, bei welcher ein Strom kalten Wasserstoffgases, auf Platinkalk geleitet, diesen sofort erglühen macht, dergestalt, daß das Wasserstoffgas selbst daran sich entzündet. ... Auch mein Vortrag, den ich hielt über das merkwürdige, planetenhafte Drehen des Dotters im Schneckenei und über die Entwicklung der Schnecke und welchen ich mit saubern Zeichnungen erläuterte, fand so viel Beifall, daß späterhin der alte Sprengel mir versicherte, er habe eigentlich ein Vorurteil gegen mich gehabt, indem er mich für einen der dezidiertesten Naturphilosophen gehalten, von denen sonst ernste und wahrhafte Beobachtung nicht eben zu erwarten wäre, sei aber nun zu seiner Freude eines anderen belehrt und danke mir sehr für meine Mitteilung.«[73]

Das erwähnte Referat behandelte eine der Preisschrift sehr verwandte Thematik. Ergänzt durch diese neuen Aspekte erschien seine Arbeit 1824 unter dem Titel »Von den äußern Lebensbedingungen der weiß- und kaltblütigen Thiere. Eine von der Königlichen Akademie der Wissenschaften zu Kopenhagen gekrönte Preisschrift. Nebst zwei Beilagen über Entwicklungsgeschichte der Teichhornschnecke, und über Herzschlag und Blut der Weinbergschnecke und des Flußkrebses.«

So erfreulich die Preisverleihung war, so sehr sich Carus auch über die Anerkennung durch Kurt Polykarp Joachim Sprengel (1766–1833), einen der bekanntesten Naturwissenschaftler seiner Zeit, freute, eine breitere Resonanz über die von ihm im Ergebnis sorgfältiger mikroskopischer Beobachtungen entdeckten bedeutsamen Phänomene blieb aus. Der Hallenser Tagungsbericht vermerkt nur, Carus habe alles »mit seltenem Geschick, mit physiologischen Augen verfolgt, und mit der äußersten Genauigkeit sowohl beschrieben als abgebildet.«

Dialektische Naturbetrachtung

Goethe verfolgte mit großem Interesse Carus' naturwissenschaftliche Forschungen, sah er doch in deren Ergebnissen mehr und mehr seine Auffassung bestätigt, daß die Erscheinungen der Natur nicht isoliert, sondern in einem wechselseitig bedingten Zusammenhang stehen und sich im Veränderungsprozeß befinden.

Diese Erkenntnis war keineswegs verbreitet. Durch Friedrich Engels wurde die Situation in der Naturforschung treffend erklärt: »So hoch die Naturwissenschaft der ersten

Hälfte des 18. Jahrhunderts über dem griechischen Altertum stand, an Kenntnis und selbst an Sichtung des Stoffs, so tief stand sie unter ihm in der ideellen Bewältigung derselben, in der allgemeinen Naturanschauung. Den griechischen Philosophen war die Welt wesentlich etwas aus dem Chaos Hervorgegangenes, etwas Entwickeltes, etwas Gewordenes. Den Naturforschern der Periode, die wir behandeln, war sie etwas Verknöchertes, etwas Unwandelbares, den meisten etwas mit einem Schlage Gemachtes.«[74]

Das traf jedoch, wie Engels ausdrücklich betonte, auch auf das 19. Jahrhundert zu:

»Vergessen wir nicht, daß diese veraltete Naturanschauung, obwohl an allen Ecken und Enden durchlöchert durch den Fortschritt der Wissenschaft, die ganze erste Hälfte des neunzehnten Jahrhunderts beherrscht hat ...«

Um die Leistungen von Carus besser werten zu können, sei die Lage auf seinem Wirkungsfeld kurz charakterisiert:

»... Im Gebiet der Biologie war man noch wesentlich beschäftigt mit der Sammlung und ersten Sichtung des ungeheuren Stoffes, sowohl des botanischen und zoologischen wie des anatomischen und eigentlich physiologischen. Von Vergleichung der Lebensformen untereinander, von Untersuchung ihrer geographischen Verbreitung, ihrer klimatologischen etc. Lebensbedingungen, konnte noch kaum die Rede sein. Hier erreichte nur Botanik und Zoologie einen annähernden Abschluß durch Linné.

Was diese Periode aber besonders charakterisiert, ist die Herausarbeitung einer eigentümlichen Gesamtanschauung, deren Mittelpunkt die Ansicht von der absoluten Unveränderlichkeit der Natur bildet. Wie auch immer die Natur selbst zustande gekommen sein mochte: einmal vorhanden, blieb sie, wie sie war, solange sie bestand.«[75]

Ein Zitat aus einem Buch des Schweizer Zoologen Louis Agassiz (1807–1873), der zwar mit seinem Erforschen fossiler Tiere zur Verbreitung wissenschaftlicher Kenntnisse beitrug, aber beharrlich die Arten für konstant hielt, mag das verdeutlichen:

»Bei den Tieren finden sich besondere Anpassungen, welche für die Art bezeichnend sind und welche unmöglich aus untergeordneten Ursachen abgeleitet werden können. Die, welche in Rudeln oder Herden leben, können niemals als einzelne Paare erschaffen sein. Diejenigen, welche anderen zur Speise dienen, können nicht in derselben Zahl erschaffen sein wie die, welche von ihnen leben. Die, welche man überall in zahllosen Exemplaren findet, müssen in einer Anzahl erschaffen sein, welche den Stand ihrer Menge im Vergleich mit der Anzahl derjenigen, welche vereinzelt leben und seltener sind, aufrecht zu erhalten im Stande war. Denn wir wissen, daß diese Harmonie in den Zahlenverhältnissen der Tiere eines der großen Naturgesetze ist. Der Umstand, daß sich Arten in einiger Umgrenzung finden, wo doch keine Hindernisse ihrer weiteren Verbreitung vorhanden, gestattet uns ferner den Schluß, daß jene Grenzen ihnen von Anfang an gesteckt waren, und so gelangen wir endlich zu der Erkenntnis, daß die Ordnung, welche in der Natur herrscht, beabsichtigt ist, daß sie nach den Grenzen sich richtet, die am ersten Schöpfungstage gezogen wurden, und daß sie seitdem durch alle Zeiten unabänderlich geblieben ist mit keinen anderen Modifikationen als denen, welche der Mensch durch seine höhere Einsicht einigen wenigen enger mit ihm verknüpften Tierarten aufzuzwingen vermocht hat.«[76]

Die erste Bresche in diese erstarrte Naturanschauung schlug 1755 Immanuel Kant (1724–1804) mit seiner »Allgemeinen Naturgeschichte und Theorie des Himmels«. Die Erde und das Sonnensystem erschienen bei ihm als etwas im Verlauf der Zeit Gewordenes. In dieser »Entdeckung lag der Springpunkt alles ferneren Fortschritts« (Engels). War die Erde das Produkt einer Etnwicklung, so mußten folgerichtig auch die geologischen, geographischen und biologischen Gegebenheiten etwas Gewordenes sein.

Als einer der ersten Naturwissenschaftler hatte Georges-Louis Leclerc de Buffon (1707–1788), der in seiner 36bändigen »Allgemeinen und speziellen Naturgeschichte« ein Kompendium des naturhistorischen Wissens seiner Zeit gab, auf die historische Entwicklung in der Natur hingewiesen, die Verschiedenartigkeit der Tierwelt von erdgeschichtlichen Ereignissen abgeleitet und damit dem Entwicklungsgedanken Ausdruck verliehen.

Die erste wissenschaftlich begründete Darstellung der Entwicklungslehre gab Jean Baptiste de Lamarck (1744–1829) mit seinem Werk »Zoologische Philosophie« (1809). Er wandte sich damit entschieden gegen die Kataklysmentheorie von Georges Baron de Cuvier, der mit seiner Auffassung, daß im Verlauf der in der Erdgeschichte periodisch aufgetretenen Katastrophen das Relief der Erdoberfläche verändert und alles Lebende vernichtet wurde, durch jeweilige Schöpfungsakte aber eine neue Welt entstanden sei, die Ausbreitung des Entwicklungsgedankens behinderte. Mit der Leugnung des Zusammenhangs von quantitativen und qualitativen Veränderungen setzte er an die Stelle eines Schöpfungsaktes deren mehrere.

In der Geologie ersetzte Charles Lyell (1797–1875) mit seinen »Grundzügen der Geologie« (1827) »die plötzlichen, durch die Launen des Schöpfers hervorgerufenen Revolutionen ... durch die allmählichen Wirkungen einer langsamen Umgestaltung der Erde. Die Lyellsche Theorie war noch unverträglicher mit der Annahme beständiger organischer Arten als alle ihre Vorgängerinnen. Allmähliche Umgestaltung der Erdoberfläche und aller Lebensbedingungen führte direkt auf allmähliche Umgestaltung der Organismen und ihre Anpassung an die sich ändernde Umgebung, auf die Wandelbarkeit der Arten.«[76a]

Neben den Erkenntnissen in der Geologie war es vor allem die Entwicklung in der Biologie, die zur Evolutionstheorie drängte. Bereits 1759 hatte Caspar Friedrich Wolff (1734–1794), ein Bahnbrecher der Embryologie, mit der Theorie der Epigenese dem herrschenden erstarrten Dogma den Entwicklungsgedanken entgegengesetzt. Da Werden und Vergehen des Lebendigen anhand der Individualentwicklung direkt beobachtbar waren, bildeten sich entwicklungstheoretische Ansätze zuerst in bezug auf die Deutung der organismischen Individualentwicklung. Karl Ernst von Baer (1792–1876) und Johann Friedrich Meckel hatten entdeckt, daß sich in der embryonalen Entwicklung zuerst die allgemeinen, später die unterschiedlichen Merkmale herausbilden.

In der anatomischen Forschung häufte sich das Material,

so daß, wie Carus in seinen Werken mehrfach eindringlich begründete, die Anwendung der vergleichenden Methode nicht nur möglich, sondern notwendig wurde.

Carus' Lehrer Johann Friedrich Blumenbach war ein Wegbereiter der vergleichenden Anatomie. Seit 1777 hielt er auf diesem Fachgebiet als einer der ersten Vorlesungen und gab 1805 ein kurzgefaßtes, auf die praktische Arbeit gerichtetes Kompendium heraus. Zu Beginn des 19. Jahrhunderts erlebte die neue Wissenschaft eine erste Blütezeit in England, Frankreich – wo sich vor allem um den Pariser Naturwissenschaftler Georges Cuvier ein Forscherkreis gebildet hatte – und Deutschland.

Bis zu Blumenbach und auch bei Cuvier blieb die vergleichende Anatomie auf die Funktion der Organe orientiert. Ausgehend von Karl Friedrich Kielmeyer (1765–1844), wurde auch der Gedanke der organischen Form aufgegriffen. Etiennne Geoffroy de Saint-Hilaire (1772–1844) war um den Nachweis eines einheitlichen Bauplans bemüht, und auch Goethe trug wesentlich zur Entwicklung der Wissenschaft von der organischen Form bei. Er gab ihr die Bezeichnung Morphologie, die erstmals durch Burdach in der Literatur Verwendung fand (1800).

Bereits 1789 hatte Goethe seine aufsehenerregende Entdeckung des Zwischenkieferknochens gemacht und damit die theologische Auffassung einer Sonderstellung des Menschen als Urgeschöpf widerlegt. 1790 suchte er in seinem Fragment »Versuch über die Gestalt der Tiere« nach einem allgemeinen Bauplan hochorganisierter Lebewesen und kam schließlich 1796 mit seiner Arbeit »Vorträge über die ersten drei Kapitel des Entwurfes einer allgemeinen Einleitung in die vergleichende Anatomie, ausgehend von der Osteologie«, in die Nähe der Abstammungslehre. Der Aufschwung der vergleichenden Anatomie basierte auf dem Bedürfnis, zur besseren Erforschung des menschlichen Körpers aus dem intensiven Studium der Säugetiere und anderer Wirbeltiere wesentliche Informationen zu gewinnen. Die beschreibende oder deskriptive Anatomie bildete und bildet dafür den unentbehrlichen Ausgangspunkt. Während diese ihre Aufgabe im Beobachten und Beschreiben des erforschten Details sieht, geht die vergleichende Anatomie dazu über, die verschiedenen Organe einzelner Tierformen untereinander zu vergleichen. Sie ist dabei bemüht, deren Strukturen und Funktionen insgesamt oder deren Teile in ihrer gesetzmäßigen Entwicklung zu erkennen, und zieht Schlüsse über die mögliche Verwandtschaft der Organe und deren physiologische Entwicklung. Dabei bediente sich die vergleichende Anatomie, um die Vielfalt der Einzelforschungen unter einheitlichen Gesichtspunkten zu erfassen, der Systematik und Kontinuitätslehre.

Der Aufschwung der Naturwissenschaften erwies sich als ein wichtiger Faktor für die Herausbildung und Festigung der kapitalistischen Gesellschaftsordnung. Das bürgerliche Klasseninteresse kam auch in der philosophischen Bearbeitung der neuen naturwissenschaftlichen Erkenntnisse, die sich gegen die erstarrten, reaktionären philosophischen Systeme richtete, zum Ausdruck. Besonders auf biologischem Gebiet hatten sich eine Fülle neuer philosophischer Probleme und Fragen ergeben, deren Lösung nur durch neue richtungsweisende Theorien möglich war.

Im Anschluß an Kant und Johann Gottlieb Fichte (1764–1814) hatte Friedrich Wilhelm Joseph Schelling an der Herausarbeitung der Dialektik der klassischen bürgerlichen deutschen Philosophie entscheidenden Anteil. Mit der von ihm entwickelten Naturphilosophie erhielt die Natur im System der Philosophie selbständige Bedeutung. Für ihn ist Natur nichts Starres, Fertiges, sondern er betrachtet sie als etwas in ständiger Bewegung und Veränderung Begriffenes. Zur weiteren Vervollkommnung des philosophischen Denkens forderte er, die wachsenden naturwissenschaftlichen Erkenntnisse in der Philosophie zu verarbeiten, eine Forderung, die sich Carus zu eigen machte. Neben Schelling und Goethe übte Lorenz Oken auf Carus großen Einfluß aus. Als außerordentlicher Professor der Medizin 1807 nach Jena berufen, erarbeitete dieser hier seine wichtigsten naturphilosophischen Werke, das dreibändige »Lehrbuch des Systems der Naturphilosophie« (1809–1811) und das ebenfalls dreibändige »Lehrbuch der Naturgeschichte« (erschienen 1812–1826). Oken, von dem Friedrich Engels feststellt, er war

»der erste in Deutschland, der die Entwicklungstheorie annahm«, begründete »eine Entwicklungsphilosophie der Organismen, die klassifikatorische Arbeit mit Physiologie und Anatomie verbindet, durch morphologische Untersuchung der effektiven Metamorphose nachzugehen sucht.«[76b] Besonders hervorzuheben war sein Bestreben, die Aufmerksamkeit breitester Schichten für die Naturwissenschaften zu gewinnen.

Die Macht der naturwissenschaftlichen Tatsachen, die Anreicherung dialektischer Elemente in den Naturwissenschaften, die Entdeckung der dialektischen Determiniertheit und qualitativen Vielgestaltigkeit des Naturgeschehens drängten gesetzmäßig in Richtung der Evolutionstheorie, die schließlich in Charles Darwins (1809–1882) die biologische Wissenschaft revolutionierendem Hauptwerk »Über die Entstehung der Arten durch natürliche Zuchtwahl« 1859 begründet wurde.

Carus hat sowohl mit seiner Detailforschung als auch mit dem Ausbau seiner »genetischen Methode« einen Beitrag zu dieser Entwicklung geleistet. Insoweit steht er in der Traditionslinie derer, die die Evolutionstheorie vorbereiteten. Carus faßt die Wachstumsstufen des organischen Einzelwesens im Sinne eines Fortschreitens vom Unentwickelten zum Entwickelten auf, doch nimmt er weder den Übergang der Arten ineinander an, noch ist er der Auffassung, daß sich in der Embryonalentwicklung des Menschen die Entwicklungsstufen des Tierreiches nachvollziehen. Er spricht in dem Zusammenhang nur von Ähnlichkeiten, nicht von Gleichheiten. So weicht er trotz zahlreicher Elemente spontaner Dialektik erkenntnistheoretisch doch erheblich von der Deszendenztheorie ab. Später finden wir Carus sogar unter den Gegnern des Darwinismus. In seiner vergleichenden Psychologie bemüht er sich in einem ganzen Kapitel um dessen »Widerlegung« und wendet sich in einer Reihe kleinerer Arbeiten wie »Zur vergleichenden Symbolik zwischen Menschen- und Affenskelett«, »Die Gorillahand«, »Weiteres über den Gorilla und gegen die Hypothese Darwins«, »Über Begriff und Vorgang des Entstehens«, erneut nachdrücklich gegen Darwin.

Da Carus in seiner Naturanschauung und Forschungsmethode weitgehend auf Goethe Bezug nimmt, ist es zweckmäßig, sich kurz dessen naturwissenschaftliche Grundposition, so weit sie Carus beeinflußte, zu vergegenwärtigen[76c]:

Goethe hat sich nahezu sechs Jahrzehnte der naturwissenschaftlichen Forschung gewidmet. Nachdem er sich seit etwa 1770 zunächst nur temporär mit geologisch-mineralogischen Fragen beschäftigt hatte, veranlaßte ihn seine praktische Tätigkeit als Geheimer Rat und Leiter der Bergwerkskommission ab 1778 zu systematischen, intensiven Forschungen.

Spinozas Identifikation von Gott und Natur war die weltanschauliche Ausgangsposition, von der aus sich Goethe der Naturforschung zuwandte. Hierbei vollzog er im Ergebnis seiner Forschungen, das spinozistische Fundament der pantheistischen Vorstellung ausbauend und überwindend, den Schritt zum Materialismus.

Darüber hinaus hatte er, von Herder im Jahre 1772 mit dem Entwicklungsgedanken vertraut gemacht, in seinem Werk vielfältige Berührungspunkte mit dessen dialektischer Auffassung. Diese dialektischen Ansätze bildeten den erkenntnistheoretischen Haupteinfluß auf Carus.

Das an Umfang und Bedeutung wichtigste naturwissenschaftliche Werk Goethes ist seine »Farbenlehre«. Es hieße, diese Arbeit gründlich mißzuverstehen, wollte man seine Ergebnisse auf die physikalischen Aspekte der Beschreibung des Wesens des Lichtes und damit auf seine Irrtümer und Fehler reduzieren. Goethes besondere und bleibende Leistung bestand darin, die biologisch-physiologische Theorie der Sinneswahrnehmung von Licht und Farben begründet zu haben. Diese Aspekte der Farbästhetik und Farbpsychologie waren ein entscheidender Einflußfaktor auf den Maler Carus. Der Naturforscher Carus stand unter dem besonderen Einfluß von Goethes biologischen Arbeiten, vornehmlich zur vergleichenden Anatomie. Goethe begründete seine morphologische Methode, die »Lehre von der Gestaltung und Ihren Wandlungen, den Metamorphosen«:

»Die Morphologie ruht auf der Überzeugung, daß alles, was sei, sich andeuten und zeigen müsse. Von den ersten physischen und chemischen Elementen an bis zur geistigen Äußerung des Menschen lassen wir diesen Grundsatz gelten ... Die Gestalt ist ein Bewegliches, ein Werdendes, ein Vergehendes, Gestaltunglehre ist Verwandlungslehre. Die Lehre der Metamorphose ist der Schlüssel zu allen Zeichen der Natur.«[77]

Goethe hatte in seiner Abhandlung »Versuch über die Gestalt der Tiere« (1790) festgestellt: »War bisher das tertium comparationis in der vergleichenden Anatomie bald der Mensch, bald ein bestimmtes Tier, das man mit einem anderen verglich, so konnte sich darüber kein Gesetz, keine allgemeine Norm ergeben. Sein Ziel war es, darüber hinausgehend ein Schema zu erarbeiten, dem sowohl Menschen als Tiere untergeordnet bleiben«.[78]

In dem »Entwurf einer Vergleichenden Anatomie« (1796) vertiefte er diese Erkenntnisse: »Ja, wir werden ... um die schon sehr komplizierte Bildung der Säugetiere zu erklären, weiter hinabsteigen und selbst von den Amphibien, von den Fischen und weiter hinab uns Hilfsmittel zu unserer Einsicht zu verschaffen haben.«[79]

Der vergleichenden Anatomie fiel dabei, wie Goethe in der gleichen Arbeit einleitend darstellte, eine entscheidende Funktion zu.

Die spontan dialektischen Einsichten, bei Carus als »genetische Methode« bezeichnet, bildeten die gemeinsame methodologische Basis der Naturforschungen von Goethe und Carus. Erkenntnistheoretisch und weltanschaulich gab es zwischen ihnen erhebliche Abweichungen. Goethe beantwortete letztlich die weltanschaulich entscheidenden Fragen nach dem Ursprung der Welt und der Stellung des Menschen in der Welt im bürgerlich-materialistischen Sinne. Wenn er dabei nicht zu einem konsequenten Materialismus vordrang, so ist das auf seine gesellschaftliche Lage und Stellung zurückzuführen. Auf der Grundlage der von ihm vertretenen Weltanschauung vermochte Goethe durchaus gegen den hemmenden orthodoxen Dogmatismus und dessen Auswüchse vorzugehen, die Verketzerung des Irdischen zu bekämpfen, ohne dabei das Bündnis mit der religiös orientierten herrschenden Feudalmacht in Frage zu stellen.[79a]

Auch Carus hatte sich von dem orthodoxen Kirchenchristentum und dessen personifizierten Monotheismus biblischer Überlieferung distanziert und vertrat ein liberalisiertes Christentum. Er entwickelte sich jedoch nicht zum Pantheisten. Er nahm weder einen mit der Natur oder der Welt identischen, noch einen persönlichen Gott an, sondern bekannte sich zum »Pantheismus«, wie ihn der ihn beeinflussende Schellingschüler Karl Christian Friedrich Krause (1781–1832) prägte. Carus verstand darunter »die Immanenz der Welt in der göttlichen Wesenheit und das transzendente Hinausragen Gottes über die Welt«.[79b] Sein Entheismus steht damit zwischen dem »Weltschöpfer« des alttestamentlichen Monotheismus und dem mit der Natur identifizierten Gott des Pantheismus. Er teilt erkenntnistheoretisch nicht die materialistische Anschauung Goethes, erreicht aber dennoch eine Aufwertung der von der dogmatischen Orthodoxie verketzerten Wirklichkeit. Gott wird von ihm zwar als Schöpfer der Welt anerkannt, doch nach dieser Aktion in die Transzendenz verwiesen. Die Entwicklung der Welt verläuft nach dem Schöpfungsakt nach eigenen, von Gott unbeeinflußbaren Naturgesetzen, um deren Entdeckung sich Carus bemüht.[80]

Dabei gelang es ihm, einen gewichtigen Beitrag zum Fortschritt der Wissenschaft zu leisten, und Goethe war erfreut, in Carus einen Mitstreiter für den Sieg des Neuen gefunden zu haben:

»Ich habe mich seit fünfzig Jahren in dieser großen Angelegenheit abgemüht; anfänglich einsam, dann unterstützt, und zuletzt zu meiner großen Freude überragt durch verwandte Geister. Als ich mein erstes Aperçu vom Zwischenkieferknochen an Peter Camper schickte, war ich zu meiner innigsten Betrübung völlig ignoriert. Mit Blumenbach ging es mir nicht besser, obgleich er nach persönlichem Verkehr auf meine Seite trat. Dann aber gewann ich Gleichgesinnte an Sömmering, Oken, d'Alton, Carus und anderen gleich trefflichen Männern. Jetzt ist nun auch Geoffroy de Saint-Hilaire entschieden auf unserer Seite und mit ihm alle seine bedeutenden Schüler und Anhänger Frankreichs. Dieses Ereignis ist für mich von ganz unglaublichem Wert, und ich juble mit Recht über den endlich erlebten allgemeinen Sieg einer Sache, der ich mein Leben gewidmet habe und die ganz vorzüglich auch die meinige ist.«[81]

Die Weiterentwicklung der Wissenschaft überließ er nicht dem Selbstlauf, er reduzierte seine Förderung auch nicht auf persönliche Kontakte, sondern schuf ein wissenschaftliches Organ, die Zeitschrift: »Zur Naturwissenschaft überhaupt, besonders ›Zur Morphologie‹«, die er von 1817 bis 1824 herausgab.

Diese Zeitschrift diente vornehmlich der Verbreitung neuer Erkenntnisse, die eine objektive dialektische Betrachtung der Naturkräfte und Entwicklungsprozesse erkennen ließen. Zu den Wissenschaftlern, die Goethe ständig zur Mitarbeit anregte, zählte Carus. So findet sich in einem Brief vom 31. Januar 1823 an diesen folgende Bitte:

»Hinzufüge eine Anfrage, der ich den zweiten Wunsch beigeselle: möchten Sie mir das nächste Heft morphologischen Inhalts nur irgendeinen kleinen Beitrag geben? meinen Zwecken gemäß, die Ihnen genugsam bekannt sind. Vielleicht sagen Sie etwas über Ihr neuestes Werk, welchem wir zu Ostern entgegensehen. Wenn es auch nur wenige Blätter sind, so wäre es mir angenehm als ein Zeugnis teilnehmenden, wechselseitigen Verhältnisses.«[82]

Carus entsprach gern Goethes Wunsche. Im 2. Bande der Zeitschrift befindet sich ein aufschlußreicher Beitrag, der unter der Überschrift »Grundzüge allgemeiner Naturbetrachtung« in 16 Thesen seine Auffassungen darlegt. Unter III. stellt Carus fest »Inwiefern alles in Raum und Zeit Bestehende durch Bildung entstanden und der Rückbildung unterworfen ist, werden wir genötigt, die gesamte Natur als ein unendliches, in ewiger Bildung und Umbildung begriffenes Ganzes zu denken.«[83]

Wenige Monate später wiederholte Goethe die Bitte um Mitarbeit an seiner Zeitschrift:

»Ew. Wohlgeboren

verzeihen, wenn beikommendes Heft zu spät anlangt; vor meiner Badereise wird es nicht fertig und jetzt drängt sich so manches zusammen, das ich nicht alsobald ins Gleiche bringen kann. Haben Sie Dank für das Mitgeteilte. Finden Sie etwas für das nächste Heft, so werd' ich es mit Vergnügen aufnehmen. Indessen bitte von Ihrer neuesten Beschäftigung mir einige Kenntnis zu geben. Mich bedrängt altes und neues Interesse von so mancherlei Seiten, daß ich keiner genug zu tun glaube, doch will ich nach und nach teils öffentlich, teils im Vertrauen, davon einiges mitteilen. ...

Mögen Sie mich wissen lassen, was Sie der Naturforschenden Gesellschaft in Halle vorgetragen, so fördern Sie mich gewiß und verpflichten mich aufs neue.
Mit den aufrichtigsten Wünschen
ergebenst
J. W. v. Goethe.«[84]
Carus antwortete Goethe am 18. 10. 23:
»Ew. Exzellenz
habe ich zuvörderst meinen verbindlichsten Dank zu sagen für Übersendung des interessanten neuen Heftes zur Naturwissenschaft, sowie für den meinen Arbeiten fortwährend gütig bewiesenen Anteil. Ich säume nicht, hier die Arbeit über Entwicklung der Schnecken beizulegen, und werde mich freuen, wenn dieser an sich gewiß höchst merkwerte Vorgang auch Ihre Aufmerksamkeit in Anspruch nehmen wird. Es ist dieselbe als Beilage zu einer Abhandlung über die äußern Lebensbedingungen der niedern Tiere bestimmt, eine Arbeit, welche durch eine Preisfrage der Königl. Gesellschaft der Wissenschaften zu Kopenhagen veranlaßt und mit dem Preise beehrt worden ist. ... Mich hat außer diesen mikroskopischen Untersuchungen auch die der Fisch-Embryonen in diesem Sommer beschäftigt, wobei manches Neue zu finden Gelegenheit war. Meine Hauptarbeit bleibt aber noch immer die Entwicklung des Schalen- und Knochengerüstes, und ich freue mich sehr, das Ganze dieser weitschichtigen Untersuchungen immer reiner und schöner sich gestalten zu sehen. Es gehört zu meinen stillen Wünschen, in den nächsten Osterferien noch einmal eine Reise nach Weimar zu machen und Ew. Exzellenz mündlich die sehr einfachen Grundzüge des ganzen Gebäudes darlegen zu können.«[85]

Carus ging in seinen anatomischen und zoologischen Forschungen von Goethes morphologischen Anschauungen aus, die er sich schöpferisch aneignete und weiterführte und damit Goethe seinerseits wiederum in dessen letzter Schaffensphase vielfältige Anregungen bot. In einer späteren Rezension zu einer Neuausgabe von Goethes »Versuch über die Metamorphose der Pflanzen« bekannte er sich im Januar 1832 in den Jahrbüchern für wissenschaftliche Kritik zu dessen dialektischen Denkansätzen:

»Ist nur irgend eine Idee der neuern Naturwissenschaft fruchtbar geworden, so ist es die der genetischen Methode, einer Methode, welche ihr Ziel darein setzt, die Natur nicht als Beharrendes, Erstarrtes und folglich Totes, sondern als das, was sie ihrem Namen und Wesen nach ist, nämlich als ein stets Werdendes zu erfassen und zu erforschen.«[86]

Goethe wiederum urteilte 1824 über Carus' Schaffen:

»Was ich von Ihren naturwissenschaftlichen Bemühungen gewahr werde, erfüllt mich jederzeit mit Bewunderung, ich mag die tiefen, reinen Ansichten oder den glücklich freien Vortrag, die genauen Inneres und Äußeres entwickelnden Darstellungen betrachten, alles erregt in mir die genugsamsten Gefühle; Urteil hab' ich nicht über Ihre Arbeiten, ich muß mich darin zu finden suchen, sie zu nutzen wissen und freue mich, in meinen hohen Jahren so viel davon aufnehmen zu können.

In dem leider über die Gebühr verspäteten morphologischen Hefte finden Sie Ihren schönen längst mitgeteilten Aufsatz, und auch von meiner Seite mancher treuen Erwähnung. Möge die wenige Wirkung, die mir noch vergönnt ist, auch Ihnen zu einiger Zufriedenheit gereichen. Aufrichtig teilnehmend

J. W. v. Goethe«[87]

Das hohe Lob war nicht nur eine freundliche Geste, die Goethe in einem privaten Briefe äußerte. Auch öffentlich, in dem Vorwort zu einer 1823 herausgegebenen Abhandlung hatte er ausdrücklich vermerkt:

»Die tiefgeschöpften und fruchtreichen Mitteilungen des Herrn Dr. Carus sind mir von dem größten Werte; eine Region nach der andern des grenzenlosen Naturreiches, in welchem ich Zeit meines Lebens mehr im Glauben und Ahnen, als im Schauen und Wissen mich bewege, klärt sich auf und ich erblicke, was ich im allgemeinen gedacht und gehofft, nunmehr im einzelnen, und gar manches über Denken und Hoffen.«[87a]

Briefe über Landschaftsmalerei

Die inzwischen auf sechs Köpfe angewachsene Familie wurde zu Beginn des neuen Jahres 1824 um ein weiteres Kind, August Wolfgang Carus (1824–1859), vergrößert. Carus war glücklich, zählte doch nun zu seiner Kinderschar wieder ein kleiner Sohn. Die älteste Tochter Sophie Charlotte war herangewachsen und mußte der Mutter in dem großen Haushalt nach Kräften helfen. Auch der Freundeskreis der Familie erweiterte sich, wobei Caspar David Friedrich noch immer als treuester Freund zu nennen war. Auf gemeinsamen Spaziergängen zeichneten sie nach der Natur. Trotz aller Wesensverwandtschaft zeigten sich zunehmend wesentliche Unterschiede in Naturauffassung und künstlerischer Wiedergabe. Carus war sich dessen bewußt:

»So war ich mehrmals auch mit Friedrich über die nähern Höhen und Tiefen der Gegend gezogen, und wenn wir dann bei dem Interessantesten hielten, ja wohl beide dasselbe Objekt zu zeichnen anfingen, so hatte ich oftmals meine Betrachtung, wie unendlich verschieden, und doch immer in ihrer Art vollkommen treu, die Auffassung von einem und demselben Gegenstande durch zwei verschiedene Geister sein könne!

Ich bewahre noch in meinem Portefeuille nebeneinander die saubern Bleistiftzeichnungen eines mit wilden Winden gar anmutig umwachsenen eisernen Kreuzes auf dem schön gelegenen Kirchhofe des Dorfes Priesnitz bei Dresden, welche wir beide, nebeneinander sitzend, treulich und bestens vollendet hatten, und jeder Betrachtende wird zwei ganz verschiedene Blätter und doch ein Objekt erkennen, so wenig wir es doch auf irgendeine ideale, sondern nur auf ganz treue Naturauffassung abgesehen hatten.«[88]

Goethes Bewunderung galt nach wie vor nicht nur dem Naturforscher, sondern auch dem Maler Carus. Die Naturverbundenheit seiner Kunst entsprach Goethes Auffassung vom Ideengehalt der Kunst und der sittlich-gesellschaftlichen Verpflichtung des Künstlers. Freudig sah er Carus' Bildsendungen entgegen, veröffentlichte darüber in seiner Zeitschrift »Kunst und Altertum« (1816–1832) Rezensionen und machte die Bilder durch Ausstellungen den Kunstinteressenten zugänglich.

Am 30. September 1823 schreibt er Carus:

»Was Sie uns an eigenen Gemälden mitteilen mögen, soll in dem Museum in gutem Lichte aufgestellt werden, vielleicht tauschen Sie solche Stücke von Zeit zu Zeit mit andern aus und setzen uns dadurch in den Stand, die bewunderungswürdige Vielseitigkeit Ihrer ausgebildeten Naturgaben anzustaunen und näher kennen zu lernen. Es ist überhaupt mit Worten nicht auszusprechen, auf welcherlei Betrachtung Ihre unerschöpfliche Tätigkeit hinweist.«[89]

Am 29. Oktober des gleichen Jahres informiert Goethe über eine kleine von ihm arrangierte Ausstellung:

»Ew. Wohlgeboren
benachrichtige ich hiermit schuldigst, daß die übersandten Bilder glücklich angekommen sind und bis jetzt den Weimarschen Kunst- und Naturfreunden zu vergnüglicher Betrachtung Gelegenheit gaben. Die Aufstellung derselben in dem Museum werde zu gelegener Zeit bewirken, wenn es sich fügt, daß Aufmerksamkeit und allgemeine Teilnahme darauf zu lenken ist, da in diesen Augenblicken, bei ungünstiger Jahreszeit noch mancherlei Zerstreuung sich zwischen ruhige Betrachtung und ein Kunstwerk stellt.«[90]

Leider aber ließ sich diese Absicht zu Goethes Ärger nicht verwirklichen. Seine Mitteilung an Carus vom 2. Oktober 1824 zeigt, wie sehr er sich für die Propagierung von dessen Bildern einsetzte:

»... Diese wahrhaft liebenswürdigen tiefgefühlten Kunstwerke kamen zur ungünstigsten Zeit. Unser erst werdendes Museum lag durch unheilbar schwere Krankheit des Aufsehers in trauriger Stockung, die sich dadurch vermehrte, daß eben in dem Augenblicke noch eine andre Anstalt damit verbunden werden sollte, wodurch denn die Verwirrung immer größer ward; die Säle wurden selten besucht, ich hielt die Bilder bei mir aufgestellt, wo sie zu mancher angenehmgeselligen Unterhaltung dienten. Nur ergriff ich bei unserer letzten Ausstellung die Gelegenheit, sie in ein günstiges Licht zu setzen, wo sie denn auch von Hof und Publikum mit Anteil betrachtet wurden; aber mein Wunsch ward demungeachtet nicht erfüllt; gern hätt ich, mit Ew. Wohlgeboren Zustimmung, einiges hier festgehalten, doch auch das wollte nicht gelingen.«[91]

Carus' künstlerisches Schaffen und seine theoretischen Auffassungen stehen in enger Wechselwirkung. Im Jahre 1824 schloß er das Manuskript seiner »Briefe über Landschaftsmalerei« ab, die im Jahre 1831 unter dem Titel »Neun Briefe über Landschaftsmalerei« erschienen.

In den Jahren ihres Entstehens hatten sich unter dem Einfluß Goethes, der — wie bereits dargelegt — (vgl. S. 90) seine Auffassung zu dem ihm 1822 übergebenen Manuskript der ersten fünf Briefe geäußert hatte, Carus' kunsttheoretische Auffassungen gewandelt. Er schreibt dazu im Vorwort seines Buches:

»Wer gewohnt ist mit Aufmerksamkeit den verschiedenen Entwicklungszuständen seines eignen Innern zu folgen, wird bald eingestehen müssen, daß die Bilder dieser einzelnen Zustände sich untereinander wenig gleichen. Nach einem Dezenium, ja schon nach einem Lustrum haben sich die Ansichten über manche Dinge geändert, der Gesichtskreis hat sich wieder erweitert, der Mensch fühlt, denkt, handelt scheinbar ganz anders als früherhin, und nur einem tieferblickenden Auge wird bemerklich, daß immer noch aus demselben Ich die verschiedenen äußeren Formen hervortreten, so wie etwa eine und dieselbe Wurzel zu verschiedenen Zeiten verschiedengeformte Blätter hervortreibt. In diesem Sinne ist es denn auch immer ein besonderer Zustand, wenn man eigene frühere Arbeiten nach längerer Zeit wieder zu genauerer Durchsicht vornimmt. Man findet natürlich so manches, mit dem man nicht mehr vollkommen einverstanden ist, man wird mehr oder weniger an der Form auszusetzen haben, man wird aber auch finden, daß während der dazwischenliegenden Zeit manche Blüte unsres Geistes abgewelkt ist, indes vielleicht ebendarum in entgegengesetzter Richtung neue Blüten hervorgetrieben haben. Jedenfalls aber verfährt man am mißlichsten, wenn man in solche frühere Arbeiten nach dem Maßstabe spätere Ansichten hineinarbeiten will, denn indem man vielleicht hier und da einen Irrtum verbessern, eine Lücke ausfüllen, eine Unbehilflichkeit ausglätten könnte, so stört man auf der andern Seite die Rundung und den organischen Zusammenhang des Ganzen.

Zu diesen Betrachtungen wurde ich geleitet, als ich das vor nunmehr fünfzehn Jahren begonnene Manuskript dieser Briefe zur Hand nahm, damit, nachdem es nur vorübergehend in den Händen so manches Freundes gewesen, es nun durch den Druck vervielfältigt das Eigentum aller Teilnehmenden werden könne.«[92]

War Carus in den Briefen eins bis fünf, beeinflußt von C. D. Friedrich, für eine stimmungsvolle, vorwiegend das Gemüt des Menschen ansprechende Landschaftsmalerei eingetreten, so finden sich in dem späteren Teil Bezüge zu den naturwissenschaftlichen Gesetzmäßigkeiten, die es auch in der Landschaftsmalerei zu beachten gelte. Hatten Carus die ersten Briefe mit seinen ästhetischen Überlegungen über das Verhältnis von Subjekt, Natur und Kunst auch den Ruf eingebracht, als Sprachrohr Friedrichs Bewahrer frühromantischen Ideenguts zu sein, muß doch festgestellt werden, daß er nie so weit ging wie Friedrich, der die Auffassung vertrat, das Thema der Landschaftskunst sei die ›Empfindung‹, nicht die Landschaft.

In den späteren Briefen wird deutlich, daß sich Carus verstärkt zum Realismus hinwendet, ähnlich wie Goethe seine Auffassung in dem Aufsatz »Einfach Nachahmung der Natur, Manier, Stil« darlegt. Danach sei es Aufgabe des Künstlers, das »Wesen der Dinge« in »sichtbaren und greiflichen Gestalten« zu erfassen.

Das bloße Abbild der Natur wird durch eine wissenschaftlich untersuchte, zum Typischen erhobene Landschaftsinterpretation ersetzt. Für Carus verbarg sich hinter der Natur kein Geheimnis, wie das in den romantischen Auffassungen Friedrichs der Fall ist. Für Carus ist die Natur ein Objekt, das es mit Hilfe der Wissenschaft zu enthüllen gilt. Es wird deutlich, daß insbesondere die Entstehungszeit der späteren Landschaftsbriefe in die Zeit seiner besonderen Aktivität als Naturwissenschaftler fällt. Er war um eine Verbindung von Wissenschaft und Kunst und deren gesellschaftliche Beziehung bemüht. Dazu hieß es bereits im 3. Brief: »Der Mensch nämlich wird auch in dieser Hinsicht sich nur als ein ganzes erweisen, und Kunst und Wissenschaft, obwohl im Verstande geschieden, können es doch nie in der Wirklichkeit vollkommen sein.«

Im Anhang der Briefe fügte Carus theoretische Untersuchungen zu meteorologischen Problemen bei, deren Kenntnis er bei den Malern für notwendig erachtete. Betrug die Zahl der Beilagen in der 1831 veröffentlichten Erstauflage drei, so erhöhte sich diese in der Nachauflage von 1835 um »einen zehnten Brief nebst fünf weiteren Beilagen«. In diesen wollte er »ein Mißverständnis ... beseitigen, welches selbst bei einigen uns Wohlgesinnten über die früheren Mittheilungen entstanden ist, nämlich, als ob alleiniger Ausdruck von treuer Naturwahrheit alles sei, was von vollkommner landschaftlicher Darstellung gefordert werden könnte.«[93] Nicht das bloße Abbild der Natur, schon gar nicht die Interpretation eines Gemütszustandes des Künstlers, sondern die Darstellung der Schönheit der Welt sah er als Aufgabe und führte damit aus einer subjektivistischen Verengung heraus.

Bereits seit der Jahrhundertwende erfreute sich die Landschaftsmalerei wachsender Beliebtheit. In ihr war die Natur nicht nur effektvoller Begleitumstand bzw. Hintergrund. Sie trat in den Vordergrund und erhielt Selbständigkeit. Mensch und Landschaft wurden in völlig neuer Weise miteinander in Beziehung gesetzt.

Ein Zeitgenosse von Carus, der Maler und Schriftsteller Carl Graß, schrieb zur Situation der Landschaftsmalerei, von der Carus in seinen Briefen ausging: »Ist sie nicht gerade diejenige, in welcher noch unendlich viel zu thun übrig bleibt, und in der das Genie noch immer, wenn nicht neue Bahnen sich brechen, doch eigne Wege sich bahnen kann? – Ist sie es nicht, die ein gränzenloses Studium erfordert, das seiner Natur nach weniger als jedes andre erschöpft werden kann? ... Sie umfaßt nicht weniger als alles, was sich dem Auge darbietet, und durch sie erblicken wir in dem Vorhandenen gleichsam eine neue Welt. Nichts desto weniger vergißt sie wiederum bey dem kleinsten Gegenstande, der ihre Aufmerksamkeit fesseln kann, alle ihre Schätze, und verweilt mit gleicher Liebe vor dem kleinsten Objekte, an dem sich die Strahlen des Schönen brechen. – Welche Stufenleiter der

Ansichten und Zwecke bietet sich hier dem Beobachter dar, von der einfachsten Nachahmung des Wahren, des Gefälligen, des Anmuthigen, des Naiven, bis zur höchsten Poesie des Romantischen und des Erhabenen? —«[94]

Anregungen zu seiner Arbeit erhielt Carus von den in der Dresdner Galerie in großer Zahl vertretenen Bildern der niederländischen Landschaftsmaler, wie Jacob van Ruisdael (1628/29–1682), sowie von Gemälden vor allem der Meister Nicolas Poussin (1593–1665) und Claude Lorrain (1600–1682). Nicht zuletzt auch durch seinen Freund C. D. Friedrich, der erstmals 1801 ein Landschaftsbild ausgestellt, und durch J. Chr. Klengel, der 1800 als erster eine Professur für Landschaftsmalerei an der Akademie erhalten hatte. Carus' Schrift ist nicht nur ein kunsthistorisches Werk. In dem 8. Brief macht er aus seinem Unmut über die bisherige Ausbildung in der Landschaftsmalerei keinen Hehl:

»In Wahrheit, dieser Kunstzweig ist auf den Akademien immer höchst stiefväterlich behandelt worden: man schien entweder zu glauben, einem Landschaftsmaler lasse sich eben nicht viel lehren, oder man meinte wol auch, wenn im Landschaftszeichnen Fehler gemacht würden, die wären eben nicht zu merken ... oder dachte: an einem Landschaftsmaler sei überhaupt nicht viel zu verderben, oder endlich, man dachte gar nichts dabei und hielt sich ans Hergebrachte, was auf Akademien und sonst überhaupt öfters vorkommen soll. (!) Wollte denn also Einer für Landschaftskunst sich ausbilden, so war er so ziemlich dem guten Glück und eignem Genius überlassen; gewöhnlich wurde er bei Zeiten durch schlechte, manierirte Vorlegeblätter zu Grunde gerichtet, eine Brille, um durch diese die Natur zu sehen und zu malen, wurde ihm aufgesetzt und er war gemeiniglich stolz, wenn er die fremde Brille nur zeitlebens zu seinem Vortheil benutzen konnte.«[95]

Carus entwickelte seine Auffassung einer zweckmäßigen Ausbildung und stellte dabei hohe Anforderungen an den Künstler: Grundlage dafür sei neben der malerischen Fähigkeit und Fertigkeit die rechte Naturerkenntnis: »... Wenn nun vom Lehren, vom Studium im Naturerkennen die Rede ist, so ist nur ein Weg offen, auf dem auch der minder reich Begabte, auch der, dem nicht die höchste Fülle eigenthümlicher Productivität zu Theil ward, den jedoch nicht minder innige Liebe zur Natur und Sehnsucht, sie künstlerisch zu erfassen, durchdringt, zu ihrem Urquell aufsteigen kann, und dieser Weg heißt ... Wissenschaft –.«[96]

In dem abschließenden neunten Brief analysierte er das Verhältnis von Künstler und Umwelt kritisch und stellte dabei fest, daß man häufig den Künstler »nur als Diener des Luxus« betrachte, der durch andere Vergnügungen entbehrlich werde: »Uns braucht die Welt jetzt nicht mehr«. Der Künstler müsse »auf irdische Ehren und Güter zunächst Verzicht leisten«. Carus empfahl den Malern den Weg seiner eigenen Erfahrung:

»Warum soll der Künstler, dem ein Ziel vorschwebt, nach dem die gemeine Welt sich nicht umsieht, den alltäglichen Bedarf nicht durch irgend ein ganz alltägliches Treiben erwerben? ja ich behaupte: selbst dieser Kampf mit dem alltäglichen Leben, wobei es ihm frei und sogar natürlich bleiben wird, das Alltägliche selbst von einer großartigen und edlen Seite zu nehmen, wird ihn innerlich kräftigen und wird ebenso seine gesammte menschliche Ausbildung vervollständigen, wie ein gesunder Körper nur durch gleichzeitige tüchtige Regsamkeit seiner niedern und höhern Organe als wahrhaft gesund erscheint. –«[97]

Jene, die einen leichten Weg des Erfolgs zum gesicherten Wohlstand suchen, ob in Kunst oder Wissenschaft werden von ihm zutiefst verachtet: »Leider habe ich Künstler genug sowie Gelehrte gesehen, denen ihre Kunst wie jenen ihre Wissenschaft nur die melkende Kuh war, die rein handwerksmäßig nur fragten: Was schätzt die Menge? Was schmeichelt den Narrheiten der Zeit? – und indem sie in diesen Trachten sich immer mehr verwickelten, nach bald verflogener jugendlicher Begeisterung in philisterhafter Dumpfheit ihren Pinsel und Stift nicht sowohl von Kopf und Herzen, sondern allein vom Magen aus regieren ließen.«[98]

Mit den »Briefen über Landschaftmalerei« wollte Carus seinem 1816 früh verstorbenen Sohn Ernst-Albert ein Denkmal setzen. Er teilte das seinem Freund Regis mit:

»Ich will dabei auch noch sagen, was mich zu dem Namen Ernst und Albert (fingierte Briefpartner der Landschaftsbriefe. W. G.) geführt hat. Sie wissen wohl nicht mehr, daß mein verstorbener Knabe so hieß? Ihm wollte ich in den Namen dieser stillen Betrachtung noch eine Art Totenfeier, aber ganz insgeheim (ich schreibe es nur Ihnen) halten.«[99]

Die Wandlung, die in Carus' kunsttheoretischen Auffassungen zum Ausdruck kam, spiegelte sich auch in seinen Kunstwerken wider. Seit Mitte der zwanziger Jahre werden die malerischen Motive C. D. Friedrichs aufgegeben. Der Naturforscher läßt sich auch in der Kunst nicht verleugnen. In der Übergangsphase lassen die Bilder wie »Montblanc-Massiv« (1825/27) und eine Reihe Gesteinsstudien die Frage offen, ob ihr Schöpfer ein malender Naturforscher oder ein naturforschender Maler ist. Gegenüber seinem Lehrmeister Friedrich hatte Carus nunmehr eine selbständige künstlerische Aussage errungen.

Neben der Kunst galt nach wie vor der Literatur Carus' größtes Interesse. In den Abendstunden griff er zum Buch und häufig fand sich die Familie zu gemeinsamen Leseabenden zusammen. Diese anregenden Stunden waren für den stark beanspruchten Arzt eine Erholung. Er vermerkt: »Meine praktische Tätigkeit war jetzt ziemlich umfänglich geworden; größere fremde Familien, welche damals noch häufiger als späterhin Dresden für längere Zeit zum bleibenden Wohnsitz nahmen, wendeten sich häufig an mich und steigerten, indem meine Einkünfte ansehnlich«.[100]

Trotzdem verlief das Leben der Familie, wie Carus weiter berichtet, »einfach, still und tätig, die Kinder wuchsen und entwickelten sich anmutig.«

Wie anstrengend die Ausübung der ärztlichen Praxis – sie war ja nach wie vor Carus' Haupttätigkeit – war, zeigt ein Brief von Carus an Regis vom 21. Januar 1824:

»Gegen Mittag besuchte ich einige Kranke und ging dann zu jenem Mahle. Gegen Abend schrieb ich einen Rathgebenden Brief an eine auswärtige Kranke und wollte mich eben zu Frau und Kindern begeben, da kam ein Geburtshelfer vom Lande und verlangte, daß ich ihm beystehn möchte in einem zu schweren Falle. Um 9 Uhr fuhr ich denn im schlechtesten Wetter über die Berge von Plauen auf ein Dorf hinaus und fand in der ärmlichsten Hütte die leider schon mit dem Tode ringende Frau, die nichts mehr retten konnte. Um 12 Uhr nachts war ich wieder zu Hause, meine Frau besorgte Thee und war eben mir zur Gesellschaft wieder aufgestanden, da klingelts am Hause und ein Bote kommt von Schneiders, daß der Knabe einen Anfall von Croup oder häutiger Bräune habe. In Wind und Wetter also im Mantel gehüllt wieder mit einer Batterie Blutegel montirt zur Ostraallee, wo S. wohnt, der Junge wurde besser, und um 2 kam ich denn endlich nach Hause, um zu schlafen.«

Hier wird deutlich, daß so sehr die wohlhabenden Kreise Dresdens, bereits ihr Interesse an dem Arzt Carus bekundeten, dieser nach wie vor in seiner Praxis auch den Armen zur Verfügung stand. Carus war sich bewußt, aus dem Volke hervorgegangen zu sein:

»In dem Leben des Arztes, wenn es so recht selbständig und ohne Eingeführtwerden durch andere sich entwickelt, ist hierin eine merkwürdige Progression mit großer Deutlichkeit zu verfolgen. Geht er als junger unbekannter Mann aus der Mitte des Volkes hervor, so nimmt auch das Volk selbst in seinen niederen Regionen ihn zuerst und zumeist in Anspruch. Nach und nach dann, je mehr sein Ruf sich hebt, werden die höheren Schichten der Gesellschaft auf ihn aufmerksam begehren seine Hülfe ... Was mich betraf, so war ich als Leipziger Armenarzt und sodann als Director einer der untersten Volksklasse hauptsächlich geöffneten Gebäranstalt, zunächst ganz an das Volk unmittelbar gewiesen und hatte mich einer Menge von Personen und Familien dieser Region vielfach hülfreich und threu teilnehmend erwiesen.«[101]

Durch Vermittlung des Porträtmalers Johann Carl Rößler (1775–1845), der auch das erste Porträt von Carus malte, lernte er 1824 Johann Ludwig Tieck kennen, der 1819 nach Dresden gezogen war und hier 1825 das Amt des Dramaturgen am Hoftheater übernahm. Bald zählte Carus zu dessen besten Freunden. Häufig nahm er an den berühmt gewordenen Leseabenden in Tiecks Hause am Altmarkt teil, wo sich die Literatur- und Kunstinteressenten nicht nur von Dresden regelmäßig einfanden.

Hier lernte Carus zahlreiche Dramen Shakespeares durch

Tiecks Übersetzung kennen, doch auch Werke der Antike, Goethes und nicht zuletzt Ludwig Tiecks selbst, der seinen Gästen die Erstfassung seiner Werke zur kritischen Einschätzung vortrug. Doch Carus weilte bei seinem neuen Freund nicht nur im großen Besucherkreis. Häufig, vor allem zur Mittagsstunde war er sein Gast. Das war die Zeit, zu der Tieck »nähere Freunde allein in seinem Studienzimmer unter unendlichen Büchern empfing und wo sich oft die erquicklichsten Gespräche ergaben.«[102]

Nahezu dreißig Jahre waren vergangen, seitdem Tieck den umfangreichen Schauerroman »Geschichte des Herrn William Lovell« veröffentlicht hatte. Dieser war ein Produkt seiner weltanschaulichen Krise, in die er angesichts des Widerspruchs zwischen Ideal und gesellschaftlicher Wirklichkeit geraten war, einer Krise, die er nie überwinden konnte und die ihn veranlaßte, sich in eine romantische Mittelalterschwärmerei zu stürzen, deren Gegenstände verklärte, konfliktlose Gestalten waren. Tiecks individualistische Stimmungsmalerei fand bei Carus, der sich gleichfalls nach einer für seine Zeit unerfüllbaren Harmonie von Kunst und Gesellschaft sehnte, lebhaften Beifall.

Im Sommer 1825 weilte Carus erneut in Berlin. Noch am Tage der Ankunft führte ihn der Weg zu seinem Freund Karl Asmund Rudolphi, mit dem ihn nicht nur fachliches Interesse, sondern auch künstlerische Ambitionen verbanden und dessen reichhaltige Bibliothek ihn beeindruckte.

Gemeinsam gingen sie nach Carus' Tagebuchnotiz vom 19. August »... zum Zoologischen Museum! — Diese herrliche Sammlung, fast allein Rudolphis Schöpfung, fand ich bereits zu einem Umfange angewachsen, der mich mit lebhafter Freude erfüllte. Nach vieljähriger ernster Betrachtung des Knochengebäudes mich nun mit einmal so inmitten der reichsten Aufstellung der verschiedenartigsten Skelettformen zu finden, tausenderlei Gestalten gewahr zu werden, in denen die Natur ihren einfachsten Typus auf immer neue Weise variiert, und dabei mich immer mehr von der Richtigkeit der von mir zuerst in seiner schönen Gesetzmäßigkeit erschauten Architektonik des Skeletts zu überzeugen, mußte notwendig mir einen durchaus bedeutenden Eindruck machen. Die Freudigkeit der Wissenschaft hatte ich kaum je so in ihrer vollen Reinheit empfunden!«[103]

In Carus' Begleitung befand sich, wie schon so oft auf den Reisen, Dietz, der die wichtigsten Präparate zeichnete. Am Nachmittag des 22. August besuchte Carus Christoph Wilhelm Hufeland und Emil Osann. Hufeland hatte sich zu dieser Zeit wegen seines schlechten Gesundheitszustandes bereits mehr und mehr aus der Öffentlichkeit zurückgezogen und widmete sich um so intensiver sowohl seiner literarischen Arbeit als auch der Unterstützung seiner Berufskollegen.

Immer wieder zog es Carus in das Museum, um hier so viel wie nur möglich für seine eigene Forschungsarbeit zu entnehmen. Am 30. August beendete er den kurzen Berlinaufenthalt und kehrte nach Dresden zurück.

Neue wissenschaftliche Erfolge

Nachdem Carus die ersten zwei »Erläuterungstafeln zur vergleichenden Anatomie« fertiggestellt hatte, schickte er sie an Goethe und erhielt dafür am 16. August 1827 dessen Anerkennung:

»Welchen großen Gewinn aber bringen mir wichtige Arbeiten, da sie mich zur Teilnahme alles dessen was in der Wissenschaft gefördert wird aufrufen, mich befähigen, solche zu prüfen, zu schätzen und mir zuzueignen; besonders mich an allem dem, was Ew. Wohlgeboren durch Meisterhand fördern und ausbilden, zu erquicken und zu beleben. Höchst erwünscht erschien mir so Ihr zweites Heft, indem es eine wissenschaftliche Augensalbe enthält, die mich klarer und frischer in die Tierwelt hineinsehen macht, nachdem ich dieses Frühjahr und Sommer über veranlaßt worden, auf das ewige Bilden und Umbilden der Pflanzenwelt meine Aufmerksamkeit zu erneuern.

Auch muß ich noch hinzufügen, daß ich durch neue und erneute Verhältnisse zu Graf Steinberg, Cuvier, Sömmering in die organischen Reste der Vorzeit wieder aufmerksam hineinzusehen gedrängt ward, da mich denn immer Ihre Lehre von den Urerscheinungen begleitete. Faßt man sie recht, so wird uns mit dem Begriff ein stilles heimliches Anschauen des Werdens und Steigens, Entstehens und Entwickelns immer zugänglicher und lieber. ...«[104]

Die Herausgabe des aus 74 Tafeln mit 1 076 Abbildungen bestehenden großformatigen Tafelwerkes erstreckte sich über drei Jahrzehnte. Es erschien zur besseren Verbreitung in deutscher und französischer Sprache. Ab Heft vier wurde es unter Mitwirkung des Breslauer Arztes Adolph Wilhelm Otto (1786–1845) und nach dessen Tod ab Heft sieben unter Mitwirkung des Anatomen Johann Samuel Eduard D'Alton (1802–1854), eines Sohnes des berühmten Anatomen und Kupferstechers Wilhelm Eduard Joseph D'Alton (1772–1840), herausgegeben. Dieser gab seit 1821 ebenfalls ein Tafelwerk zur vergleichenden Osteologie heraus, das er Goethe, mit dem er im Briefwechsel stand, zur Verfügung gestellt hatte. Goethe schätzte Carus' und D'Altons Leistungen gleichermaßen hoch ein, was in einem an beide gerichteten gleichlautenden Neujahrsglückwunsch vom 7. Januar 1826 zum Ausdruck kommt:

»An Carl Gustav Carus und Eduard D'Alton
Wenn ich das neueste Vorschreiten der Naturwissenschaften betrachte, so komm ich mir vor wie ein Wanderer, der in der Morgendämmerung gegen Osten ging, das heranwachsende Licht mit Freuden anschaute und die Erscheinung des großen Feuerballens mit Sehnsucht erwartete, aber doch bei dem Hervortreten desselben die Augen wegwenden mußte, welche den gewünschten gehofften Glanz nicht ertragen konnten.

Es ist nicht zuviel gesagt, aber in solchem Zustande befinde ich mich, wenn ich Herrn Carus' Werk vornehme, das die Andeutungen alles Werdens von dem einfachsten bis zu dem mannigfachsten Leben durchführt und das große Geheimnis mit Wort und Bild vor Augen legt; daß nichts entspringt, als was schon angekündigt ist und daß die Ankündigung erst durch das Angekündigte klar wird, wie die Weissagung durch die Erfüllung.

Rege wird sodann in mir ein gleiches Gefühl, wenn ich d'Altons Arbeit betrachte, der das Gewordene und zwar nach dessen Vollendung und Untergang darstellt und zugleich das

Innerste und Äußerste, Gerüst und Überzug, künstlerisch vermittelt vor Augen bringt und aus dem Tode sein Leben dichtet. So seh ich auch hier wie jenes Gleichnis paßt. Ich gedenke, wie ich seit einem halben Jahrhundert auf eben diesem Felde aus der Finsternis in die Dämmerung, von da in die Hellung unverwandt fortgeschritten bin, bis ich zuletzt erlebe, daß das reinste Licht, jeder Erkenntnis und Einsicht förderlich, mit Macht hervortritt, mich blendend belebt und indem es meine folgerechten Wünsche erfüllt, mein sehnsüchtiges Bestreben vollkommen rechtfertigt.

Herrn Carus und d'Alton
zum neuen Jahre
treu teilnehmend
und ergeben
J. W. v. Goethe.«[105]

Carus hatte mit seinem Werk nicht nur den Wissensstand der vergleichenden Anatomie wesentlich bereichert, sondern vor allem zu deren weiterer Durchsetzung und Verbreitung beigetragen.

Mit der vergleichenden Anatomie wurde der erstarrten erkenntnishemmenden Präformationslehre, nach der alle Teile eines Organismus bereits vorgebildet seien und die Entwicklung nicht Neubildung, sondern nur Entfaltung und quantitatives Wachstum wäre, entgegengewirkt.

Es ist eines der größten Verdienste von Carus, mit seiner Arbeit dazu beigetragen zu haben, die metaphysische Vorstellung von der Unveränderlichkeit der Natur zu beseitigen. Im Rahmen seiner Theorie des einheitlichen organischen Aufbaus der Lebewesen hat er mitgewirkt, die erkenntnisfördernde Ganzheits- und Zusammenhangsbetrachtung in der Medizin zu begründen.

In kurzer und präziser Darstellung hat Carus in dem Aufsatz »Von dem Unterschiede zwischen descriptiver, geschichtlicher, vergleichender und philosophischer Anatomie« seine Auffassung theoretisch begründet: Es kommt, wie er schreibt, darauf an, zunächst die »Vielheit der äußeren Erscheinungen« zu erfassen, um aber nicht nur zu greifen, sondern auch zu begreifen, müsse nun das »Streben nach der Erkenntnis der inneren Einheit des Wesens in der unendlichen Mannichfaltigkeit der Erscheinung« einsetzen. »Vorbereitungen dieser Art gewährt aber zunächst die Vergleichung jener verschiedenen Einzelheiten, das Aufsuchen dessen worin sie einander ähnlich und worin sie einander unähnlich sind. — Durch diese Vergleichungen nämlich werden wir aufmerksam auf das gemacht, wodurch eigentlich jeder Zustand, jedes Individuum als ein besonderes erscheint, das Wesentliche scheidet sich von dem Zufälligen ...«[106]

Dabei ist jedoch nicht zu übersehen, daß die von Carus vertretenen dialektischen Ansätze auf der Grundlage einer idealistischen Weltanschauung begründet werden. Das führt ihn zu dem Trugschluß, daß mit der vergleichenden Anatomie »das bleibende geistige Urbild, die Idee eines Einzelwesens« ermittelt werde, »im Gegensatz zu seiner vergänglichen, sinnlich wahrnehmbaren Erscheinung ....«[107]

Durch die Frankfurter Naturforscherversammlung 1825, an der Carus ebenso wie an der vorangegangenen in Würzburg aus Zeitgründen nicht teilnehmen konnte, war Dresden als Tagungsort für das Folgejahr bestimmt, der Direktor der chirurgisch-medizinischen Akademie, Burkhard Wilhelm Seiler zum Geschäftsführer und Carus zu dessen Sekretär gewählt worden. Daraufhin wandten sich Seiler und Carus am 11. September 1826 in einem Aufruf an die Naturforscher und Ärzte Dresdens.

Mittelpunkt der ersten Sitzung bildete Carus' Mitteilung über seine Entdeckung eines deutlichen Blutkreislaufes bei Insekten. Bisher war es noch nicht gelungen, eine Verbindung des von Marcello Malpighi entdeckten Rückengefäßes der Insekten mit dem allgemeinen Kreislauf exakt nachzuweisen. So erregte Carus' Nachricht große Aufmerksamkeit. Oken ließ Carus nach Abschluß der Versammlung wissen: »Ich kann Ihnen nicht sagen, wie ich mich über Ihre Entdeckung freue. Es ist mir, als wäre ein Monstrum mehr aus der Welt. Selbst die Classification der Insecten wird nun besser werden. ...«[108]

In der »Isis«[109] leitete Oken Carus' Bericht über die Dredner Versammlung ein: »Carus hat durch sein Geschick zu feinen anatomischen Untersuchungen, sowie durch die philosophischen Ansichten in seinen verschiedenen Schriften hinlänglich gezeigt, worauf es jetzt in der Anatomie und Physiologie ankomme, und welches die Hauptprobleme seyen, die zunächst gelößt werden müssen. Er war daher würdig, diese Entdeckung zu machen ... .«[110]

Ein Jahr später veröffentlichte Carus seine Arbeit unter dem Titel »Entdeckung eines einfachen vom Herzen aus beschleunigten Blutkreislaufes in den Larven netzflüglicher Insekten« und schickte der Münchner Naturforscherversammlung, an der er nicht teilnahm, dazu bereits »Nachträgliche Bemerkungen«. Dieses Problem fesselte ihn weiter. 1829 schloß er »Fernere Untersuchungen über Blutkreislauf in Kerfen« ab.[111]

Mit diesen Forschungen, die ihm den Ehrennamen Harvey der Insektenforscher eintrugen, hatte er erneut seine Bedeutung als Naturforscher bewiesen.

Georges Cuvier, der selbst an diesem Problem gearbeitet hatte, war so begeistert, daß er das Institut de France veranlaßte, Carus als Anerkennung die goldene Montyon-Medaille zu verleihen.

Carus, auf dem im wesentlichen Organisation und Durchführung der Dresdner Naturforscherversammlung ruhten, hielt das Schlußwort, in dem er erneut auf die Notwendigkeit des intensiven wissenschaftlichen Gedankenaustauschs und des persönlichen Kontaktes der Gelehrten hinwies:

»Verehrte Männer! Hochgeachtete Freunde!

Das erste Lustrum dieses Vereins schließt sich ab mit dem Ende gegenwärtiger Versammlung; der Verein hat seine Wirksamkeit, seinen Nutzen vielfach bewährt, und wir können ihn für die Folgezeit für festbegründet halten, wenn auch in allen künftigen Versammlungen immer mehr reine Begeisterung für Wissenschaft und Kunst als herrschender Grundton sich bethätigt, wenn nur ächter Gemeinsinn ihn druchdringt und aller gemeine Sinn ihm fremd bleibt.... Und so löse ich denn heute das Band der dießjährigen Versammlung in der festen Hoffnung, daß es im nächsten Jahre gleich innig und schön uns an den Ufern der Isar umschlingen werde. Das Glück begleite die Freunde, welche aus der Ferne hierhergezogen waren, und führe sie sanft in die Arme der Ihrigen hinein! Gedenken Sie dann der mannichfaltigen Anregungen, welche das Zusammentreffen mit andern Freunden Ihnen gewährt hat; so möge Ihnen auch eine heitere Erinnerung kommen an die Freunde, welche Sie hier zurücklassen, an die Freunde, in denen das dankbare Andenken an die Tage, wo so viele gelehrte und würdige Männer sich unter ihnen zum Zweck freundschaftlicher Mittheilungen verbanden, nie erlöschen wird!«[112]

Seine bedeutenden wissenschaftlichen Leistungen vollbrachte Carus neben seiner ärztlichen Tätigkeit, wobei er nach wie vor zu den meist beschäftigten Ärzten der Elbmetropole zählte. Die »elegante Welt« hatte ihn immer mehr zu ihrem Arzt »erhoben«.

»Daß ich bei alledem«, berichtet Carus, »das Hohle und Frivole des Treibens einer nur sogenannten großen Welt, welche doch eigentlich klein und eng genug ist, schnell so weit überblicken konnte, um stets mit wahrer Lust in mein Haus und mein stilles Studierzimmer zurückzukehren, wird man mir wohl ohne weiteres glauben.«[113]

Nach wie vor spielte die Kunst eine wesentliche Rolle im Leben des vielfältig beanspruchten Arztes und Naturforschers:

»Überhaupt! Was hätte mir denn den frischen freien Herzschlag des Lebens erhalten sollen unter so viel schweren praktischen Lebensaufgaben, welche mühselig genug auf mir lasteten, wenn es nicht, nebst dem reinen Äther wissenschaftlichen Strebens, das Element der Kunst und Poesie gewesen wäre, das mir nie ganz ausging, so karg mir oft die Zeit zugemessen blieb! Von Musik wirkte daher in jener Zeit namentlich so auf mich eine große und schöne Aufführung von Mozarts Requiem, zum Besten der Griechen, in der Neustädter Kirche; in der Poesie erhob mich Dante fortwährend, als über dessen Inferno ich einen eigenen großen Plan aufgezeichnet hatte, auf den ich noch später zurückkommen werde; und in Beziehung auf eigentliche Lebensdichtung war mir jetzt zuerst Cervantes deutlicher aufgegangen, dessen ›Don Quichote‹ wir abends zusammen lasen...«[114]

Auch die Familie Carus wuchs weiter an. Nachdem im Jahr zuvor ein Mädchen tot geboren worden war, vergrößerte 1827 die kleine Johanna Eugenia (1827–1852) die Kinderschar. Sie war das letzte Kind des Ehepaares Carus. Insgesamt hatte Frau Carus fünf Töchter und sechs Söhne geboren, von denen aber nur sechs heranwuchsen.

Die geringfügigen Gehaltsaufbesserungen und kärglichen Honorare reichten nur zu einer recht bescheidenen Lebensführung der Familie, so daß große Hoffnungen auf die in Aussicht gestellte Berufung zum Leibarzt gesetzt wurden.

Als Leibarzt am sächsischen Hofe

Etikette und Zeremoniell

Da nach dem Tode des Königs Friedrich August I. zwei Leibärzte ihren Abschied nahmen, waren mit dem Regierungsantritt des schon recht betagten Königs Anton, eines Bruders des Verstorbenen, diese Stellen neu zu besetzen. Friedrich Ludwig Kreysig, der bereits seit mehr als zwanzig Jahren als Leibarzt tätig gewesen war, hatte seinen Neffen, Heinrich Leopold Francke (1785–1853), der als Professor für Anatomie, Physiologie und theoretische Heilkunde an der Akademie lehrte, eine dieser Stellen vermittelt und schlug für die andere seinen Freund Carus vor.

Mit der Übernahme der neuen Aufgaben änderte sich Carus' bisherige Tätigkeit grundlegend. Er legte sowohl seine Professur an der medizinisch-chirurgischen Akademie als auch die Leitung der Entbindungsanstalt nieder. Das brachte für ihn den Vorteil einer weitgehenden Entlastung, hatte aber für seine wissenschaftliche Entwicklung den großen Nachteil, seine Forschungen, gelöst von einer klinisch-praktischen

Tätigkeit, nunmehr stärker theoretisch anlegen zu müssen. Für die Persönlichkeitsentwicklung wirkte sich die mit der Leibarztfunktion verbundene, weitgehende Orientierung seiner ärztlichen Praxis auf Vertreter der herrschenden Feudalkaste negativ aus. Carus hat offensichtlich selbst einige, wenn auch leise Zweifel über die Richtigkeit seines Entschlusses gehegt: »Man hatte mir so viel von der strengen Etikette des Hofes und manchem Beschwerlichem im Dienste der Leibärzte erzählt, daß, so sehr ich auch damals entschlossen war, nicht lange mehr meine Porfessur zu behalten, und so sehr ich auch den unerwarteten und ehrenvollen Beweis eines großen Vertrauens der höchsten Personen des königlichen Hauses zu schätzen wußte, doch anfangs zweifelte, ob ich wohl auch meinem innern Wesen nach allen diesen Anforderungen hinreichend zu entsprechen imstande sein werde. Indes nach einem langen Gespräch mit Kreysig, ihm, dem alle Hofverhältnisse aus langer Erfahrung bekannt waren, ja der zuletzt als vieljähriger Arzt des Ministers von Einsiedel wissen konnte, inwiefern die nächste Zeit manche Veränderungen herbeiführen werde und daß namentlich von dem strengen Zeremoniell und der steifen Etikette der vorigen Regierung manches schon nachgelassen sei, entschied ich mich für die Annahme .... .«[1]

Als er sich allerdings am 22. September 1827 mit Kreysig und Francke auf den Weg begab, um der königlichen Familie in Pillnitz vorgestellt zu werden, machte er sich doch noch »manche eigene Gedanken über Abhängigkeit und Freiheit«. Noch unter dem Eindruck des Geschehens vermerkte er in einem Brief an seinen Freund Regis: »Ein solcher Hof ist, wie sich manche die Sonne denken, äußerlich weithin leuchtend, innerlich dunkel und still.«[2] Auch in seinem häuslichen Leben vollzogen sich Veränderungen:

»So mußte ich denn nun«, vermerkt er in seinen Denkwürdigkeiten, »vor allen Dingen Veranstaltung treffen, meine bisherige Dienstwohnung zu verlassen. Glücklicherweise fand ich ein geräumiges Lokal in einem Eckhause an der Moritzstraße und Landhausgasse, in welchem wir die zweite Etage bezogen, und freilich hatte ich nun statt der frühern, reizenden Aussicht nach der Elbe nur einen Blick frei in den Hof des

Landhauses, aber dafür hatte ich auch das Perpetuum mobile einer Entbindungsanstalt nun nicht mehr am Hause, und die Plage zum zwanzigsten und dreißigsten Mal die Anfangsgründe der Hebammenkunst vorzutragen, war von jetzt an von mir genommen ... .

Meine neue Stellung hatte nebenbei zur Folge, daß ich nun zugleich als Hof- und Medizinalrat in das damalige Kollegium der Landesregierung eintrat, welches unter Vorsitz des Kanzlers von Werthern, wie für die meisten übrigen Verwaltungszweige, so auch für die Medizinalangelegenheiten die höchste Behörde bildete. Gerade also dreizehn Jahre nach unserem Einzuge in Dresden, nämlich am 2. November wurde ich hier eingeführt, und auch dies durfte ich jetzt als merkwürdig für mein inneres Leben betrachten, indem der Einblick in die innern organischen Verhältnisse der Regierung eines Landes doch nie verfehlen wird, einem empfänglichen Geiste das Getriebe des Lebens der Menschheit im ganzen hier und da durchsichtiger zu machen und ihm zu lehren, das große im kleinen sowie die Wirkung des kleinen auf das große überall genügender zu verstehen und zu erfahren.«[3]

Sein Freund Regis erhielt wiederum die Skizze der neuen Wohnung in der Moritzstraße. Fehlte auch der liebgewordene Ausblick auf die Elbe, so wurde er doch dadurch entschädigt, daß er sich neben einem Arbeitszimmer ein Malzimmer und sogar ein anatomisches Kabinett einrichten konnte, in dem er seine wachsende Sammlung unterbrachte.

Seine ersten Amtshandlungen bestanden für Carus in formellen Besuchen, zu denen er, ausgestattet wie es die Hofetikette verlangte, mit braunem Hofrock, seidenen Strümpfen und Schnallenschuhen erscheinen mußte. Nur wöchentlich einmal hatte er in der Landesregierung einer Beratung beizuwohnen, so daß ihm genügend Zeit für wissenschaftliche Arbeiten verblieb. Um den Kontakt zu wissenschaftlich interessierten Menschen nicht zu verlieren, begann er in seiner Wohnung in regelmäßigen Abständen Vorträge zu anthropologischen Themen zu halten.

Das Hofleben entsprach zumindest anfangs nicht seinen Intentionen, denn als ihn an seinem 39. Geburtstag das Angebot einer Professur erreichte, mußte er lange mit sich ringen, ehe er ablehnte. Hierbei mag nicht unwesentlich eine Zusicherung des königlichen Oberkämmerers, der davon erfahren hatte, beigetragen haben. Allerdings ließ dann die versprochene Gehaltsaufbesserung auf sich warten. – Zu den Obliegenheiten des Leibarztes gehörte es unter anderem, Mitglieder der königlichen Familie auf Reisen zu begleiten. Die erste Amtsreise führte Carus mit dem Prinzen Friedrich nach Italien.

Irrtümer und Erkenntnisse

Vor der Abreise hatte Carus Goethe sein Werk »Von den Urtheilen des Knochen- und Schalengerüsts«, an dem er viele Jahre gearbeitet hatte, zugeschickt und konnte bereits während der Reise in Florenz dessen Antwort empfangen:

»Ein alter Schiffer, der sein ganzes Leben auf dem Ozean der Natur mit Hin- und Widerfahren von Insel zu Insel zugebracht, die seltsamsten Wundergestalten in allen drei Elementen beobachtet und ihre geheim-gemeinsamen Bildungsgesetze geahnt hat, aber, auf sein notwendigstes Ruder-, Segel- und Steuergeschäft aufmerksam, sich den anlockenden Betrachtungen nicht widmen konnte, der erfährt und schaut nun zuletzt, daß der unermeßliche Abgrund durchforscht, die aus Einfachstem ins Unendliche vermannigfaltigten Gestalten in ihren Bezügen ans Tageslicht gehoben und ein so großes und unglaubliches Geschäft wirklich getan sei. Wie sehr findet er Ursache, verwundernd sich zu erfreuen, daß seine Sehnsucht verwirklicht und sein Hoffen über allen Wunsch erfüllt worden. Mehr darf ich nicht sagen, denn ich habe kaum einen Blick in das Werk getan, der aber schon auf das vollkommenste erhebt und befriedigt.

Mit den treuesten Wünschen und Grüßen folge dem würdigen Naturforscher gegenwärtiges Blatt, und wo es ihn trifft, sei es Zeuge meines Danks und meiner Segnungen.

Und so fortan treu teilnehmend
J. W. Goethe.«[4]

Das war keineswegs nur eine Geste der Höflichkeit, denn auch an Kaspar Maria Graf von Sternberg (1761–1831), mit dem er über naturwissenschaftliche Erkenntnisse korrespondierte, schrieb Goethe:

»... Sodann habe ich zu vermelden, daß mich in diesen Tagen des Dresdner Dr. Carus Werk von den Urtheilen des Knochen- und Schalengerüsts mit zwölf Kupfertafeln höchlich erfreut hat. ...«[5]

Zu den zahlreichen Bewunderern des neuen Werkes zählte auch Alexander von Humboldt, der Carus begeistert schrieb:

»Potsdam, 15. Juni 1828. Seit fünf Tagen besitze ich durch die Güte des Geheimrat Schulze Ihre herrliche Schrift über den Knochenbau, und seit fünf Tagen bin ich ununterbrochen damit beschäftigt. Lange hat mich nichts so bewegt als Ihre großartigen Ansichten der Natur .... Meine schönsten Hoffnungen, Sie für den hiesigen Staat zu erwerben, sind leider nicht erfüllt worden .... Ich fühlte bei Erscheinung dieser Ihrer letzten Arbeit doppelt, was mir entfahren, aber ich ehre und billige die Motive, welche Sie in dem schönen Lande zurückhalten, dem ich meine mineralogische und bergmännische Bildung verdanke und in dem die Freunde meiner Jugend leben.... Ihre historische Einleitung, Ihre Vorbegriffe, die allgemeinen Begriffe über den Organismus, die Hautskelette der Amphibien, die Kopfwirbel der Fische und die Antlitzbildung des Menschen, haben mich besonders entzückt. Was mir von den geometrischen Konstruktionen, den Zahlenverhältnissen und ihrer Beziehung auf Musik, von der Wiederholung der Formen in den einzelnen Gruppen, zum Beispiel von den Gliedmaßen des Schädels, jetzt noch minder überzeugend scheint, wird es bei ernsterm Studium werden. Wie angenehm wäre uns Ihre mündliche Belehrung, wenn Sie uns zur Gesellschaft der Naturforscher mit Ihrer Anwesenheit beehrten ....

Mit der freundlichsten Hochschätzung
Ew. Hochwohlgeboren ergebenster
Al. Humboldt«[6]

Über die Entstehung seines Werkes informiert Carus in der Einleitung:

»Indem ich nun aber schon vor nunmehr fünfzehn Jahren bei meinen Arbeiten über Nerven- und Hirnbildung gewahr wurde, wie sehr die weitere Ausführung jenes Planes und jener Grundlage eine von der Zeit immer dringender geforderte Aufgabe sei, gestaltete sich in mir nach und nach der feste Vorsatz, eine Arbeit dieser Art zum höchsten Ziel meiner wissenschaftlichen Wirksamkeit zu wählen. Seit dieser Zeit bin ich mir denn bewußt, diese Aufgabe nie aus den Augen verloren und nichts unterlassen zu haben, war zur Überwindung der vielfältig sich entgegen dämmenden Schwierigkeiten mitwirken konnte. Fünf bis sechs Jahre verflossen in mannichfaltigen Vorbereitungen dieses Unternehmens .... Nach so ernsten und vieljährigen Bemühungen sehe ich mich nun in den Stand gesetzt, diese ausführliche Arbeit, nachdem sie in Theilen so oft im engern Kreise gelehrter Freunde besprochen, durchgegangen und berathen worden ist, einem größern Kreise zu übergeben, so sie dann nach und nach dieselbe rege Theilnahme sich erwerben möge, welche sie bisher nur bei wenigen Einzelnen erfahren hat. — Übrigens weiß ich recht gut, daß eine jede entschiedene Richtung, eben weil sie eine solche ist, von denen, welche nichts Ähnliches in sich fühlen, verneint zu werden pflegt, ich weiß daher auch, daß Diejenigen, welche nie das lebhafte Bestreben in sich empfunden haben, zur Erkenntnis der Einheit in der Mannichfaltigkeit der Naturformen hindurch zu dringen, dieser Arbeit ihre Theilnahme versagen werden; indes kann mich dieß um so weniger stören, als ich mir bewußt bin, einzig und allein meiner innersten wissenschaftlichen Überzeugung Genüge zu leisten, dieses Werk vollführt und nicht verabsäumt zu haben, ihm alle diejenige Vollendung zu geben, welche meine Kräfte irgend gestatteten. Auch kann ich manche ermuthigende Anerkennung und Zustimmung, die ich bereits erfahren, nicht unerwähnt lassen, und darf wohl sagen, daß von allem diesem mir nichts wichtiger gewesen ist, als die unzweideutigsten Beweise der Billigung von dem Geiste zu vernehmen, welchem sich zuerst die Anschauung der organischen Metamorphosen des Knochensystems deutlich eröffnet hat, also von Goethe, welcher mir unter dem 16. Aug. 1827 über meine Lehrsätze von den Urerscheinungen des Knochensystems schrieb: »Faßt man sie recht, so wird uns, mit dem Begriffe, ein stilles heimliches Anschauen des Werdens und Steigerns,

Entstehens und Entwickelns immer zugänglicher und lieber«.[7]

Carus' Werk fußt auf der Goethe-Okenschen Schädeltheorie, die von der spekulativen Annahme ausgeht, daß der Schädel der Wirbeltiere dadurch entstanden sei, daß ursprüngliche Kopfwirbel verschmolzen und umgebildet wurden. In dieser Frage gab es zwischen Goethe und Oken einen erbitterten Prioritätsstreit, der für unsere Darstellung um so weniger von Belang ist, da die gegenwärtige Forschung den Nachweis gebracht hat, daß der Schädel keinesfalls diese auch von Carus fälschlich vorausgesetzten Entwicklungsstufen durchlief, sondern im Prinzip bereits in den stammesgeschichtlich ältesten Funden eine Einheit darstellt.

Die von Carus in ideal-morphologischer Sicht der organischen Naturauffassung der Antike nachvollzogene Gestaltung fand schon zur Zeit des Erscheinens des Werkes — in dem Schreiben Humboldts wird es leicht angedeutet — die Kritik der jungen Vertreter der sich entwickelnden naturwissenschaftlichen Medizin.

Wichtiger als die Irrtümer, die man keinesfalls übersehen darf, ist jedoch an Carus' Werk dessen erneut dargelegte und grundsätzlich richtige entwicklungsgeschichtliche Orientierung in ihrem dialektischen Denkansatz:

»Inwiefern alles in Zeit und Raum Bestehende durch Bildung entstanden und der Rückbildung unterworfen ist, werden wir genöthigt, die gesammte Natur als ein unendliches in ewiger Bildung und Umbildung begriffenes Ganzes zu denken.«[8]

Ebenfalls im Frühjahr des Jahres 1828 erschienen noch vor der Abreise die dreibändigen »Grundzüge der vergleichenden Anatomie und Physiologie«, die als Ergänzungswerk zu den zwei Jahre vorher begonnenen »Erläuterungstafeln« zu verstehen sind. Zur Begründung des neuen Werkes führte Carus an:

»Als ich mich zu einer solchen Arbeit zuerst aufgefordert sah, war ich im Begriff, sie abzulehnen, in der Überzeugung, daß das eigentliche Gebäude der Wissenschaft durch Entfernung solcher Grundrisse nicht gefördert werden könne; der Gedanke indeß, daß die Fülle von wichtigen bereits erlangten

Resultaten solcher Forschungen bei weitem weniger als sie es verdient, Gemeingut der naturwissenschaftlich Gebildeten, und insbesondere der Ärzte geworden ist, und daß es, um dieß zu erlangen, einer solchen übersichtlichen Form nothwendig bedarf, bestimmte mich ans Werk zu gehen....«[9] Im Verlaufe der Darstellung wird im Zusammenhang mit einer Definition des Lebens eine weitere, von Goethe beeinflußte Entwicklungsstufe seiner Naturauffassung deutlich. Wenn Carus dabei auch zwischen der »Erscheinung« und der »Idee des Lebens« differenziert und nur der ersteren eine sinnliche Wahrnehmbarkeit zuschreibt, während die »Idee« »nur geistig ... durch Erschließung der Kräfte unserer Vernunft« zu erfassen sei, wendet er sich doch mit aller Konsequenz gegen eine vermeintliche Lebenskraft, jenes unbekannte Etwas, das als »primum mobile« alles erklären sollte. Nach Carus könne »Leben nichts anderes heißen ... als die eigenthümliche Daseynsform der gesammten Natur«.[10]

Reise durch Deutschland, Italien und die Schweiz

Kurze Zeit nach Aufnahme seiner Tätigkeit begab sich Carus im Gefolge des Prinzen Friedrich (1797–1854) auf die erste »Dienstreise«:
»Es war am 1. April, früh gegen vier Uhr, wo ich mich im Vorzimmer des Prinzen auf dem Schlosse zu Dresden einfand; schon waren die Reisegefährten versammelt, Lakaien standen oder liefen umher: man sah, die Order zum Aufbruch wurde augenblicklich erwartet.«[11]

Die Atmosphäre des Hoflebens schien auf Carus' Kreativität nicht gerade stimulierend gewirkt zu haben, wie er sich auch von der Zukunft nur noch wenig für sein wissenschaftliches Werk erhoffte. Die Reisegedanken bei Verlassen der nächtlichen Residenz zeigen das deutlich:

»Nun, noch im tiefen Dunkel, durch die ruhende, wohlbekannte Vorstadt hinaus: – jeder mit seinen besonderen Erwartungen, ich wohl am ruhigsten, denn ein merkwürdiger Wendepunkt war in meinem Leben eingetreten, meine wichtigsten Arbeiten, mein großes lange getragenes Werk von den

Ur-Theilen des Knochen- und Schalengerüstes, sowie die flüchtiger entworfenen Grundzüge der vergleichenden Anatomie und die zweite, verbesserte Ausgabe meiner Gynäkologie waren vollendet, eine sichere, ehrenvolle Stellung im Staate, ja, auf die Möglichkeit meines Todes hin, die Sicherstellung der Meinigen war erreicht, die bedeutsamsten Regungen im Leben wie in der Kunst hatten mich berührt, und so kam ich mir fast wie ein Abgeschiedener vor, dessen irdisches Wirken abgetan ist.«[12]

Über Prag führte die Reise nach Wien, wo die Gesellschaft am 3. April 1828 eintraf, um jedoch bald wieder über die Alpen in Richtung Italien aufzubrechen. Carus war bestrebt, auf der Reise so viel wie nur möglich wissenschaftliche Sammlungen und Kunstwerke zu sehen, bedeutende Fachkollegen zu sprechen und naturwissenschaftliche Forschungen zu treiben. Das aber ließ sich nur sehr schlecht mit den Absichten der königlichen Reisegesellschaft, deren stockkonservativer Kopf wissenschaftlichen und künstlerischen Anregungen in keiner Weise zugänglich war, vereinbaren. Am 11. April schreibt Carus aus Venedig:

»Heute nun habe ich nach der ungeheueren Fülle des gestrigen Tages um so mehr meiner Muße gelebt, indem ich mich von der Gesellschaft beurlaubte und die Galerie der Akademie und das Arsenal aufgab, um früh auf dem Fischmarkte die Produkte des Meeres zu sehen und mit Auswahl zu kaufen, nachmittags aber eine Fahrt nach dem Lido, jenseits dessen das Meer selbst sich öffnet, zu unternehmen. Vergnüglich fuhr sichs früh auf der kleinen offenen Gondel durch verschlungene Nebenkanäle zur Rialtobrücke, an deren Seiten die Fischer ihren Markt aufgeschlagen haben. Da gingen nun wieder die wunderlichen Tiergestalten leibhaftig mir vor den Augen auf, die meine Wißbegier früher schon in Genua rege gemacht hatten; unter den seltsamen Gestalten der Krabben, Schaufelkrebse und großen Seespinnen (Maja) boten sich verschiedene Akquisitionen dar, die Rochen, Haie und Hornhechte blieben nicht unbeachtet und von den Tintenwürmern (Sepia) brachte ich ein besonders großes, eiertragendes Exemplar an mich. Dabei der Seegeruch, das Schreien der Verkäufer und Gondoliere, die Geschäftigkeit im Zuwiegen der Ware mit den geläufigen Schnellwagen, alles gab unter dem mildbewölkten Himmel mit dem Hintergrunde der hohen, verfallenen Paläste und dem klargrünen Gewässer der Kanäle ein höchst eigenthümliches Bild.

Als ich nun die erworbenen Schätze in Sicherheit gebracht hatte, und das Wasser gesunken war ... schiffte ich mich ein (es mochte 2 Uhr nachmittags sein) nach dem Lido, das ist nach dem Ufer des Meeres, welches hier jenseits eines Inselstreifens und weit vorgeschobener Dämme von den Lagunen zurückgehalten wird.

... Ich wanderte lange am Meeresufer umher, mit Betrachten und Sammeln mancher auf den Strand gestreuten Seeprodukte beschäftigt, worin mein Chirurg, mein einziger Begleiter, mich treulich unterstützte. Hier lagen zierliche Muscheln, farbige Korallenstückchen und eine Menge von den bärtigen Wurzeln der Caulinia, aus deren Fäserchen die Pilae Marinae entstehen und welche wir schon in den Lagunen, ganze grüne Inseln bildend, gefunden hatten.«[13]

In Florenz, der ersten Reiseetappe, richtete er sich ein kleines Arbeitszimmer ein. »So wäre denn das erste Ziel dieser Reise erreicht – ich befinde mich wirklich hier – im Palast der Medicäer wohnend – meine Bücher, meiner Kinder Bildnisse und was mir sonst lieb ist, in einer gewissen Ordnung, wie es nun eben dieses etwas kellerhafte Gartenzimmer erlaubt, um mich aufgestellt und nur durch Angehängtsein an einen Hofstaat etwas inkommodiert ....«[14]

Doch die Bürden des Amtes ließen offensichtlich nicht lange auf sich warten:

»Kaum hier angekommen, wurden wir zur großherzoglichen Tafel gezogen, und so konnte mein Streben, in der Stadt mich auf eigene Hand etwas umzutun, mir erst gegen Abend genügt werden, wo ich ... einen Kreuzzug dieser Art unternahm. ...

So ist es eigentlich die rechte Art, dergleichen Dinge anzuerkennen, wenn man nicht mit Hast durch den Bedienten vom Platz hin- und vorbeigeschleift wird, sondern nach freier Muße selbst darauf stößt, und so in diese Vorstellungsweisen eines früheren Geschlechtes sich allmählich versenkt.«[15]

Doch er war ja im Amte: »Nachmittags wieder mit der

großherzoglichen Familie eine Spazierfahrt nach dem schon erwähnten Torre di Gallo. Auch diese, an das Wirken eines reichbegabten, wissenschaftlichen Geistes erinnernde Reliquie hätte ich am liebsten allein oder mit einem Freunde betreten.« —[16]

Die Reise führte weiter nach Neapel, hier war die Besteigung des Vesuvs ein großes Erlebnis. Eine freudige Eintragung am 12. Mai ins Tagebuch lautet: »Ich habe gegen Sonnenuntergang noch einen sehr anmutigen Spaziergang durch die Stadt und zwar *allein* ausführen können. —« Auch den botanischen Garten konnte er aufsuchen und manche interessante Beobachtung machen.

Bevor die Reise weiter in Richtung Norden, nach Rom fortgesetzt wurde, besuchte man die Neapel vorgelagerte malerische Insel Ischia. Carus schildert über das auf einem Basaltfelsen gelegene Kastell seine Eindrücke:

»Seine frühere Bestimmung war, der Insel Schutz gegen die Anfälle von Seeräubern zu gewähren, eine edlere allerdings als die jetzige, nach welcher es als ein Militär-, ja als Staatsgefängnis benutzt wird. —

Aufsteigend zu der obersten Plattform des Kastells kamen wir auf einen Gang, von wo wir in den Hof der Gefangenen hinabsahen. — Trauriger Anblick! — Einer hatte mit Kohle eine Inschrift aus großen Buchstaben auf Papier gemalt und mit Überraschung hat man darauf gelesen: ›Ich bin ein armer ..... (dies Wort war nicht deutlich) aus Dresden!‹ — Wir sprachen dem Prinzen davon, welcher den Kommandanten sogleich befragte, welche Bewandtnis es mit diesem angeblichen Dresdner habe? Er wollte jedoch nur von einem Schweizer wissen, welcher wegen Subordinationsfehlern gefangen sei. Auch wurde dem Prinzen von einem Franzosen eine Supplik um Fürsprache übergeben; allein etwas Gründliches zu genauerer Erforschung und Abhilfe etwaiger willkürlicher Gewalt konnte doch nicht ausgeführt werden. —«[17]

Am 22. Mai erreichte man Rom. Carus war von den Bauten und Kunstschätzen tief beeindruckt. Er bedauerte es sehr, keine Zeit zu haben, das Volksleben kennenzulernen.

»Es ist mir recht eigentlich leid, daß ich in diesem, rasch umgetriebenen, römischen Leben mich weniger als ich mochte, um das Volktümliche bekümmern kann! – Wie viel Studien, schriftliche und stiftliche ... ließen sich nicht machen, oft in einer einzigen Straße, wo Landvolk mit ihren Eseln sich, etwa Verkaufs wegen, gelagert hat.«[18]

Die Rückreise führte wieder über Florenz, wo es galt, sich von vielem Interessanten und Schönen zu trennen:

»Gestern nahm ich Abschied von meiner mir so lieb gewordenen Bibliothek (im Palast der Medicäer. W. G.) und ihrem, vom Bilde des Harpokrates beschirmten Lesezimmer. – Noch hatte ich mit der Geschichte der Accademia del cimento und der das alten Messer cino und seiner geliebten Selvaggia mich bekannt gemacht. Dann noch einmal zur Naturaliengalerie des Specola, um auch da zu beschließen und mich bei Bardi zu verabschieden; worauf ein Dr. del Greco, welchen ich früher in Dresden kennengelernt hatte, mich noch zum Lokale und zu der Sammlung der seit drei Jahren entstandenen ärztlichen Gesellschaft führte.«[19]

Eine Station der Rückreise war auch die Hafenstadt Genua; hier hatte Carus bereits sieben Jahre früher zu naturwissenschaftlichen Forschungen geweilt. Diese hatte er so intensiv betrieben, daß er die Stadt mit ihren Sehenswürdigkeiten kaum wahrgenommen hatte. Am 13. Juli vermerkt das Reisetagebuch:

»In fünf Stunden habe ich nachgeholt, was ich das vorige Mal versäumt habe, nämlich Genua einigermaßen auch als Stadt kennenzulernen«.[20]

In Mailand hieß es Abschied von Italien zu nehmen. Über den Lugano-See ging es durch eine malerische Gebirgslandschaft weiter in die Schweiz. Bei Grindelwald wurde die Reisegesellschaft von einem Unwetter überrascht. Carus schilderte die Schönheiten der Natur plastisch und lebendig:

»So wären wir denn doch glücklich der Gefangenschaft in Grindelwald entflohen! – Die Entladung der Atmosphäre durch Schnee hat sich wieder einmal als kritische Erscheinung der Witterung bewährt, der Morgen wurde klar, und bei ziemlich kalter Luft ritten wir gegen die Scheidegg hinan. Der Weg führt nahe am oberen Grindelwald-Gletscher vorüber und natürlich wurde abgestiegen, um seinen von gewaltigen Steinwällen umschütteten Fuß und die ungeheuren Eiszacken seiner Oberfläche zu betrachten. – Zurückweichen des Eises war auch hier unverkennbar. – Von hier ging es gegen den höheren Gebirgspaß hinan und alsbald trat die Alpennatur in ihrer vollen Kraft hervor. – Zur Rechten die ungeheuren Zacken des Wetterhorns, oberhalb frisch beschneit; zur Linken das fernere schneebedeckte Gemshorn; dazwischen die weitesten Alpenwiesen, zum Teil mit mächtigen Felsblöcken bestreut und nur hier und da mit verkrüppelten Tannen bewachsen. – Eine Menge von Kühen, untermischt mit einzelnen Schweinen, Schafen und Ziegen, weiden auf diesen Höhen und gleichen bei der gewaltigen Ausdehnung dieser Flächen nur ebensoviel Punkten. – Kehrten wir uns um, so übersahen wir das ungeheure Felsgebäude des Eigers, dessen zackig weißer Kamm hoch in die blaue Luft ragte, von leichten Wolken umspielt; ein herrlicher Anblick! –«[21]

Am 2. August erreichte man Zürich, und die Weiterreise wurde alsbald fortgesetzt. Bis kurz vor Dresden war die Familie Carus entgegengekommen, die er überglücklich in die Arme schloß:

»Natürlich überließ ich nun alle fürstlichen Wagen ihrem Schicksale, und alle Habe einstweilen zurücklassend, sprang ich heraus, um in meinem eigenen Wagen, umringt von den Meinigen ganz leicht wie von einer Spazierfahrt zurückkehrend in meinem Hause einzuziehen«.[22]

Am 13. August 1828 vermerkte er im Tagebuch:

»Endlich sind die Wogen dieses Reisewesens ziemlich geebnet, meine gewohnte Einrichtung ist wiederhergestellt, die in Venedig und Neapel erworbenen Reichtümer an Präparaten sind ausgepackt und in Sicherheit, der Anlauf der ersten Fragen ist überstanden, und ich fange an, mit Ruhe die vielfältigen Resultate einer so wichtigen Reise zu überblicken. – Zunächst den Reisebericht abzuschließen wird jedoch unerläßlich, und erst hiermit will ich diesen Zwischenakt in meiner gewohnten Lebensbahn vollkommen beendet und beschlossen haben.«[23]

Die wissenschaftliche Ausbeute der Reise war beträchtlich. Bereits ein Jahr später legte sie Carus in seinen »Analekten zur Naturwissenschaft und Heilkunde« vor, nachem er darüber in der Gesellschaft für Natur- und Heilkunde zu Dresden und der Gesellschaft der Flora Vorträge gehalten hatte.

Gegenstand seiner Ausführungen waren vulkanische Phänomene in Unteritalien, Untersuchungen über die Vegetation und am ausführlichsten Bemerkungen zum gegenwärtigen Stand der Naturwissenschaft und Heilkunde in Italien. Hierbei informierte er vornehmlich über die studentische Ausbildung, über die Einrichtung der Krankenhäuser und ärztliche Behandlungsmethoden.

Beeinflußt von der Volksbewegung

Nach der Rückkehr zog Carus mit dem königlichen Gefolge nach Pillnitz, wo er im Schloß als Leibarzt ein Zimmer bewohnte. Für die Familie hingegen mußte er im Dorfe eine Unterkunft ausfindig machen.

Zu Beginn des Winters 1828 kam Friedrich Schlegel (1772–1829) nach Dresden. Carus traf mit ihm häufig, insbesondere bei den Tieckschen Leseabenden zusammen. Ein kurzer Bericht darüber zeigt deutlich, daß sich Carus von Schlegels weltanschaulicher und politischer Position distanzierte:

»Eine neue Erfahrung gab es ferner im Laufe des beginnenden Winters, in dem Friedrich Schlegel nach Dresden gekommen war und Vorlesungen hielt über seine Philosophie, welcher er, dem es besonders um Ausbreitung des katholischen Glaubens zu tun war, gänzlich im Sinne dieser Richtung entworfen und durchgeführt hatte. Ich höre diese Vorlesungen, weniger aus ursprünglichem Interesse und mehr als Mitglied der Naturae Curiosorum mit an, indem ich sie wesentlich als einen Spiegel der Zeit betrachte. Es verfließen da manche ganz sinnvolle, ja tiefe Gedanken mit vielen unreifen, unklaren und höchst willkürlichen Annahmen, so daß das zahlreiche Publikum ... oft wunderlich genug dreinsieht. — Er war viel mit Tieck, welcher auch in diesem Herbste erst aus der Schweiz zurückgekommen, seinen Salon wieder regelmäßig geöffnet hatte und vielerlei schönes und schön las. Natürlich gab die Anwesenheit Schlegels manchem dieser Abende

Bild 58. Die sechs Carus-Kinder, 1828

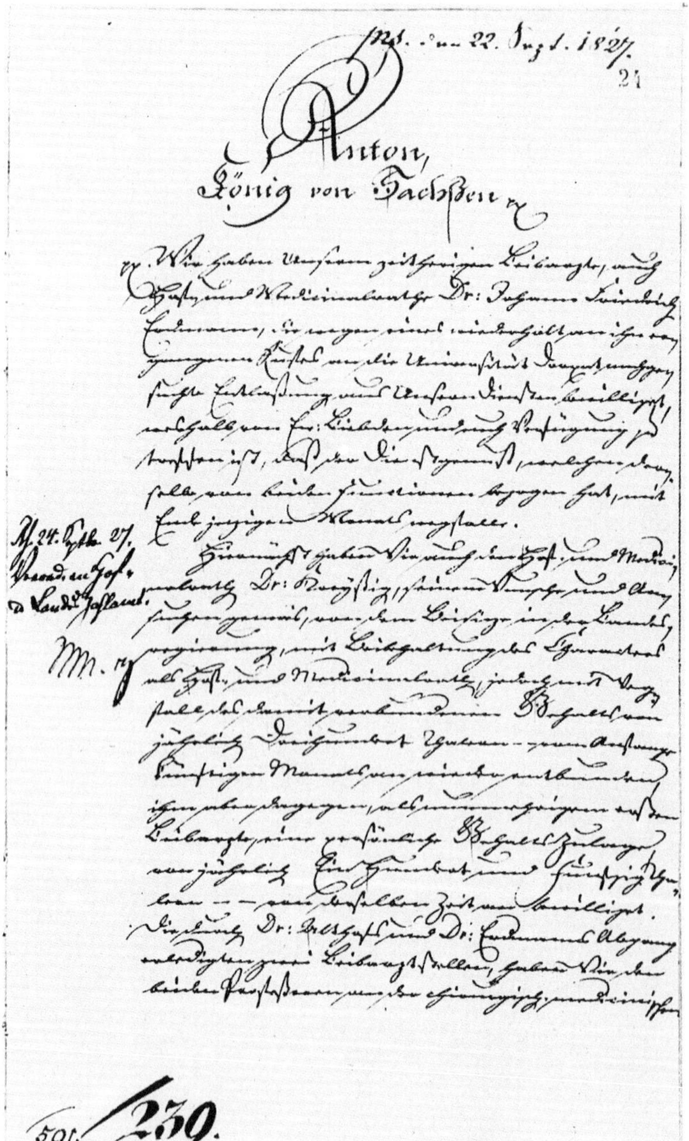

Bild 59. Ernennungsurkunde zum Leibarzt, 1827

[Illegible German Kurrent handwriting manuscript]

Landschaftsamte vorzuweisen.

(Indem Wir Ew: Liebden hiedurch solches Alles bekannt machen, stellen Wir Ihnen anheim, dem gemäß die nöthigen Aufsichtsanordnungen
zu erlassen und verbleiben Denenselben, und
auch mit Huld und Gnade jederzeit wohlbei-
gethan.

Gegeben zu Pillnitz, am 15. September
1827.

Anton.

Detlev Graf von Einsiedel.

An
das geheime Finanz-
Collegium.

die Kreysig. Leibärztes,
ingleichen Hof- und
Medicinalraths Atteste.

Johann Friedrich Kreibig.

Bild 60. Der Zwingerhof. Ausschnitt nach Canaletto

Bild 61. Ansicht des Dresdner Neumarktes. Ausschnitt nach Canaletto

Bild 62–63. Bedeutende naturwissenschaftliche Entdeckung, die Carus den Ehrennamen „Harvey der Insektenforscher" einbrachte, 1827

Entdeckung

eines

einfachen vom Herzen aus beschleunigten

Blutkreislaufes

in den

Larven netzflügliche Insecten.

Von

Dr. C. G. CARUS

Professor an der chirurgisch-medicinischen Acad. zu Dresden, der Kaiserl. Leop. Acad. d. Naturforscher, der Gesellschaft naturforschender Freunde zu Berlin, der Gesellschaft für Naturwissenschaft u. Heilkunde zu Heidelberg, der Schwedischen ärztlichen Gesellsch., der Schlesischen Gesellsch. für vaterländ. Cultur, der Senckenbergischen naturforschenden Gesellsch. zu Frankfurt a. M., der medic. chirurg. Gesellsch. zu Berlin, des pharmaceut. Vereins im nördl. Deutschland, der naturforschenden Gesellsch. zu Leipzig, der mineralogischen, ökonomischen, wie der Gesellsch. für Natur- u. Heilk. zu Dresden Mitgliede.

Mit drei Kupfertafeln.

LEIPZIG, 1827.
Verlag von Leopold Voss.

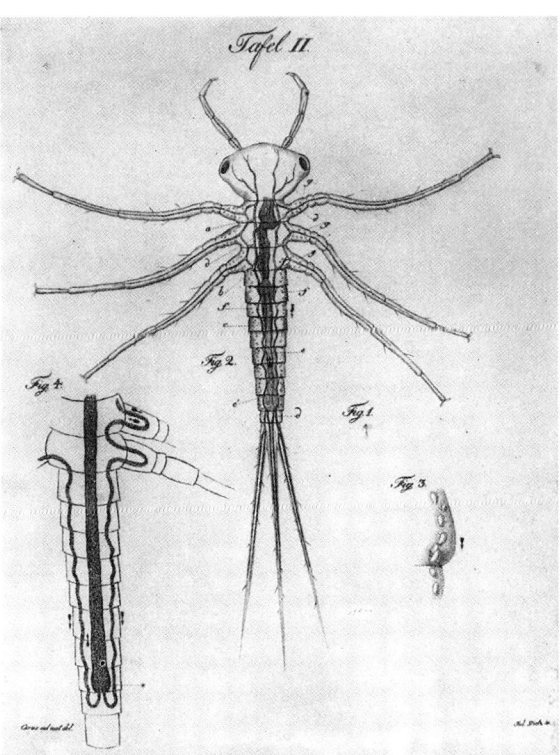

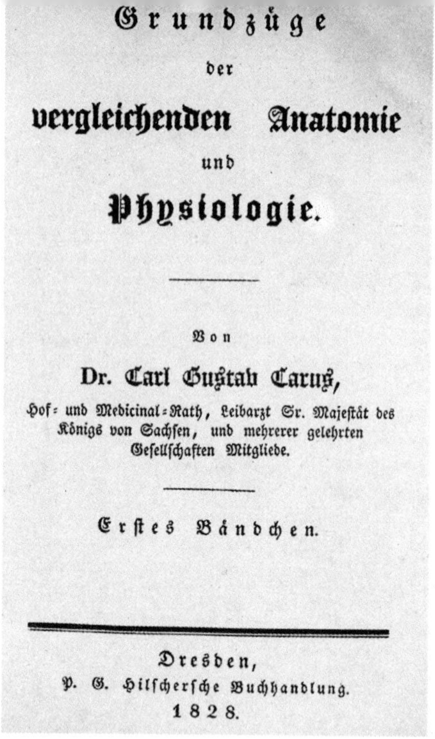

Bild 64. Grundzüge der vergleichenden Anatomie und Physiologie, 1828

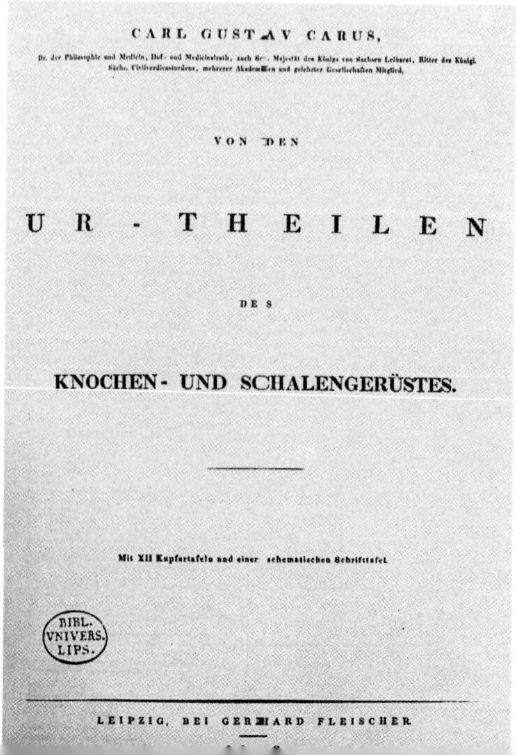

Bild 65. Von den Ur-Teilen des Knochen- und Schalengerüstes, 1828

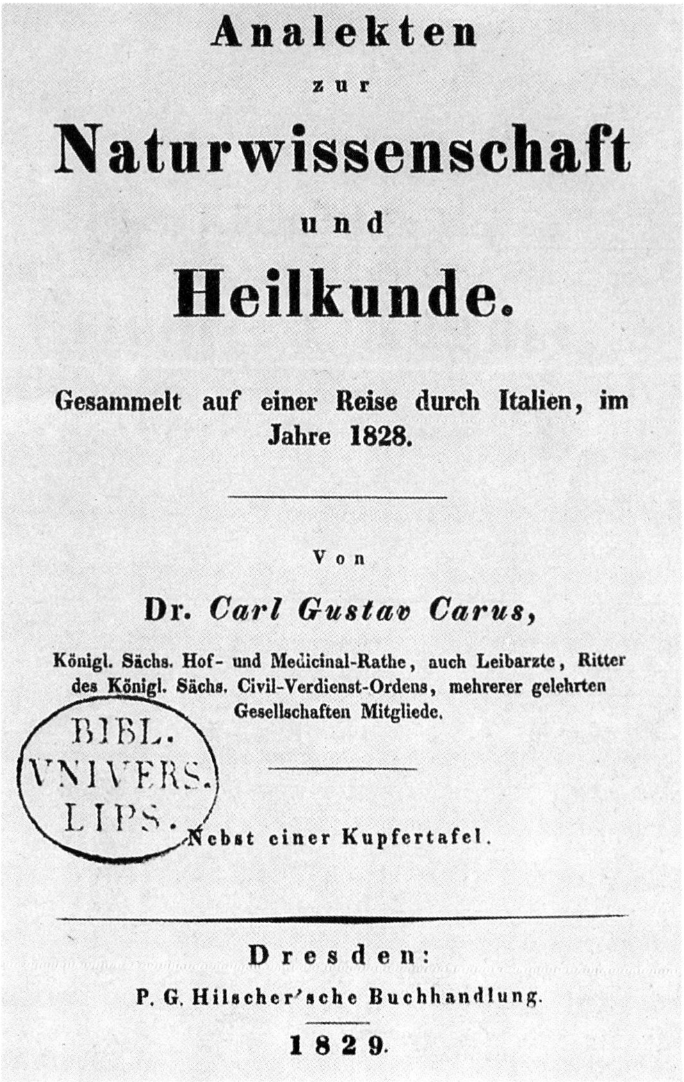

Analekten
zur
Naturwissenschaft
und
Heilkunde.

Gesammelt auf einer Reise durch Italien, im Jahre 1828.

Von

Dr. *Carl Gustav Carus,*

Königl. Sächs. Hof- und Medicinal-Rathe, auch Leibarzte, Ritter des Königl. Sächs. Civil-Verdienst-Ordens, mehrerer gelehrten Gesellschaften Mitgliede.

Nebst einer Kupfertafel.

Dresden:
P. G. Hilscher'sche Buchhandlung.
1829.

Bild 66. Naturwissenschaftlicher Bericht über die Italienreise 1828

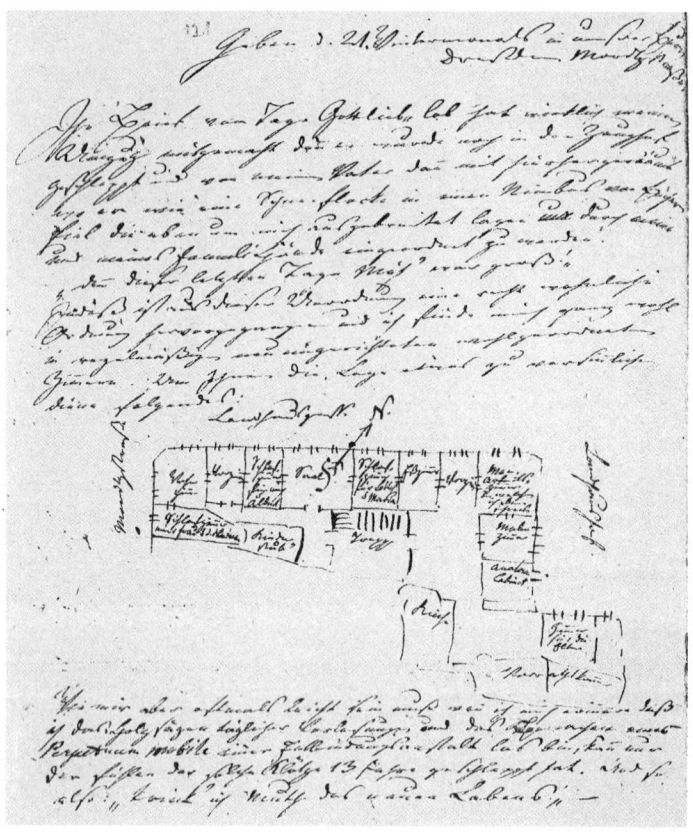

Bild 67. Skizze der neuen Wohnung. In einem Brief an Regis 1827

Bild 68. Häuser an der Moritzstraße. Im Hintergrund ehemalige Wohnung von Carus 1827- 1833

Bild 69. Johann Wolfgang von Goethe (1749–1832)

Bild 70. Julius August Walter von Goethe (1789–1830)

Bild 71. Ottilie Wilhelmine Henriette von Goethe (1796–1882)

Bild 72. Johann Ludwig Tieck (1773–1853). Bedeutender Dichter und Übersetzer. Langjähriger Freund von Carus

Bild 73. Bernhard August von Lindenau (1779–1854)

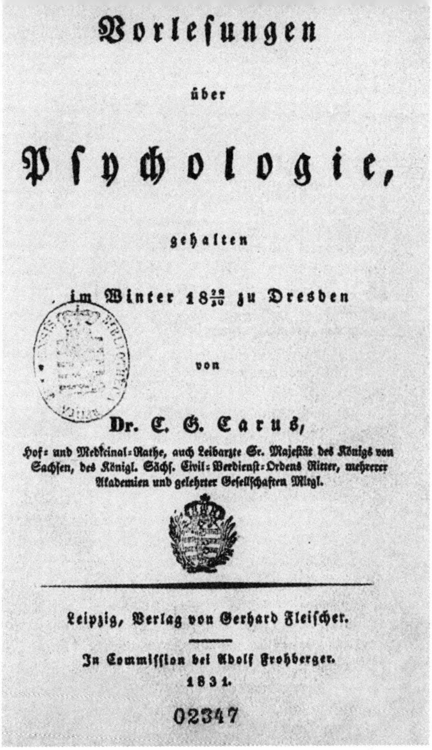

Vorlesungen

über

Psychologie,

gehalten

im Winter 18$\frac{29}{30}$ zu Dresden

von

Dr. C. G. Carus,

Hof- und Medicinal-Rathe, auch Leibarzte Sr. Majestät des Königs von Sachsen, des Königl. Sächs. Civil-Verdienst-Ordens Ritter, mehrerer Akademien und gelehrter Gesellschaften Mitgl.

Leipzig, Verlag von Gerhard Fleischer.

In Commission bei Adolf Frohberger.

1831.

Bild 74. Vorlesungen über Psychologie, 1831

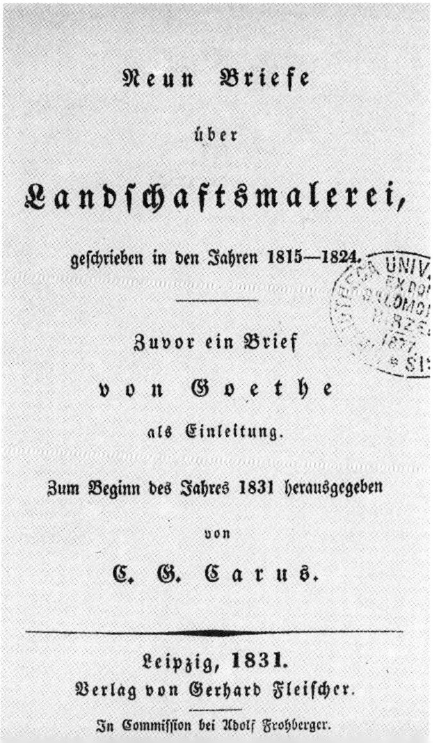

Neun Briefe

über

Landschaftsmalerei,

geschrieben in den Jahren 1815—1824.

Zuvor ein Brief

von Goethe

als Einleitung.

Zum Beginn des Jahres 1831 herausgegeben

von

C. G. Carus.

Leipzig, 1831.

Verlag von Gerhard Fleischer.

In Commission bei Adolf Frohberger.

Bild 75. Neun Briefe über Landschaftsmalerei, 1831

Bild 76. Hafen in Neapel mit Monte Somma und Vesuv. Ölgemälde, 1831

einen eigenen pointiert ultramontanen Beigeschmack, so daß ich selten oder gar nicht mich dort einfand. Eine Zuflucht im Kloster nach einem vielbewegten, vielgequälten Leben gleich dem eines Tasso ... das konnte ich wohl recht verstehen, aber für den modernen Katholizismus eines Friedrich Schlegel ging mir der Sinn ganz und gar ab.« —[24]

Mehr als er es erwartet hatte, vermißte Carus nach Aufgabe der Professur die Lehrtätigkeit. Im Winter 1827/28 hatte er deshalb in etwa 20 Vorlesungen vor Künstlern, Wissenschaftlern und Beamten einen Überblick über den Stand der Anthropologie gegeben. Da sich diese Bildungsabende bewährten, führte er sie seit Herbst 1828 vor einem erweiterten Teilnehmerkreis zur Thematik der Psychologie, die ihn jetzt stark beschäftigte, fort.

Zunächst hatte er selbst ein intensives Literaturstudium betrieben — leider mit nur geringem Nutzen:

»Es geht mir sonderbar mit den Hand- und Lehrbüchern der Psychologie; ich weiß nicht, woran es liegt, aber ich kann außer einigen hier und da erzählten Tatsachen auch gar nichts davon brauchen. Ich will natürlich nicht sagen, daß ich deshalb etwas Besseres gebe, aber ein anderes, als früher gegeben wurde, ist es ganz gewiß.« —[25]

Bei diesem anderen versuchte er das genetische Prinzip, das er bisher für die Darstellung der anatomischen Sachverhalte zugrunde legte, auch auf die menschliche Psyche auszudehnen:

»Die wesentlichste Bedingung freilich zu den hier verwaltenden Betrachtungen gab die von Goethe und Herder angeregte und von Oken zuerst consequent durchgeführte Anwendung der rein genetischen Methode in Gegenständen der äußern Sinne; denn indem hier, wie in einem Spiegel, die solcherweise sich leicht ergebenden Aufklärungen deutlich wurden, war die lebhafteste Anregung gegeben, diese Methode auch auf die Welt des innern Sinnes zu übertragen.«[26]

1831 erschienen die von ihm gehaltenen 21 Vorträge, an die sich jeweils eine Diskussion schloß, überarbeitet und ergänzt als Buch. Oken charakterisierte Carus' Vorlesungen in der »Isis« als »Fötus der Psychologie«.

Auch an Goethe hatte Carus ein Exemplar seines Buches

geschickt – ohne darauf, wie bisher bei allen anderen neuen Werken, eine Antwort zu erhalten. Um so größer war die Überraschung und Freude, als drei Jahre nach Goethes Tode dessen Vertrauter, Kanzler Friedrich von Müller (1779–1849), bei der Durchsicht des Nachlasses ein Schreiben an Carus fand, das Goethe abzuschicken versäumt hatte:
»Ew. Wohlgeboren

bin sehr gern auf jenem Wege gefolgt, den Sie in Natur und Kunst ausübend zu betrachten in den verschiedensten Richtungen eingeschlagen hatten. Ebenso angenehm ist es mir, Sie gegenwärtig zu begleiten, da Sie uns in unser Inneres zurückführen. Ich sage dies bei den ersten Blicken, die ich in Ihr neuestes Werk tue, wo mir so viel Belehrendes und Aufregendes entgegentritt.

Ganz naturgemäß habe ich bei dem Allgemeinen, das Sie vortragen, auf die individuelle Psychologie meiner abgeschlossenen Persönlichkeit zu reflektieren gehabt und glaubte immer doch nur die Ramificationen jenes geistig organischen Systems, auf die verschiedenste Weise durchgeführt, in Wirksamkeit zu erblicken.

So viel sage ich übereilig und nur so viel andeutend, da ich bei wachsendem Interesse, bei innigstem Eindringen in das Gegebene meist den Mut verliere zu einer umständlichen Ableitung und Durchführung meiner Gedanken über das Gewonnene, wie mir es auch bei dem Studium Ihrer Organisation aufhellenden Schriften gegangen ist; denn gerade da, wo man sich am tüchtigsten auszusprechen wünschte, fangen an die Worte zu fehlen.

Auch hier sage ich nichts weiter, aber zu versichern hab' ich, daß ich Ihre Bemühungen, die uns noch innerhalb des Kreises menschlicher Natur dem Unendlichen anzunähern auf das richtigste und bescheidenste sich bestreben, teilnehmend anerkenne; womit ich denn, eine lange Folge solcher edlen Unternehmungen wünschend, mich und das Meinige zu wohlwollendem Andenken dringlichst empfehle.
Weimar, November 1831.«[27]

Neben Kunst und Literatur war es in zunehmendem Maße auch die Musik, vor allem Mozart, die Carus in ihren Bann zog. Als neunjähriges Mädchen wurde die Tochter des

Dresdner Klavierpädagogen Friedrich Wieck, Clara Wieck (1819–1896), später die Frau Robert Schumanns (1810–1856), bei ihm eingeführt und musizierte in seiner Wohnung. Carus war von ihrem brillanten pianistischen Können begeistert, freute sich aber zugleich darüber, daß sie kein »Wunderkind« war. »Sie ist übrigens ganz Kind«, vermerkte er, »und am vergnügtesten bei den Kinderspielen unter andern Kindern; sitzt sie aber am Flügel, so scheint sie sofort ein anderes Wesen und beherrscht ihr Instrument mit größter Sicherheit und Zierlichkeit«.[28]

Während der 15 Jahre, die Carus in Dresden verbrachte, hatte er sich um das politische Geschehen nur insoweit gekümmert, wie es in unmittelbarem Zusammenhang zu seinem persönlichen Lebensbereich stand. Mit einer Ausnahme, als er angesichts der Unterdrückung des griechischen Volkes seinem Freund Regis schrieb: »Ich halte es mit Schiller: ›von der Menschheit Du kannst nicht groß genug von ihr denken!‹ ad vocem Menschheit Griechenland soll leben: Hoch! frei! verjüngt!

Wie das an allen Ecken wackelt und die alten Formen einrüttelt.«

Die etwa um 1800 in Sachsen beginnende industrielle Revolution hatte die Proletarisierung der Werktätigen beschleunigt. Jetzt, im Jahre 1830, wurde Carus mit der Politik so stark wie nie zuvor konfrontiert. Das Polizeiregime des Ministers Graf von Einsiedel, die spezifische sächsische Variante der »Restauration« während der Reaktionsperiode nach 1815, hinderte nicht sonderlich die Akkumulation des Kapitals. Im Gegenteil, die ökonomisch erstarkende Bourgeoisie forderte nunmehr auch größere politische Rechte. Ausdruck dessen war die »Adresse des sächsischen Volkes an den König«, die der liberale Adlige von Carlowitz vorbrachte, in der unter Hinweis auf die Verfassungen von Sachsen-Weimar, Bayern und Württemberg auch für Sachsen anstelle der alten Ständeversammlung ein repräsentativer Landtag sowie eine Revision des Steuer- und Abgabesystems gefordert wurden. Mit dieser Adresse sollte zugleich die allgemeine Unzufriedenheit abgefangen werden.

Um von Carlowitz und den Liberalen von Watzdorff

sammelte sich die Opposition der sächsischen Kaufleute und Fabrikanten, die zur Durchsetzung ihrer Forderungen nach besseren bürgerlichen Rechten die Aktivität der Volksmassen ausnutzten.

Erste Unruhen gegen die Willkürherrschaft waren von Leipzig ausgegangen. Hier in der sächsischen Handelsmetropole war das Mißverständnis zwischen der ökonomischen und der politischen Stellung des Bürgertums besonders deutlich.

Die der Opposition angehörenden Handwerksgesellen und revolutionären Studenten waren in ihren Forderungen über die beschränkten Reformansprüche bereits hinausgegangen. Am 25. Juli 1830 hatte die Polizei in einem blutigen Willkürakt »Ruhe und Ordnung« wiederhergestellt. Mit der Nachricht der siegreichen Julirevolution der französischen Werktätigen entfachte der revolutionäre Funke die Volksbewegung im ganzen Königreich. Insbesondere die Städte Chemnitz, Freiberg, Plauen und die verelendeten Weberdörfer der Oberlausitz erlebten Höhepunkte der revolutionären Aktivitäten.

Am 10. September sah sich die sächsische Regierung gezwungen, eine Kommission zu gründen, welche die Wünsche des Besitzbürgertums entgegennahm, das die wachsende Aktivität des Volkes fürchtete. Mit dem Eingehen auf bürgerliche Forderungen sollte der drohenden Ausweitung der revolutionären Bewegung entgegengewirkt werden. Der verhaßte Graf von Einsiedel wurde entlassen, und der in liberalen Kreisen beliebte Prinz August zum Mitregenten des vergreisten Königs ernannt. An die Spitze des Ministeriums trat der liberale Bernhard von Lindenau (1779–1854). Nach monatelangen Beratungen wurde gegen den Widerstand der Konservativen Anfang September 1831 die neue Verfassung durchgesetzt. Zweifellos stellte sie gegenüber der Vergangenheit einen Fortschritt dar, doch ließ sie die Forderungen der Volksmassen unberücksichtigt. Mit der Verfassung, die Sachsen vorübergehend in einen konstitutionellen Staat umwandelte, schlossen Bourgeoisie und Besitzbürgertum weitgehend Frieden mit dem herrschenden Adel. Diese Kompromißbereitschaft vertiefte sich weiter, als sich die nachfolgende Reformgesetzgebung positiv auf die wirtschaftliche Entwicklung auswirkte.

Für Carus kamen die Volksbewegungen, die sich nach der Pariser Julirevolution verstärkten, überraschend:

»Man war indes damals in so tiefe Friedenszustände eingetaucht, daß niemand noch augenblickliche Ahnung davon hatte, wie ungeheuer die Erschütterung sein würde, die von diesem Ereignis ausgehend und lang nachhallend über ganz Europa sich verbreiten sollte.«[29]

Politisch teilte er weitgehend den Standort der konstitutionellen Liberalen. Sein Vertrauensmann war Lindenau, mit dem ihn bald eine enge Freundschaft verband:

»Allerdings litt Sachsen gleich den meisten deutschen Staaten damals noch an manchen veralteten hemmenden Zuständen. ... Gerade zu rechter Zeit fand sich denn glücklicherweise damals ein tüchtiger kenntnisvoller Mann, dem das Vertrauen aller Klassen entgegenkam ... . Es war der Baron Bernhard von Lindenau. Einer meiner Kranken, der damalige Oberst und Adjutant von Schreibershofen hatte mir Gelegenheit gegeben, ihn schon vor seinem Eintritt in seine höhern Verhältnisse kennen zu lernen, und eine Reihe von Jahren hatte ich denn auch später das Glück, ihm selbst als befreundeter Arzt zur Seite zu stehen und so an der Milde, Gradheit, Wissenschaftlichkeit und unbedingten Rechtlichkeit dieses Mannes mich zu erfreuen.«[30]

Mit Lindenau verband ihn nicht nur die gleiche politische Position. Lindenau hatte sich als Naturforscher, besonders als Astronom, einen Namen gemacht. Die von ihm geleitete Gothaer Sternwarte war 1813 während der Kriegsereignisse zerstört worden, und Lindenau war auf Empfehlung Goethes zum Generaladjutanten des Weimarer Herzogs ernannt worden. Doch er konnte sich nicht lange intensiv der Wissenschaft widmen, da er 1815 erneut in den sächsischen Staatsdienst berufen wurde. Er wirkte als Vizekammerpräsident, Vizelandschaftsdirektor, Gesandter am Bundestag und Kabinettsminister. Dem stockkonservativen Adel war der neue Mann mit seinen liberalen, sozialen Auffassungen höchst suspekt. Ähnlich wie Carus zeichnete sich Lindenau durch erstaunliche Vielseitigkeit aus. Neben seinem Staatsdienst widmete er sich der wissenschaftlichen Forschung. Außerdem liebte er die Kunst, die er während seiner Amtszeit in Dresden nach Kräften förderte.[31]

Im Herbst 1831 wurde Sachsen von einer sich nähernden Choleraseuche bedroht. Bis 1817 war diese Geißel der Menschheit auf Asien beschränkt geblieben, hatte sich aber von diesem Zeitpunkt an epidemisch über die Welt ausgebreitet. Während Europa von der ersten Epidemie 1817 bis 1823 weitgehend verschont blieb, wurde es von der zweiten Welle 1826 bis 1836 betroffen. Da der Erreger noch unbekannt war (die Entdeckung erfolgt erst 1884 von Robert Koch), mußten auch die Gegenmaßnahmen unspezifisch und damit weitgehend wirkungslos bleiben. In Sachsen wurde eine »Immediatcommission zur Abwehr der Cholera« gegründet, in der Carus maßgeblich mitwirkte:

»Wir hielten wöchentlich drei bis vier Zusammenkünfte«, berichtet er, »und die erste Frage, die hier entschieden werden mußte, war die, ob man wohl hoffen dürfe, durch Maßregeln einer Landessperre den fürchterlichen damals im ganzen doch noch wenig gekannten Feind abzuhalten. Wir entschieden uns damals für die Bejahung dieser Frage, welche freilich jetzt, wo aus vielen Gründen das ansteckende Prinzip der Cholera höchst zweifelhaft geworden ist, überall verneint zu werden pflegt, und umgaben unser kleines Königreich, nicht ohne große Kosten, mit einem streng militärischen Kordon, unter genauer Untersuchung der Pässe an den Hauptstraßen und mit angelegten Quarantänestationen. Vielfältige Klagen über gehemmten Verkehr und dergleichen bekamen wir in jeder Sitzung zu hören und zu lesen ....

Wir sind in jenen Tagen vielfach über diese Entschließung zur Sperre getadelt worden, und ich würde sicher in jetziger Zeit auch nicht mehr dafür stimmen, allein für damals bin ich, wie gesagt, noch gegenwärtig überzeugt, war die Maßregel eine vollkommen geeignete. War doch der Zustand unserer Stadt und unseres Landes wirklich ein ganz exzeptioneller, in jeder Familie fast wurden Unmassen von Choleramitteln angehäuft, Choleratabletten und Dampfapparate wurden gefertigt, eigene Ärzte wurden nach Warschau und Berlin gesendet, um in den Spitälern dort die Krankheiten zu studieren, und man kann daher wohl denken, daß es für Unzählige jedenfalls ein durch die altbewährten Sicherungsmaßregeln Österreichs gegen die Pest wohl einigermaßen gerechtfertigtes und vielfach beruhigendes Verfahren erschien, daß man nun wußte, der Verkehr mit den angesteckten Orten sei wirklich auf ein Minimum herabgesetzt und jedenfalls somit wenigstens ein Moment der Weiterverbreitung des Übels aufgehoben. Nichtsdestoweniger wurden indes auch im Lande alle Vorkehrungen getroffen, den gefürchteten Gast in geeigneter Weise zu empfangen; überall waren Lokale zu Krankenanstalten vorgerichtet, ich selbst hatte eine Tabelle über Kennzeichen und erprobteste Schutz- und Heilmittel drucken lassen und in meiner Klientel verteilt; kurz, die Tätigkeit, die sich entfaltete, war ganz dem Schrecken gemäß, welcher dem Feinde voranging. Glücklicherweise blieb es wirklich bei dem großen Schreck und die Krankheit ging diesmal, wie auch größtenteils die folgenden Male, gnädiglich an den Grenzen Sachsens vorüber.«[32]

Im Spätsommer 1831 weilte Carus in Begleitung des Hofes erneut in Pillnitz, wo er Zeit fand, sich der Malerei zu widmen. Leider hatten ihm die vielfältigen gesellschaftlichen Verpflichtungen der letzten Jahre kaum noch Muße dafür gelassen. Carus hatte inzwischen nicht nur künstlerisch von Friedrich wegführende Wege beschritten. Am 17. September 1829 ließ er Regis wissen: »Von Friedrich muß ich einmal ausführlicher schreiben, über ihm hängt seit Jahren eine dicke trübe Wolke geistig unklarer Zustände, dieweil sie ihm zu schroffen Ungerechtigkeiten gegen die Seinen verleitete, mich, der ich auch offen hierüber gegen ihn ausgesprochen, von ihm ganz gelöst habe.«

Unter dem Einfluß des Werkes seines Freundes Johann Christian Clausen Dahl (1788—1857), des Erneuerers der norwegischen Landschaftsmalerei, nahm Carus zunehmend realistische Tendenzen in sein künstlerisches Werk auf. Zeugnis der neuen Schaffensperiode, die sich von dem Symbolgehalt der Landschaft löste und deren objektiven Gegebenheiten Ausdruck verlieh, ist u. a. das Gemälde »Bacharach am Rhein« (1836).

Noch immer mußte die Familie in Pillnitz getrennt von

Carus im Ort wohnen, da nur ihm als Hofbeamten der Zutritt zu den königlichen Gemächern offenstand. Diesen unerfreulichen Zustand des monatelangen Getrenntwohnens beendete Carus ein Jahr später durch den Kauf eines kleinen Hauses, wohin er sich, wie er in seinen Erinnerungen schildert, zeitweilig aus der ihm immer fremd gebliebenen, zuweilen unerträglich gewordenen Hofetikette flüchtete:

»Fehlte es doch außerdem nicht, daß zuweilen das Einerlei des Geschäftslebens, wie es meine zu jener Zeit sehr ausgebreitete Praxis mit sich brachte, mir wieder, wie in alten Tagen, manche schwarze Stunde machte, woran freilich hier und da ein tieferer, unruhiger Herzschlag und manches ungestillte Sehnen zugleich seinen Anteil haben konnte. Diese ewigen Repitationen des Lebens, die doch, weil sie wieder irgendeinem fremden Leben sehr wichtig sind, auch ihren eigenen Ernst fordern, braten mich mitunter an einem gelinden Feuer. Da zuckt und windet sich denn zuweilen die arme Seele an der Lebensnadel wie der Schmetterling an der Todesnadel, und beide werden dabei schwach, bis sie wirklich verenden. Beim Himmel, es macht mir zuweilen eigene Gedanken, wenn ich darauf komme, daß solches Einerlei täglichen Treibens uns am Ende so weich machen könnte, daß man dann für die letzten Lebensjahre kein Mark mehr in den Gliedern behielte; oh, dann lieber fort und dahin zur rechten Zeit, wenn wir noch frisch und frei zum Sternenzelt aufblicken können!«[33]

Beeinflußt von den revolutionären Ereignissen schrieb Carus in dieser Zeit seinen aufschlußreichen, bisher leider unbeachtet gebliebenen Aufsatz »Dienstverhältnisse im Staate«, der in seiner kritischen Akzentuierung weit über das Subjektive hinausführt. Hier heißt es: »Wenn ich die lebendige Idee reinern menschlichen Daseins, wie es, von einer schönen Seele geleitet in tausendfältigen freien Regungen sich offenbart und zuletzt im Geiste der Menschheit sich vereinigt, mir deutlich vorstelle und das Bestreben der Staatsmänner unserer Tage dagegen halte, mit endlosen Gesetzen und ganzen Gesetzessammlungen ein verkümmertes Staatsleben, ohne die Wurzel des Übels ernstlich anzugreifen, hinhalten und alle Fälle voraus specificiren, classificiren und proto-

kolliren zu wollen, so fällt mir wohl zuweilen das Kind ein, welches der heilige Augustinus am Meer sitzen sah, um mit einem Löffel das endlose Gewässer auszuschöpfen. ...
Sehe ich die arme Menschheit, wie ihr immer ein Ballen Gesetze nach dem andern aufgebürdet wird, statt sie innerlich zu erstarken und durch Selbstentwicklung zu läutern, sehe ich, wie dann wieder die Handhabung der Gesetze immer neue Gesetze herbeiführt und in endlosem Papier alles frische Leben mehr und mehr untergeht, so ergreift mich ein Grausen, und ich kann schaudern, mich selbst zwischen die Räder dieses knarrenden Uhrwerkes mit eingeklemmt zu finden. Und gerade jetzt, wo ein frischer Lebenshauch einmal wieder das alte verrottete Dasein der Völker auszulüften begann!«[34]

Carus fordert dazu auf, das tote Uhrwerk des feudalstaatlichen Mechanismus zu beseitigen. Das bedeutete jedoch nicht, daß er zu einer revolutionären Beseitigung der Feudalgesellschaft aufrief. Die Mißstände erschienen ihm nicht als gesetzmäßiger Ausdruck der Klassengesellschaft, sondern als Auswüchse oder bürokratische Fehlleistungen einzelner. Als Weg zur Behebung dieser Unzulänglichkeiten erstrebte er Reformen und personelle Veränderungen.

Im Frühjahr 1832 traf Carus ein nicht unerwarteter, aber schwerer Schlag, der am 22. März 1832 eingetretene Tod seines großen Vorbildes, Freundes und Förderers, Johann Wolfgang Goethes. Dessen Schwiegertochter Ottilie, die ihn liebevoll betreut hatte, teilte Carus die schmerzliche Nachricht mit. Ihr entbot er in einem Kondolenzschreiben am 29. März seine aufrichtige Teilnahme:

»Ew. Hochwohlgeboren
haben durch Zusendung einer besondern Anzeige vom Ende des großen Verewigten bezeichnet, daß Ihnen nicht unbekannt geblieben, wie innig meine Verehrung dieses Geistes von jeher gewesen sei, und ich fühle mich Ew. Hochwohlgeboren deshalb zu ergebenstem Danke verpflichtet. Möge das Bewußtsein, einem Manne, in welchem wir die volle und reine Entwicklung der Idee der Menschheit bis zu ihrem äußersten Schlußsein bewunderten, die letzten Lebenstage und Stunden

durch die treueste Theilnahme und Pflege versüßt zu haben den großen Schmerz seines Verlusts einigermaßen lindern.
Mit größter Hochachtung
Ew. Hochwohlgeboren ergebenster
Carus.«[35]

Eine sehr willkommene anregende Abwechslung in seinem täglichen Einerlei waren die Besuche der Jahresversammlungen deutscher Naturforscher und Ärzte, wo er auch nach Möglichkeit mit eigenen Forschungsberichten aufwartete.

Nach der Dresdner Naturforscherversammlung im Jahre 1826 hatte Carus sechs Jahre deren Zusammenkünfte nicht besucht. Gewiß trug nicht zuletzt die Tatsache, daß der Wohnort seines Freundes Regis der Ort der Zusammenkunft von 1833 war, dazu bei, daß sich Carus auf den Weg nach Breslau machte.

Dem »Amtlichen Bericht« der Tagung ist über Carus' Wirksamkeit während der Zusammenkunft zu entnehmen:

»Hierauf las Herr Hof- und Medicinalrath Carus eine sehr interessante Abhandlung über einen von ihm Leucochlorridium paradoxum genannten schön gefärbten Eingeweide-Wurm aus den Fühlhörnern von Helix putris, erläuterte durch schöne Zeichnungen die Entstehung dieses Wurmes ... und verbreitete sich bei dieser Gelegenheit scharfsinnig über die Bildungs- und Verwandlungs-Art der niedrigsten Thiere.«[36]

Von der Vielseitigkeit seiner naturwissenschaftlichen Interessen zeugt die Tatsache, daß Carus sich in Breslau u. a. noch zu folgenden sehr speziellen Problemen äußerte: Lebensart und Bau des Maulwurfes, Bildung des Eies bei dreizehigem Faultier, Beobachtungen über die kalkartigen sechsseitigen doppelt zugespitzten Kristalle, aus denen der kreideartige Brei im Säckchen des Labyrinths der Frösche besteht.

Villa Cara

Carus' Wunsche, fern der Hofatmosphäre im Kreise der Familie ein zurückgezogenes Leben führen zu können, das ihm die Möglichkeit bot, seinen wissenschaftlichen und künstlerischen Neigungen nachzugehen, entsprach der Ende 1833 erfolgte Ankauf einer romantisch gelegenen, von einem Garten umgebenen Villa. Bei der Auswahl des Grundstückes hatte ihn Lindenau freundschaftlich beraten.

Das von Carus erworbene Haus in der großen Borngasse sollte bis zu seinem Tode 35 Jahre lang seine Wohnstätte werden. Wenn es auch der neue Hausherr zu einem bekannten geistigen Zentrum der sächsischen Metropole gestaltete, so hatte es doch bereits eine wechselvolle Entwicklung hinter sich und verkörperte ein Stück Dresdner Geschichte. 1720 hatte es der Architekt Johann Christoph Knöffel (1686—1752) mit anderen angrenzenden Grundstücksteilen erworben und zu einem zusammenhängenden Anwesen mit großem Garten gestaltet. Seine Witwe veräußerte das Grundstück, das während des Siebenjährigen Krieges erheblich beschädigt worden war, 1764 an den Buchhändler und Verleger Georg Conrad Walther (verstorben 1778), von dessen Söhnen wiederum das Haus 1783 an die gräfliche Familie von Schönberg und deren Erben von Globig wechselte. Mitte des Jahres 1833 erwarb ein Spekulant das während der Befreiungskriege erneut erheblich in Mitleidenschaft gezogene Grundstück. Carus vermerkt dazu: »Ein Grundstücksspekulant, der die Gesamtbesitzung vor mir kaufte und große Gartenflächen davon abtrennte, hatte noch weniger (als der Vorbesitzer W. G.) an Wiederherstellung gedacht, sondern war nur auf baldigen Wiederverkauf mit Gewinn bedacht gewesen.«[37] Dieser Schachzug war ihm bei den in Geschäftsangelegenheiten unerfahrenen Carus auch vollauf geglückt. Hatte er das Grundstück wenige Monate zuvor für 7 300 Taler erworben, so verkaufte er es trotz erheblich verringerten Gartenlandes für 8 200 Taler an Carus.

Auf den neuen Besitzer warteten Arbeit und große Geldausgaben, wenn er Haus und Garten nach seinen Vorstellungen gestalten wollte.

»Der ungewöhnlich milde Winter verging im Bauen, Ausmessen, Einteilen, Einrichten, Ausschmücken des Hauses, im Ordnen eines neuen Planes für den Garten, Aufrichten eines Weinlaubenganges und allerhand dergleichen Vorkehrungen, in denen der Mensch seinem flüchtigen Dasein irgendwie einen Reiz, eine Beschwichtigung oder heitere Erleichterung zu geben gedenkt und mitunter wirklich gibt« informiert Carus: »Dieses Haus war damals in einem sehr verwilderten Zustande ... nur obenhin waren selbst die durch einige bei der Dresdener Schlacht hier hereingeworfenen Kanonenkugeln verursachten Zerstörungen ausgebessert worden, ein Seitenflügel war überhaupt noch gar nicht heraufgebaut gewesen ...«.[38] Aufatmend wird vermerkt »Endlich mit dem Frühlingsanfange ... bezogen wir jetzt das neue oder vielmehr erneute Haus.« Seinem Freund Regis schickte er eine Skizze mit entsprechenden Erläuterungen: »Hinter der Platane links sind die oberen Fenster das Reich meiner Frau, die oberen Fenster rechts mein Museum und Präparat-Sammlung, inmitten ein kleiner Saal, das Halbgeschoß gibt die Schlafzimmer der Kinder und unten neben dem großen mittleren Saal ist das Zimmer zum Essen und ein Arbeitszimmer für meine Töchter, sowie links ein Cabinett, wo alle meine älteren Bilder zusammengehangen worden sind. Oben im Frontespiece ist das Gastzimmer, wo Sie wohnen sollen, wenn Sie zu uns kommen, welches man hoffet.«[39]

Das Treppenhaus, die Salons und weitere Räume füllten sich mehr und mehr mit Kunstwerken, die Carus als Sammler erworben hatte oder die ihm geschenkt worden waren, wie die 1836 von David d'Angers geschaffene Büste des Hausherrn.

Nicht zuletzt füllten seine eigenen Gemälde bald alle freien Flächen »daß dergleichen Produkte schon anfingen, so sich um mich zu häufen, daß oft eine Art von Übersättigung eintrat, und mir selbst meine Bilder in unserem Hause zu viel wurden.« Auch im Garten befanden sich Skulpturen, so auf einem Postament ebenfalls als Geschenk Davis d'Angers eine Kolossalbüste Cuviers. Carus fühlte sich im Haus und Garten äußerst wohl und charakterisierte deren Erwerb in der östlichen Vorstadt Dresdens als »ein Ereignis, das für die Gestaltung unseres fernen Lebens so wichtig geblieben ist, wie es eben irgend die äußere Form für das innere Wesen nur werden kann.«[40] Hier fand er die denkbar günstigsten Bedingungen für sein künstlerisches und wissenschaftliches Schaffen, hier war der rechte Ort für Geselligkeiten und wissenschaftlichen Gedankenaustausch mit Fachkollegen. Zu seinen Gästen zählten nahezu alle, die im geistig-wissenschaftlichen Leben der sächsischen Metropole Rang und Namen hatten und darüber hinaus bedeutende Zeitgenossen, wie Alexander von Humboldt, die Dresden besuchten oder auf der Durchreise waren. Allerdings mußten es sich auch die Gäste gefallen lassen, daß Carus sie mit kranioskopischen Messungen »erfreute«.

Wurden ohnehin Geselligkeiten — vor allem Literatur- und Leseabende — regelmäßig gepflegt (besonders beliebt waren die Rezitationsabende Tiecks, Liederabende der Wilhelmine Schröder-Devrient oder Proben des Talents der kleinen Clara Wieck), so waren die Familienfestlichkeiten, vornehmlich der Geburtstag des Hausherrn, besondere Höhepunkte.

Carus' Freund, der Professor für Literatur und Geschichte, Karl Förster, berichtet über den Polterabend der Tochter Sophie Charlotte, die 1836 ben berühmten Bildhauer Ernst Friedrich August Rietschel (1804—1861) heiratete:

»Auserwählte Musikstücke von Beethoven und Mozart, durch Kammermusici trefflich ausgeführt, machten die Einleitung, dann folgt ein heiteres dramatisches Spiel, von den Geschwistern der Braut und Dorothea Tieck dargestellt. Tieck las darauf: »die Fischerin« von Göthe vor. Die Pillnitzer Winzerinnen und manches Andere folgte der Lesung. Die große Zahl der stattlichen Gäste, welche nun auf der mit Blumen, Statuen und Büsten geschmückten, durch farbige Lampen erleuchteten Treppe in die obern Räume zog, war ein wirklicher Festzug, und die reich besetzten Tafeln in den mit ausgezeichneten Kunstwerken sinn- und geschmackvoll ausgestatteten Räumen gaben ein schönes Bild der Canaischen Hochzeit. In dem geräumigen Garten, wo die Platanen noch frühlingsgleich grünten, hatte ein Chor junger Künstler, Schüler Rietschels, sich gesammelt, die in für das Fest bestimmten Gesangsstücken ihrem Meister huldigten. Schön und ernst blieb den ganzen Abend hindurch die Stimmung und als der würdige Vater, dessen Herz mit heißer Liebe an der Tochter hängt, das Glas erhob und in einigen tief empfundenen Worten dem Brautpaar den Segensgruß brachte, war jedes Auge feucht«.[41]

Im Frühjahr 1834 hatte die Familie voller Glück das Haus

bezogen. Anfang Juni mußte Carus den kränkelnden Prinzen Friedrich auf einer Brunnen- und Badekur begleiten. Ein Trost war es für ihn, seine Tochter Charlotte mitnehmen zu können, »um die langen Tage des Badelebens ... nicht zu lang werden zu lassen«. Am 6. Juni reiste er ab, über das Erzgebirge, Karlsbad nach Marienbad, wo er in der Nähe des königlichen Quartiers eine Unterkunft erhielt. Da sich der Zustand des Prinzen bald besserte, konnte Carus zeitweilig in Dresden weilen — doch schon Ende Juni kehrte er nach Marienbad zurück — diesmal in Begleitung der Tochter Mariane. Allerdings währte der Kuraufenthalt des Prinzen nur noch kurze Zeit, so daß das gesamte Gefolge bald wieder zurückreiste.

In Dresden widmete sich Carus der Drucklegung bzw. dem Abschluß weiterer literarischer Vorhaben. So erschien 1834 eine Nachauflage seines Lehrbuchs der Zootomie (s. S. 57) unter dem Titel »Lehrbuch der vergleichenden Zootomie«. Er war dabei bestrebt, den in den vergangenen achtzehn Jahren erworbenen neuen Forschungsstand aufzunehmen. Eine Hilfe war dabei für ihn die 1827 durch R. T. Gore ins Englische übersetzte Fassung »An Introduction to the Comparative Anatomy of Animals, compiled with constant reference to physiology; with an additional appendix on the discovery of a circulation in insects«, in die bereits wesentliche Ergänzungen aufgenommen worden waren.

Zu seiner Erstfassung bemerkt Carus im Vorwort: »Als ich vor nunmehr etwa achtzehn Jahren es unternahm, ein Lehrbuch der Kenntniß vom innern und äußern Baue der verschiedenen Thiergeschlechter zu bearbeiten, so war dieß für einen jungen Mann, welchem reiche Sammlungen und bedeutende Bibliotheken nicht zu Gebote standen, vielleicht ein mißliches, auf alle Fälle aber ein gewagtes Unternehmen.«

Alle Mängel und Schwächen seien nun behoben, und vor allem die Anschaulichkeit erhöht worden. Das Lehrbuch hatte eine für die damalige Zeit ungewöhnlich große Zahl von nahezu 396 Abbildungen, davon 249 nach der Natur gezeichnet, wobei Carus von dem jungen Künstler H. Heubel unterstützt wurde.

Dem Werk seines großen Vorbildes Goethe wandte sich Carus mit einer Publikation erstmals in den »Briefen über Goethes Faust« zu. Sein Freund Regis, dem er das Werk zuerst zur Kenntnis gab, ließ allerdings durchblicken, daß es sich bei der Faustdeutung eher um eine Konstruktion Carusscher Phantasie als um die Schöpfung Goethes handelte. In recht drastischer Weise schätzte in den »Hallischen Jahrbüchern« ein Rezensent das Büchlein ein: »Hätte er nur seine Hauptidee tiefer nachgewiesen, gründlicher durchgeführt, so würde man ihm dafür seine sentimentalen Einleitungen ... und den ganzen pretiösen Ton, in welchem er schreibt, gern erlassen. Ob der eine dieser Briefe am zweiten Weihnachtsfeiertage 1834 Abends, ober am Bimbimberlestag Morgens, der andere am 4. Febr. Abends in einer wohnlichen und eleganten Stube, oder am Pfeffertag im Holzstalle geschrieben ist, kann uns sehr gleichgiltig sein. Aber solche Sächelchen erläßt uns der süße Mann nicht, der ganz ... in den Styl des Göthischen Altweibersommers sich hineinfrisirt hat ... Pfui Teufel!«

Carus hatte keine werkgerechte Interpretation geben wollen. Sein Ziel war ein subjektive »atmosphärische Umkreisung des Grundgehaltes«. Er beschränkte sich dabei auf einige Kernfragen, die er gedanklich zu allgemeinen Lebensproblemen ausweitete. So verbarg sich der objektive Inhalt hinter Gefühl und Phantasie. Carus war sich dessen durchaus bewußt, wenn er feststellt: »Gedankenzüge dieser Art sind wie Regenbogen, und wie jedes Auge doch am Ende nur seinen eigenen Regenbogen erblickt, so bildet sich auch jeglicher Geist seine eigene Vorstellung über dergleichen ihm lieb und wert gewordene Aufgabe.«[41a]

Offensichtlich fanden die »Briefe« nur wenig Resonanz, denn die von Carus angekündigte Heftfolge brachte es nur bis zum Heft eins. Der Verleger hatte von vornherein Vorsicht gezeigt und die Publikation, die Carus auf eigenes Risiko drucken ließ, nur in Kommission vertrieben.

Im Jahre 1835 erschienen weiterhin die bereits früher geschriebenen Werke »Briefe über Landschaftsmalerei« (siehe Seite 114) und »Reise durch Deutschland, Italien und die Schweiz im Jahre 1828« (siehe Seite 138).

Paris und die Rheingegenden

Am 17. August 1835 trat Carus seine Reise in die Rheingegend und nach Paris an. Im Gegensatz zu der im Gefolge des Prinzen Friedrich 1835 nach Italien unternommenen Reise, die ihm durch vielfältige Verpflichtungen nur wenig Zeit für seine Interessen ließ, konnte er diese Fahrt nach eigenem Ermessen gestalten.

Der ausführliche Bericht »Paris und die Rheingegenden. Tagebuch einer Reise im Jahre 1835« gibt darüber auf mehr als 600 Seiten anschauliche Informationen.

Mit seinem Streben, die Erlebnisse nicht nur als sachlichen Bericht über Schauplätze und Erfahrungen zu schildern, sondern sie zugleich zu interpretieren und literarisch zu gestalten, folgte Carus einer bewährten Tradition des 18. Jahrhunderts. Die Reiseschilderung hatte als Produkt der Aufklärung Literaturfähigkeit erlangt und mit der Postulierung von Forderungen und Zielvorstellungen dem bürgerlichen Emanzipationsstreben Ausdruck verliehen.

Zur Zeit der Carusschen Reisen befand sich das deutsche Bürgertum insgesamt noch in seiner progressiven Phase, und der Autor zeigt (mitunter ein wenig zu deutlich) das Bestreben, es zu belehren. Dabei unterlag er jedoch trotz großer Sachlichkeit nicht der Gefahr, einen wissenschaftlichen Reisebericht, angefüllt mit nüchternen Informationen und statistischen Fakten, vorzulegen. Er reflektierte angesichts der Natur- und Kunsterlebnisse in unterhaltsam-interessanter Weise auch eine Vielzahl von Gefühlen und Impressionen. In der Rheingegend bei Bacharach inspirierten eine Menge romantischer Motive den Künstler Carus zu Skizzen und Zeichnungen.

Über Koblenz, Mainz und Metz führte der Weg nach dem Hauptziel der Reise, nach Paris. Hier erschlossen sich ihm — wenn auch nur andeutungsweise — die von einer neuen Klasse in Politik, Kunst und Wissenschaft gesetzten neuen Maßstäbe:

»Der erste Überblick dieses politischen Vulkans, welcher Europa mehrfältig gewaltsam erschüttert, ja von wo aus das Leben aller Völker eine bald schwächere, bald stärkere, überall aber merklich fühlbare Umstimmung erhalten hat, wäre denn also gewonnen, und irgendeine Ausweitung auch meiner Gedankenwelt wird, ich fühle es, infolge dieses Eindrucks nicht fehlen können. — Denn wie es auf das Gemüt des rein und frei organisierten Menschen nicht ohne nachhaltige Wirkung sein kann, wenn ihm die mächtigsten Erscheinungen des Erdlebens — das Meer und die Alpenwelt, zuerst entgegentreten, wenn er von dem Gewahrwerden dieser riesenmäßigen Erscheinungen an oft sofort einen anderen Maßstab für alles Naturleben sich aneignet, so kann es ebensowenig ohne bedeutenden und bleibenden Eindruck sein, wenn er in einen Brennpunkt des großen, unsichtbar-sichtbar fortschreitenden Menschheitslebens sich versetzt findet, und wenn ihm dadurch mit einem Male ein neuer Maßstab für Kulturgeschichte und politische Bewegung großer Menschheitsmassen geboten wird.«[42]

Doch fast erschrocken über die Konsequenz seiner Gedanken, behält er weitere Schlüsse den »mehr politisch Gesinnten« vor und wendet sich den »Naturelementen« zu:

»Aber zu wie vielerlei Betrachtungen bietet ein solcher Zentralpunkt nicht Gelegenheit dar! Jeder wird hier für seinen Standpunkt eine besondere Ernte finden! Einige mehr politisch Gesinnte mögen ihr geistiges Auge auf die Abschätzung der Gesamtkraft einer solchen gewaltigen Volksmitte richten, oder mit Abwägung der Richtungen und Mächtigkeit einzelner Parteien solcher zentraler Massen sich beschäftigen; und andere mit statistischen Rücksichten die Vergleichungen anstellen, um wieviel dieser fränkische Zentralpunkt des Kontinents an industrieller, angewandt wissenschaftlicher Kraft von der Mitte britischen Volkslebens übertroffen werde, und um wieviel er hinwiederum London an szientifischer, transzendentaler Wirkung überbiete, — wenn ich aber bedenke, was mir für meinen Standpunkt am meisten eignet, so denke ich, es ist am angemessensten, daß ich mir vorzüglich und zunächst deutlich zu machen suche, was die Naturelemente, was Wasser, Luft und Boden wohl beigetragen haben können, diese mächtige politische Wirkung, diese Konzentration eines eigentümlichen Menschheitslebens gerade an diesem Orte zu bewerkstelligen.«[43]

Dabei kommt er nun unter Ignorierung der gesellschaftlichen Zusammenhänge zu dem grotesken Schluß, daß die spezifische Natur des Bodens, die chemische Zusammensetzung des Wassers, ja, sogar die atmosphärischen Lichteinwirkungen und, nicht zu vergessen, der auf die Sinne erhitzend wirkende reichlich genossene Wein, eben jene politische Entwicklung bewirkt hätten. Da aber bei der Julirevolution von 1830 die Pariser Volksmassen nach erfolgreichem Barrikadenkampf die Bourbonendynastie stürzten und die Auswirkungen dieses Geschehens auch im Königreich Sachsen zu spüren gewesen waren, möchte Carus einen Schutzwall gegen eine weitere Radikalisierung errichtet sehen und gibt die »Empfehlung«: »gebt Paris granitischen Boden und reines echtes Quellwasser, und es wird in mancher Hinsicht ein anderes sein.«[44]

Anschaulich und instruktiv sind Carus' Schilderungen der Schätze des Palais Luxembourg, des Panthéon und vor allem des Louvre. Wertvolle Orientierungshilfe gab ihm dabei Alexander von Humboldt, der zur gleichen Zeit in Paris weilte.

Nach zweiwöchigem Aufenthalt trat Carus über Belgien, in Brüssel Station machend, die Rückreise an. In der belgischen Metropole beeindruckte ihn die große Industrieausstellung: »Von massivster Arbeit der Schmiede, der Seiler, der Töpfer und Metallgießer – bis zur feinsten Arbeit der Weber und Uhrmacher, der Spitzenarbeiter und Goldschmiede, der Tuchmacher und wie nur immer die Gewerke, welche die vielfachen Bedürfnisse des Menschen bereiten, genannt sind, fanden sich die besten, neuesten Arbeiten ausgestellt – einem Kameralisten, einem Technologen ein unschätzbares Feld der Betrachtung!«[45]

Weiterhin stattete er, wie überall, wo sich derartige Sammlungen befanden, dem Naturkundemuseum und der Gemäldegalerie einen Besuch ab. Als besonders positiv wertete Carus die freie Zugänglichkeit der Exponate für die Bevölkerung, das »muß«, wie er feststellte, »dazu beitragen, Naturkenntnisse im Volke zu verbreiten.«

Auf dem Rückweg von seinem dreiwöchigen Parisaufenthalt weilte Carus vom 19. bis 24. September als Gast bei seinem Jugendfreund Christian Friedrich Nasse (1778–1851) in Bonn. An der hier zur gleichen Zeit tagenden Naturforscherversammlung nahm Carus zeitweilig teil und referierte in der medizinischen Sektion über einen interessanten Schwangerschaftsfall.

Auch im folgenden Jahr wirkte Carus an der Naturforscherversammlung in Jena mit, äußerte sich dazu aber sehr kritisch: »Die Versammlung selbst bot des wahrhaft Interessanten nicht sehr viel dar; namentlich zeigten auch hier die eigentlich ärztlichen Verhandlungen größtentheils jenen halb trivialen, halb banalen Charakter, der so häufig in diesem an sich so ehrenwerthen Stande das große Wort führt.«

Carus selbst hielt einen kurzen Vortrag »Über eine eigene unmittelbare Sinneswahrnehmung für barometrische Höhenmessung«, in dem er seine während Bergbesteigungen gewonnene Erfahrung mitteilte, daß sich beim Hinaufsteigen in größere Höhen ein Gefühl einstelle, »als öffnete sich eine kleine Luftblase im Ohr.« Höhepunkte der Jenaer Versammlung war die dritte allgemeine Sitzung, auf der Alexander von Humboldt vor etwa 500 Zuhörern »Über die Verschiedenartigkeit des Naturgenusses und die wissenschaftliche Entwicklung der Weltgesetze« sprach.

Auch Humboldt teilte Carus' kritische Haltung zu den großen Repräsentativveranstaltungen. Noch unter dem Eindruck der Jenaer Versammlung schrieb er am 27.7.1837 an Carl Friedrich Gauß (1777–1855): »Einige Stunden mit Ihnen ... sind mir lieber als alle Sectionen der sogenannten Naturforscher, die sich in solchen großen Massen und so gastronomisch bewegen, daß des wissenschaftlichen Verkehrs für mich nie genug gewesen ist.«[46]

Kunst des Übergangs

Das Jahr 1836 brachte mancherlei Veränderungen in Carus' Lebens- und Arbeitsbereich.

Am 6. Juni war der greise König Anton verstorben, und der 1830 zum Mitregenten eingesetzte Prinz Friedrich bestieg als König Friedrich August II (1797–1854) den Thron.

Im gleichen Jahr schied auch die älteste Tochter Charlotte, die den Bildhauer Ernst Friedrich August Rietschel geheiratet hatte, aus dem Familienkreis aus. Das bedrückte Carus sehr, wie ein Brief an Regis erkennen läßt: »Ihren Glückwunsch habe noch nachträglich Lottchen mitgeteilt. Ach, ich wünschte, Sie hätten sie noch einmal als Braut gesehen! Diese reine jungfräuliche Gestalt mit den schönen braunen Locken, dem Myrtenkranz und sanft herabwehenden Schleier und dem weißen Atlaskleide mit leichtem Überwurf von violetter, mit braunem Pelz zierlich verbrämter Seide! Mir war es eine schwere Fahrt zur Kirche! Dieses liebe, liebe Kind so aus meinen Armen zu entlassen. Konnte etwas sein, was mir damals die Lücke, welche durch Lottchens Fortziehen und Alberts Universitätsleben in dem weiten Hause entstanden war, doch leichter ertragen ließ«, stellte er später in seinen Erinnerungen fest, »so war es die Freude an der frischen Entwicklung und Liebe der übrigen Kinder, unter denen insbesondere die jüngstgeborene Eugenie eine Anmut und eine heitere geistvolle Lebendigkeit entfaltete, welche machten, daß ich dies neunjährige holde Kind, wenn es mit seinen feinen blonden Locken sich an mich schmiegte, wohl im Scherz, den wahren Philosophen zu nennen pflegte und gern einzelner hypochondrischer Gedanken mich schämte, wenn ich in dieses Gesichtchen sah. Dabei dachten wir auch bereits daran, daß im nächsten Jahre die goldene Hochzeit meiner Eltern, welche beide in ihrem stillen Zimmerchen ein gesundes kräftiges Alter friedlich verlebten, sich vorbereiten müsse, und so war denn immer noch hinreichend für Leben und Bewegung gesorgt«[47]

Das wachsende Ansehen, dessen sich Carus auch als Künstler erfreuen konnte, nicht zuletzt auch die hohe Wertschätzung, die sein Schaffen durch Lindenau erfuhr, verschafften ihm auch auf das Dresdener Kunstleben Einfluß. So wurde er Mitglied des Dresdner Kunstvereins, zu dessen engerem Einflußbereich die Gemäldegalerie und vor allem die Kunstakademie zählten.

Die anläßlich des 300. Todestages Albrecht Dürers am 7. April 1828 erfolgte Gründung des Kunstvereins war Ausdruck des sich verstärkenden bürgerlichen Selbstbewußtseins, das sich nicht nur in Wirtschaft und Politik, sondern auch in Wissenschaft und Kultur durchsetzte. Der Kunstverein förderte die Entwicklung der künstlerischen Bestrebungen, die das konservative Dresdner Kunstleben zu überwinden suchten.

In seinen Statuten stellte sich der Verein das Ziel der »Förderung der bildenden Künste und Belebung der Teilnahme an ihnen durch Aufmunterung und Unterstützung vaterländischer Künstler mittels Ankaufes fertiger Werke derselben«.[48]

Der Maler Ludwig Richter, der von dem Kunstverein gefördert wurde, schrieb in seinen »Lebenserinnerungen«:

»Ich muß zu ihren Gunsten sagen, daß diejenigen, welche die Kunstzustände kennen, wie sie in Deutschland bis in die zwanziger Jahre fast durchgängig waren, genötigt sein werden, ein Loblied auf diese Vereine anzustimmen. Sie haben in weiten Kreisen ein Publicum herangebildet, welches der Kunst, in ihren verschiedensten Richtungen, lebendigen Antheil und vielfach ein feines Verständnis entgegenbringt. Während ein solches früher gar nicht vorhanden war. Wie viele Talente sind jämmerlich zu grunde gegangen aus Mangel an jeglichem Auftrag. ... Andere, die sich einigermaßen durcharbeiteten, kamen doch nicht zur vollen Entfaltung ihrer Kräfte, und in Dresden konnte ein Maler ohne eine Anstellung an der Akademie zu haben nicht wohl existieren, wenn er nicht eigene Mittel besaß ...

... da in jener Zeit ein bezopfter Dämon, Kastengeist genannt, das Zepter führte, und der Wert eines Mannes allein in seinem Titel oder Vermögen bestand, so fühlte ich mich, der weder das eine noch das andere besaß, in meiner Sphäre sehr vereinsamt, ja niedergedrückt.«[49]

So war die Hoffnung auf eine Förderung durch den Kunstverein häufig der einzige Ausweg aus der materiellen Kalamität.

Auf der konstituierenden Sitzung des Vereins war der Mäzen und Kunstfreund Johann Gottlieb von Quandt (1787–1859) zum Vorsitzenden gewählt worden. Wie groß das Interesse für den Verein war, zeigt die Tatsache, daß sich die Zahl seiner Mitglieder im ersten Jahrzehnt des Bestehens versechsfachte. Von Einfluß war auch das Wirken Goethes, der, veranlaßt durch die Weimarer Malerin Louise Seidler (1786—1866), im Großherzogtum Weimar Mitglieder warb. Als Quandt im April 1833 die Leitung des Vereins niederlegte, wurde Carus diese Funktion übertragen. Unter seiner klugen Führung gewann der Verein weiter an Ansehen. Sein Nachfolger wurde 1842 der Direktor des Antikenkabinetts Hofrat Dr. Schulz.

Carus nahm besonderen Einfluß auf die Gemäldegalerie, galt dieser doch seine große Bewunderung seit der Jugendzeit. Ihr verdankte er wesentliche Impulse für sein künstlerisches und kunsttheoretisches Schaffen.

Entstanden war die Galerie nach dem Beispiel der prunkvollen Hofhaltung Ludwigs XIV. Auch damit wollten die sächsischen Kurfürsten ihre fürstlichen Gäste beeindrucken. Le Plat, der Innenarchitekt Augusts des Starken, hatte diesen, von einer Reise aus Frankreich, Italien und Spanien zurückgekehrt, nachdem bereits Prachtbauten, Rüst- und Wunderkammern angelegt waren, auch von der Zweckmäßigkeit einer Bilder- und Gemäldegalerie überzeugt. So wurden aus Prestigegründen 1720 das Kupferstichkabinett, 1722 die Gemäldegalerie und 1724 das grüne Gewölbe gegründet. Bis zum Tode August des Starken fanden einige Hundert Gemälde, zumeist flämischer und holländischer Meister, Aufnahme in die Galerie. Sein Nachfolger, August III., erwarb eine große Anzahl weiterer Kunstwerke und verschaffte der Gemäldegalerie bereits Weltruf. Sie umfaßte jetzt bereits etwa 4000 Werke, darunter die 1754 für 20000 Zechinen erworbene »Sixtinische Madonna« Raffaels. Bald reichte jedoch der Platz im Stallgebäude am Jüdenhofe, dem ersten Unterbringungsort der Galerie, bei weitem nicht mehr aus. Obwohl das Gebäude aufgestockt wurde, hingen die Gemälde noch immer dicht neben- und übereinander. Von einer systematisch geordneten, übersichtlichen Repräsentation konnte keine Rede sein. Diesen Zustand traf Carus in Dresden an. Erst der von Gottfried Semper (1803—1879) 1855 geschaffene Galerieneubau veränderte die mißliche Situation.

Neben den Gemälden interessierten Carus vor allem die Kupferstiche. Begründer des Kupferstichkabinetts war der kunstsachverständige Leibarzt August des Starken, Johann Heinrich Heuchner. Das Inventar der Sammlung wies 1756 bereits 130 Tausend Stücke auf. Ab 1767 konnten Künstler und auserwählte Interessenten an zwei Tagen in der Woche die Blätter zu Studienzwecken einsehen. Auch Carus zählte zu ihren häufigen Nutzern.

Eine Ausbildungsstätte für bildende Künstler hatte es in Dresden schon seit 1680 gegeben, aus der im Jahre 1705 die Maler-Akademie hervorging. Die Kunstakademie wurde 1764 nach dem Siebenjährigen Krieg gegründet. Ihr Direktor war zugleich Generaldirektor der königlichen Sammlungen.

Für die Entwicklung der Kunst und die Erschließung der Kunstwerke war es ein großer Vorteil, daß mit Christian Ludwig von Hagedorn ein progressiver Kunstfreund diese Funktion als erster ausübte. Es war sein Ziel, Künstler auszubilden, »um Sachsen durch die Kunst blühend zu machen« und nicht »um die Säle der Großen zu verschönen, noch den Reichen Gelegenheit zu verschaffen, ihren Hang zur Pracht zu befriedigen.«[50]

Zu dem Lehrkörper der Akademie gehörte bis 1766 Bernardo Belotto, genannt Canaletto (1720—1780), dessen sachliche Präzision bei der Wiedergabe von Stadtbildern Dresdens ein Höhepunkt der Vedutenmalerei (Vedute – sachlich genaue Ansicht einer Stadt oder Landschaft als Gemälde, Zeichnung oder Graphik) des 18. Jahrhunderts ist. Nach Canalettos Weggang nach Warschau wirkte an der Akademie seit 1766 der bedeutendste Repräsentant der bürgerlichen Porträtkunst Anton Graff (1736—1813). Mehr als 1500 Bilder, darunter Porträts von Bodmer, Bürger, Forster, Gellert, Herder, Iffland, Lessing, Schiller, Wieland, sind das Resultat seiner Kunst.

Nach dem Tode Hagedorns unterlag die Kunstakademie in der napoleonischen Zeit einem Niedergang. Nach Carus' Auffassung hatte die Akademie bis zum Ende des 18. Jahrhunderts »noch eine gewisse tonangebende Stimme« in Deutschland. Zur Zeit Napoleons dominierte der französische Einfluß, so daß Carus bei seiner Ankunft in Dresden 1814, wie er feststellte, »eine große Flauheit der Kunst« vorfand.

Unter Repnin nahm die Akademie wieder einen Aufschwung. Er förderte ihre Entwicklung durch bessere Arbeitsmöglichkeiten.

Wie wir bereits darstellten, vermerkte Carus, daß eine »Merkbare Erfrischung und Erhebung« von Caspar David Friedrich ausgegangen war. Über die räumliche Unterbringung der Akademie werden wir ebenfalls von Carus in Kenntnis gesetzt: nur »drei mäßig große Räume, eins, das Professorenzimmer genannt, für die Herren von der Akademie (um eine höhere Rangordnung zu beobachten), eins für die Freunde, die Kunstfreunde und die nicht zukünftigen Künstler und eins für die akademischen Schüler«.

Seit 1834 hatte Semper eine Professur für Baukunst inne, während Ludwig Richter seit 1836, nachdem er zuvor an der Zeichenschule der Porzellanmanufaktur Meißen tätig war, an der Akademie eine Wirkungsstätte fand. Auch Carus' Schwiegersohn, der Rauch-Schüler Ernst Rietschel, war hier seit 1832 Professor.

Belebender Einfluß für die Akademie kam von der Düsseldorfer Malerschule, deren Bedeutung Carus als einer der ersten in Deutschland erkannt hatte:

»Man erinnert sich nämlich, daß in jenen Jahren Düsseldorf anfing, durch die in seinen Mauern aufblühende neue Malerschule das größte Aufsehen zu erregen. Der älteste Sohn des greisen Direktors Schadow in Berlin hatte dort am Rhein als Akademiedirektor eine Anzahl junger, feuriger Gemüter um sich versammelt; rheinisches Leben, deutsche Romantik in Musik und Poesie und eine tüchtige akademische Schulbildung hatte mancherlei Werke hervorgerufen, von welchen ganz Deutschland mit Aufmerksamkeit sprach, und so waren nun im Herbst 1836 eine Reihe Gemälde von daher zur großen Kunstausstellung nach Berlin geschickt worden, welche nicht verfehlten, auch dort, wo in Hinsicht der Malerei seither sehr wenig des Erfreulichen zustande gekommen war, sich viel Freunde und Bewunderer zu erwerben. Auch nach Dresden kam diese Ausstellung. Im Saal auf der Brühlschen Terrasse versammelte sich nun bald alles, was in Dresden irgend auf Kunstbildung Anspruch machte ...«.[51]

Im November 1822 hatte die neugegründete Kunstakademie Düsseldorf ihren Lehrbetrieb aufgenommen. Als einer ihrer ersten Direktoren hatte Wilhelm von Schadow (1788—1862), der Sohn des berühmten Bildhauers Gottfried Schadow (1764—1850), damit eine Schule begründet, von deren Zielstellung er selbst sagte: »Die möglichst angemessene Auffassung des Gegenstandes, die naturgetreue Darstellung desselben ist die Tendenz und Methode der Düsseldorfer Schule.«[52]

In der Ausbildung wurde die Orientierung auf die natürliche Wirklichkeit mit dem Studium von Anatomie, Proportionslehre und Perspektive verbunden. Die Düsseldorfer Schule gab der deutschen Malerei neue Impulse und hatte erheblichen Anteil an der Herausbildung einer realistischen Landschaftsmalerei. Während der von Carus erwähnten Berliner Ausstellung erregten die Düsseldorfer Bilder großes Aufsehen. Der Vorstand des Dresdner Kunstvereins veranlaßte unter Carus' Mitwirkung, daß nach Auflösung dieser Ausstellung einige Bilder vor ihrer Rücksendung nach Dresden kamen. Angesichts der Gemälde stellte Carus fest:

»Es liegt nun in jeder neu aufblühenden Kunstperiode immer ein eigentümlicher Zauber; jedes neu Hervortreibende, weil es doch irgendeine innere Schöpferkraft beurkundet, ist gleich dem Frühlinge selbst allemal von einer gewissen, freilich bald mehr, bald weniger nachhaltigen Wirkung, und dieses Gesetz machte sich denn auch hier und auch bei mir in hohem Grade geltend.«[53]

Er bot all seinen Einfluß auf, daß einige bedeutende Vertreter der neuen Schule zur Belebung der Dresdener Kunstakademie gewonnen werden konnten, zumal deren Werke auch bei Hofe Beifall gefunden hatten.

Schadows Schüler Eduard Julius Friedrich Bendemann (1811—1899) wurde 1838 an die Dresdener Akademie berufen. Gleich ihm kam auch sein Freund Julius Hübner (1806—1882) von Düsseldorf nach Dresden, wo er großen Einfluß auf das Kunstleben ausübte und die Tradition der Düsseldorfer Schule heimisch machte. Beide Künstler zählten bald zu dem engeren Freundeskreis von Carus, der die Bedeutung des Neuen in der Malerei erkannte, wie seine Bemerkungen über eine Ausstellung von Bildern der Düsseldorfer Schule 1836 in Dresden beweisen. Das sich entwickelnde Neue bot stärker als die Kunst der Romantik die Möglichkeit einer Annäherung an die gesellschaftliche Wirklichkeit, einschließlich ihrer sozialen Problematik und war eine Kunst des Übergangs zum bürgerlichen Realismus, wobei es Hübner gelang, mit dem sozialen Inhalt einzelner Gemälde bis zum kritischen Realismus vorzudringen.[53a]

Zweifel und Widersprüche

Auf der Rückreise von seinem Sommeraufenthalt erkrankte der König. Unerwartet und unvorbereitet mußte sich Carus am 31. Juli 1837 zu desssen Behandlung nach Laibach (Ljubljana) begeben. Die unvermeidliche Pflicht, sich erneut von der Familie zu trennen, fiel ihm außerordentlich schwer, um so mehr, da er in Kürze erstmals Großvater werden sollte: »Die Lage der Dinge war schwierig genug«, beklagte er sich, »in wenigen Wochen sah meine Charlotte ihrer ersten Entbindung entgegen, und daß dabei das liebe Kind die Anwesenheit des Vaters sehr vermissen würde, fiel mir freilich am Schwersten aufs Herz.«[54]

Das Befinden des Patienten besserte sich, so daß die Reise fortgesetzt werden konnte und Carus zur Entbindung seiner Tochter wieder in Dresden war. Die Freude an dem Enkel Wolfgang, der später im ärztlichen Beruf seinem Großvater nacheiferte, wurde bald getrübt durch eine schwere Erkrankung seiner Mutter. Ratlos berichtet Carus seinem Freunde Regis:

»Seit bald fünf Wochen ist mein Haus in peinlicher Unruhe über meine Charlotte Rietschel. Sie liegt krank an einem schleichenden Fieber und noch ist die Gefahr nicht vorüber. Ich habe schwere Tage gehabt und kam mir hier als Arzt oft vor wie Tell, wenn er vom Haupte des geliebten Kindes den Apfel schießen soll, ohne das teure Haupt zu treffen, ja meine Lage war die noch schwierigere und quälendere! Jetzt kommt Kreysig mit hin, aber der alte Mann wartet auch fast mehr auf Rat von mir als ich von ihm«.[55]

Leider erwies sich alle ärztliche Kunst als vergebens. Am 12. Mai 1838 verschied die junge Mutter erst achtundzwanzigjährig.

Dieser Schicksalsschlag traf Carus außerordentlich schwer. In Begleitung von Prinz Johann, der im Juni einen Kuraufenthalt im Franzensbrunn antrat, erholte er sich. Doch erst die Arbeit brachte ihn wieder einigermaßen ins Gleichgewicht. In Franzensbrunn diskutierte er mit dem Geologen Leopold von Buch (1774—1853) und traf sich in Teplitz sowohl mit dem führenden Kopf des preußischen Militärmedizinalwesens Johann Nepomuk Rust (1775—1840) als auch mit Alexander von Humboldt zu einem Gedankenaustausch.

In verstärktem wissenschaftlichem Wirken suchte Carus das Leid zu vergessen. Sein Hauptanliegen war die Vollendung des dreibändigen Werkes »System der Physiologie«, dessen erster Band 1838, der zweite 1839 und der letzte 1840 erschien. Es sollte, wie es im Untertitel heißt, »das Allgemeine der Physiologie, die physiologische Geschichte der Menschheit, die des Menschen und die der einzelnen organischen Systeme im Menschen« umfassen. Carus führte damit die bereits 1818 im »Lehrbuch der Zootomie«, später 1828 in den »Grundzügen der Anatomie und Physiologie« entwickelten Gedanken zum Funktionsproblem unter Auswertung neuer wissenschaftlicher Erkenntnisse weiter. Zum Anliegen seines Buches führte er aus: »Mein Zweck sollte hierbei keineswegs sein, ein Werk zu geben, welches irgend die Anmaßung verriethe, andre Werke über diese Gegenstände dem Leser überflüssig zu machen, und eben deshalb vieles dem Lernenden und Wissenden Nothwendiges, aber in andern Werken schon ausführlich Enthaltenes (z. B. die Aufzählung aller der hundertfältig abweichenden Meinungen früherer Forscher) immer wiederholend von neuem darzubieten; es war vielmehr der Wunsch und das Ziel, eine Ansicht aus dem Ganzen, eine zu einem Ganzen vereinte Masse möglichst genau erörterter Thatsachen über menschliches Leben, und in diesem Sinne ein System der Physilogie zu bilden, ein System, welches dem Arzte, dem Naturforscher, ja dem Psychologen und Philosophen eine möglichst klare übersichtliche Erkenntnis von alle dem gewähren könnte, was unser Inneres an merkwürdigen, oft nur zu geheimnisvollen Vorgängen verbirgt.«[56]

Carus vertrat die Notwendigkeit empirischen Forschens und wandte sich gegen die »von einer ohne alle Anschauung des Lebens spekulierenden Philosophie entlehnten Hypothesen, über Verhältnis dessen, was man Seele nannte zum Organismus ..., wobei übrigens die Physiologie die sonderbarsten Hypothesen sich gefallen lassen mußte, um die Lücken der Vorstellung von den doch augenblicklich sich ergebenden Wechselwirkungen zwischen Seele und Leib auszufüllen.«[57]

Ludwig Tieck und dessen Freund, Friedrich Ludwig von Raumer (1781–1873), Sekretär der Preußischen Akademie der Wissenschaften, zollten dem ihnen von Carus vorgelesenen Schlußkapitel Beifall — »obwohl«, wie Carus vermerkt, »der letztere namentlich alles, was feinere und eigentlich höchste Geistesanschauungen betraf, in seiner derben Berliner Weise mitunter seltsam genug auffaßte«.[58] — Doch wir wollen nicht verschweigen, daß die von Carus entwickelte idealistische Funktionslehre von Seiten der sich entwickelnden materialistischen Biologie stark kritisiert wurde. So schrieb der Mitbegründer der Zelltheorie und Wegbereiter der Entwicklungsgeschichte, Mathias Jakob Schleiden (1804–1881), 1842 in seinen »Grundzügen der Wissenschaftlichen Botanik«, die als Programmschrift der zeitgenössischen Forschung angesehen werden können: »wenn wir die sogenannte philosophische Einleitung zu Carus' Physiologie lesen, so finden wir darin von Wissenschaft keine Spur und ich spreche es dreist aus, daß Alles, man mag sagen was man will, was hier im Geiste der Schelling'schen Schule vorgebracht wird, nichts ist und bleibt, als Spielerei einer herrenlosen Phantasie, die sich für Philosophie ausgeben möchte ...«.[59]

Carus hatte erkannt, daß die Isolierung von den Fachkollegen sowie die einseitige Orientierung auf die sächsische Hofsphäre ihn behinderten und offensichtlich einer der Grundlagenforschung entbehrenden Theoretisierung Vorschub leisteten:

»Bei all diesen Studien, bei so manchen interessanten Berührungen und bei viel liebevoller Teilnahme, die mir im einzelnen zuteil wurde, fühlte ich indes doch oftmals sehr ein Isoliertsein meiner Stellung und einen Mangel an Austausch von Gedanken mit Gleichgesinnten und gleiches Anstrebenden, so daß ich dann nicht selten wieder diejenigen beneidete und pries, die, an Universitäten tätig, soviel mehr die Wirkung von dem erfahren, was der Perser meint wenn er sagt: ›Ein Messer wetzt das andere und ein Mann den andern.‹ — Schrieb daher auch damals davon: So wird der Mensch, je tüchtiger er an sich arbeitet und sich auferbaut, auch allmählich immer mehr isoliert und auf sich selbst verwiesen, so daß es denn allerdings um so nötiger erscheint, beizeiten schon die Zitadelle seines Daseins so zu verproviantieren und so zu zieren, daß, wenn wir uns zuletzt wirklich ganz einsam dahin zurückziehen, wir mit Wohlgefallen darin verweilen mögen, auch dabei noch eine freie Umsicht ins weite Land uns offen erhalten!«[60]

Diesen Blick für Realitäten wahrte sich Carus vor allem hinsichtlich der sich mit stürmischer Entwicklung vollziehenden Industrialisierung. Im Gegensatz zu den in überlebten Vorstellungen verhafteten Mitgliedern des sächsischen Kabinetts erkannte er die zukunftsträchtige Bedeutung des aufkommenden Eisenbahnwesens. Nicht zufällig war er als Vertreter der sächsischen Landesregierung am 7. April 1833 bei der Eröffnung der Dresden—Leipziger Eisenbahn zugegen und charakterisiert dieses Ereignis:

»Ferner darf ich nicht übergehen, daß dieses Jahr das erste wurde, welches eins der größten Phänomene aller Neuzeit, das Eisenbahnwesen, mir nahe brachte und verdeutlichte, indem die Bahn zwischen Leipzig und Dresden (nächst der Fürth—Nürnberger die erste Deutschlands), von welcher ich voriges Jahr in Leipzig nur ein kleines Stück durch eine Probefahrt kennengelernt hatte, nunmehr dem öffentlichen Verkehr übergeben worden war und nach und nach ihre Wunder entwickelte. In Wahrheit, die jüngere Welt wird es bald gänzlich vergessen haben, wie sonderbar, fremdartig und geradezu dämonisch dieses große Verkehrsmittel damals ins Leben trat! — Hatten doch sonst ganz tüchtige Staats- und Finanzmänner jener Zeit ein Unternehmen wie das der Eisenbahn zwischen Leipzig und Dresden seiner Nützlichkeit und Rentabilität nach noch sehr in Zweifel gestellt und durchaus keine Ahnung gehabt von den ungeheuren Resultaten, welche Werke dieser Art dereinst und in der Folge gewähren würden. Wirklich!

Diese Erfindung trat hervor wie Herkules, in der Wiege schon Schlangen würgend, und machte mit Riesenschritten nach allen Seiten sich Platz. Was jedem Kinde jetzt bekannt ist, die Einfachheit der Signale, die Zweckmäßigkeit der Waggons, die Phänomene des Fahrens selbst, das alles war damals wunderneu und erregte die mannigfaltigsten Besprechungen; und doch dauerte es lange, ja es mußten erst die großen Reisen durch Dampf möglich werden, bis die ganze Tragweite von Phänomenen überblickt werden konnte, welche nach und nach auf sämtliche Angelegenheiten des Lebens so durchaus umgestaltend einwirken sollten.«[61]

Wissenschaft und Poesie

Nach wie vor galt auch der Literatur Carus' Interesse. Von Prinz Johann, der selbst unter dem Pseudonym Philalethes als Danteforscher und -übersetzer hervorgetreten war, wurde er in das Dante-Komitee berufen, dem auch Ludwig Tieck und Wolf Heinrich Graf von Baudissin (1789—1876) angehörten. Carus gab Prinz Johann wichtige Hinweise und Anregungen für die Kommentierung der 1839 in Angriff genommenen historisch-kritischen Gesamtübersetzung der »Göttlichen Komödie«. Die Zusammenkünfte des Gremiums fanden meist in der idyllischen Umgebung von Schloß Pillnitz statt.

Im Mai 1840 verstarb Caspar David Friedrich. Carus widmete dem Freund in dem »Morgenblatt für gebildete Leser« einen Nachruf, den er 1841 durch die Aufnahme von Fragmenten aus Friedrichs Nachlaß zu einem Gedächtnisbuch erweiterte. Hierin verstand er es, das Wirken Friedrichs aus dem gesellschaftlichen Umbruch seiner Zeit heraus zu erklären:

»Es kann nun hier nicht die Aufgabe sein, darlegen zu wollen, wie diesen Künsten allen allmählich überall ein frischer Morgen aufging, wie die vulkanische Erschütterung, welche, vom Jahre 1790 ausgehend, Europa umgestaltete, auf eigentümliche Weise wie in der Wissenschaft so auch in der Kunst widerhallte — hier soll diese Einleitung nur auf eines uns hier zunächst Liegende aufmerksam machen, nämlich, daß in der Landschaftsmalerei namentlich Friedrich es war, welcher mit einem durchaus tiefsinnigen und energischen Geiste und auf absolut originale Weise in den Wust des Alltäglichen, Prosaischen, Abgestandenen hineingriff, und, indem er ihn mit einer herben Melancholie niederschlug, aus dessen Mitte eine eigentümlich neue, leuchtende poetische Richtung hervorhob. Wir wollen damit keineswegs die Art seiner Auffassung der Landschaftskunst als die allein wahre und noch weniger als die allein zu verfolgende hervorheben, aber wer sich jenen früheren nachbetenden, trivialen Zustand dieser Kunst vergegenwärtigen will und noch vergegenwärtigen kann, der wird fühlen, daß das Auftauchen einer solchen neuen urgeistigen Richtung, wie sie in Friedrich erschien, auf jedes empfängliche Gemüt durchaus anregend, ja erschütternd einwirken mußte. —«[62]

Im gleichen Jahr erschienen die »Zwölf Briefe über das Erdleben«, die Carus bereits 1826 konzipiert, wegen anderer Arbeiten jedoch immer wieder zurückgelegt hatte. Nachdem eine Teilveröffentlichung in der »Vierteljahresschrift« ein positives Echo gezeigt hatte, faßte er den Mut zur Vollendung. Erneut wählte Carus die Briefform. Das gestattete ihm im Gegensatz zu einer streng systematischen Darstellung eine freie, zwanglose Abfolge, die seinem Anliegen mehr entsprach. In scheinbarer Ratlosigkeit fragte er seine Leser »Wo beginnen, welche Seite des Naturlebens sollen wir zuerst zu entschleiern versuchen?«, und war bestrebt, sie zum Mitdenken zu veranlassen.

Pate zu seinem Werk hatten Alexander von Humboldts »Ansichten der Natur« gestanden, in denen Carus »die Wissenschaft in poetischer Verklärung vorgeführt« zu sehen glaubte. So ist auch er um eine Synthese von Wissenschaft und Poesie bemüht. Die zwölf Briefe sollen alle wesentlichen Erscheinungen der Natur erfassen. Als Ausgangspunkt behandelt Brief eins »Die Natur als Ganzheit und unendliches Werden«. Es folgen Themen wie die Verbindung von Wissenschaft und Leben, Metamorphose, Sternensysteme, Erdentstehung, Grundgesetze des organischen Lebens, Landschaftsformen und ihre Entstehung, Meeresströmung, Luft, Wind, das Phänomen des Feuers u. a. m. Dabei stützt sich Carus auf die exakte wissenschaftliche Forschung und entwickelt geradezu ein Programm der Geomorphologie. Daran vermag die Tatsache, daß er die systematisch-wissenschaftliche Form durchbrach und sich in seiner Begeisterung für die Thematik neben sachlicher Nüchternheit auch der poetischen Ausdrucksweise bediente, nichts zu ändern.

Einen im Band drei des »Systems der Physiologie« entwickelten Gedanken ausbauend, legte Carus 1841 eine weitere, zwar kleinere, aber sehr problematische Arbeit vor: Die »Grundzüge einer neuen und wissenschaftlich begründeten Cranioscopie (Schädellehre)«. Da diese Veröffentlichung wiederum im engen Zusammenhang mit der 1853 veröffentlichten umfangreichen »Symbolik der menschlichen Gestalt« zu sehen ist, kommen wir später darauf zurück (siehe S. 216).

Im Jahr 1841 weilte Carus vom 25. Februar bis zum 4. Mai in Florenz. Die älteste Tochter des Großherzogs von Toskana war seit langem erkrankt. Da die Tätigkeit der italienischen Ärzte bisher keinen Erfolg hatte, erging der Ruf an Carus, dessen ärztliches Wirken auch in Italien nicht unbekannt geblieben war. Doch auch er vermochte der Patientin nur Linderung zu verschaffen, deren Tuberkulose war in einem zu weit fortgeschrittenen Stadium, als daß eine Heilung noch möglich gewesen wäre.

Leitbild Goethe

Vor Antritt der Reise hatte Carus mit den Vorarbeiten zu einem Buch über sein großes Vorbild Goethe begonnen. Regis, den er über das Vorhaben informierte, ermunterte ihn:

»Ich wüßte wirklich niemand, der Goethen, in rein physiologischem Gesichtspunkte zu besprechen, jetzt selbst so viel öffentliche Autorität hätte wie Sie ... Sie müssen sich einmal über Goethe gehen lassen und Ihr Credo von ihm ablegen, von vorn an, wenn Sie gerade Zeit haben.«[63]

Die Tatsache, daß die Zahl der Zeitgenossen Goethes sich ständig verminderte, die aus eigenem Erleben am besten befähigt gewesen waren, eine lebendige Darstellung zu geben, gab schließlich den Ausschlag, 1842 die neue Aufgabe zu bewältigen:

»Wie lange wird es dauern, und wenige werden sein, welche mit Goethe einst eine Luft atmeten, eine Geschichte erlebten, eine Entwicklungsperiode der Poesie und Wissenschaft beobachteten. — Schon ich reiche nicht hinan an die Zeit, in welcher jenes merkwürdige Leben sich zu entfalten begann, und doch sind es mehr als zwanzig Jahre, daß ich ihn sah und sprach; schon sind es neun Jahre, daß er uns genommen wurde, und schon sind es fünfundzwanzig Jahre, daß ich die ersten Briefe mit ihm wechselte.«[64]

Carus wollte zum besseren Verständnis Goethes beitragen. Eine Biographie oder Werkinterpretation zu geben, lag ihm fern. Ausgangspunkt des Buches bildeten seine persönlichen Beziehungen zu Goethe:

»Ich gedenke hier zuvörderst zu erzählen, wie ich selbst in Berührung mit Goethe kam, und wie dadurch eine Reihe von Briefen desselben mein Eigentum wurde, von welchen ich die wichtigeren bei dieser Gelegenheit mitzuteilen nicht unterlassen werde, sodann aber will ich versuchen, ausführlicher darzulegen, in welchem Sinne die Individualität Goethes ihrem innersten Kerne nach aufzufassen sei, und in welchem Sinne sein Verhältnis zur Natur, zur Naturwissenschaft, zu den Menschen und zur Menschheit wohl am richtigsten festzustellen sein dürfte, endlich wie von hier aus das Verständnis seiner so sehr verschiedenartigen Werke erst in einem genügenderen Grade wirklich erreicht werden kann.«[65]

Carus lag besonders daran, Verständnis für Goethes naturwissenschaftliches Schaffen zu wecken. Diese Werke »zeigen«, wie er feststellte, »fast überall eine Schönheit des Stils und Klarheit der Auffassung, welche um so mehr sie musterhaft erscheinen lassen, je mehr im allgemeinen der deutschen wissenschaftlichen Literatur noch jene Ausbildung der Form fehlt, ... welche um so wichtiger ist, da sie nicht nur das Verständnis erleichtert, sondern den Verfasser selbst nötigt, den Gedanken zu höherer Klarheit in sich durchzubilden ... Betrachten wir nun dieses alles, so können wir nicht leugnen, daß Goethe wirklich auf eine bedeutende und nachhaltige Weise auf die Naturwissenschaften gewirkt hat.«[66]

Dabei verstand es Carus, seine eigene, von Goethe inspirierte dialektische Naturauffassung darzulegen: Man muß sich »... damit abgequält haben, wie unerfreulich und erfolglos es bleibt, wenn das Lebendige aufgefaßt werden soll als die Verbindung eines Starren, Toten, in sich nur gleichsam Verschiebbaren, keineswegs sich fort und fort Erneuernden, und einer hinzugedachten sogenannten Lebenskraft, einem Deus ex machina, welcher auf eine ganz unbekannte Weise jenes Tote bewegen sollte, wie etwa die Spiralfeder in der Uhr die vorher stillstehenden Räder.

Nun hat der Mensch aber eine solche Neigung, stabil zu werden, er findet es großenteils so bequem, sich dem ewig Beweglichen zu entziehen und an ein, seiner Meinung nach doch wohl wenigstens eine gewisse Zeit Beharrendes sich festzuhalten, daß eine besondere innere und äußere Begünstigung und Befähigung dazu gehört, von dieser Neigung sich frei zu machen und durchaus an das Werden und nicht an das Gewordene sich zu halten. Leider findet daher auch in den meisten Schriften unsrer Naturforscher mehr die stabile als die fortschreitende Ansicht ihre Verteidiger; und nur die neueste Zeit, welche überall auf ein genetisches Verfahren, überall auf Studium der Entwicklungsgeschichte hindrängt, hat sich hier in vieler Beziehung lebendiger und geistiger gezeigt.

Ich sagte nun, daß bei Goethe hingegen nicht nur dieses fortgesetzte und bewundernde Schauen des Werdenden seine doch verhältnismäßig wenigen naturwissenschaftlichen Arbeiten durchdringe und belebe, sondern daß es auch sonst sich vielfältig fruchtbar erwiesen habe... Der Mensch, der — selbst zum Teil Naturerscheinungen — inmitten tausendfältiger Naturerscheinungen lebt, sich entwickelt, tut und leidet, ihm kann es keineswegs für sein Leben und sein Tun gleichgültig sein, wie er die Natur anschaut. Wer ihr nachgeht wie das Kind dem Regenbogen, um das alles, was er für ein Festes, Beharrendes, in sich Stetiges nimmt, sich als solches anzueignen und festzuhalten, der wird durch das ewige Entweichen, ewige Verwandeln, ewige Vernichten und Entstehen in einer tantalischen Qual fort und fort gehalten werden. — So selbst so viele Forscher der Natur! — Oft waren sie bemüht, nur überall

Schranken zu ziehen, Abteilungen aufzurichten, das Bewegliche als ein Unbewegliches, Starres zu aufmerksamer Betrachtung sich gegenüberzustellen, und doch! ehe sie es sich versahen, hatte es sich wieder verwandelt, war wieder ein anderes geworden, und wenn sie das Gewordene nun wirklich einige Zeit mindestens scheinbar unverändert sich zu erhalten vermeinten, so mußten sie sich wieder sagen, daß immer das eigentliche Werden aus diesem Gewordenen noch nicht begriffen werden konnte. Das führte dann vielerlei Mißmut herbei und man begab sich dann endlich überhaupt der Meinung, daß etwas wirklich gewußt werden könne ...

... Ganz anders ist es dem, der den Mut hat, die Natur wirklich nur in ihrem Wandel – nur als das, was eigentlich das Wort Natur selbst bedeutet – als das Werdende zu erfassen; ihm geht darin mehr und mehr die Freude des Schauens auf – nicht das Gewordene, das ewige Werden ist ihm Ziel der Betrachtung und unversiegbarer Quell immer neuer Erkenntnis und immer neuer Bewunderung.

... Diese stete Richtung auf das Schauen des Werdenden ist es übrigens, die sich bei Goethe nicht bloß in seinen eigentlichen naturwissenschaftlichen Schriften, sondern auch sonst an vielen Orten auf das Deutlichste und auf das Merkwürdigste ausspricht.«[67]

Carus beschränkte sich nicht auf die Person Goethes, sondern war bestrebt, dessen Wesen und Tugenden beispielhaft als »Idee der gesamten Menschheit« zu fassen. Die tiefere Absicht seines Buches ist es, diese exemplarischen Tugenden und Eigenschaften nicht nur zu verbreiten und zu bewahren, sondern sie auch gegen eine dem Humanismus feindliche Umwelt zu verteidigen. Resümierend faßte er Inhalt und Methode seines Buches zusammen:

»Ich fürchte nicht, daß in irgendeinem, der dem Sinne dieser Schilderungen aufmerksam nachgegangen ist, der Gedanke aufsteigen könnte, es solle hier nur von Lobpreisungen und von einem willkürlichen Anhäufen rühmender Prädikate die Rede sein; – nein! – ich habe ihn zu schildern versucht, wie ich als Naturforscher gewohnt bin, irgendein bedeutendes organisches Wesen – eine Pflanze, eine Palme, einen Adler, einen Löwen – zu betrachten und schildernd darzustellen;

d. h. ich habe zu zeigen versucht, was ›Er‹ geworden und wie er gerade ›Das‹ werden konnte. — Wir sind nicht gewohnt, in naturwissenschaftlichen Darlegungen uns ausführlich auch darüber auszulassen, was ein Geschöpf nicht geworden ist und was es eben seiner Natur nach nicht sein konnte, und so würde ich es auch für eine sehr unnütze Arbeit halten, hier darauf einzugehen, daß gezeigt werde, was Goethe nicht geworden ist, daß er kein großer Mathematiker, daß er kein großer Zeichner war, daß er kein großer Jurist geworden, daß er kirchlichen Ansichten nicht in dem Sinne der Theologen zugetan war und dergleichen mehr. — Ebensowenig bemühen wir uns, in Naturbeschreibungen zu zeigen, warum der Adler nicht die Augen vom Vogel Minervens hat, und warum der Eichbaum keine Palme ist, sondern wir halten uns befriedigt, wenn von jedem Wesen gezeigt wurde, wie es entstanden, welche die eigentümliche Gliederung seines Baues sei und worin die wunderbare und eigenschöne Harmonie besteht, vermöge welcher es gerade zu dem wurde, als was es uns in seiner Vollendung erscheint. — So also — ganz rein physiologisch — und nur von der Freude erfüllt, welche es uns eben immer gewähren muß, eine einen besonderen Gottgedanken rein verwirklichende Persönlichkeit zu betrachten — habe ich Goethe schildern wollen und so habe ich ihn geschildert.«[68]

Gewiß ist vieles heute überholt. Für lange Zeit aber erwies sich Carus' Goethe-Buch als erkenntnisfördernd, was Friedrich von Müller, Kanzler des Großherzogtums Sachsen-Weimar-Eisenach und häufiger Gesprächspartner Goethes, Carus gegenüber bekundete: »Sie haben, was noch in keinem frühern größern Werke über den Verewigten geschehen, ihn aus dem Ganzen aufgefaßt und mit ebenso viel Würde und Scharfsinn als Unbefangenheit geschildert.«[69]

Im Herbst 1842 besuchte Carus nach neun Jahren wieder Berlin, wo er bei Christian Daniel Rauch (1777–1857) und Wilhelm von Schadow überaus freundliche Aufnahme fand. Auf der Durchreise suchte er in Halle seinen Mitarbeiter an den Erläuterungstafeln der vergleichenden Anatomie, D'Alton, auf. Auf einer Berliner Kunstausstellung zollte Carus der neuen Malerei, vertreten vor allem durch Karl Friedrich Lessing (1808–1880), seine Anerkennung.

Diese neuen Werke fanden seinen um so größeren Beifall, da er sich an eine kürzlich in Dresden veranstaltete Ausstellung konventioneller Kunst erinnerte, von der er feststellte:

»Eine Menge alter, fast vergessener Bildergespenster von Matthäi, Klengel, Hartmann standen da wieder auf und sahen einander gelangweilt an, selbst einiges von Friedrich nahm sich damals schon etwas wunderlich aus, gleichwie einiges Frühere von mir selbst sieht man doch bei solchen Gelegenheit sogleich, wie schnell das meiste veraltet und wie bald nun das fremdartig werden kann, was eben in seiner Zeit doch so manchen Beifall fand. Aber wie weniges ist dagegen, was sich wirklich zum Zeitlosen zu erheben vermag!«[70]

Nicht nur Begegnungen mit der Kunst, sondern auch wissenschaftlicher Erfahrungsaustausch war Gegenstand seiner Informationsreise. Mit dem Physiker und Meteorologen Heinrich Wilhelm Dove (1803—1879) führte er ein Gespräch über die Spiralbewegung der Himmelskörper, und sein Freund Christian Gottfried Ehrenberg vermittelte ihm mit einer reichhaltigen mikrogeologischen Präparatensammlung interessante Erkenntnisse, die durch den Besuch von naturwissenschaftlichen und anatomischen Museen erweitert wurden. So kehrte Carus, mit vielen Anregungen bereichert, nach Hause zurück, nicht ohne vorher den vor kurzem nach Potsdam übergesiedelten alten Freund Ludwig Tieck in dessen neuem Heim aufzusuchen. Er traf ihn körperlich gebrechlich, doch bei voller geistiger Regsamkeit an.

Die konservativen Kräfte der sächsischen Reaktion hatten sich noch einmal gesammelt und hatten den um den Ausbau eines Verfassungsstaates bemühten liberalen Staatsminister Bernhard August von Lindenau zum Rücktritt gezwungen. Diese Entwicklung bedrückte Carus, der die politischen Ansichten Lindenaus teilte, sehr: »Was jene Umtriebe in unserem Lande betraf, so waren sie auch die Ursache davon, daß ich, ja daß ... das ganze Land jetzt durch den Abgang von Bernhard von Lindenau einen großen Verlust erlitten.«[71]

Er schrieb darüber an Regis: »Ich war mehrere Tage in einer Verstimmung, in einer gewissen innern Umnachtung, wie ich sie seit dem Tode meiner Tochter nicht gekannt hatte. Sie glauben nicht, welch eigene liebevolle Persönlichkeit mir durch das Fortgehen von Lindenau entrissen ist. Zugleich repräsentierte er in der höchsten Region unseres Regierungsbeamten ... jenes Prinzip echter Humanität und Wissenschaftlichkeit, welches überall, wo es zutage kommt, ja stets so fördernd und wohltuend sich geltend macht. Ich war noch am 26. August abends allein bei ihm (ich war seit langem sein Arzt), wir waren beide bis zu Tränen gerührt ... Den Tag darauf war er fort.«[72]

Am 25. Jahrestag der 1818 gegründeten Gesellschaft für Natur- und Heilkunde zu Dresden, zu deren Mitbegründern Carus gezählt hatte, erhielt er den Auftrag, am 19. September 1843 einen Vortrag zu halten. Er stellte ihn unter das Thema »Einige Worte über das Verhältnis der Kunst krank zu sein, zur Kunst gesund zu sein« und beabsichtigte damit auch »im nichtärztlichen Publikum über Gegenstände der Gesundheitspflege und Medicin bessere, hellere mehr geläuterte Vorstellungen zu verbreiten, als im Allgemeinen doch gar oft gefunden werden.«[73]

Er grenzte sich dabei von einer Vielzahl unseriöser sogenannter ärztlicher Ratgeber ab und bezog sich vielmehr auf die von Christoph Wilhelm Hufeland mit großem Nutzen gegebenen Gesundheitsregeln. Ihm kam es nun darauf an, dazu ergänzend auch die »Kunst krank zu sein« darzustellen, als »Kunst, welche uns lehrt, dann, wenn ein unvermeidliches Geschick über uns eine Krankheit verhängt, uns auf solche Weise zu verhalten, so uns zu nehmen, solche Maßregeln zu ergreifen, welche dazu führen, die Krankheit selbst leichter zu ertragen und möglichst bald und vollständig in den Zustand der Gesundheit zurückzubilden.«[74]

Allzugern würde er auf die Notwendigkeit einer solchen Abhandlung verzichten: »Wäre es möglich, die Kunst, gesund zu sein, soweit auszubilden, so populär zu machen, daß man eben so gewiß hoffen könnte, es würden einmal Krankheiten nicht mehr vorkommen, wie man hoffen darf, daß bei fortschreitender Vernunftentwicklung der Völker Kriege unter die Unmöglichkeiten gehören werden, so würde freilich die Kunst, krank zu sein, überflüssig zu nennen sein; leider kann das jedoch nicht erwartet werden!«[75]

Eine Feststellung, die unter den damaligen gesellschaftlichen Verhältnissen nur allzu berechtigt war — nur lag das nicht an einer mangelnden Vernunft der Völker. —

Gern nutzte Carus die Einladung eines Leipziger Literatenvereins, um am 3. Februar 1844 einen Vortrag zu Problemen der Kranioskopie zu halten. Darin gab er im wesentlichen den gleichen Inhalt wie in seiner 1841 vorgelegten Schrift wieder. Er hatte sein Töchterchen Mariane mitgenommen, um ihr seine Vaterstadt und das Geburtshaus am Mühlgraben zu zeigen. Leider war die Zeit zu längerem Verweilen zu knapp.

Der Monat Februar 1844 brachte noch ein weiteres »Ereignis«, Carus' Ernennung zum Geheimen Medizinalrat. Entgegen allen Auffassungen, er habe, zu den Privilegierten gehörend, sich besonderer materieller Vergünstigungen erfreut, vermerkt Carus mit spürbarer Bitterkeit: »Im selben Februar erhielten wir, d. h. Francke (seit 1827 Leibarzt W. G.), von Ammon (seit 1837 Leibarzt W. G.), ich und Clarus (in Leipzig ehemaliger Lehrer von Carus W. G.), nun auch die Ernennung zu Geheimen Medizinalräten und damit eine etwas höhere Stellung in der Rangordnung und eine kleine Verbesserung unserer Gehalte. Ich darf dies als die einzige öffentliche Anerkennung anführen, die mir unter der Regierung Friedrich Augusts II. geworden ist ... auch wurde in allen meinen sonstigen Verhältnissen durch die Gnadenbezeugung etwas Weiteres nirgends verändert.«[76]

In England und Schottland

Im Rahmen seiner häufigen Reisen war der mehrmonatige Aufenthalt in England von besonderer Bedeutung. Hier fand Carus ausreichend Gelegenheit, die Verhältnisse eines gesellschaftlich fortgeschrittenen Landes zu erleben und mit den Gegebenheiten Sachsens kritisch zu vergleichen. In einem ausführlichen Reisebericht hat er darüber Rechenschaft abgelegt. Allerdings machte er in der Einleitung bereits Einschränkungen, die er im Verlaufe der Darstellung jedoch nicht immer beachtete: »Nicht möge ... der Leser hier erwarten vollständige statistische Notizen, ausführliche geographische oder historische Schilderungen, und noch weniger weitgreifende politische Reflexionen, sondern Theil zu nehmen in gewissem Sinne soll ihm hier vergönnt seyn, an einer in jeder Beziehung begünstigten Reise, durch ein in vieler Beziehung begünstigtes bedeutendes Land, und unter so manche in die Zeitgeschichte merkwürdig eingreifende Persönlichkeiten.«[77]

Die Reise begann am 22. Mai 1844, und über Leipzig, Magdeburg, Braunschweig wurde noch am gleichen Tag gegen Mitternacht Hildesheim erreicht: »In einem Tage von Dresden nach Hildesheim! Ziemlich 55 deutsche Meilen! – Die alten Mährchen von Siebenmeilenstiefeln sind verwirklicht! – Möchte manch andrer schöner Traum auch so zur Wirklichkeit werden! –«

Nach einer kurzen Visite am Brüsseler Hofe erfolgte mit einem Dampfschiff die Überfahrt nach Dover. Am 1. Juni traf die Reisegesellschaft in London ein, wo Carus im Westflügel des prunkvollen Buckingham-Palastes in einem Bibliothekszimmer Quartier bezog. Er mußte sich in der fremden Stadt erst einleben. Das Tagebuch vom 2. Juni vermerkt:

»Diplomatische Verhältnisse forderten heute Vorstellungen, Visiten, Anmeldungen – das alles berührte mich nicht – aber ich war in diesem Palaste gewissermaßen isoliert – die merkwürdigsten Dinge umgaben mich in der Stadt, aber es fehlte mir an einer Mittelsperson, um zu rechter Zeit und auf dem rechten Wege in meine eigentliche Sphäre zu gelangen. –«[78]

Diesen erwünschten Fremdenführer fand er in dem jungen deutschen Arzt Dr. Freund, einem ehemaligen Leibarzt des Fürsten Hermann von Pückler-Muskau (1785–1871). Freund vermittelte Carus zunächst die Bekanntschaft mit dem Naturforscher Richard Owen (1804–1892): »Owen gefällt mir durchaus: ein schlichter tüchtiger, in Altem erfahrener und für Neues empfänglicher Mann, den man ganz mit Recht als Englands Cuvier neuerlich bezeichnet hat. Die Mikroskopie, die noch vor wenig Jahren in Anatomie und Physiologie England fremd war, und Deutschland so große Resultate gegeben hat, beschäftigt auch ihn bedeutend ...«.[79] Bei einem ersten informativen Besuch in der von Owen geleiteten naturwissenschaftlichen Abteilung des Britischen Museums beeindruckten Carus besonders die, gigantischen Skelette fossiler Tiere.

Leider waren zeitraubende gesellschaftliche Verpflichtungen nicht zu umgehen. In Begleitung des Hofes hatte Carus jedoch auch Gelegenheit, Sitzungen des Ober- und Unterhauses zu erleben und sich dabei über den konservativen, halbfeudalen Staatsaufbau Sachsens seine Gedanken zu machen. —

Nachdem er nochmals die Möglichkeit genutzt hatte, die zoologische und botanische Abteilung des Britischen Museums sowie die Gemäldegalerie aufzusuchen, hieß es am 20. Juni von London Abschied zu nehmen.

Die Reise durch England begann, wobei sich die Anzahl der Weiterreisenden stark vermindert hatte und nur noch aus dem König und sechs Personen seiner nächsten Umgebung bestand.

Zum Besuchsprogramm gehörten auch industrielle Anlagen. So sah Carus am 25. Juni in einer Birminghamer Knopffabrik Kinder unter unmenschlichen Bedingungen arbeiten und stellte dazu entsetzt fest: »Hierin liegt etwas Fürchterliches — etwas Unmenschliches! und kein Parlamentsbeschluß, so viel man sich mit Milderung des Geschicks dieser arbeitenden Kinder beschäftigt hat und beschäftigen mag, kann diesen Fluch lösen.«[80]

In der Universität Oxford besuchte er die Anatomie, deren Zustand ihn jedoch enttäuschte: »Eben so sahen wir das Theatrum Anatomicum, dessen ganzer Zuschnitt mir die Zeiten Vesal's einigermaßen vergegenwärtigte. Über dem Docirtische hingen an Schnüren zum Herablassen und Aufziehen ein menschliches Skeleton und daneben ein getrockneter Muskelmann, wie sie Albin etwa abbildete, dem Nichteingeweihten jedenfalls ein entsetzliches Schauspiel. Ringsumher standen hinter amphitheatralischen Sitzen der Zuhörer, Schädel und anatomische Präparate, alles ganz nach alterthümlichem Zuschnitt. — Professor Kidd, ein gutmüthiger alter Herr, entsprach diesen alterthümlichen Schätzen. Er mochte früher Anlage zu selbstthätiger Forschung gehabt haben; späterhin ohne äußere Anregung, hier in dieser fast nur für Philologie und Theologie wirkenden und lehrenden Universität, die aber nicht Universitas ist, und ohne genugsam innern Trieb und innere Kraft, hatte die Stagnation aller lebendigen philosophischen Naturwissenschaft auch ihn halb gelähmt. —«[81] Im Gegensatz dazu war die Universitätsbibliothek mit ihren zweihunderttausend Bänden einer der »rechten Herde und Wärmsteine Oxforder Gelehrtheit.«

Von Oxford führte der Weg nach dem Seebad Weymouth, wo ihn der Strand zum Zeichnen und Skizzieren anregte. Es folgten kleinere Exkursionen zu den Kupfer- und Zinnbergwerken von Bottallak, und weiter ging die Reise über Bristol zum Walliser Gebirge. Es folgten Fahrten nach Chester, Liverpool und Manchester. Hier beeindruckten Carus die Eisenhütten:

»Nie zuvor hatte ich das kalte harte Eisen so ganz wie das weichste Holz, ja wie Kork behandeln sehen als hier. Zolldicke Eisenbarren wurden an der einen Maschine ganz sanft auf einen Schnitt wie Papier, geschnitten ...

Von hier fuhren wir ... in die große Baumwollspinnerei von Berley, wo täglich über 1 200 Arbeiter und Arbeiterinnen beschäftigt sind. Man nennt diese Spinnereien und Webereien schlechthin Mills, Mühlen, und sie sind es insbesondere, wo fast lauter Kinder beschäftigt sind, deren Betrachtung immer wieder zu Fragen und Erwägungen wie die oben bei Birmingham mitgetheilten Veranlassung giebt.«[82] Am 21. Juli wurde die Grenze nach Schottland überschritten. Im Industriezentrum Glasgow wurde Carus erneut mit den Auswirkungen der kapitalistischen Wirtschaft konfrontiert:

»Bald kamen wir nun nach Glasgow, dieser industriosesten aller schottischen Städte und auf ganz ungewöhnliche Weise in Häusermasse und Volkszahl von Jahr zu Jahr anwachsend. — Wir trafen zuerst auf den schmutzigsten, ärmlichsten, Rauch-erfülltesten Theil der unteren Stadt. Dieser Eintritt war in alle Wege widerlich. Der Rauch war nicht nur Kohlenrauch, sondern von den Exhalutionen chemischer und andrer Fabriken mit oft fast erstickenden Gerüchen erfüllt, die Häuser klein und unreinlich und an Thüren und auf den Straßen eine oft in Lumpen gekleidete Population mit unendlichen Kindern...«[83]

Bei der Fahrt durch das schottische Land versäumte er es nicht, auch dem »schottischen Nektar«, dem Whisky, zuzusprechen.

In Edinburgh hat er endlich wieder Gelegenheit, klinische Einrichtungen, ärztliche Ausbildungsstätten und anatomische Sammlungen zu besichtigen. Zu seinem großen Leidwesen traf er leider den berühmten Gynäkologen J. Y. Simpson (1811–1870) nicht an. Die Reise näherte sich ihrem Ende. Am 4. August wurde von Dalmahoy aus mit einem Dampfschiff die Rückreise angetreten, und vier Tage später ging man in Hamburg von Bord. Über Magdeburg und Leipzig, wo Magistrat und Universität der Reisegesellschaft einen festlichen Empfang organisierten, erreichte diese am 9. August wieder die sächsische Residenz.

In einem umfangreichen zweibändigen Reisebericht, der ein Jahr später auch als Übersetzung in dem renomierten Londoner Verlag Chapman and Hall erschien, legte Carus sehr detailliert die Eindrücke dar. Zur Ausarbeitung des Manuskriptes hatte er sich mit seiner Familie in sein kleines Anwesen nach Pillnitz zurückgezogen, wo er ungestörter arbeiten konnte. Als Beraterin stand ihm Ida von Lüttichau (1798–1856) zur Seite. Er war mit ihr 1838 bekannt geworden, als ihr Gatte, der Dresdner Hoftheaterindendant Wolff August von Lüttichau (1786–1863), ihn zu ihrer ärztlichen Behandlung rief. Er fand in ihr eine äußerst kluge Gesprächspartnerin, die bereits auf Ludwig Tieck großen Einfluß ausgeübt hatte. Auf ihr Urteil gab Carus sehr viel und sprach mit ihr seine Manuskripte durch. Seinem Freund Regis ließ er wissen: »Ich darf wohl sagen, daß diese ausgezeichnete Frau hier ein wahres Juwel für mich ist; ihr feiner Geist unterscheidet trefflich alles Bedeutende, und so ersetzt sie mir viele Lücken, die, zumal nach Tiecks Weggange, so sehr sich hier fühlbar machten.«[84] Im Ergebnis des engen, anregenden Gedankenaustauschs mit Ida von Lüttichau korrigierte Carus seine Unterschätzung der Rolle der Frau in Kultur, Wissenschaft und Gesellschaft.

An Frau von Lüttichau und deren Beziehungen zu Carus

erinnerte sich auch Karl von Gutzkow (1811–1878), den auf Empfehlung von Carus 1847 von Lüttichau als Nachfolger Tiecks zum Dramaturgen des Hoftheaters berief. Er schreibt, sie war »... eine geistvolle, scharfblickende, ungemein wohlwollende Frau, die mich drei Jahre lang betrachtete, als befände ich mich im Wirkungskreise ihres Mannes in prosaischer, meiner nicht würdiger Gesellschaft ...«.

»... Ich wurde oft in deren Nähe gerufen und besaß die Teilnahme des im Hause maßgebenden sich sonst um die Jüngeren in der Literatur wenig kümmernden Leibarztes des Königs, C. G. Carus. Beide, Frau von Lüttichau und Carus, verbunden durch ein magnetisches Band, dem leider physische Erkrankung und stete ärztliche Beobachtung als Bindeglied dienen mußte, galten für die eigentlichen Schicksalsgötter der königlichen Bühne. Von diesen beiden, glaubt man, hingen alle Maßregeln ab. Dem war jedoch nicht so ...«[85]

Familienleben und Zeitereignisse

Das Leben der Familie Carus verlief in bester Harmonie. Noch immer lebte die Mutter, jetzt bereits 82jährig, an der Carus mit besonderer Liebe hing, in ihrer Mitte und war »durch ihr eigentümlich geistvolles heiteres Wesen ... uns allen stets ein wahres Musterbild geblieben«, wie er in seiner Biographie feststellt. Der ältere Sohn Albert Gustav Carus hatte sich als Arzt bereits einen guten Namen gemacht, während der jüngere, August Wolfgang Carus in Leipzig bei Otto Linné Erdmann (1804–1869) Chemie studierte. Die Töchter waren im Hause bestrebt, den vielseitig belasteten Vater durch ihr liebevolles Wesen zu erfreuen. Carus war voller Aktivität und rief dem in Einsamkeit zurückgezogenen und mißmutig gewordenen Freund Regis zu:

»Es gibt mir oft einige Gedanken, wie unsere Ansichten doch so weit auseinander liegen: Mir treibt das Leben immer neue Begegnungen, neue Verhältnisse, neue Bestrebungen heran, die mich zwingen, stets von neuem der Wirklichkeit mich rüstig zugewendet zu erhalten, ja die mir kaum Zeit gestatten, das was im Innern rastlos empordringt, sattsam zu formen und zu verarbeiten... Warum sollte es nicht die echte Freude des Wissenden sein, den Tag als Tag zu gebrauchen!... Ist in unseren Jahren die Zeit zum Verholzen? Im Gegenteil, ich versichere Ihnen, daß die höhere Jugendlichkeit des Geistes erst jetzt mir recht anfängt aufzugehen«.[86]

Dieser Aufgeschlossenheit entgingen nicht eine Vielzahl von ökonomischen, sozialen und politischen Anzeichen, die der wachsenden Unzufriedenheit des Volkes Ausdruck verliehen.

Mit dem Wirksamwerden bürgerlicher Reformen war während der ersten Jahrzehnte des 19. Jahrhunderts die bürgerliche Umwälzung eingeleitet worden. Die industrielle Revolution und die Durchsetzung des Kapitalismus in der Landwirtschaft bewirkten den Beginn der sozialen Liquidation des Kleinbürgertums vor allem im Gewerbe und die Verelendung des sich entwickelnden Industrieproletariats, der Handwerker, der Kleinbauern und des Landproletariats.

Das ständige zahlenmäßige Wachsen des Proletariats, seine Zentralisation und Revolutionierung in industriellen Schwerpunkten wurde für die weitere Revolutionierung in Deutschland bedeutungsvoll. Die Beteiligung des Proletariats an der antifeudalen Opposition verstärkte in Sachsen relativ zeitig weitgehend deren demokratischen Charakter und beschleunigte ihren Differenzierungsprozeß, der sich schon während des Blutbades vom 12. August 1845 in Leipzig deutlich zeigte. Carus, der zu einem Besuch bei seinem Sohn weilte, war Augenzeuge des heimtückischen Überfalls geworden. Die Deutschkatholiken, eine Gruppierung der antifeudalen Opposition, hatten gegen den Prinzen Johann, einen hartnäckigen Gegner einer freiheitlichen religiösen Bewegung, vor dessen Hotel demonstriert. Das Militär schoß in die wehrlose Menge und tötete neun Demonstranten. Dieses Ereignis führte Tausende unentschlossener, bisher loyaler Kleinbürger, die bis zu diesem Tag ausschließlich von Petitionsbewegungen eine Änderung der Verhältnisse erhofften, der demokratischen Opposition zu. Der Demokrat Robert Blum (1807–1848) schrieb dem Arzt und Führer der konsequenten Demokraten in Ostpreußen, Johann Jacoby

(1805—1877), zur Situation in Sachsen: »Die Reaktion ist allerdings furchtbar in diesem Augenblick und es gibt kein Land, in welchem man so viel Knechtungsversuche aller Art macht. Aber gerade dadurch ist auch der Spießbürger zum Teil zur Besinnung gelangt und hat die schwere Täuschung erkannt, die ihn so lange umnebelt hat ...«[87]

Von der menschlichen Psyche

Carus versuchte in diesen bewegten Monaten, das Wesen des Menschen und dessen Handlungsmotivationen zu ergründen, dessen Haltung, darüber gab es für ihn keinen Zweifel, weitgehend von den Lebensverhältnissen bestimmt wurde.

Die in den »Vorlesungen über Psychologie« entwickelten Gedanken, die Oken als »Fötus der Psychologie« bezeichnet hatte, weiterführend, legte Carus 1846 sein psychologisches Hauptwerk, die »Psyche«, vor.

In dem Bemühen, das Seelenleben des Menschen darzustellen, ist es Carus' besonderes Verdienst, dabei das Problem des Unbewußten und seiner Beziehungen zum Bewußten erkannt zu haben.

Wesentlich zum Verständnis des Anliegens sind zunächst die Motive, die zum Entstehen des Werkes führten:

»... wie der, welcher in einer tobenden Brandung schwimmt und alle Sinne nur anspannen muß, um das rettende Ufer zu erreichen, in dem Augenblicke an gar nichts Anderes denken kann, indem ihm nun unwillkürlich alle Vorstellungen weit zurückgedrängt werden, die ihm sonst wohl die wichtigsten waren, so finden sich jetzt eine Menge von Menschen dergestalt in das brausende Treiben industrieller, commercieller, statistischer, ökonomischer und politischer Interessen eingezwängt und festgehalten, daß irgend ein ruhiges Schauen in sich ... fortan ihnen fast zur Unmöglichkeit wird. Nicht minder groß auf der andern Seite ist dann auch die Zahl Derer, in denen der stäte Kampf mit der peinigenden Noth des Lebens, in denen der Mangel aller geistigen Bildung und Nahrung den Drang jener höhern Sehnsucht und die Begierde nach Lösung jener höhern Aufgabe auf keine Weise mehr aufkommen läßt.«[88]

Carus Ziel war es, dem durch die gesellschaftliche Misere verunsicherten Menschen zur Selbsterkenntnis zu verhelfen. Bereits seit den Denkern der Antike wurde in der Geschichte der Philosophie über die Natur des Bewußtseins zwischen den Materialisten und Idealisten ein hartnäckiger Kampf geführt. Dabei ging es um die Grundfrage, ob das Bewußtsein eine natürliche Tätigkeit des menschlichen Gehirns sei, oder ob es aus einer immateriellen Seele bzw. aus anderen übernatürlichen Ursprüngen abgeleitet ist.

Während die Idealisten stets davon ausgingen, das Bewußtsein sei eine von der Materie unabhängige Erscheinung, vertraten die Materialisten die Ansicht, daß psychische Prozesse natürliche Vorgänge mit materieller Grundlage sind. Wegbereiter dieser Erkenntnis waren Demokrit (um 460 – um 360 v. u. Z.), der die Natur aus der ihr eigenen Gesetzmäßigkeit zu erklären suchte, Thomas Hobbes (1588–1679), der sich entschieden gegen die idealistische Bewußtseinslehre von René Descartes (1596–1650) aussprach, und vor allem die französischen Materialisten des 18. Jahrhunderts, Denis Diderot (1713–1784) und Paul Heinrich Dietrich Holbach (1723–1789). Diese führten, gestützt auf die Erkenntnisse der Naturwissenschaft, den Nachweis, daß das Denken ein Produkt der Materie Gehirn sei. Aus dieser prinzipiell richtigen Orientierung zogen Vulgärmaterialisten wie Karl Vogt (1817–1895) falsche Schlüsse. So behauptete dieser »Die Gedanken stehen in demselben Verhältnis zu dem Gehirn wie die Galle zur Leber oder Urin zu den Nieren«. Andere wiederum hielten das Psychische nur für ein unwirksames Abfallprodukt materieller Vorgänge.

In den ersten Jahrzehnten des 19. Jahrhunderts begann eine tiefgreifende Wende im Bereich der Psychiatrie, die bisher weitgehend eine Domäne des Aberglaubens gewesen war. Wilhelm Griesinger (1817–1868) gebührt das Verdienst, dieser medizinischen Spezialdisziplin eine materialistische Grundlage gegeben zu haben. Er bezeichnete die mechanischen Auffassungen Vogts als »platten und seichten Materialismus, der die allgemeinsten und wertvollsten Tatsachen des menschlichen Bewußtseins über Bord werfen möchte, weil sie sich nicht im Gehirn mit Händen greifen lassen«.

Im Gegensatz dazu stellte er in seiner 1843 entstandenen Schrift »Über psychische Reflexationen« fest: »... der künstlich komplizierte Bau des Gehirns sei nicht bloß des anatomischen Interesses wegen da, sondern er stelle die organischen Apparate zur Aufnahme der zentripetalen Eindrücke, zu ihrer Umarbeitung in Vorstellungen, zu deren Zerstreuung und Kombination, zu ihrem Übergang in Strebungen und zur Entladung der Bewegungsimpulse dar. In der Tat, weder an Selbstachtung noch an Menschenliebe wird man ärmer, wenn man sich klarmacht, daß Vorstellen und Streben das Resultat organischer Prozesse sind ...«

Während Carus seine »Psyche« noch mit der idealistischen These einleitete, die als Grundgedanke seiner Psychologie angesehen werden kann: »Der Schlüssel zur Erkenntnis vom Wesen des bewußten Seelenlebens liegt in der Region des Unbewußtseins«, vermerkte Griesinger: »Der Unterschied zwischen unbewußter, halbbewußter (dunkler) und bewußter Vorstellung wäre demnach ein bloß quantitativer; aber er schlägt, wie bereits bemerkt, an einem gewissen Punkt in eine Qualitätsänderung um«.

Psychische Funktionen waren für ihn nicht Abfallprodukte des Gehirns, sondern Vorgänge von hoher Aktivität. Sein Denken tendiert damit zum dialektischen Materialismus, der in Verallgemeinerung der entsprechenden naturwissenschaftlichen Erkenntnisse, der Verarbeitung praktischer Erfahrungen und der kritischen Wertung der Geschichte des philosophischen Denkens, das Bewußtsein als ideelle Widerspiegelung der Realität charakterisiert. Dieses ist eine spezifische Funktion des Gehirns, das damit nicht Quelle, sondern Organ des Bewußtseins ist, das an die Materie gebunden und durch die materielle Welt determiniert wird. Carus hat, und darin liegt das Originäre seines Werkes, auf die Bedeutung auch des Unbewußten hingewiesen — wobei, das sei in bezug auf die weiteren Ausführungen berücksichtigt, diesbezüglich jeweils die medizinisch relevanten Erscheinungen in Betracht gezogen werden, die jedoch trotz ihrer Fachspezifität erkenntnistheoretische Voraussetzungen haben. Bei aller Bedeutung, das Problem des Unbewußten aufgegriffen zu haben, bleibt die Kritik, daß Carus dieses fälschlich nicht nur als Basis des

Bild 77. Eichen am Meer. Ölgemälde, 1835

Bild 79. Johann Gottfried Schadow (1764–1850). Selbstbildnis. Bildhauer und Direktor der Berliner Akademie der Künste

Bild 78. Mein Landhaus in Pillnitz. Ölgemälde um 1833

Reise

durch

Deutschland, Italien

und die

Schweitz,

im Jahre 1828.

von

C. G. Carus.

Erster Theil.

Leipzig, Verlag von Gerhard Fleischer. 1835.

In Commission bei Adolf Frohberger.

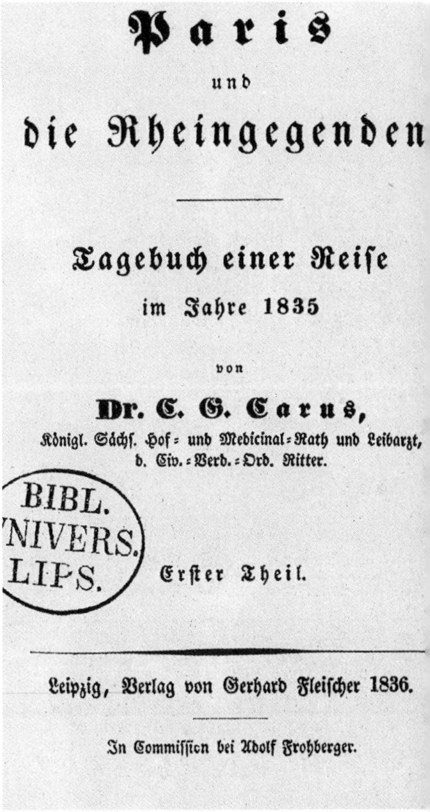

Paris

und

die Rheingegenden

Tagebuch einer Reise

im Jahre 1835

von

Dr. C. G. Carus,

Königl. Sächs. Hof= und Medicinal=Rath und Leibarzt,
b. Civ.=Verd.=Ord. Ritter.

Erster Theil.

Leipzig, Verlag von Gerhard Fleischer 1836.

In Commission bei Adolf Frohberger.

Bild 80. Reisebericht durch Deutschland, Italien und die Schweiz 1828. Erschienen 1835
Bild 81. Bericht über die Reise nach Paris und den Rheingegenden 1835

Bild 82. Villa Cara. Kupferstich nach C. J. C. Peschek

Bild 83. Briefe über Goethes Faust, 1835

Briefe

über

Göthe's Faust

von

C. G. Carus.

Erstes Heft.

Ein Vorwort und drei Briefe enthaltend.

Leipzig, 1835.

Verlag von Gerhard Fleischer.

In Commission bei Adolf Frohberger.

Bild 84. Friedrich August von Ammon (1799–1861), Professor an der Medizinisch-Chirurgischen Akademie und Leibarzt. Freund von Carus

Bild 85. Sopie Charlotte Rietschel geb. Carus (1810–1838), 1838

Bild 86. Ernst Friedrich August Rietschel (1804–1861). Bedeutender Bildhauer des Klassizismus. Schwiegersohn von Carus

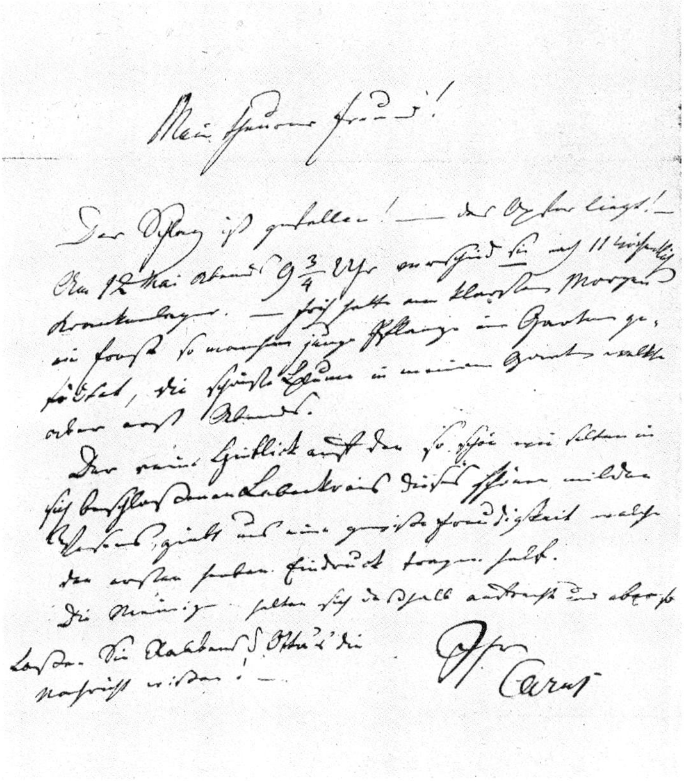

Bild 87. Mitteilung vom Tode der Tochter am 12. Mai 1838

Bild 88. Carl Gustav Carus im Alter von 48 Jahren

Bild 89. Leipzig–Dresdener Eisenbahn, 1839

Bild 90. System der Physiologie. Teil eins des dreibändigen Werkes, 1838
Bild 91. Zwölf Briefe über das Erdenleben, 1841

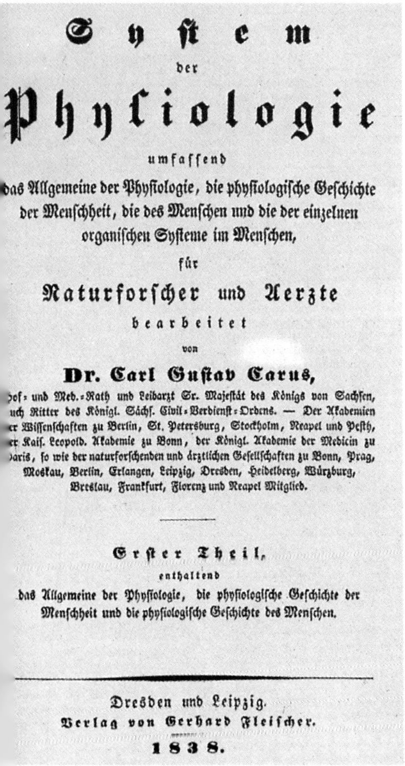

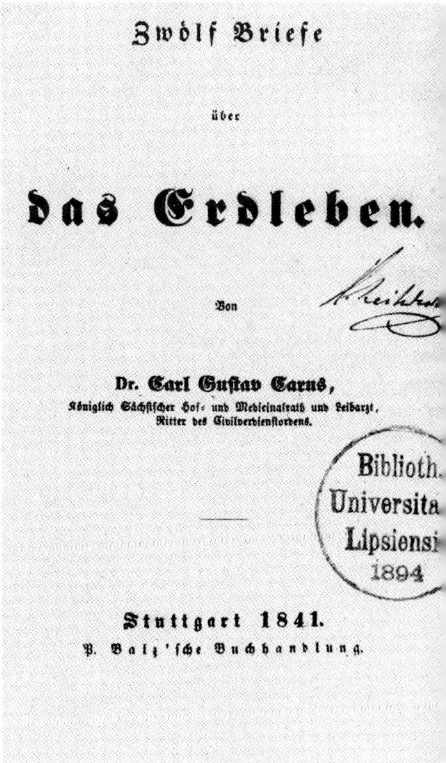

Einige Worte

über das

Verhältniß der Kunst krank zu sein

zur

Kunst gesund zu sein.

Von

Dr. C. G. Carus,

Hof= und Medicinal=Rath, Leibarzt Sr. Majestät des Königs von
Sachsen und des Königl. Sächs. Civil=Verdienst=Ordens und des
Königl. Preuß. rothen Adler=Ordens III. Cl. Ritter.

Leipzig, 1843.
August Weichardt.

Göthe.

Zu dessen näherem Verständniß

von

C. G. Carus.

Beigegeben ist eine Reihe bisher ungedruckter Briefe Göthe's an
den Herausgeber.

Leipzig, 1843.
August Weichardt.

Bild 92. Einige Worte über das Verhältnis der Kunst krank zu sein zur Kunst gesund zu sein, 1843
Bild 93. Carus' zweites Werk über sein Vorbild Goethe, 1843
Bild 94. Bericht über die Reise nach England und Schottland, 1844

England und Schottland

im Jahre 1844.

Von

Dr. C. G. Carus,

Leibarzt Sr. Majestät des Königs von Sachsen und Geheimen Medicinalrath

---

Erster Theil.

Berlin,

Verlag von Alexander Duncker,
königl. Hofbuchhändler

1845.

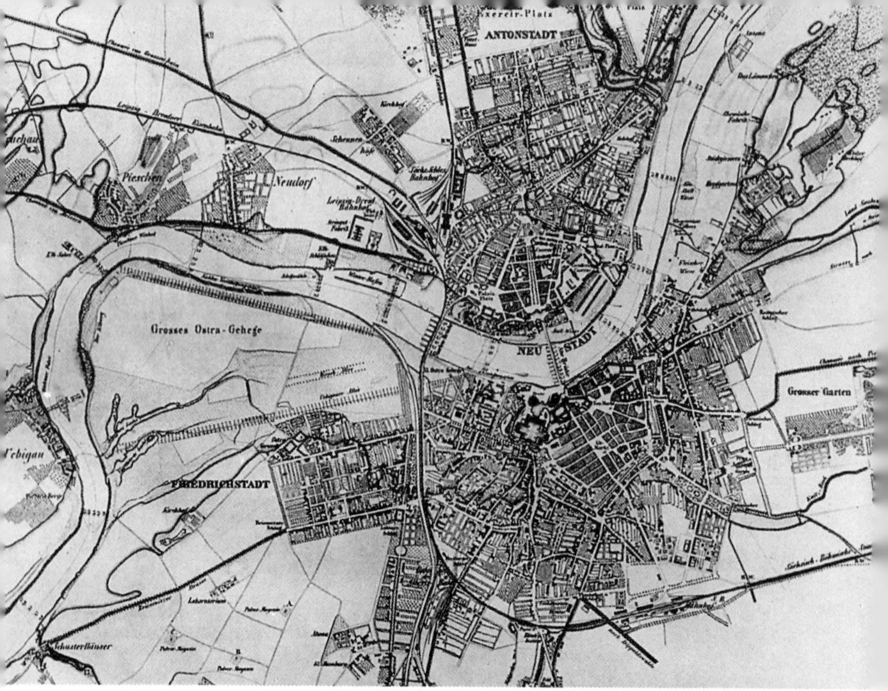
ANTONSTADT
Pieschen
Neudorf
Grosses Ostra-Gehege
NEU STADT
FRIEDRICHSTADT
Grosser Garten

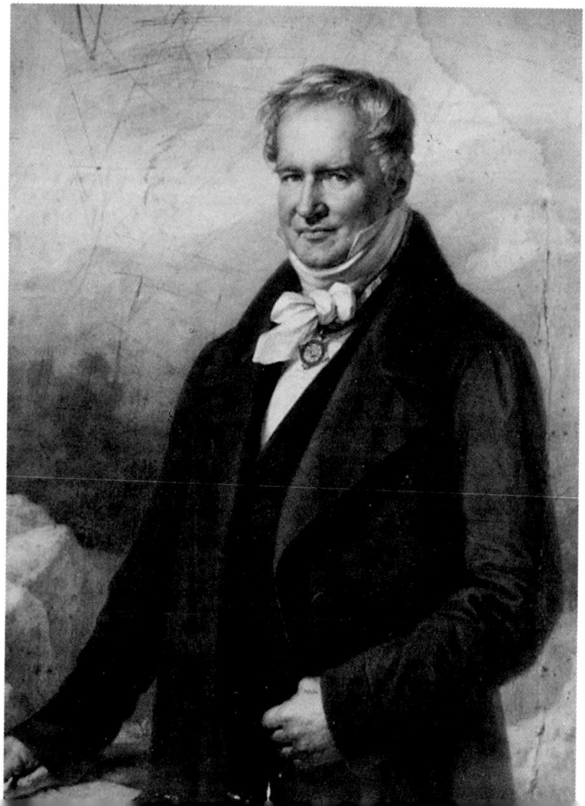

Bild 95. Stadtplan von Dresden, 1845 (Ausschnitt)
Bild 96. Alexander von Humboldt (1796–1859)
Bild 97. Psyche, 1846

Psyche.

Zur

Entwicklungsgeschichte der Seele.

Von

Dr. Carl Gustav Carus,

Geheimen Medicinalrathe, Leibarzte Sr. Majestät des Königs von Sachsen, Ritter des Königl. Sächs. Civilverdienstordens, des Königl. Preuß. rothen Adlerordens 3. Kl. und des Königl. Belg. St. Leopoldordens, der Akademien von Berlin, Petersburg, Paris, London, Philadelphia, Stockholm, Neapel, Florenz u. s. w. Mitgliede.

Pforzheim,

Flammer und Hoffmann.

1846.

279

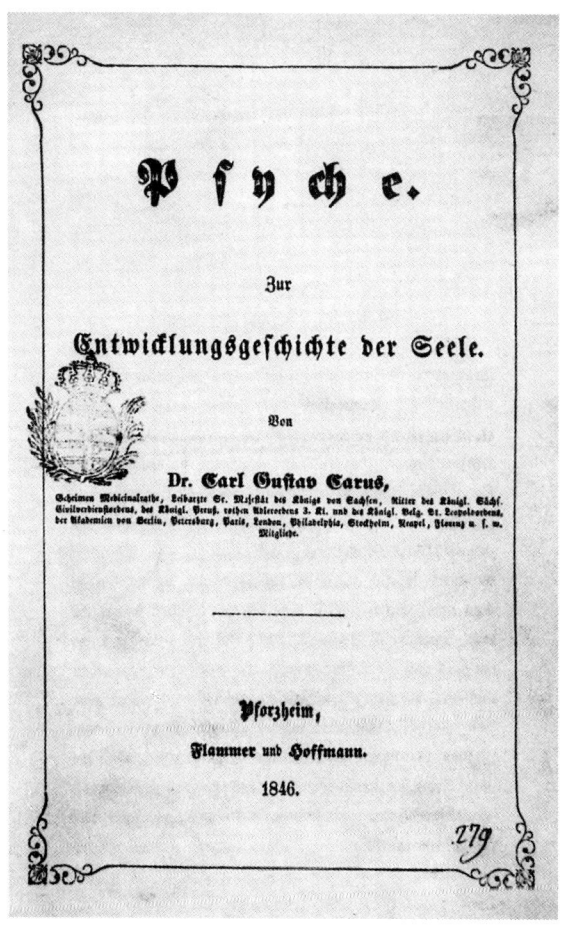

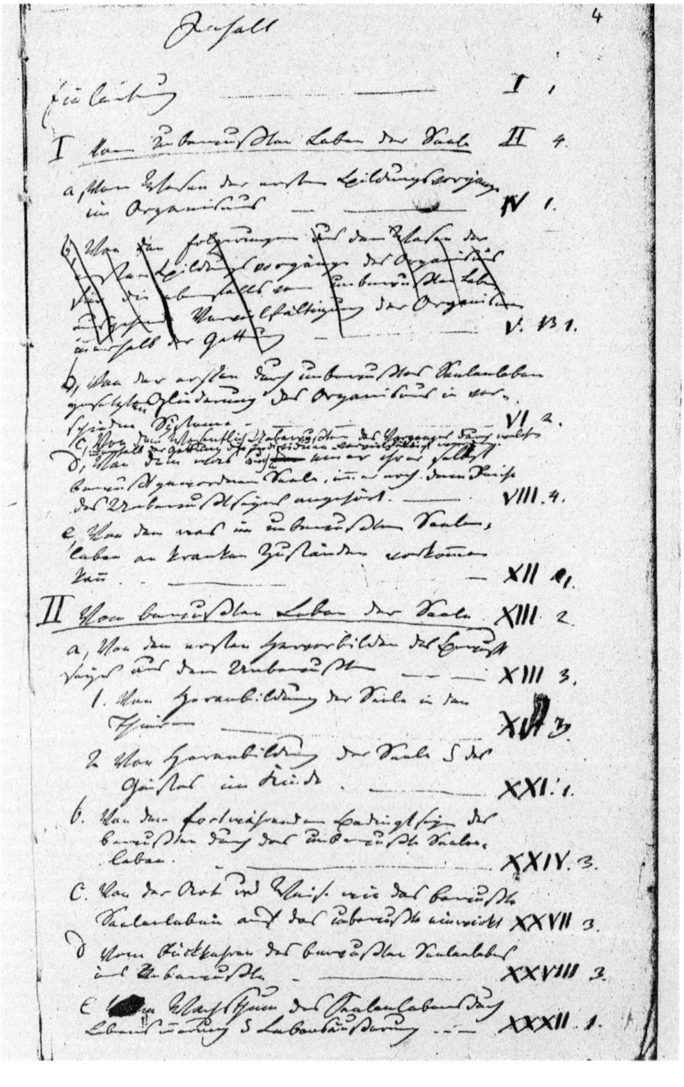
Inhalt
Einleitung — I, 1
I Vom unbewußten Leben der Seele II 4.
a, Vom Verhalten der ersten Bildungsvorgänge im Organismus — IV 1.
b, Von der ersten durch unbewußtes Seelenleben gestalteten Gliederung des Organismus in verschiedenen Systemen — VI 2.
e Von dem was im unbewußten Seelenleben an kranken Zuständen vorkommen kann — XII 1.
II Vom bewußten Leben der Seele XIII 2.
a, Von dem ersten Hervorbilden des Bewußtseins aus dem Unbewußten — XIII 3.
1. Vom Heranbilden der Seele in den Thieren — XIV 3.
2 Vom Heranbilden der Seele und des Geistes im Kinde — XXI 1.
b. Von der fortwährenden Bedingtheit des Bewußten durch das Unbewußte Seelenleben — XXIV 3.
c. Von der Art und Weise wie das bewußte Seelenleben auf das unbewußte einwirkt XXVII 3.
d Vom Rückkehren des bewußten Seelenlebens ins Unbewußte — XXVIII 3.
e … Verhältniß des Seelenlebens zu Lebensstörung und Lebenszerstörung — XXXII 1.

Bild 98. Inhaltsübersicht zur „Psyche“

f, Von der Veranlaßung der Seele
zur Personalität, s zum Charakter
s von der Verschiedenheit der Seelen XXXIV.

g. Von den verschiedenen Vorstellungen
des Seelenlebens.   XXXVII.

A zur Geschichte des Gefühls -   XXXVIII. 1
   1. die Geschichte der Freude ....   XXXVIII. 2
   2. die Geschichte der Trauer ....   XXXIX. 2
   3. die Geschichte der Liebe ....   XL. 3.
   4. die Geschichte des Haßes ....   XLIV. 2
   5. Über den gleichmäßigen Zustand
      des Gemüths ---   XLV. 4.

B zur Geschichte der Erkenntniß -   XLVI. 1
y. zur Geschichte des Willens   XLIX. 3.

h. Von dem Verhältniß der Seele zu andern
   Seelen ihr zur Natur & zu Gott   LIII. 2.
  α, von dem Verhältniß zu andern Seelen L III. 3.
     § zwar
  1, im Verhältniß d. s. Lebenden zu d. Lebenden LIII 4
  2, im Verhältniß d. Lebenden zu Verstorbenen LIV. a
  3 im Verhältniß d. Verstorbenen zu Lebenden V. 2
  4 im Verhältniß d. Verstorbenen zu Verstorbenen LV. 4
  B von ihrem Verhältniß zur Natur   LVI.
  γ. Von ihrem Verhältniß zu Gott.   LVII.

i. Von der Seelagerschaft d. Seele
   Krankheit   ----   LX. 4.
   α Von der Krankengeschichte   LXI. 2.
   β Von der Seele Krankheit   LXIII. 1.
   γ Einfluß der Körperlichen Krankheiten LXV. 1.
     auf die Erscheinungen am Geiste

III Von dem was in der Seele
    d. wol in ihr wenig ist   LXVIII. 4.

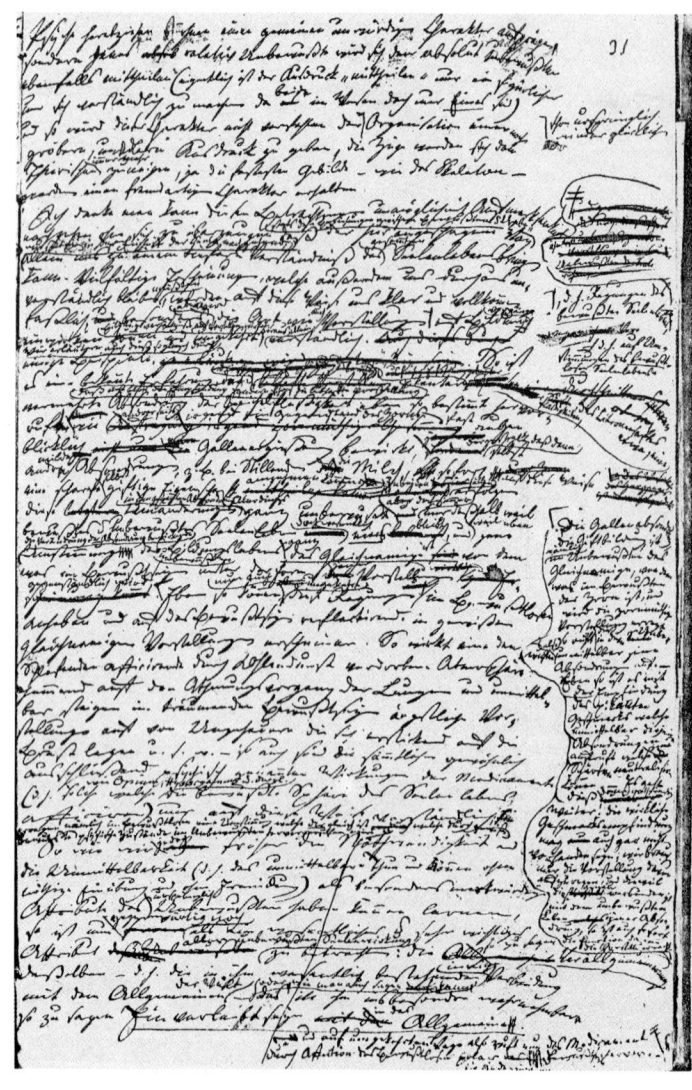

Bild 99. Manuskriptseite zur „Psyche"
Bild 100. Carus-Reliefprofil von Ernst Rietschel, 1846
Bild 101. Gesundheitspolitische Forderungen an den Feudalstaat, 1847

VII.
Von den Forderungen der Zeit an eine Reform des Medicinalwesens.

Von
Dr. C. G. Carus,
Königl. Leibarzt und Geheimen Med. Rathe.

Vielfältig und tief ist es in der neueren Zeit empfunden worden, dass in der Art und Weise der Medicinalverfassung der meisten Länder noch etwas liege, was der Abänderung, der Verbesserung dringend bedürfe. Mannichfaltige Anregungen haben in dieser Beziehung bereits hie und da Statt gefunden, und an andern Orten sah man schon wirkliche Reformen in dieser Beziehung sich vorbereiten. — Geht man nun auf den Grund dieser Unzufriedenheit, auf die Ursache dieses Buchens nach Umgestaltung, so wird man bald gewahr werden, dass sie verborgen liegen in einer Bildung und Stellung des medicinischen Personals, welche an einer Ungleichheit leidet, die für frühere Zeiten und für die historische Entwicklung im Ganzen allerdings nicht anders sich gestalten konnte, in der man es aber gegenwärtig nur zu deutlich erkennt, dass vor dem Richterstuhle der Vernunft sie sich in ihrer dermaligen Form keineswegs rechtfertigen lässt.

In sofern nämlich der Staat es über sich nimmt und nehmen muss, dafür zu sorgen, dass für ein jegliches unabweisbares Bedürfniss seiner Glieder es nicht fehle an hinreichenden und möglichst befriedigenden Mitteln, diesen Bedürfnissen zu entsprechen, so wird namentlich für Befriedigung eines so grossen und wichtigen Bedürfnisses, als das der ärztlichen Hülfe in Krankheiten der Einzelnen, die Aufmerksamkeit der

Medizinisches Reformblatt
für
Sachsen.

Herausgegeben in Leipzig

von

Prof. G. B. Günther, Dr. Millies, Dr. Clotar Müller,
Dr. Hugo Sonnenkalb und Dr. Winter.

Organ des Ausschusses der sächsischen Aerzte.

Jahrgang 1848.

Nr. 1—19.

Leipzig,
Verlag von Otto Klemm.

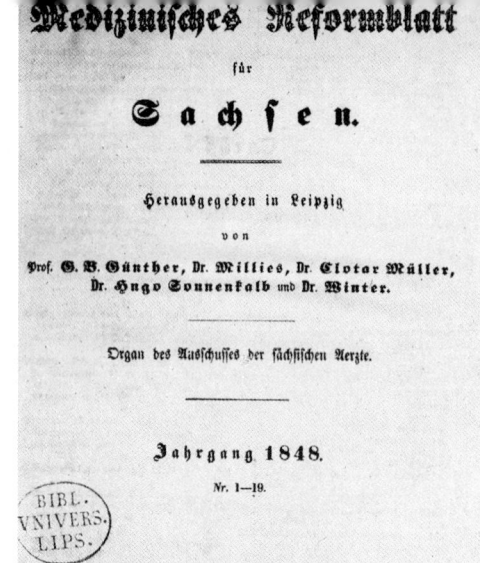

Bild 102. Reformorgan der sächsischen Ärzten, 1848–1849
Bild 103. Kampf am Zeughausplatz am 3. Mai 1849
Bild 104. Sächsische und preußische Söldner im Kampf gegen Revolutionäre am 7. Mai 1849

Bild 105. Abführung und Ermordung von gefangenen Revolutionären am 9. Mai 1849

Bild 106. Gottfried Semper (1803–1899)

Bild 107. Richard Wagner (1813–1883)

Bild 108. Eröffnung der Sächsisch-Böhmischen Eisenbahn in Pirna 1848
Bild 109. Franz Joseph Gall (1758–1828)

F. J. GALL. M. D.

Systeme Cranologique.

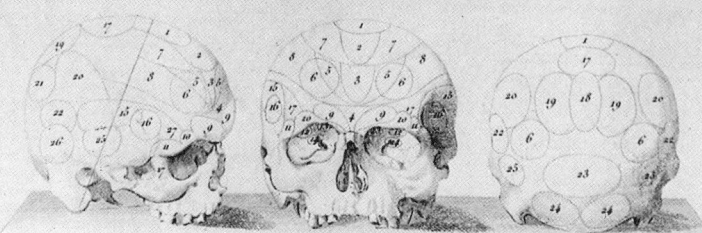

Organes des Dispositions.

1 aux idées Religieuses
2 à la Bonté
3 à l'Esprit Comparatif
4 à la Memoire des Choses
5 à la Pénétration
6 bel Esprit
7 à l'Imitation
8 à l'Esprit Philosophique
9 à la Memoire des Lieux
10 la Distinction des Couleurs
11 aux Sciences Abstraites
12 aux Langues
13 la Memoire des Phisionomies
14 la Mémoire des Mots
15 au Vol
16 aux Arts
17 à la Constance
18 à la Fierté
19 à la Vanité
20 à la Prudence
21 à l'Amitié
22 au Meurtre
23 l'Amour des Siens
24 à l'Amour
25 à la Bravoure
26 à la Ruse
27 à la Musique

Bild 110. Physis, 1851

Physis.

Zur

Geschichte des leiblichen Lebens.

Von

Carl Gustav Carus.

Mit 61 in den Text eingedruckten Figuren.

Stuttgart.

C. P. Scheitlin's Verlagshandlung.

1851.

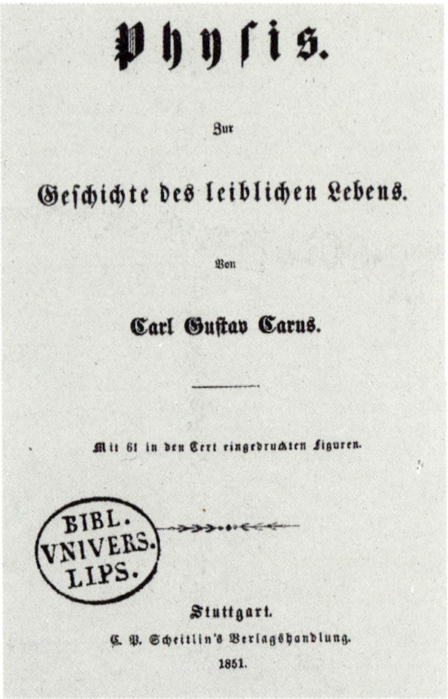

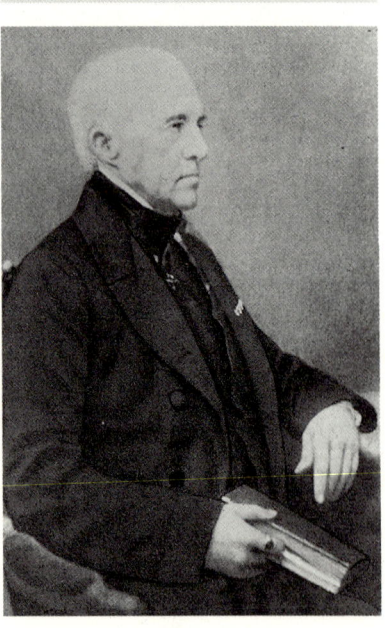

Bild 111. Carl Gustav Carus

Bewußten ansah, sondern es auch in das Bereich des Transzendentalen verlegte. Letztlich hielt er diesen psychologischen Prozeß in der Endkonsequenz für undurchschaubar, wenn er sich auch entschieden gegen eine Mystifizierung aussprach: »Wir müssen es nämlich einestheils als einen Abweg betrachten, wenn versucht wird, das zuletzt noch immer in gewisser Beziehung geheimnisvolle und mystische Gebiet der Seele mit entschiedener Gewalt durchaus vor dem bewußten Wirken des Geistes vollständig zu entschleiern und in allen seinen Strahlungen nachzuweisen, so daß gleichsam das Geheimnisvolle und Unbewußte derselben als solches ganz aufgehoben und nicht mehr geduldet werden soll; dagegen rechnen wir aber anderntheils die Richtung für nicht minder verfehlt und verloren, welche der klaren vollkommen bewußten Erwägung der Offenbarungen der Seele nicht das ihr durchaus gebührende Recht einräumen will und im Gefühl und der Ahnung eines durchaus Unbegreiflichen allein die genügende Bestimmung des Forschers suchen möchte. Das letzte ist der Abweg derer, welche Mystiker genannt werden«, denen »Alles abgeht, was eine höhere wissenschaftliche, d. h. die zuletzt doch allein befriedigende Erkenntnis fordern darf.«[89]

Carus stützte sich in seiner Auffassung auf die Klassiker der idealistischen Philosophie. Ergebnisse experimenteller Forschung standen ihm nicht zur Verfügung. Seine Hypothesen sind Ausdruck der Tatsache, daß sich in Ermangelung von Methoden und Ergebnissen der Hirnuntersuchung wissenschaftliche Spekulationen entwickelten, die der Kontrolle durch Fakten entbehrten. Noch bis zur Gegenwart sind die Fragen des »Unbewußten« mehr durch Hypothesen belastet als durch empirische Forschungen belegt.

An der Realität des »Unbewußten« und dessen Einfluß auf psychologische und physiologische Funktionen und Verhaltensweisen besteht kein Zweifel. Experimentelle und klinische Befunde stellen unter Beweis, daß das menschliche Verhalten sowohl von bewußten als auch von unbewußten Verarbeitungsvorgängen reguliert wird, wobei das Bewußtsein den bei weitem dominierenden Platz im psychischen Leben und der Tätigkeit des Menschen einnimmt. Wir folgen dabei den Erkenntnissen der modernen Physiologie: »Das Nicht-Bewußtwerden des bedingten Reflexes als ganzes oder einzelner seiner Elemente ist nur eine Etappe im Bildungsprozeß komplizierter bedingter Reflexe, eine niedrigere Stufe, die gesetzmäßig ins Stadium des Bewußtwerdens übergeht«[90]. Das Unbewußte bildet demnach keine selbständige Kategorie, sondern ist eine evolutionäre Etappe im Prozeß des Bewußtwerdens.

Das von Carus theoretisch erkannte Problem des Unbewußten wird auf der Grundlage der gleichen objektiven wissenschaftlichen Methoden, einschließlich experimenteller Analysen, erforscht wie andere Prozesse der Hirntätigkeit; es wird charakterisiert als eine spezifische Form der Widerspiegelung der Außenwelt, »als ein Gebiet psychischer Prozesse, auf deren Grundlage die Verbindung zwischen Subjekt und Umwelt hergestellt wird, ohne daß die Aktivität bewußt wurde.«[91]

Im diametralen Gegensatz zu diesen wissenschaftlichen Auffassungen und Zielorientierungen errichten die von Positionen des Idealismus aus gelenkten Konzeptionen psychosomatischer Medizin, die sich völlig unberechtigt auf den »Stammvater« Carus berufen, ihre Auffassungen. In einer uferlosen Ausweitung des »Unbewußten« werden in der psychoanalytischen Neurosenlehre psychogene Erkrankungen, die mit Hilfe von exakten Untersuchungen der Ursachen und Symptome durchaus durchschaubar wären, ins »Reich des Unbewußten« verdrängt, und letztlich das Unbewußte zur beherrschenden Instanz im psychischen Leben des Menschen deklariert. Eine Absicht, die allzu vordergründig ist, ergibt sich doch als Konsequenz daraus eine Abqualifizierung der Rolle des Bewußtseins und seiner aktiven gesellschaftsverändernden Kraft. —

Revolution und Gegenrevolution

Mit der gesteigerten Akkumulation des Kapitals ging eine ständige Zunahme des Elends Hand in Hand. Da sich die Preise vor allem der Grundnahrungsmittel in Auswirkung der

Wirtschaftskrisen und Mißernten der Jahre 1846/47 rapide erhöhten und sich von 1844 bis 1847 mehr als verdoppelten, im Gegensatz dazu aber die Löhne weitgehend stagnierten und teilweise sogar fielen, erreichte der Notstand des Volkes größte Ausmaße. In dieser Situation spitzten sich die gesellschaftlichen Gegensätze zur revolutionären politischen Krise zu.

»Gefördert durch die Wirtschaftskrise und beschleunigt durch den Ausbruch der Pariser Februarrevolution 1848, begann die Revolution am 27. Februar 1848 in Baden. Unter dem Panier der Märzforderungen erhoben sich in rascher Folge auch in den anderen deutschen Klein- und Mittelstaaten Arbeiter, Handwerker, Bauern und Bürger in Demonstrationen, Versammlungen und Aufständen gegen die Reaktion und zwangen sie, die alten Regierungen durch liberale Märzministerien zu ersetzen und demokratische Rechte und Freiheiten zuzugestehen.«[91a]

Carus' Schwiegersohn, Ernst Rietschel, brachte die Haltung der Mehrheit der bürgerlichen Intelligenz zum Ausdruck:

»Ich hatte mich, wie wohl die meisten Künstler, früher nicht viel mit Politik beschäftigt, ich war unberührt von so mancher Fessel geblieben, die andere drücken mochte, deshalb erschrak ich erst vor dem erwachenden Revolutionsgeist in Deutschland. Als aber die besten deutschen Männer dieser Revolution das Wort redeten, sich an die Spitze stellten, kam ich zu einem anderen Bewußtsein. Ich fühlte mich, wie wohl alle, auf die liberale Seite gedrängt, als mehr und mehr die Vergehen der Regierungn an den Völkern an die Öffentlichkeit gezogen wurden, als keiner der Fürsten die Zeit verstehen wollte, und immer durch neue Lappen der alte Schlauch geflickt werden sollte ...

Die Zeit ist in der Tat groß, Gutes und Vortreffliches wird sie doch gebären, wenn leider auch vieles zum Opfer fallen muß. Fürsten und Regierungen haben es verdient, daß ihnen die Hölle heiß gemacht worden ist.«[92]

Die Reaktion seines Schwiegervaters auf die revolutionären Ereignisse war abwartend: »Am Ende mußte ich freilich vorderhand all diese Dinge auf sich beruhen lassen, da etwas zu ihrer Änderung zu tun mir nicht gegeben war, und so vertiefte ich mich denn möglichst in meine Arbeiten...«[93]

Die Revolution machte um die Villa Cara keinen Bogen: »Und so stieg uns allen nun herauf jenes merkwürdige Jahr 1848, das Jahr der Erdbeben unter den Thronen und einer allgemeinen seltsamen Erschütterung der Menschheit.«[94]

Carus, der sich in Wissenschaft und Kunst zurückgezogen hatte, mußte schließlich feststellen: »Und so war man denn in vielfacher Beziehung eben mitten in allerhand poetischen Träumen, als wir gegen Ende des Monats, recht wie der ruhig Schlummernde durch den Feuerruf des Wächters, uns plötzlich aufgeschreckt fanden durch die Nachricht von der Pariser Revolution des 24. Februar.«[95]

Carus war sich der historischen Bedeutung der revolutionären Ereignisse durchaus bewußt. Die kleinbürgerliche Furcht und weitgehende Identifizierung seines Schicksals mit dem des sächsischen Königshauses ließen ihn schwanken. So sehr ihm die historische Berechtigung der Ablösung der überlebten Feudalgesellschaft auch bewußt gewesen sein mag, so sehr war er sich über seine eigene Zukunft im Ungewissen, was sich deutlich in der Äußerung zeigt: »Versuch ich erst den unmittelbaren Eindruck mir wieder hervorzurufen, welchen die Proklamation der Republik damals auf mich gemacht hatte, so fand ich ihn gemischt...

Man muß zuletzt immer suchen, den historischen Standpunkt für diese Bewegungen zu finden, um dahin zu kommen, teilnehmend darüber zu verweilen; denn wenn auch mit vielen Irrsal und vieler Roheit verknüpft, ist doch nicht zu leugnen: ein jugendliches Ringen der Idee ist im Herzen Europas aufgegangen, und viele welke Blätter schüttelt dieses Ringen ab, um frischen Trieben Raum zu bereiten. Muß doch immer von Zeit zu Zeit ein erfrischender Wind durch das Leben der Völker wehen!

Freilich der Wind ist oft schwerer auszuhalten, erregt Flußfieber und Krämpfe hier und da — aber wir müssen durch und dabei um uns schauen; denn eine große Metamorphose der Menschheit betrachtend zu erleben ist immer etwas sehr Merkwürdiges!...

Und unter so verschiedenen Gedanken rückten denn die Ereignisse weiter und weiter vor! Schon am 22. März feierte man hier die Vereinigung Deutschlands zu einem Reiche mit Festzügen, Illuminationen und Aufstecken der deutschen Farben neben denen des Landes.«[96]

Auch in der Villa Cara nähten Mutter und Töchter eilig große Fahnen zusammen. Bezeichnenderweise, wie Carus in seinen Lebenserinnerungen vermerkt, »die eine weiß und grün, die andere aus den seit den Wiener und Karlsbader Beschlüssen so viel verfolgten Farben Schwarz, Rot und Gelb oder Gold! Beide flatterten abends, von vielen Lämpchen erhellt, über dem Hoftor meiner Villa.«[97]

Nach vorübergehender Abwesenheit in Pillnitz kehrte Carus im August 1848 nach Dresden zurück.

Seit Beginn der Revolution registrierte das Bürgertum die Selbständigkeitsbestrebungen des Proletariats, das eigene soziale Forderungen vertrat »mit großer Sorge« und unterließ nichts, um »Ruhe und Orgnung« aufrecht zu erhalten.

Die Zersplitterung der Volksbewegung, die zeitliche Differenz der Erhebungen in Stadt und Land reduzierten die revolutionäre Potenz, so daß in Sachsen die Märzbewegung relativ friedlichen Charakter behielt und keineswegs Höhepunkt der Revolution war. Das hatte auf die weitere Revolutionierung der Volksmassen, insbesondere der kleinbürgerlichen Schichten, negativen Einfluß.

Alle Protestaktionen, wie Adressen- und Petitionsbewegungen, die diese Etappe der Revolution in Sachsen kennzeichneten, bewegten sich nach dem Rücktritt der verhaßten Regierung Könneritz in den Grenzen der Legalität.

Das wirkte sich auch auf Carus' Haltung aus, der offensichtlich den Auseinandersetzungen um die Schleswig-Holstein-Frage größere Bedeutung beimaß als dem Geschehen in Sachsen selbst.

Die Schleswig-Holstein-Frage war ein wichtiges nationales Teilproblem der deutschen Einheitsbewegung, um dessen Lösung 1848 militärische Auseinandersetzungen mit Dänemark geführt wurden. »Die Schleswig-Holsteiner erhoben sich während der Revolution gegen Dänemark, errangen faktisch die Unabhängigkeit und forderten den Anschluß der Herzogtümer an Deutschland. Der sich daraus mit Dänemark entwickelnde Dänisch-Deutsche Krieg 1848 war deutscherseits ein gerechter, revolutionärer Krieg, mit dessen Führung der Bundestag jedoch Preußen betraute, das aber nur einen Scheinkrieg führte, um die Kampfmoral seiner Truppen für konterrevolutionäre Zwecke zu festigen.«[97a]

Carus stellte fest: »Im Norden entbrannte der Krieg zwischen Deutschen und Dänen immer blutiger, der fränkische Vulkan siedete auch über von schäumender Lava, kurz jeder Tag brachte Neues und selten Gutes; und doch – so ist der Mensch! Dabei ging das gewöhnliche Leben ziemlich seinen alten ununterbrochenen Gang fort ...«[98]

Tatsächlich hatte sich in dieser Etappe der Revolution in der sächsischen Metropole wenig verändert. Im Theaterleben erfreute sich Carus an der Shakespeare-Inszenierung des »König Johann« durch Eduard Devrient (1801–1877), in der auch dessen Bruder Emil Devrient (1803–1872) mitwirkte, der als Nachfolger Ludwig Tiecks zum Oberspielleiter berufen worden war.

Besonders begrüßte Carus die Rückkehr von Wilhelmine Schröder-Devrient (1804–1860), der ebenso hervorragenden Schauspielerin wie Sängerin, die künftig wieder häufig in seinem Hause weilte.

Mit Argwohn betrachtete Carus die Entwicklung der neuen literarischen Bewegung »Junges Deutschland«, in der er, bedingt durch deren journalistische Neigungen, schriftstellerische Geschäftemacher vermutete. In der Zeit, in der Carus mit einigen ihrer Vertreter in Berührung kam, hatte die Bewegung, die ihren Ausgang von der Julirevolution 1830 genommen hatte, bis etwa 1835 linksradikale und freiheitliche Ideen proklamierte und deshalb vom Deutschen Bund verfolgt wurde, freilich ihren revolutionären Elan verloren. Am engsten waren Carus' Beziehungen zu Karl Gutzkow. Er war zweifellos auch der literarisch talentierteste und progressivste Vertreter des »Jungen Deutschland«. Nach dem Scheitern der von ihm begrüßten 48er Revolution widersetzte er sich dem bedingungslosen Kompromiß seiner Klasse mit der Reaktion, doch blieben seine sozialkritischen Vorbehalte im Bereich bürgerlich-intellektueller Positionen, zu weitergehenden demokratischen Konsequenzen war er nicht bereit.

Carus nahm ein ihm von Gutzkow gewidmetes Gedicht ein

wenig geschmeichelt in sein im Revolutionsjahr erschienenes Erinnerungsbuch »Mnemosyne« auf. In dieser Zueignung heißt es:
»Der Musen Zahl, der ungeteilten, ganzen,
Hast du dich angelobt! Nicht einer, allen!
Wie dicht der Reigen, den sie vor die tanzen
Auf einer Flur, in eines Tempels Hallen!«

Carus' Sammelwerk enthält seit 1818 entstandene vermischte Aufsätze und Erinnerungen sowie ein biographisches Fragment zu seiner Kindheit.

Die gesellschaftlichen Widersprüche verlangten nach einer Lösung und beließen es, die Entwicklung vorantreibend, nicht bei der Beibehaltung des »gewöhnlichen Lebens«.

Als Folge der Zugeständnisse, die nach der Märzrevolution 1848 von der Reaktion unter dem Druck der Volksmassen der antifeudalen Opposition gewährt wurden, wie Vereins-, Versammlungs- und Pressefreiheit, konstituierten sich in ganz Sachsen Vereine, die sich regen Zustroms erfreuten. Zum Initiator für die Sammlung der Demokraten wurde der Leipziger Vaterlandsverein. Da von der sozialen Zusammensetzung her das städtische Kleinbürgertum und Vertreter des Proletariats die Massenbasis der Vaterlandsvereine bildeten, hatten diese vor allem in den Groß- und Mittelstädten eine starke Position.

Auch die liberale Vereinsbewegung nahm in Leipzig ihren Anfang. Zu den Gründern des liberalen »Deutschen Vereins«, dem auch Carus nahe stand, zählte sein ehemaliger Lehrer und Freund Clarus. Nach dem Vorbild des Leipziger Vereins wurden im gesamten Königreich weitere Vereine, in denen vornehmlich Vertreter der Bourgeoisie, Beamte, wohlhabende Handwerker und Teile der Intelligenz eine politische Heimstätte fanden, ins Leben gerufen. Die Deutschen Vereine konnten weder an Mitgliederzahlen noch an organisatorischer Festigkeit die Stärke der demokratischen Vaterlandsvereine erreichen, in denen sich allerdings wiederum eine Differenzierung in gemäßigte, konstitutionelle Demokraten und Republikaner vollzog. Die Furcht der Besitzbürger und Beamten, die in dieser Zeit auch Carus' Haltung bestimmte, kennzeichnet ein Aufruf des Dresdner

Deutschen Vereins an das sächsische Volk: »Furchtbar lastet der Druck der Zeit auf Sachsens Gewerbetätigkeit. Wo noch vor kurzem rüstiger Fleiß herrschte, strecken sich jetzt tausend arbeitswillige Hände nach Beschäftigung aus, nach Brod. Verzweiflung muß sich endlich der Herzen bemeistern, und wehe uns, wenn die Leidenschaften den aufgewühlten Strom über die Dämme des Gesetzes treibt und die bürgerliche Ordnung überflutet.«[99]

Im Zusammenhang mit den Auseinandersetzungen in der Mai-Wahlbewegung zum Frankfurter Parlament, bei denen die Demokraten einen klaren Sieg erzielten, hatte der Vaterlandsverein seinen politischen Kontrahenten wie folgt charakterisiert: »Der Deutsche Verein betrachtet die Monarchie als Hauptsache und will zwar nebenbei auch die Freiheit, wenn er aber von beiden nur das Eine wählen dürfte, so würde er die Freiheit opfern, um die Monarchie zu erhalten.«[100]

Wie recht man mit dieser Einschätzung hatte, zeigt eine Proklamation der Deutschen Vereine Sachsens: »Mit Erlassung des Ministerialprogramms vom 16. März 1848 war aber die Revolution in Sachsen, wenn man von einer solchen überhaupt sprechen kann, offenbar geschlossen, denn der Grund derselben war vernichtet. Es begann nun lediglich die Reform durch die sofort zusammengetretenen Factoren der Gesetzgebung.«[101]

Mit der Rechtsentwicklung der Liberalen, die bei einigen von ihnen bis zum Beitritt zu dem am 23. Juli gegründeten »Constitutionellen Verein für Sachsen«, einem Sammelbekken der Reaktion, führte, wurde der Weg für konterrevolutionäre Schritte geebnet. Diese Gefahr, die auch eine dynastische Intervention von außen einschloß, führte zu einem Höhepunkt der politischen Aktivität des Volkes, der in die Septemberkrise 1848 mündete.

In dieser revolutionären Situation verbreitete sich die politische Aktivität von den bisherigen Zentren Leipzig und Dresden auch auf das Land, insbesondere das Vogtland und Erzgebirge, so daß die demokratische Bewegung in Sachsen sowohl an Breite und Tiefe als auch an politischer Konsequenz gewann und seit der Septemberkrise kontinuierlich eine Linksentwicklung erfuhr. Ausdruck dessen waren die Ergebnisse der unter großer Beteiligung durchgeführten Dezemberwahlen zum sächsichen Landtag. Sie endeten mit einem überwältigenden Sieg der durch die Arbeiterklasse unterstützten kleinbürgerlichen Demokratie. Von den 75 Sitzen der 2. Kammer hatten die Demokraten 66 errungen. Damit wurde der Landtag seit Beginn des Jahres 1849 zu einem Zentrum der Volksbewegung und deren Führungsorgan.[102] Sachsen wurde zum Zentrum der Demokratie in Deutschland, was auch in der Tatsache zum Ausdruck kommt, daß der Zentralausschuß der Demokraten seinen Sitz vorübergehend nach Leipzig verlegte. Von hier aus wirkte der Arzt und revolutionäre Demokrat Karl D'Ester (1813–1859) in Sinne einer im gesamten Deutschland ausbrechenden zweiten Revolution und trat dabei in Kontakt mit der durch Karl Marx beeinflußten, von dem Mitglied des »Bundes der Kommunisten«, Stephan Born (1824–1898), geleiteten »Arbeiterverbrüderung«, der vorwärtstreibenden Kraft der Revolution in Sachsen.

Im Mai 1849 wurde die revolutionäre Situation im Kampf um die Durchsetzung der in Frankfurt verabschiedeten bürgerlich-liberalen Reichsverfassung weiter verschärft, so daß sich die Verfassungskampagne zum Höhepunkt der bürgerlich-demokratischen Revolution in Sachsen gestaltete. Diese die Grenzen der Legalität und des Parlamentarismus sprengende spontane Volksbewegung führte schließlich zum bewaffneten Dresdner Maiaufstand.[103]

Am 30. April hatte der Ausschuß des »Dresdner Vaterlandsvereins« die Auflösung der Kammer durch den König mit einem Aufruf an das Volk beantwortet:

»Die Stunde hat geschlagen, wo das Volk durch die Tat beweisen muß, daß es ein einiges, souveränes deutsches Volk sein will, es koste, was es wolle. Bürger, in solcher Stunde müssen wir stehen alle für einen, einer für alle. Männer der Bürgerwehr, Männer vom Militär, erinnert Euch, daß die Waffen, die ihr tragt, alle Volkswaffen sind, vereinigt Euch in dem heiligen Streben nach dem gemeinschaftlichen Ziele.«[104] Am 3. Mai stürmte das Volk das Zeughaus, während der Stadtrat mit den Stadtverordneten über eine Adresse an den König diskutierte.

Zur Zeit dieser Ereignisse befand sich Carus zu einer Visite im königlichen Schloß und beeilte sich, nach Hause zurückzukehren: »Man konnte wohl ahnen, daß der nächste Augenblick die ernstesten Entscheidungen bringen mußte, und so hatte ich nur eben Zeit, meinen schleunigen Rückzug zu nehmen, denn schon wurden alle Zugänge fest verschlossen, und als ich endlich auf dem gleichen Wege mich nach Hause wendete, sah ich schon an der Wilsdruffer [Straße], an der Breiten Gasse und auf mehrern andern das Pflaster aufreißen und mit Fässern und Kisten, welche zum Teil mit Pflastersteinen gefüllt wurden, den Barrikadenbau eifrig fortsetzen. Ebenso wurden jetzt die Straßen aufgeworfen, um die Wege dadurch für Geschütz und Kavallerie unzugänglich zu machen, kurz das Antlitz des Kriegs trat mit eins aus der frühern Ruhe der friedlichen Stadt scharf hervor.«[105]

Die guten Ausgangsbedingungen des revolutionären Kampfes wurden wegen der Unentschlossenheit des den Aufstand mit einem »Sicherheitsausschuß« leitenden Kleinbürgertums nicht genutzt. Während das Volk heldenhaft kämpfte, vereinbarte man am 4. Mai mit dem Militärgouverneur einen fünfstündigen Waffenstillstand, den der König nutzte, nach der Festung Königstein zu entkommen und der Konterrevolution Gelegenheit gab, Truppen aus den benachbarten Garnisonen sowie aus Preußen zur Verstärkung heranzuziehen.

Nach der Flucht des Königs wurde am 4. Mai eine provisorische Regierung gebildet, die alle Bürger aufforderte, den Aufstand zu unterstützen. Am Morgen des 5. Mai entbrannte der Kampf von neuem. Das Volk griff heldenhaft zu den Waffen, doch das unentschlossene Kleinbürgertum fürchtete die Folgen des Aufstandes und leistete damit der Konterrevolution Vorschub. Auch Carus' Haltung ist dafür bezeichnend. Er hatte sich in seine Villa zurückgezogen und hielt die Söhne an, sich zu verbergen, um nicht zum Dienst in der Kommunalgarde herangezogen zu werden. Er selbst versuchte trotz erheblicher Gefahren, einige schwer kranke Patienten aufzusuchen. Das Gewehrfeuer hatte jedoch am 7. Mai so zugenommen, daß er wieder nach Hause zurückkehren mußte, um sich, da nach seiner Auffassung die »Hände zum Handeln gebunden« waren, der Sichtung und Ordnung von Kupferstichen zu widmen und ab und zu mit dem Fernrohr vom Garten aus in Richtung Neumarkt zu schauen, wie die Lage sei. — Er vermerkte in seinem Lebensbericht »Während ich also hier in dieser Weise still in meiner Klause Kupferstiche ordnete, hörte man nun immerfort den Lärm des vorrückenden Kampfes ....«[106] In der Nähe hatten die Aufständischen ein Waisenhaus zu einem Versorgungsdepot und zum Verbandsplatz eingerichtet. Carus schickte Lebensmittel hin, »um wenigstens hier in der Nähe alles in gutem Gleise zu erhalten.«

Trotz überwältigender Übermacht des Gegners kämpfte das Volk am 8. Mai noch immer erbittert auf den Dresdner Barrikaden. Erst am folgenden Tag wurde der Aufstand niedergeschlagen. Die Konterrevolution nahm blutige Rache. Die preußische Soldateska plünderte, zerstörte und ermordete zahllose wehrlose Gefangene und Verwundete. Die Gefängnisse füllten sich. Viele konnten sich nur durch Flucht vor der Wut des Weißen Terrors retten. Zu den Flüchtlingen zählten der Hofkapellmeister Richard Wagner (1813—1883) und der Architekt Gottfried Semper, die an der Seite des Volkes zu den Waffen gegriffen hatten. Der Musikdirektor August Röckel (1814—1876) mußte dreizehn Jahre in dem berüchtigten Zuchthaus Waldheim schmachten, ein Schicksal, das er mit vielen anderen aufrechten Demokraten teilte. Angesichts des Wütens der Konterrevolution sprach sich Carus nachdrücklich gegen deren Brutalitäten aus. Noch aber überwog die Furcht vor der Macht der Reaktion. Einen Kompromiß mit dem Königshof zog er einem Bündnis mit den Volksmassen vor und teilte mit dieser politischen Einstellung den Standpunkt der überwiegenden Mehrheit seiner kleinbürgerlichen Schicht. Worin er sich jedoch deutlich von dieser unterschied, war sein klares Engagement für die sozial Entrechteten.

Ärztliche Hilfe für alle

Der immer stärker werdende Druck der Reaktion und die anwachsende soziale Not hatten auch Carus veranlaßt, sich mit den drängenden Problemen seiner Zeit auseinanderzusetzen. Er tat dies zunächst vor allem im Rahmen des ihm am meisten berührenden Bereiches, der Medizin.

Wie war die Situation des Medizinalwesens und der öffentlichen Gesundheitspflege im damaligen Königreich Sachsen?

Der strukturelle Aufbau des sächsischen Medizinalwesens verharrte trotz konstitutioneller Fassade in überlebten feudalbürokratischen Fesseln. Die medizinische Versorgung der Bevölkerung wurde den unteren Medizinalbehörden, insbesondere der 1836 geschaffenen Institution der Bezirksärzte überlassen (Medizinalbezirke Dresden, Leipzig, Zwickau, Bautzen). Soweit in den ersten Jahrzehnten des 19. Jahrhunderts überhaupt staatliche Verordnungen zum Gesundheitswesen erlassen wurden, berührten diese nur technisch-organisatorische Fragen. Praktische Belange oder gar soziale Fragen und Probleme der öffentlichen Gesundheitspflege fanden keine Beachtung. Je nach ihrer Ausbildung wurden die sächsischen Ärzte in drei Kategorien mit einem komplizierten System unterschiedlicher Berechtigungen differenziert.[107]

Die Ärzte 1. Klasse, denen auch Carus angehörte, absolvierten nach einer Gymnasialvorbildung ein fünfjähriges Universitätsstudium. Davon umfaßten $3^{1}/_{2}$ Jahre theoretischen Unterricht in den medizinischen Hilfswissenschaften. Daran schloß sich, die theoretische Ausbildung abschließend, das Bacalaureatsexamen. Weitere $1^{1}/_{2}$ Jahre waren der praktischen Ausbildung vorbehalten. Den Abschluß des Studiums bildete das Licentiatsexamen oder Rigorosum in lateinischer Sprache. Anschließend mußte der Absolvent promovieren, da davon für Ärzte 1. Klasse die Erlaubnis zum Praktizieren abhing. Die Ärzte 1. Klasse waren berechtigt, die innere Medizin und Chirurgie auszuüben. Sie unterstanden nicht der fachlichen Kontrolle durch die Bezirksärzte und konnten nach eigener freier Ortswahl an jedem beliebigen Ort des Landes praktizieren.

Die Ärzte 2. Klasse (medicinae practici) wurden im allgemeinen an der Dresdner Akademie ausgebildet. Sie benötigten keinen Gymnasialabschluß. Ihr Studium dauerte vier Jahre. Davon wurde ein Jahr zur Festigung und Ergänzung schulischer Vorkenntnisse sowie zur theoretischen Grundausbildung in hilfswissenschaftlichen Disziplinen genutzt. Drei Jahre waren der intensiven klinischen Ausbildung gewidmet. Das Studium wurde mit dem Examen pro praxi in deutscher Sprache abgeschlossen.

Auch die Ärzte 2. Klasse waren berechtigt, die innere Medizin und Chirurgie auszuüben, sie waren jedoch in ihrem Niederlassungsort beschränkt und aus Konkurrenzgründen an einen Ort gebunden, an dem sich kein Arzt oder nur wenige Ärzte 1. Klasse befanden. Weiterhin unterstanden sie der Aufsicht der Bezirksärzte.

Die Chirurgen oder Wundärzte absolvierten an der Dresdner Akademie eine dreijährige Ausbildung, die im wesentlichen dem Studium der Ärzte 2. Klasse entsprach. Die klinische Ausbildung war um ein Jahr kürzer und die Anforderungen des Examens pro praxi waren geringer. Die Chirurgen waren offiziell nur zur Behandlung äußerer Verletzungen und bedingt zu operativen Eingriffen und zur Geburtshilfe berechtigt. Eine konsequente Einhaltung dieser Bestimmung war jedoch nicht möglich, da der Ärztemangel auf dem Lande hier das Praktizieren der Wundärzte auch in der inneren Medizin erforderte.

Barbierstubenbesitzern war seit 1847 das Ausüben von wundärztlichen Tätigkeiten und Eingriffen der kleinen Chirurgie untersagt. In der Praxis wurde dieses Verbot jedoch häufig übertreten.

Die größte Differenz zwischen dem Ausbildungsweg der Ärzte 1. und 2. Klasse sowie dem der Wundärzte bestand weniger in einem prinzipiell unterschiedlichen fachlichen Niveau, sondern vielmehr in der Höhe der Studien- und Prüfungskosten. Während die angehenden Ärzte 1. Klasse für alle Vorlesungen Honorare zu entrichten und eine Prüfungsgebühr von 300 Talern aufzubringen hatten, waren die Ausbildungskosten der beiden anderen Arztkategorien wesentlich niedriger. Das Studium an der Dresdener Akademie kostete pauschal jährlich 18 Taler. Die Prüfungsgebühren betrugen für Ärzte 2. Klasse dreißig und für Chirurgen neun Taler. Die Vertreter dieser Arztkategorien rekrutierten sich deshalb im Gegensatz zu den Ärzten 1. Klasse aus wenig bemittelten

Kreisen des Kleinbürgertums, ein Umstand, der entscheidende Rückwirkung auf ihr Verhalten in der Revolution und Medizinalbewegung hatte.

Im Königreich Sachsen praktizierten 1838 997 Zivilärzte. Davon waren 403 Ärzte 1. Klasse, 127 Ärzte 2. Klasse und 467 Wundärzte. Etwa 71 % aller sächsischen Ärzte wirkten in der Stadt, nur 29 % auf dem Lande. Dieses für die Betreuung der Bevölkerung äußerst ungünstige Gesamtverhältnis – zwei Drittel der Einwohner lebten auf dem Lande – verschlechterte sich bei den Ärzten 1. Klasse noch mehr. Nicht weniger als 92 % von ihnen wirkten in der Stadt (im Bezirk Dresden sogar noch mehr).

Zur Verbesserung der untragbaren medizinischen Verhältnisse war auf Drängen liberaler Kreise, zu denen auch Carus gehörte, von der Regierung 1846 ein Reformprojekt vorgeschlagen worden. Diese Reform von oben scheiterte jedoch am Widerstand ultrareaktionärer Kreise, die ihre Auffassung in der lakonischen Äußerung zusammenfaßten »schwerlich werde ein junger Mann, der so kostbare und zeitraubende Studien gemacht hatte, sich zur Übernahme des mühevollen und wenig lohnenden Berufes eines Landarztes entschließen.«[108] Mit einer Ablehnung der Medizinalreform auf parlamentarischem Wege konnte die Notwendigkeit, den bestehenden Mißständen abzuhelfen, jedoch nicht aus der Welt geschaffen werden. Die Reformbestrebungen brachen sich im Zusammenhang mit der revolutionären Entwicklung im Rahmen einer breiten Medizinalreformbewegung von unten weiter Bahn.[109]

Hauptziele der Reformbewegungen waren die Überwindung der drei unterschiedlichen Arzt-Kategorien und der Aufbau eines einheitlichen ärztlichen Standes. Dieser Schritt wurde als Grundvoraussetzung für weitere Forderungen, wie Verbesserung der Ausbildung, Verbesserung der materiellen und sozialen Lage der Ärzte und deren unbehinderte, selbständige Berufsausübung mit freiem Niederlassungsrecht im Gesamtterritorium, angesehen.

Zu den Zielstellungen gehörten weiterhin die ärztliche Selbstverwaltung und das Mitbestimmungsrecht durch frei gewählte ärztliche Gremien sowie der kollektive Austausch von praktischen Erfahrungen und wissenschaftlichen Erkenntnissen.

Mit seiner programmatischen Schrift »Von den Forderungen der Zeit an Reformen des Medicinalwesens« machte sich Carus 1847 nicht nur zum Sprecher dieser Anliegen, sondern er ging noch darüber hinaus. Während in den Reformprojekten der zahlreichen örtlichen Vereine und der zentralen ärztlichen Gremien die Fragen des öffentlichen Gesundheitswesens kaum Berücksichtigung fanden, erhob sie Carus zu einem Hauptanliegen:

»Der Staat hat dafür Sorge zu tragen, daß es nirgends und zu keiner Zeit an einem möglichst vollkommenen, und zwar sowohl im wissenschaftlichen als rein menschlichen Sinne, hinreichend durchgebildeten ärztlichen Personale fehle, und daß die Hülfe desselben allen Klassen der Gesellschaft, also zumal auch Armen und Hülfsbedürftigen, überall gleichmäßig zugänglich sei.«[110]

Wobei allen Bevölkerungskreisen die gleiche hohe Qualität ärztlicher Hilfe zuteil werden sollte: »Jenes Verfahren des absichtlichen Heranziehens halbgebildeter Ärzte hatte aber außerdem noch etwas nicht nur Falsches und Widersinniges, sondern geradezu etwas Humanitätswidriges, und zwar dadurch, daß man im stillen damit und dadurch die Gesinnung aussprach: die halbgebildeten Ärzte möchten wohl immerhin den ärmeren Klassen und den Landleuten genügen, dahingegen für die Reichen oder doch Wohlhabenden es an möglichst vollkommenen und durchgebildeten Ärzten durchaus nicht fehlen dürfe.«[111]

Der Arzt müsse, so faßte Carus seine Forderungen resümierend zusammen, nicht nur wissenschaftlich gebildet und praktisch erfahren sein. In erster Linie sei der Arzt Humanist und dazu gehören die musische Erziehung und die geistig-kulturellen Interessen! Mit dem Sieg der Konterrevolution kam auch die medizinische Reformbewegung zum Erliegen, die Mißstände im Medizinalwesen harrten nach wie vor einer Änderung.

Vor neuen Aufgaben

Neue Aufgaben warteten auf den königlichen Leibarzt Carus, der sich als Freund Goethes auch als guter Kenner seiner Werke ausgewiesen hatte. Der hundertste Geburtstag des bedeutendsten Repräsentanten der deutschen Klassik stand bevor. Die Reaktion suchte darin Gelegenheit, durch Festlichkeiten das von ihr angerichtete Blutbad vergessen zu lassen und statt dessen ihre »Humanität«, ihr Bildungsstreben unter Beweis zu stellen. So wurde im Auftrage des sächsischen Hofes ein Komitee von Wissenschaftlern und Künstlern zur Vorbereitung der Feierlichkeiten gebildet. Carus erhielt den Auftrag, eine Denkschrift zu erarbeiten, während Hofrat Heinrich Wilhelm Schulz (gest. 1855) die Festrede halten sollte, die allerdings schließlich auch von Carus übernommen wurde. So legte er zum Jubiläumsfest seines großen Vorbildes zwei Arbeiten vor. Zunächst seine Abhandlung »Über ungleiche Befähigung der verschiedenen Menschheitsstämme für höhere geistige Entwicklung«. Um es vorweg zu nehmen, dieses Werk ist eine Ausnahmeerscheinung in Carus' Gesamtwerk. Die darin vorgenommene Einteilung der Menschheit in Tag-, Nacht- und Dämmerungsvölker und deren angebliche ungleiche intellektuelle Befähigungen werden aus den bestehenden Unterschieden im damaligen Kulturniveau abgeleitet, wobei Carus diesen Zustand nicht auf die gesellschaftlichen Verhältnisse zurückführte, sondern die Menschen nach einem abstrakten anthropologischen Prinzip unhistorisch als isolierte biologische Individuen betrachtete. Diese zu Goethes humanistischer Auffassung echter Menschenwürde und seiner Forderung nach Entfaltung der schöpferischen Fähigkeiten des Menschen im Widerspruch stehende unwissenschaftliche Denkweise bildet eine einmalige Entgleisung in Carus' Schaffen. Sie ist im Zusammenhang zu sehen mit seiner zweiten Jubiläumsarbeit, der am 28. August 1849 gehaltenen Gedenkrede. Hier war es sein Anliegen, auf der Grundlage der vorgenannten »Theorie« Goethe als den typischen Vertreter des hochbefähigten »Tagvolkes« zu preisen.

Übrigens, das muß festgestellt werden, war Carus trotz

seiner Fehlleistung weit entfernt von einer menschenfeindlichen Rassentheorie, wie sie später von den faschistischen Barbaren zur »theoretischen Rechtfertigung« ihrer Verbrechen gegen die Menschlichkeit konstruiert wurde. So gern die Faschisten Carus auch wenigstens in diesem, in seinem Schaffen am Rande liegenden Teilbereich, mißbraucht hätten, sprach dagegen doch die schwer wegzuleugnende Tatsache, daß Carus die Germanen innerhalb der Tagvölker erst an die 12. Stelle der geistigen Befähigung setzte. Als ihnen überlegen charakterisierte er u. a. die Kaukasier, Perser, Armenier, Juden, Etrusker, Romanen und Kelten. —

Wichtiger als die erwähnten Fehler sind bedeutende Erkenntnisse, die Carus' Festrede, das Schaffen Goethes in seine Zeit einordnend, enthielt:

»Nicht minder als im Staatsleben wogte aber das Prinzip der Revolution auch in der Wissenschaft; links und rechts stürzten vor einer überall scharf eindringenden Kritik die Schranken des Dogmatismus; das ungeheure Fortschreiten der Naturwissenschaften bahnte den Weg zu ganz neuen Anschauungen alles Lebendigen. ... Auf dieselbe Weise aber, wie in den Wissenschaften überall die alten Formen weichen mußten, während allerdings dort auch vielfach dafür unermeßlicher Reichtum an neuen Stoff herbeigeführt wurde, machten entschieden Umstürzungen ebenso in der Poesie sich kund.«[112]

Von weitaus größerer Bedeutung als die vom Hofe bestellten Festtagsarbeiten war Carus' neues, großes Werk »Physis. Zur Geschichte des leiblichen Lebens«, dessen Vollendung sich hingezogen hatte, da ihm nur die frühen Morgen- und späten Abendstunden zur Manuskriptarbeit zur Verfügung standen. Carus stellte dieses Werk seiner »Psyche« zur Seite und war gleichzeitig um deren Überarbeitung und Erweiterung für eine zweite Auflage bemüht. Beide Werke erschienen 1851.

Eingedenk kritischer Stimmen und als Ausdruck seiner Überzeugung sprach sich Carus, sein neues Werk einleitend, für die unabdingbare enge Verbindung von Wissenschaft und Gesellschaft aus: »Es ist nicht mit Unrecht, daß man vielfältig der deutschen Literatur den Vorwurf gemacht hat, sie schließe in ihrer wissenschaftlichen Seite sich zu sehr ab vom wirklichen Leben, sie gefalle sich darin, pedantisch in gewisse Formen der Schule sich zu verhüllen, und eine Art Brunhildis-Lohe um sich zu verbreiten, welche zuletzt nur den durchaus Eingeweihten zu durchdringen möglich werde. ... Allmählig jedoch fängt auch in dieser Beziehung manches an sich zu regen, – der hohe Werth eines ächten Wissens macht sich nach und nach in weiteren Kreisen fühlbar, und wer eine lange Reihe von Jahren diese Verhältnisse zu beobachten und zu vergleichen im Stande war, wird bedeutende Aenderungen gewahr, welche auf noch größere und fruchtbringendere in naher Zukunft verwiesen. Ich selbst, der ich seit mehr als vierzig Jahren den Gang der Naturwissenschaften aufmerksam verfolgt habe und durch mannichfaltige Arbeiten vielleicht hie und da sogar Einiges zu deren Forderung beizutragen Gelegenheit fand, konnte an mir, sowie an Mitlebenden, vielfältige Beobachtungen in dieser Beziehung machen, und gewahr werden, wie ... in strenger Abgeschlossenheit und gänzlicher Rücksichtslosigkeit gegen ein größeres Publikum, unter durchaus exakten Bestrebungen für die Natur- und Heilwissenschaft allein, man nach und nach sich gedrängt fühlte, große gewonnene Resultate nun auch einem weiteren Kreise zugänglich werden zu lassen, und den pedantischen Cirkel zu durchbrechen, welcher höheres Wissen so lange vom wirklichen Leben getrennt hatte. –«[113]

Er war sich bewußt, daß in der wachsenden Fülle wissenschaftlicher Veröffentlichungen keineswegs immer die besten Vertreter der Wissenschaft zur Feder gegriffen bzw. – und er hatte diese kritische Einstellung auch zu seinen eigenen Erstwerken – daß auch manches unausgereifte Werk das Licht der Welt erblickte:

»Freilich leidet nun oft auch wieder die Zeit darunter, daß nicht immer gerade die Meister vom Stuhle der Wissenschaft es sind, welche ein wahrhaft Bedeutendes und Folgenreiches dem Leben der Gegenwart darbieten, sondern das vielfältig Unberufene das kaum selbst Empfangene und Verarbeitete, mit breiter Geschäftigkeit und mehr zum Schaden als Nutzen ächt wissenschaftlicher Erkenntnis, ausbieten und im eigentlichen Sinne gemein zu machen versuchen.«[114]

Als wissenschaftliche Methoden zum Erforschen der menschlichen Physis empfahl Carus Analyse und Synthese: »Die lebendige thatsächliche Erscheinung des Menschen, welche wir dessen Natur-Daseyn dessen Physis nennen, zu erfassen, zu verfolgen und zu begreifen, gibt es zwei wesentlich verschiedene Wege, – den einen dürfen wir den analytisch inquisitorischen nennen – er geht durch das Studium der einzelnen Theile, durch die Trennung der Zusammengehörigen (Anatomie) und durch die Geschichte des Werdens und Lebens jedes einzelnen menschlichen Gebildes, er setzt das Ertödten des Organismus voraus, um zum Begriff des Lebens zu gelangen; der andere Weg verdient den Namen des synthetisch contemplativen, und in ihm vereinigt sich das durch Verfolgung des analytischen Weges gewonnene vereinzelte Material zum Gesammtbilde unserer vollen leiblichen Existenz.«[115]

Sein Buch widmete er vor allem der synthetisch-contemplativen Methode, um die Lebenserscheinungen des Menschen zu erfassen und einen Überblick über deren wesentliche Vorgänge vermitteln zu können.

Dabei setzte Carus die Kenntnis seiner »Psyche« voraus, an deren Ende er mit dem Anfang des neuen Werkes anknüpfte. Zur Bedeutung der Sinnesorgane im Erkenntnisprozeß führte er aus:

»Wir haben ... gelernt zu begreifen, daß Licht und Ton nur dadurch wirklich werden, daß ein Auge und daß ein Ohr geschaffen sey, in welchem gewisse große physikalische Vorgänge sich concentriren und zu höherer geistiger Bedeutung gelangen.«

Problematisch wird Carus' Auffassung, daß in der Lebenswirkung der menschlichen Physis letztlich das »Bild der gesammten Menschheit, ja das Urbild ihres ächten Staatslebens« gegeben sei. Diese anthropologische Orientierung faßte er in der Empfehlung zusammen, »man darf es keck sagen, manche Erleuchtung, manche Gesetzbegründung könnte der Staatsmann besser erhalten aus dem Studium der Lehren der Physiologie, als aus verjährten Actenstößen und tiefbestäubten Pergamenten.«[116]

In der privaten Sphäre gab es wenig Bemerkenswertes. Es

floß, wie Carus wiederholt bemerkte, alles »ganz einfach und heiter dahin«. Und doch lag gerade in dem häuslichen Leben der entscheidende Kraftquell seiner Schaffenskraft:

»Mir ging der Grund meiner Tätigkeit aus von dem, was den Mann immer am sichersten erhält, von dem Grunde eines wohlgeordneten, auf Liebe basierten Familienlebens und einem Kreise einsichtsvoller wohlwollender Freunde und Bekannten, welche öfters in meinem Hause sich begegneten.«[117]

Im August 1850 trat in Frankfurt eine Gesellschaft von Friedensfreunden zu einem Kongreß zusammen, um an die Friedensliebe der Völker zu appellieren. Ihr besonderes Interesse galt den Meinungen von Wissenschaftlern und Künstlern. Da Carus die Einladung nicht wahrnehmen konnte, entsandte er ein Grußschreiben, in dem er seine klare Haltung gegen die Schrecken des Krieges zum Ausdruck brachte: »Dieser Friedenskongreß ist sonach jedenfalls ein Zeichen der Zeit, welche nach Erlösung von den Übeln des Krieges ringt, und verdient eben in diesem Sinne alle Anerkennung, Verehrung und Förderung – ich kann ihm daher hier nur wünschen, daß es ihm dereinst vergönnt sei, indem er über seinen Gegenstand selbst immer mehr Wahrheit und Erkenntnis verbreitet, auch tatsächlich beizutragen zur endlichen vollkommenen Vernichtung der Hydra des Krieges!«[118]

Während eines Besuches seiner Berliner Freunde suchte Carus Ludwig Tieck auf. Es sollte das letzte Mal sein, daß er mit ihm zusammentraf. Tieck war noch gebrechlicher geworden und auch die Kraft des Geistes hatte spürbar nachgelassen: »Die Unlust des Alters und der Krankheit beschattete damals schon sein sonst so schönes geistsprühendes Auge, und nicht mehr wie früher flogen die Gedanken bald hoch-, bald tiefgehend leicht um die Gegenstände, sondern hafteten schwer nur an manchen und fast lieber an unangenehmen als an frischen und angenehmen Eindrücken. Dabei waren seine Bewegungen sehr gehemmt, der Kopf fast ganz auf die Brust gesunken, und so nahm ich denn, als tiefere Dämmerung kam, mit wehmütigen Gefühlen von ihm Abschied....«[119]

In Berlin suchte Carus bei Alexander von Humboldt, den

Anatomen Wilhelm Peters (1815—1883), Christian Daniel Rauch und anderen Gesprächspartnern Interesse für sein neues Vorhaben, eine Schrift über die Proportionslehre der menschlichen Gestalt, zu wecken. Offensichtlich mit wenig Erfolg, denn er vermerkte nach diesen Gesprächen: »Hatte ich sonach hier allerdings Ursache, mich im meiner Richtung sehr isoliert zu fühlen«. —[120]

Die politische Entwicklung der ersten fünfziger Jahre hatte Carus mehr wachgerüttelt als die revolutionären Ereignisse von 1848/49. Mit Entrüstung quittierte er die Furcht des Hofes von einer Bajazzo-Aufführung: »Wie gering müßte doch die Höflingsatmosphäre sein, die dies Stück für gefährlich erkärte« — und mit der eindeutigen Parteilichkeit des Bürgers lehnte er den Staatsstreich des Louis Napoleon vom 2. Dezember 1851 ab, der aus der bürgerlichen französischen Republik wieder eine Monarchie, einen Staat »der Ruhe eines Kirchhofs« machte: »Im Politischen kann jetzt eigentlich nur eine Pagodennatur mit fettblinzelnden Augen und über den feisten Leib bequem gekreuzten Händen wegen weiterer Aussicht auf Ruhe vollkommen gut sich befinden; jeder hagere Cassius, der mehr denkt als ißt, sieht dagegen in der jesuitisch-russischen Knebelung Frankreichs für längere Zeit selbst noch das einzige Organ verstimmt, das, wenn auch zuweilen unter vielen krausen und unnützen Deklamationen, die Anforderung der Menschheit an einen gewissen höhern Vernuftszustand mindestens immer wieder neu in Frage stellte!«[121]

Diese politische Orientierung war nicht nur theoretischer Natur, sie kam auch in Carus' Verhalten zum Ausdruck. Seit Jahr und Tag bewohnte er im Schloß Pillnitz eine Dienstwohnung. Gewiß war die Tatsache, daß diese modernisiert wurde und nun auch zeitweilig Gästen zur Verfügung gestellt werden sollte, nicht der alleinige Grund, es vorzuziehen, das Schloß zu verlassen. Carus schreibt: »... vom Drange solcher Zufälligkeiten mich mehr und mehr emanzipieren zu können, brachte mich das auf den Gedanken, dieses Wohnen im Schlosse überhaupt aufzugeben und in meiner eigenen kleinen Villa einen Umbau vorzunehmen, welcher mich in den Stand setzte, dort mit den Meinen zusammen zu wohnen ...«.[122]

Am Jahresende 1852 traf die Familie erneut ein schwerer Schlag. Die Tochter Eugenia hatte sich bei einer Reise zu einer Freundin mit Typhus infiziert und verstarb nach kurzem Krankenlager fünfundzwanzigjährig am 27. Dezember. »Die Zerstörung meines Hauses und all der Meinigen durch ein so gewaltsames Ereignis war fürchterlich«[123], schreibt Carus in seinem Lebensbericht. So nahm das Jahr 1853 einen traurigen Anfang. Wenige Monate später starb am 28. April auch der langjährige Freund Ludwig Tieck.

Noch am 4. März hatte er Carus in einem Kondolenzschreiben, das sein letzter Brief sein sollte, das Beileid ausgesprochen, dabei aber auch seinen eigenen Zustand erkannt:

»Grüßen Sie herzlich Ihre liebe Frau und Ihre trefflichen Kinder, auch meine Freundin, die Frau von Lüttichau, und theilen Sie allen mit, daß ich nun schon seit 2 Jahren und länger immer bettlägrig bin, manchmal auf kurze Zeit den Muth verliere und doch wieder Kraft und Stärkung finde. ———

... Ich kann meine Freunde nur noch lieb haben, aber nichts für sie thun, weder arbeiten, noch streiten noch Spaß machen. Wie ich bin, krank und einfältig und schwach bleibe ich Ihr wahrer Freund und wünsche, daß Sie mir Ihr Wohlwollen erhalten.

L. Tieck«.

Mit Tiecks Tod befielen Carus, der ja selbst seinem 70. Geburtstag entgegenging, Anzeichen der Resignation, wenn er auf Tieck bezogen vermerkt: »Die Invaliditäten aus einer frühern Zeit gehen unter: das viel allgemeiner verbreitete Hervorragende der jetzigen Generation, die Fortschritte der Menschheit gegen große Ideen und Prinzipien hin wie zum Beispiel die des Weltfriedens, der freiern Institutionen zur Förderung des ganzen und ähnliche – machen sozusagen den Makrokosmus kompakter – aber wir, aus der frühern Zeit, werden immer den einzelnen vorzugsweise begabten Menschen vermissen! – Ich kann nicht zum Makrokosmus sagen: Sei mein Freund!«[124]

In den vergangenen Jahren hatte er nur noch selten Gelegenheit zum Malen gefunden. Jetzt widmete er sich wieder der Kunst, brachte dabei aber seine bedrückte Gemütsstimmung zum Ausdruck: »In Zeit von einigen oder einigen wenigen Stunden — namentliche nicht selten im Lauf eines einzigen spätabends bei der Lampe — gelang es mir oft, irgendeiner düstern Phantasie das Gewand vollkommen befestigter Zeichnung zu geben, und Reihen von Bildern entstanden so, die ungefähr wie das Phantasieren des Musikers auf dem Flügel, gerade weil sie in ihrer flüchtigen Entstehung eine größere Unmittelbarkeit der Vorstellung durchleuchten ließen, auch eine besonders lebendige Wirkung auf den Beschauer hervorbrachten.«[125]

Anfang des Jahres 1853 verstarb plötzlich Heinrich Leopold Francke, der 1827 gemeinsam mit Carus zum Leibarzt berufen worden war. Durch dessen Tod nahm er nun die Stellung des ersten Leibarztes ein. Dieser Umstand hatte zwar eine geringfügige Gehaltsaufbesserung zur Folge, doch mußte Carus jetzt nicht nur wie bisher vier, sondern sechs Monate im Jahr bei der königlichen Familie in Pillnitz Dienst tun. Die Tatsache, dabei jetzt mit seiner Familie zusammenleben zu können, erleichterte diese Mißhelligkeit. Zusätzliche Pflichten ergaben sich für ihn auch in der Medizinalabteilung des Ministeriums des Innern. Da sein ehemaliger Lehrer Johann Christian August Clarus, fast erblindet, seine Funktion niederlegte, wurde Carus der Vorsitz der Medizinalabteilung im Ministerium übertragen. Allerdings war für die Bewältigung der Medizinalangelegenheiten nach 1849 ein Verwaltungsapparat geschaffen worden, so daß sich die Mitwirkung mehr auf die Beratung in Fachfragen reduzierte. Entscheidungen oblagen weitgehend dem Direktor der chirurgisch-medizinischen Akademie und Medizinalreferenten der Regierung Johann Ludwig Choulant.

Schritte zur Menschenkenntnis

Nach mehrjähriger Arbeit erschien 1853 Carus' Werk »Symbolik der menschlichen Gestalt«, das in enger thematischer Beziehung zu der bereits ein Jahr später erschienenen »Proportionslehre der menschlichen Gestalt« steht. Kleinere organphysiognomische Vorarbeiten hatte Carus schon früher herausgegeben (siehe S. 176). Sein als Handbuch der Menschenkenntnis apostrophiertes neues Buch stellte sich die Aufgabe, es jedem zu ermöglichen, »ein sehr klares Bild von einer ihm entgegentretenden Individualität zu erlangen«. Diese Zielstellung war nicht neu, und Carus hatte neben seinen jahrelangen eigenen empirischen anatomischen Studien auch die Literatur seiner Vorgänger intensiv ausgewertet.

Anfänge der wissenschaftlichen Konstitutionsforschung lassen sich bis zu dem »Vater der Medizin«, Hippokrates (460–377 v. u. Z.), zurückverfolgen. Eine erste systematische Darstellung der Physiognomik gab mit der ihm zugeschriebenen Schrift »Physiognomika« der größte Denker des Altertums, Aristoteles (384–322 v. u. Z.). Sein Schüler Theophrastos (372–287 v. u. Z.) setzte mit der Schrift »Ethische Charaktere« das Werk fort, das später durch den griechisch-römischen Arzt und Systematiker des medizinischen Wissens seiner Zeit, Galenos (129–199), durch eine spezielle Temperamentlehre erweitert wurde, indem er die vier hippokratischen Grundtypen (Sanguiniker, Phlegmatiker, Choleriker und Melancholiker) ausbaute und psychologisch vertiefte. Dabei betonte er erstmals die engen Beziehungen von körperlicher und psychischer Konstitution. Unter Verzicht auf eigene induktive Forschungen hielt man im Mittelalter an den Überlieferungen des Altertums fest, so daß neue Denkansätze erst zur Zeit der Aufklärung erkennbar sind, die zugleich deutlich eine kritische Haltung erkennen lassen. Der Gegner der Aufklärung, Johann Caspar Lavater (1741–1801), verlor sich dagegen mit seinen umfangreichen »Physiognomischen Fragmenten zur Beförderung der Menschenkenntnis und Menschenliebe« in schwülstigem Moralisieren und verstieg sich bis zu mystischen Schwärmereien.

Der rationale Denker Georg Christoph Lichtenberg (1742–1799) zerstach mit der klaren Logik seiner Gedanken den Ballon der Gefühlsduselei und stellte in seiner Schrift »Über Physiognomik wider die Physiognomen« klar, daß man die Menschen nicht nach ihrem äußeren Erscheinungsbild, sondern nach ihren Haltungen einzuschätzen habe, eine Auffassung, die auch der Aufklärer Immanuel Kant mit seinem Ausspruch »Die Physiognomik ist eine Geschicklichkeit der Urteilskraft ohne Grundsätze und Vorschriften. ... Niemals wird sie auf Regeln gebracht werden«, im Prinzip teilte.

In der vornehmlich physiognomisch orientierten Konstitutionsforschung des beginnenden 19. Jahrhundert sind zwei Richtungen deutlich: Während die Romantiker sich vornehmlich der symbolischen Deutung bedienen, basieren die Mediziner auf physiologisch-anatomischen Erklärungen und sind um die Einbeziehung der empirischen Forschung bemüht. Als Übergangserscheinung verband der Jenaer Anatom Emil Huschke (1797–1858), ein Schüler Okens, die symbolische Deutung mit der empirischen Forschung – ein Streben, das auch Carus' Werk, das mit den Anschauungen Huschkes weitgehend übereinstimmt, charakterisiert.

Zweifellos hat Franz Joseph Gall (1758–1828) sich große Verdienste auf dem Gebiete der Hirnanatomie erworben. Während jedoch seine wissenschaftlichen Erkenntnisse in Vergessenheit gerieten, fanden seine Irrtümer weite Verbreitung. Er hatte eine Theorie der Kranioskopie (Schädellehre) entwickelt, in der er 27 verschiedene »Hirnorgane« lokalisierte, denen jeweils verschiedene Funktionen und psychische Eigenschaften entsprechen sollten. Daraus schlußfolgerte er, daß eine verstärkte Entwicklung einzelner Hirngebiete zu Wölbungen des Schädels führe, an deren man dann äußerlich die entsprechenden Geistes- oder Charakteranlagen des Menschen ablesen oder -tasten könnte. Damit verließ er den Boden der Wissenschaft und verlor sich in eine haltlose Hirnmythologie. Sein Schüler, der Arzt und Hirnanatom Johann Caspar Spurzheim (1776–1832), der vor allem in England wirkte, trieb die Spekulation noch weiter. Unter seinem Einfluß kam es zur Bildung von Phrenologischen Gesellschaften. Von Scharlatanerien dieser Art ist Carus' Werk grundsätzlich zu unterscheiden. Er verlor sich weder in Spekulationen noch reduzierte er seine Anschauung auf die bloße Tatsachenbeschreibung der induktiven Naturforschung. Er leitete die psychologische Deutung nicht von einzelnen Körperteilen ab, sondern richtete den Blick auf die »gesamte äußere Erscheinung des Menschen«. Er grenzte sich bewußt ab von den »Verehrern physiognomischer Lehren, die desultorisch, unvorbereitet und abergläubisch« verfahren, und wollte eine »Wissenschaft von der Bedeutung der äußern menschlichen Bildung für unser seelisches und geistiges Leben« begründen:

»Wir dürfen also wohl kurz sagen: die Symbolik der menschlichen Gestalt ist eine Wissenschaft, insofern sie die Grundsätze kennen lehrt, nach welchen die unzähligen Individualitäten der Bildung, denen wir im Leben begegnen, je nach ihrer seelischen Bedeutung beurteilt werden sollen, und sie ist eine Kunst, inwiefern sie diese Grundsätze im einzelnen concreten Falle wirklich anwendet, und aus dem vorliegenden Leiblichen auf das darin verborgene geistige schließt.«[126]

Auch Carus beging den Fehler, sich in mechanistischen Zuordnungen von körperlichen Substraten zu Ausdrucksphänomenen zu verlieren und damit einer subjektiven Deutung, die im Detail heute überholt ist, nicht zu entgehen. Interessant ist sein Prinzip der Ganzheitsbetrachtung. Danach müsse »die gesamte äußere Gestalt Gegenstand der Symbolik sein und nicht etwa der oder jener einzelne Teil«.[127] Dieses Prinzip sei wegen der Mehrdeutigkeit der einzelnen Merkmale unerläßlich. Nichts besitze absolute Geltung, sondern die Bedeutung könne erst aus dem Gesamtzusammenhang unter Berücksichtigung der beeinflussenden Umstände und Verhältnisse abgeleitet werden. So ist bei Carus die Konstitution als ererbte, aber zugleich durch Umwelteinflüsse bedingte körperliche und psychische Beschaffenheit des Menschen zu verstehen. Allerdings mußte auch Carus den empirisch-statistischen Beweis für seine Behauptungen schuldig bleiben. –

Interessant sind die Anwendungsorientierungen seiner Lehre. Sie lagen nach seiner Auffassung vor allem im sozialen Bereich. Es sei nunmehr möglich, »Für jeden Zweck den rechten Mann zu finden, und jedem Geschäft das rechte belebte Instrument zu wählen.« Hierin zeigte sich die Zweckorientierung des Bürgers. Einer weiteren Zweckbestimmung, nämlich der Anwendung in der Kunst, war Carus' nächste Schrift, die »Proportionslehre der menschlichen Gestalt«, gewidmet.

Bereits in der »Symbolik« hatte er festgestellt:
»Infolge vielfältiger Vergleichungen und Untersuchungen,

bei welchen man stets von dem Grundgedanken ausging, daß das Urgebilde der gesammten Gliederung des Leibes, welches kein anderes ist und sein kann als die Wirbelsäule, auch das Urmaß dieser Gliederung enthalten müsse, hat sich nämlich ergeben, daß, wenn man die aus 24 beweglichen Wirbeln gebildete freie Wirbelsäule, das sogenannte Rückgrath, seiner geraden Länge nach in drei gleiche Theile theilt, in einem solchen Drittheile in wirkliches und natürliches Urmaß, d. h. der organische Modul, wahrhaft gegeben und dargestellt sei.«[128]

Angeregt worden zu einer Proportionslehre war Carus durch Schadows Werk »Polyklet oder von den Maßen des Menschen nach dem Geschlechte und Alter mit Angabe der wirklichen Naturgröße«, das er 1834 kritisch für die »Berliner Blätter für wissenschaftliche Kritik« rezensiert hatte.

Carus baute die Lehre vom Modul, dem Urmaß, aus, um den Künstlern einen »wirklich praktischen Maßstab« zu geben. Die Praxisorientierung überwog dabei die naturphilosophischen Bezüge. Carus' Proportionslehre ist ein deutlicher Beweis, wie von ihm versucht wurde, künstlerische Aspekte auf die Naturwissenschaft und naturwissenschaftliche Kenntnisse auf die Kunst zu übertragen.

Die letzte Wegstrecke

∎

Mit polemischer Schärfe

Allmählich begannen die Kräfte des bereits Vierundsechzigjährigen nachzulassen. In der noch immer ausgedehnten ärztlichen Praxis stand ihm sein Sohn Albert hilfreich zur Seite. Als dieser im Winter 1853 den Auftrag erhielt, in Begleitung des Prinzen Georg (1832–1904) nach Italien zu reisen, mußte sich Carus um einen anderen Assistenten bemühen.

Nach wie vor pflegte Carus, so weit es ihm möglich war, intensive wissenschaftliche Kontakte, wobei er besonders auf das Urteil Alexander von Humboldts großen Wert legte. Dieser würdigte uneingeschränkt Carus' bedeutende wissenschaftliche Leistungen, verhielt sich aber gegenüber seinen naturphilosophischen Deutungen zunehmend zurückhaltend. Am 19. Januar 1854 schrieb er an Carus:

»Ich bin tief beschämt, mein theurer vieljähriger Freund, daß ich jetzt erst, wo ich für den Druck des vierten Bandes meines ›Kosmos‹ Ihre schöne, so ungemein lehrreiche Abhandlung über die Schloßenbildung[1] benutze, Ihnen meinen innigsten Dank darbringe. Es ist eine Freude zu sehen, wie an Allen, was Sie berühren, im Organischen und Unorganischen, wo sich Formzüge entdecken lassen, Ihre Genialität überall neues aufzufinden und [zu] begründen weiß.«[2]

Übrigens hatte es eine für Carus etwas peinliche Episode gegeben. Durch eine Fehlmeldung wurde in Dresden das Gerücht verbreitet, daß Alexander von Humboldt verstorben sei. Getrieben von seiner kranioskopischen Sammelleidenschaft hatte Carus in großer Eile an seinen Freund Rauch geschrieben, »er möge vor Allen für genaue Abformung dieses größten aller Köpfe sorgen«.[3] Dieser machte sich den Spaß, Humboldt den Brief zu zeigen. Zu seiner größten Überraschung erhielt Carus von dem »Verewigten« einen Brief mit der Bemerkung:

»Meine Gesundheit ist unerschüttert gewesen. Sie schreiben an unsern Rauch, er solle meinen Schädel abformen. Sie wollen mich für Ihre Sammlung.

Wäre ich boshaft, so machte ich Ihnen Vorwürfe, daß in dem Brief auch nicht ein Wörtchen des obligaten Bedauerns über mein Hinscheiden stand.

Ich könnte scherzend sagen, ich habe mich nun für Sie sterben sehen, theurer Carus! Nein! so eine Empfindung taucht nicht in meiner Seele auf.«

Wie bereits erwähnt, hatten sich Vertreter der modernen Naturwissenschaft, namentlich Schleiden, kritisch zu Carus' naturphilosophischen Ansichten geäußert. Nach wie vor verfolgte Carus mit großem Interesse die Entwicklung von Naturwissenschaft und Philosophie. Mit Recht traf dabei der Vulgärmaterialismus der fünfziger Jahre, der in seinem Erkenntnisstand hinter dem klassischen deutschen Idealismus zurückfiel, auf seine Ablehnung. Mehring charakterisiert diese philosophische Richtung, die sich vor allem in den »Physiologischen Briefen für Gebildete aller Stände« Carl Vogts (1817–1895), dem »Kreislauf des Lebens« Jakob Moleschotts (1822–1893) und dem Werk »Kraft und Stoff« Ludwig Büchners (1824–1899) darstellte, folgendermaßen: »Er kitzelte die aufwuchernde Bourgeoisie, die ihre politischen Ideale längst in den Schornstein gehängt hatte, aber an dem industriell-naturwissenschaftlichen Fortschritt ihre helle Freude hatte, zum Nachtische mit materialistischen Kraftphrasen.«[4]

Diese auch von Karl Marx und Friedrich Engels kritisierten Vulgärmaterialisten vereinfachten und verflachten die Lehren des Materialismus des 18. Jahrhunderts. Der Hauptangriffspunkt für Carus war, daß sie die Bedeutung der Dialektik völlig ignorierten. Dagegen richtete er sich 1854 mit dem Essay »Gelegentliche Betrachtungen über den Charakter des gegenwärtigen Standes der Naturwissenschaft«: Hierin stellte er noch im hohen Alter die Schärfe seines polemischen Geistes unter Beweis. Er sagte: »Für die Fliege, welche auf den Marmorkörper des Apollo von Belvedere sich niederläßt und darauf umherkriecht, existiert weder sein hohes Ebenmaaß, noch der große Gedanke des Künstlers, der in diesem Werke sich verewigte. Könnte sie reden und schreiben, sie würde nur über die Härte und Kälte der Marmorebene und über ihre kleinsten Erhabenheiten und Vertiefungen berichten, ja, hätte sie einen kleinsten mikrochemischen Apparat zu ihrem Gebrauche, sie würde auch über den wesentlich kohlensauren Kalk seiner Substanz einiges veröffentlichen, und wer würde doch bei alledem einen Augenblick zweifelhaft bleiben, ob ein Winckelmann, wenn er uns seine Betrachtungen über Gliedverhältnisse, Styl und Schönheit eines solchen Werkes geistreich auseinandersetzt und mittheilt, nicht eine weit angemessenere und wahrhaftere Schilderung davon gewähren müßte, als jene gelehrte, und in ihrer Untersuchung sonst ganz achtbare Fliege. So nun auch die verschiedenen Standpunkte in der Wissenschaft und namentlich in der Naturwissenschaft! — Man kann sich auch hier so in die eine Richtung vertiefen, daß die andere geradezu ganz fremd und unverständlich werden muß. Wer sich gewöhnt, immerfort das Mikroskop zu handhaben, wer an der lebendigen Welt nur mit Zirkel, Zollstab und Gewicht operirt, stets bemüht ist, die mechanischen Gesetze einer Bewegung, die chemische Mischung der Substanz zu erforschen, von dem ist es ganz natürlich, daß ihm nach und nach alles zur reinen Maschine vertrocknet, und zuletzt es ihm zweifelhaft erscheint, ob wirklich zwischen einer Dampfmaschine und einem lebenden Menschen- oder Thierkörper ein anderer Unterschied bleibe, als daß die eine zuverlässige von Watt oder Perkins erbaut sei, während er über den Ursprung des andern durchaus keine weitern Nachrichten zu geben vermöge. — Eben so wird auf der andern Seite Jeder, der in bloße abstracte Speculationen sich verliert, der ohne Anhalten an fester treuer Beobachtung des Organismus selbst, dessen Wesen aus verschiedenen Polaritäten sich construirt... nach und nach den vollkommensten Widerwillen gegen jede exakte Forschung empfinden und seine Welt mit idealen Gespenstern bevölkern, welche, wenn sie ihm sodann für Fortführung und Behandlung des wirklichen Lebens zu Hülfe kommen sollen, allemal schmählich ihre Dienste versagen.«[5]

Diese klare Orientierung auf die empirische Forschung bewahrte Carus trotz idealistischer Grundhaltung davor, den Boden unter den Füßen zu verlieren. Im Jahre 1855 hatte er sein vor drei Jahrzehnten begonnenes großes Werk, das der Wissenschaft unschätzbare Dienste geleistet hatte, die »Erläuterungstafeln für vergleichende Anatomie« abgeschlossen. Mit 1076 instruktiven Abbildungen gab es in der zeitgenössischen anatomischen Fachliteratur kaum seinesgleichen.

Carus fand in den Folgejahren keine Gelegenheit mehr, auf dem Gebiet der vergleichenden Anatomie zu arbeiten. Er übertrug aber seine reichhaltige Präparate-Sammlung Julius Victor Carus (1823—1903), einem Enkel von Friedrich August Carus, der vor sechs Jahrzehnten seinen Bildungsgang wesentlich beeinflußt hatte. Julius Victor Carus hatte seit 1853 in Leipzig eine Professur für Zoologie und vergleichende Anatomie inne. Mit seinen Übersetzungen der Werke Darwins hatte er wesentlichen Anteil an der Verbreitung der Evolutionstheorie in Deutschland.

Reiche Erfahrungen des Lebens und der ärztlichen Praxis

Carus beschäftigte sich mit dem Problem, wie der Mensch die Erkenntnisfähigkeit erhöhen und vor allem sein Leben würdiger gestalten könne. Produkte dieser Überlegungen, in denen allerdings eine gesellschaftliche Determiniertheit weitgehend zu vermissen ist, waren 1856 die Publikationen »Organon der Erkenntnis der Natur und des Geistes«[6] und »Über Lebenskunst«.[7] Zu seinem Anliegen vermerkt Carus:

»War mir doch der Begriff einer Kunst, das Leben überhaupt würdig zu führen — es nicht nur zu schützen gegen tausend Zufälligkeiten, Schwächen und Schädigungen, sondern überhaupt seinen innern Gehalt schön und tüchtig herauszubilden, seit lange schon als eine, ja geradezu als die wichtigste Aufgabe des Menschen erschienen, freilich aber in diesem Sinne so gut wie gar nicht bisher bearbeitet worden. Allerdings fehlte es daher nicht an Gesundheitskatechismen, Diätetiken, Makrobiotiken usw., aber dies alles war weit entfernt von dem Sinne, in welchem ich mir eine wahre Lebenskunst ausgeführt dachte, welche dann keineswegs allein das körperliche, sondern den ganzen Menschen — und zumal das, was uns in ihm das Wichtigste sein soll, das Seelische — ins Auge zu fassen haben würde; eine Aufgabe, für welche ich mir sogleich die uralten, von tiefer Weisheit eingegebenen Sprüche vom Tempel zu Delphi als wichtigstes Teilungsprinzip für die einzelnen Abschnitte entgegendrängten.«[8]

Sieben Jahre später baute er die in diesen Werken enthaltenen Grundgedanken in der Schrift »Die Lebenskunst nach den Inschriften des Tempels zu Delphi«[9] aus. Während Diätetik, Hygiastik und Makrobiotik dem alleinigen Nützlichkeitsstreben unterworfen seien, strebe er zwar auch Erhaltung und Kräftigung des Lebens, vor allem aber dessen sinnvolle Lenkung an, eine »Veredelung des innern seelischen Menschen«. Als Kapitelgliederung wählte Carus die drei Inschriften des Tempels zu Delphi: Erkenne Dich selbst, Nichts zu viel, Du bist.

Wie groß der Ruf war, den der siebenundsechzigjährige Carus als Arzt noch genoß, zeigt die Tatsache, daß er im Frühling 1856 zu einer Konsultation nach Berlin gerufen wurde, eine willkommene Gelegenheit, die alten Freunde wiederzusehen. Der erste Weg führte zu Rauch, bei dem es viele neue Werke, vor allem die Marmorbüste Alexander von Humboldts zu bewundern gab. Der nächste Gang führte zur ethnographischen Sammlung des Neuen Museums und ins Ägyptische Museum. Ein besonderer Genuß war ihm der erste

Bild 112. Stadtpanorama von Dresden, 1852 (Ausschnitt)

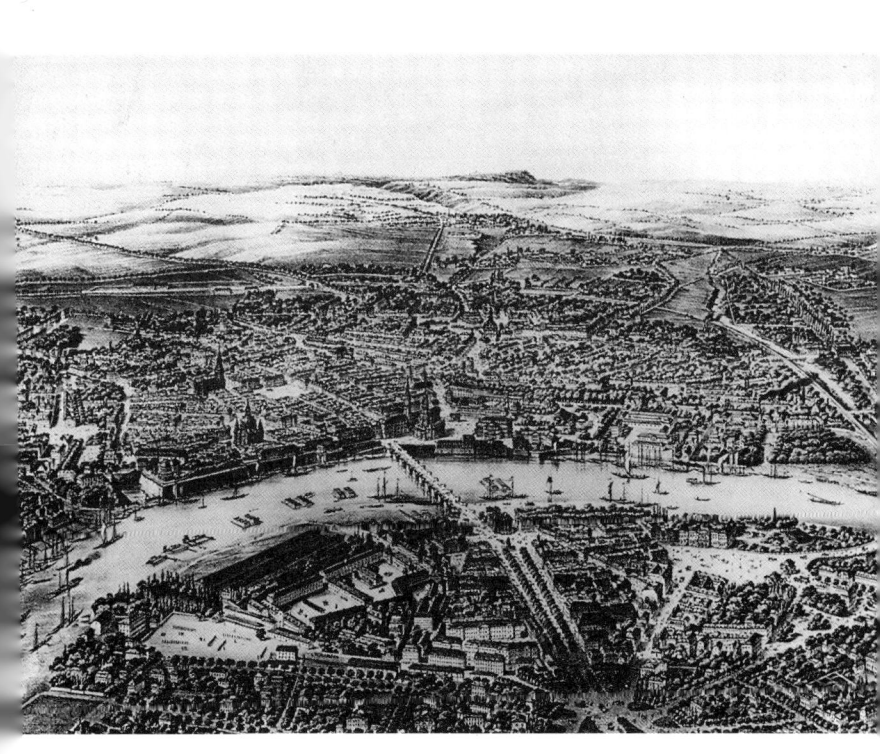

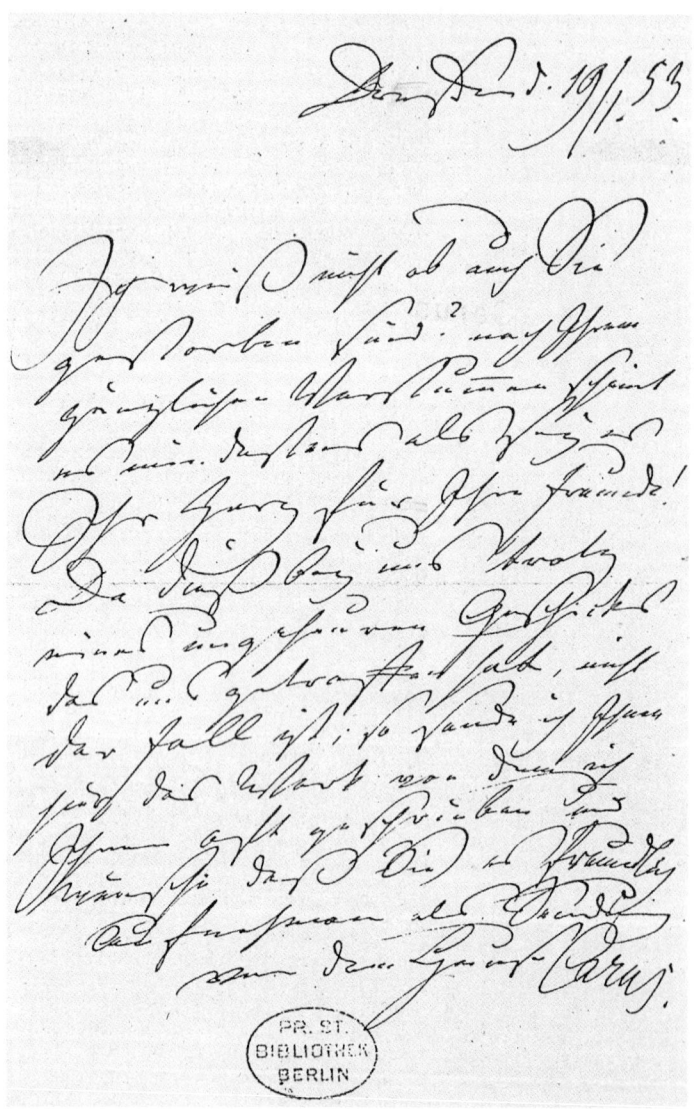

Bild 113. Letzter Brief an Regis, der 1852 die langjährige Freundschaft
  abbrach

Bild 114. Julius Victor Carus (1823–1903). Professor für Vergleichende Anatomie in Leipzig. Übersetzer der Werke Darwins

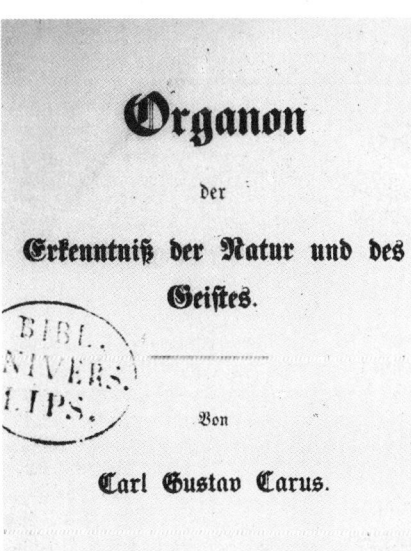

Bild 115. Organon der Erkenntnis der Natur und des Geistes, 1856

Bild 116. Ida von Lüttichau geb. von Knobelsdorf (1798–1856) von Ernst Rietschel

Bild 117. Erfahrungsresultate aus ärztlichen Studien und ärztlichem Wirken während eines halben Jahrhunderts, 1859

Erfahrungsresultate

aus

ärztlichen Studien und ärztlichem Wirken

während eines halben Jahrhunderts.

Von

Dr. Carl Gustav Carus,

Leibarzt Sr. Majestät des Königs von Sachsen, Geheimer Medicinalrath, Comthur des K. Sächs. Verdienstordens, Officier und Ritter mehrerer ausländischer Orden und Mitglied mehrerer Akademien und gelehrten Gesellschaften, sowie corresp. Mitgl. des Institut de France.

Leipzig:

F. A. Brockhaus.

1859.

Bild 118. Zusammenfassendes naturphilosophisches Alterswerk, 1861

Natur und Idee

oder

das Werdende und sein Gesetz

Eine

philosophische Grundlage für die specielle Naturwissenschaft,

von

Dr. Carl Gustav Carus,

Geheimer Medic.-Rath, Leibarzt Sr. Majestät des Königs von Sachsen, Comthur I. Classe des Sächs. Verdienstordens, Officier und Ritter mehrerer ausländischer Orden, Mitglied deutscher, belgischer, englischer, schwedischer, russischer, amerikanischer und anderer Akademien und gelehrten Gesellschaften, sowie correspondirendes Mitglied des Institut Imperial de France.

Mit einer lithographirten Tafel.

Wien, 1861.

Wilhelm Braumüller

k. k. Hofbuchhändler.

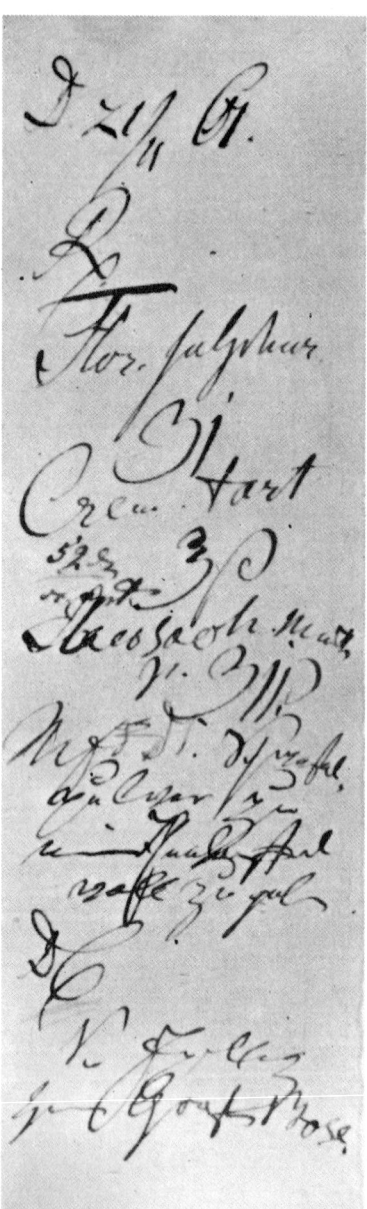

Bild 119. Handgeschriebenes Rezept, 1861

Bild 120. Letztes Werk über das Vorbild Goethe, 1863
Bild 121. Handbuch der Lebenskunst, 1863

Goethe,

dessen Bedeutung

für unsere und die kommende Zeit.

Von

C. G. Carus.

Nebst fünfzehn kurz zuvor gänzlich unbekannt und ungedruckten

Parabeln Goethe's

aus den ersten siebenziger Jahren des vorigen Jahrhunderts.

Wien, 1863.

Wilhelm Braumüller
k. k. Hofbuchhändler.

Die Lebenskunst

nach den Inschriften

des Tempels zu Delphi.

Von

Dr. C. G. Carus,

Geh. Rath u. Leibarzt Sr. Maj. d. Königs v. Sachsen,
Comthur d. K. S. Verdienst-Ord. u. Großh. Sachs.-Weimar'schen Falken-Ord.,
Offic. u. Ritter m. ausländ. Orden u. Mitglied mehrerer deutschen, belg., engl.,
schwed., russ., amerikan. Akademien u. gelehrten Gesellsch.,
sowie corresp. Mitglied des Institut Impérial de France.

Dresden,

Woldemar Türk.

1863.

Jede Nummer
1—2 Bogen gr. 4.

Preis für 15 Nummern 1 Thlr.

NUNQUAM OTIOSUS.

LEOPOLDINA

AMTLICHES ORGAN
DER
KAISERLICHEN LEOPOLDINO-CAROLINISCHEN DEUTSCHEN
AKADEMIE DER NATURFORSCHER
HERAUSGEGEBEN UNTER MITWIRKUNG DER ADJUNCTEN DES PRÄSIDIUMS
VON DEM PRÄSIDENTEN
DR. CARL GUSTAV CARUS.

Nr. 14 u. 15.   Heft IV.   Februar 1865.

Inhalt: Amtliche Mittheilungen: Funfzigjähriges Professor- und Staatsdiener-Jubiläum des Präsidenten am 2. November 1864. — Beiträge zu dem Fonds der Akademie. — Weitere Beiträge zu dem Fonds der Akademie. — Neu aufgenommene Mitglieder der Akademie. — Gestorbene Mitglieder der Akademie. — Notiz: Ueber ein anthropologisches Werk. — Die Hebung der Ostküste von Java. (Mit Kartenskizze.) — Fortsetzung der Anzeige der bei der Leop.-Carol. Akademie neu eingegangenen Schriften. — Anzeigen.

Amtliche Mittheilungen.

Funfzigjähriges Professor- und Staatsdiener-Jubiläum des Präsidenten am 2. November 1864.

Es waren am 2. November v. J. fünfzig Jahre verflossen, seitdem der Präsident der Akademie, der Geheime Rath und Leibarzt Dr. Carus, als Professor der medicinisch-chirurgischen Akademie in den sächsischen Staatsdienst trat. Diese Gelegenheit konnte die Kaiserl. Leopoldino-Carolinische Deutsche Akademie unmöglich vorübergehen lassen, ohne den Ehrentag ihres verehrten Präsidenten durch eine besondere Feier zu begehen.

Schon früh von 9 Uhr an gingen Deputationen, Freunde und Verehrer des Jubilars in dessen Wohnung, um die gewidmeten herzlichen Begrüssungen demselben darzubringen.

Zu demselben Zweck versammelten sich viele Freunde und Verehrer des Gefeierten, auch Damen, Vormittags 11 Uhr in dem Hörsaale des naturhistorischen Mu-

Bild 122. Amtliche Mitteilung zum 50jährigen Professorenjubiläum Carus, dem Präsidenten der Leopoldina, 1865

Bild 123. Autobiographie, 1865

Lebenserinnerungen
und
Denkwürdigkeiten
von

Carl Gustav Carus.

Erster Theil.

Leipzig:
F. A. Brockhaus.
1865.

VERGLEICHENDE

PSYCHOLOGIE

ODER

GESCHICHTE DER SEELE

IN DER

REIHENFOLGE DER THIERWELT.

VON

Dr. CARL GUSTAV CARUS

GEHEIM-RATH UND LEIBARZT SR. MAJESTÄT DES KÖNIGS VON SACHSEN, PRAESIDENT
DER KAISERL. DEUTSCHEN LEOPOLDO-CAROLINISCHEN ACADEMIE, EHRENPRAESIDENT
DES LANDES-MEDICINAL-COLLEGIUM, GROSSKREUZ UND RITTER HOHER ORDEN,
CORRESP. MITGLIED DES INSTITUT DE FRANCE, MITGLIED UND EHRENMITGLIED
VIELER GELEHRTEN GESELLSCHAFTEN UND ACADEMIEN.

Bild 124. Vergleichende Psychologie, 1866

MIT MEHREREN EINGEDRUCKTEN ILLUSTRATIONEN.

WIEN 1866.
WILHELM BRAUMÜLLER
K. K. HOF- UND UNIVERSITÄTSBUCHHÄNDLER.

C. G. Carus

Betrachtungen und Gedanken

vor

auserwählten Bildern

der

Dresdner Galerie.

„Was man nicht versteht, besitzt man nicht."
Göthe.

Dresden,
in Commission der Königl. Hofbuchhandlung.
Hermann Burdach.

Bild 125. Letzte Buchveröffentlichung, 1867

Bild 126.
Carl Gustav Carus
im Alter von 80 Jahren

Bild 127. Karl Philipp
Friedrich von Martius
(1794–1868). Botaniker.
Altersfreund von Carus

Bild 128. Carus' Grabstätte auf dem Trinitatisfriedhof Dresden

Besuch im neueingerichteten Kupferstichkabinett. Carus weilte zu Besuch bei Christian Gottfried Ehrenberg, Friedrich Ludwig von Raumer, dem Mineralogen Christian Samuel Weiß (1780—1856), vor allem aber bei Alexander von Humboldt, der sich trotz seiner 88 Jahre voller geistiger Leistungsfähigkeit erfreute. Es sollte jedoch die letzte Begegnung der beiden sich hochachtenden Wissenschaftler gewesen sein.

Das Frühjahr 1856 verbrachte Carus wieder in Pillnitz. Um dem Streben von Grundstückspekulanten zuvorzukommen, die das Land für Neubauten aufteilten, erwarb er einen seinem Grundstück benachbarten Bauernhof und erfreute sich an der Feld- und Gartenarbeit, die seiner Familie nicht nur gesunde Abwechslung bot, sondern auch mit den zu erwartenden Erträgen den Familienetat aufzubessern versprach.

Seit einigen Jahren wurde auch Sachsen von einer aus Amerika kommenden Modewelle des Mystizismus überschwemmt. Carus nahm zunächst in einem Sammelwerk kritisch dazu Stellung, da diese Praktiken aber nicht aufhörten, bekämpfte er sie in dem 1857 erschienen umfangreichen Werk »Über Lebensmagnetismus«.[10] Er charakterisierte die Situation:

»Es war ... als habe die Büchse der Pandora noch einmal sich geöffnet, und Lüge und Torheit aller Art flögen wie Mückenschwärme durch die Luft umher.«[11] Besonders beliebt waren Tischerücken und Pendelschwingen. »Tausendfältig wurden ... die Experimente wiederholt, von allen Seiten wurde nur davon gesprochen, und überall las ich die Geschichten gelungener Drehungen — welche freilich oft genug auf eigenes Verdrehtsein der Experimentatoren deuteten!—«[12] Selbst Carus' Sohn Wolfgang war zeitweilig dieser Epidemie erlegen. Konnte Carus dieses Treiben noch als unsinnige Possen abtun, so wurde die Angelegenheit ernst, als sie sich mit sogenannten Wunderkuren und magischen Heilmitteln auch in medizinische Bereiche erstreckte. In der damit verbundenen Gefahr lag der Hauptgrund, daß sich Carus zu einer längeren Auseinandersetzung veranlaßt sah.

Der Tod Ida von Lüttichaus hatte 1856 eine tiefe Lücke in Carus' Freundeskreis gerissen. Eine erste Begegnung mit Goethes Schwiegertochter Ottilie von Goethe (1796—1882) ließ ihn hoffen, in ihr eine neue Partnerin für geistigen Austausch gefunden zu haben.

In seinem künstlerischen Spätwerk hatte sich Carus, der seit 1840 nur noch kleinere Ölskizzen angefertigt hatte, wieder dem Zeichnen zugewandt. Die Thematik ist sehr vielgestaltig, und die künstlerische Qualität sehr unterschiedlich. Dort, wo er das Naturerlebnis aufgreift, vermag er noch Bedeutendes zu schaffen. Seine Versuche, die Romantik neu zu beleben, scheitern meist, und auch die Darstellung literarischer Themen vermag er nicht mehr zu bewältigen. Das Ergebnis seines künstlerischen Schaffens ist bewundernswert: Carus' malerisches Gesamtwerk umfaßt einschließlich der Ölskizzen mehr als 400 Bilder, das graphische Werk über 1 000 Arbeiten. In einem sich mehrfach wandelnden Prozeß war Carus von naturalistischer zu romantisch-realistischer Kunstauffassung gelangt. Kunst war ihm ein Mittel zur Erkenntnis der Wirklichkeit, sie ergänzte in gelungener Weise seinen Entwicklungsprozeß als Naturforscher.

Bis ins hohe Alter versuchte Carus, durch Reisen den Kontakt mit seinen Kollegen zu erhalten und sich über den neuesten Stand des Wissens zu informieren. Im Frühjahr 1858 suchte er Victor Carus in Leipzig auf und versäumte es nicht, sich auch mit neuen, jungen Professoren der Universität, wie dem Gynäkologen Karl Franz Crede (1819–1892), bekannt zu machen. Es folgte ein Ausflug nach Jena, wo er einer Einladung von Goethes Enkel, Walther Wolfgang von Goethe (1818–1885), folgend, an den Feierlichkeiten zum dreihundertjährigen Bestehen der Universität teilnahm, zählte er doch zu den hochgeachteten Nestoren der Wissenschaft.

Auf der Rückreise weilte er bei Ulrike von Pogwisch (1804–1875), der Schwester Ottilie von Goethes in Weimar, wo er ein letztes Mal Goethes Garten- und Wohnhaus aufsuchte. Franz Liszt (1811–1886), der Weimarer Hofkapellmeister und dessen Freundin Carolyne von Wittgenstein (1819–1887) versäumten es nicht, den berühmten Gast zur Tafel zu bitten. Der Maler Friedrich Preller, den Carus 1822 auf Empfehlung Goethes in das Dresdner Kunstleben eingeführt hatte, wanderte mit ihm durch das Thüringer Bergland.

Die Vermittlung seiner reichen Lebens- und Berufserfahrung an die nachfolgenden Generationen war eine der nächsten Aufgaben, die sich Carus stellte: »Daß ich indes jene innere Nötigung, die besten Ergebnisse eines langen ärztlichen Lebens und Handelns einmal doch zusammenzufassen und der Öffentlichkeit zu übergeben, nicht ganz und unbedingt abweisen konnte, habe ich bewiesen durch meine im Jahre 1859 herausgegebenen Erfahrungsresultate, welche allerdings nur sehr Einzelnes aus dem Schatze einer langen und reichen Erfahrung mitteilen, aber an sich auch mehr bestimmt sein sollten, den Geist meines ärztlichen Handelns fühlbar zu machen ...«.[13]

Carus beklagt in den »Erfahrungsresultaten aus ärztlichen Studien und ärztlichem Wirken während eines halben Jahrhunderts«, wie der genaue Titel lautete, daß »... die Art und Weise wie im großen und ganzen die Gesundheitspflege und Behandlung der Krankheiten selbst betrieben wird ... offenbar weit zurückgeblieben« ist, und sich »nicht selten in einer Verwirrung, Unklarheit« befindet.[14]

Eine Hauptursache für die Misere sah er in den sich heftig streitenden Lehrmeinungen und Theorien:

»Könnte etwas den Gedanken, aus dem reichen Schatze ärztlicher Erfahrungen, wie ein langes thätiges Leben ihn anhäuft, das Beste zu entnehmen und offenkundig darzulegen, irgendwie verleiden und stören, so wäre es jedenfalls ein Blick auf die gegenwärtigen Zerklüftungen der Medicin und den Streit ihrer oft so geradezu sich widersprechenden Theorien.

Mehr als zu irgendeiner Zeit tritt uns hier ein Kampf der verschiedensten Elemente hervor ... .«[15]

Mit der im zweiten Teil seines Buches enthaltenen »Auswahl merkwürdiger Krankheitsfälle« ist er bestrebt, an Hand von Krankengeschichten und Therapievorschlägen seine ärztlichen Erfahrungen zu vermitteln. Da seine bereits 1847 während der medizinischen Reformbewegung vorgelegten Forderungen zur demokratischen Gestaltung des Gesundheitswesens noch immer aktuell waren, nahm er sie erneut in dem Kapitel »Von den Forderungen der Zeit an Reformen des Medicinalwesens« in das Buch auf.

Das Jahr 1859 brachte für den Siebzigjährigen zwei schwere Schicksalsschläge. Am 15. März verstarb plötzlich nach 48jähriger glücklicher Ehe seine Frau. Ihr folgte im Sommer des gleichen Jahres als Opfer des Typhus sein in Jena als Chemiker tätig gewesener jüngster Sohn A. W. Carus.

Hohe Ehrungen im Alter

In der Zeit beginnender Zurückgezogenheit waren Zeichen der Verehrung, wie sie ihm anläßlich seines 50jährigen Doktorjubiläums am 20. Dezember 1861 entgegengebracht wurden, eine besonders große Freude. Er antwortete seinen Gratulanten:

»Meine Herren und liebe Collegen! Insoweit die tiefe Rührung über all das Ehrenvolle, Gute und Schöne, war mir heute bereitet worden ist, mich Worte finden läßt, möchte ich zunächst Ihnen für alle Ihre Liebe meinen innigsten und besten Dank abstatten und Sie versichern, daß das Gedächtnis dieses Tages nie aufhören wird mich zu beglücken, solange mir irgend noch zu atmen vergönnt sein kann. – Sodann jedoch möchte ich, angekommen auf dieser Lebenshöhe, wie man wohl beim Ersteigen hoher Berge ein Signal aufsteckt, um nachfolgenden Reisenden den Weg zu bezeichnen, mich zu meinen jüngeren Herren Collegen wenden und dort, wo ich schon soviel schöne Kräfte zum Heil der Wissenschaft und Menschheit tätig sehe, fernere beste und rühmlichste Erfolge und sattsame Anerkennung wünschen! – Denn in einem langen Leben braucht man wohl gute Wünsche, man erfährt viel und mancherlei Gutes und Schlimmes, große Freuden und tiefe, schmerzliche Verluste, liebevolle Zustimmung und Widerstreit und Anfeindung mancher Art. ...«[16]

Im Jahre 1861 erschien sein letztes umfassendes Werk »Natur und Idee«, das Carus als Zusammenfassung seiner Naturphilosophie betrachtete. Er äußert sich darin zu seinem philosophischen Werdegang:

»Was nun mich selbst und meine Bestrebungen für philosophisches Erkennen des ewig werdenden betrifft, so darf ich wohl sagen, daß schon meine frühesten naturwissenschaftlichen Studien ... lebhaft den Hauch der Erfrischung und neuer und geistiger Anregung empfanden, welcher namentlich durch Schelling und Oken damals über Alles jener Art sich zu verbreiten begann. Aber ich darf auch hinzufügen, daß selbst in dieser Periode ein richtiges Gefühl, und vielleicht zugleich ein damals namentlich durch E. Platner angeregter und vertheidigter Skepticismus, mich davor bewahrte, in jene Überschwenglichkeit zu verfallen, von denen selbst Oken, trotz seines scharfen, mit reichem Material genährten Geistes sich nicht frei machen konnte, während dergleichen bei vielen seiner Nachtreter freilich zu den absurden Mißgriffen führte.«[17]

Carus verknüpfte mit dem neuen Buch die Hoffnung:
»Mögen denn auch diese meine Bestrebungen eine günstige Aufnahme finden, und beitragen, den Blick eben so für die ideelle Beziehung der natürlichen Dinge zu schärfen, wie Mikroskopie und Mikrochemie ihn neuerlich für deren materielle Seite aufgeschlossen haben. —«[18]

Dieser Wunsch war unerfüllbar. Die moderne Naturwissenschaft war über die idealistische Naturphilosophie des Zweiundsiebzigjährigen hinweggegangen, dessen Leitspruch lautete: »Alle Philosophie setzt Gott voraus und ist nur möglich unter dieser Voraussetzung«.[19]

Nach wie vor aber genoß Carus als Nestor der Medizin und Naturwissenschaft hohe Achtung. Ende des Jahres 1862 wurde ihm die Würde des XIII. Präsidenten der Leopoldinisch-Carolinischen Akademie übertragen, der er seit 1818 angehörte. Noch heute wird in Fortsetzung der 1864 begründeten Carus-Stiftung an hervorragende Gelehrte die Carus-Medaille der Leopoldina verliehen. In Carus fand die Akademie nicht nur einen würdigen, sondern auch einen in der Wissenschaft nach wie vor konsequent seinen Klassenstandpunkt gegen feudale Hemmnisse vertretenden Präsidenten. Er forderte von den bürgerlichen Akademien: »... daß sie von einem freien selbständigen, allein auf sich gegründeten Gelehrtenvereine ausgehen, und wenn sie auch Unterstützungen von Fürsten und Regierungen annehmen und erhalten, doch nie dadurch in ihren Tendenzen beschränkt werden können und beschränkt werden sollen.«[20]

Wie unzutreffend die These einer Vereinsamung von Carus bereits in dieser Zeit ist, zeigt eine Äußerung, in der er im Jahre 1868 nach fünfjähriger Präsidentenschaft der Akademie seine Wirksamkeit charakterisiert und sich voller Tatendrang noch weitere Aufgaben vornimmt: »In welcher Weise aber mein Präsidium dieser altehrwürdigen Verbindung auf mich zurückwirken muß, ist nun ebenfalls leicht zu ermessen. Denn wenn man im Alter sonst leicht Gefahr läuft isoliert und vergessen zu werden, sich abgeschnittten zu finden von fortgehender (besonders wissenschaftlicher) Tätigkeit der Welt, ja, zuletzt sogar Gefahr läuft, wegen Gedanken von Widerwilligkeit aller Umgebungen in Morosität und Lebensschwäche zu verfallen, so steht man hier fortwährend mit einer großen Menge Gelehrter in allen Ländern in irgendeiner Wechselwirkung. Stets kommt Neues an uns heran und überall erschließt sich Gelegenheit, so manches Gute zu fördern, manches noch Mangelhafte zu bessern und hier und da Neues und Unerwartetes zu schaffen, durch alles dies aber uns selbst die Frische der Tätigkeit und einen gewissen Reichtum des Lebens zu erhalten.

Sei mir somit vergönnt, nachdem, ich jetzt (Januar 1868) das Institut schon fünf Jahre in diesem Sinne geleitet habe, auch diese Tätigkeit noch fernerhin mit einigem Erfolg fortzusetzen! ——«[21]

Am 11. November 1863 teilte der Dresdner Oberbürgermeister Friedrich Wilhelm Pfotenhauer (1812–1877) Carus den Beschluß mit, die Hälfte der Borngasse, in der das Carushaus stand, in Carus-Straße umzunennen. Diese Ehrung veranlaßte Carus zu einem beschaulichen Rückblick auf sein Leben:

»Mannigfaltiges und Seltsames erlebt man doch, wenn man alt genug wird. Wer hätte gedacht, daß, als ich fast vor einem halben Jahrhundert als ziemlich mittelloser Professor nach Dresden kam, jetzt und noch ehe das halbe Jahrhundert ganz abgelaufen sein würde, in dieser neuerlich enorm sich vergrößernden Stadt eine Straße nach mir mit dem Namen ›Carus-Straße‹ bezeichnet werden würde? Und doch eben so geschah es. Gestern früh erschien der Oberbürgermeister, Herr Pfotenhauer, bei mir und (nachdem, er mehrere Wochen früher bereits mich hatte amtliche befragen lassen, ob ich gegen eine solche Verwendung meines Namens nichts einzuwenden habe) kündigte er mir diesmal an, daß der König befohlen habe, diejenige Hälfte der früheren ›Borngasse‹, wo mein Haus steht, solle von nun an mit dem Namen der ›Carus-Straße‹ belegt werden.

Natürlich dankte ich sehr und mußte fast etwas Symbolisches darin finden, daß ohngefähr ebenso mein Leben, wie es aus einfachen und engen Zuständen nach und nach zu einem wenn auch nicht reichen, aber doch breiteren und bequemeren Dasein geführt hatte, durch diese Änderung gewissermaßen auch zum Vorbilde geworden war einer besseren Örtlichkeit, in welcher es wahrscheinlich nun seinen endlichen Abschluß finden bestimmt sein wird. — Freilich, die Carus-Straße werde ich auf keinen Fall so lange bewohnen als bisher die alte Borngasse, werde auch darin schwerlich so viel großes und schönes erleben, als ich früher dort erlebt habe. Meine Existenz wird sich verlieren, wie so viel andere sich verloren haben, allein der Name bleibt jedenfalls in Dresden von nun an noch auf lange heimisch, und wohl werden bei seinem Klange sich hier und da noch manche eines in weiten Kreisen bekanntgewordenen alten Medikus dreier Könige erinnern, der neben gar manchem Naturwissenschaftlichen auch einst eine ›Psyche‹ verfaßt und einige sympathische Bilder und Zeichnungen hinterlassen hat.«[22]

Wenige Jahre später erlebte Carus eine weitere große Ehrung. Der Naturforscher John Francis Julius Haast (1824–1887), ein Assistent des Wiener Geologen Ferdinand von Hochstetter (1829–1884), war nach einer gemeinsamen Neuseeland-Expedition auf der Insel zurückgeblieben, um paläontologische sowie geologisch-geographische Forschungen durchzuführen. Seine Forschungsarbeit abschließend, benannte er einige der größten Gebirgsgipfel und Gletscherhörner mit dem Namen bekannter Persönlichkeiten, wie Mount Coleridge, Mount Goethe. Am 28. Juni 1866 richtete er an Carus folgendes Schreiben:

»Als ich vor einigen Monaten die Gletscherquelle des Rakaiaflusses in den südlichen Alpen Neuseelands aufsuchte, hatte ich Gelegenheit von meinen Privilegium Gebrauch zu machen und verschiedene Gletscher, Flüsse, Berge mit Namen zu versehen, einen hohen schneebedeckten Gipfel der Central-Alpen mit Ihrem Namen zu schmücken, dem Nestor deutscher Wissenschaft als einen schwachen Tribut von einem sehr warmen Verehrer bei den Antipoden dargebracht. Ein so eben von der Regierung veröffentlichter Bericht über diese Reise mit zahlreichen Profilen und Scizzen versehen, wird sie mit Mount Carus bekannt machen.... Sobald meine Karte im Druck erschienen sein wird, werde ich mir das Vergnügen machen, Ihnen ein Exemplar zuzusenden, damit Sie die Position Ihres riesigen Namensbildes kennen lernen...«.[23]

Alterswerke

So sehr Carus diese Huldigungen freuten, so sehr brachten sie ihm auch manche in seinem langen Leben nicht ausgebliebene Bitternis in Erinnerung:

»Wie indeß schon im Altertum der Mensch ein natürliches Gefühl davon zu haben pflegte, daß das Leben nie ohne Gegensätze besteht, daß daher auf übermäßiges Rühmen gern Schmähungen und Herabsetzung, auf Fülle des Glücks mehr oder weniger schweres Unglück folgen müßte, so daß selbst dem römischen Triumphator der hämische Thersites nicht fehlen durfte, der ihn wieder des gehäuften Glanzes entkleiden sollte, so wirkt nun auch dasselbe Gesetz in den verschiedensten Sphären fort und hat auch an mir sich oft genug bewährt, indem es mehrmals mir recht hohe und hündische oder mindestens dumme und boshafte Gegner erweckte, bei denen mir indeß dann abermals mein altes großes Vorbild, Goethe, nicht zu fehlen pflegte, ja oft genug mich aufgerichtet und wirklich vielfach getröstet hat dergestalt, daß mir selbst da oft noch Mut und Freiheit der Lebensansicht erhalten geblieben ist, wo man längst alles dergleichen mir zu verderben und zu untergraben sich abgemüht hatte.«[24]

Noch einmal hatte sich Carus 1863 in dem Alterswerk »Goethe, dessen Bedeutung für unsere und die kommende

Zeit« seinem großen Lehrmeister zugewandt. Auch hierin vermochte er, mit dem Versuch, Goethes Wesen aus der Entwicklung und den Werken darzustellen, kaum noch etwas Neues zu sagen. Er ging ihm, wie bereits in seinen früheren Goetheschriften darum, das Individuelle Goethes als exemplarische Orientierung für die Menschheit hervorzuheben:

»Goethe hatte den Beruf, theils gerade am Anfange einer Periode des Menschheitslebens, welche uns immer mehr ins Äußerliche zu reißen droht und immer verführerischer den ganzen Reichtum materieller Genüsse und Zerstreuungen uns aufthut, noch einmal den vollen Begriff des wahren, auf Einfachheit und Humanität ruhenden, und zugleich mit Seherblick in alle Lebensbereiche schauenden Dichters in sich darzustellen, theils aber wurde ihm die Aufgabe, die Mission eines solchen Dichters an der Menschheit dadurch zu erfüllen, daß er ... zu rühren und mit der Weihe der Poesie gegen die Wirren der Zeit zu waffnen sich befähigt finden sollte.«[25]

In der Darstellung vermochte sich Carus nicht mehr auf das eigentliche Thema zu konzentrieren. In einem Übermaß von Reflexionen schweiften die Gedanken – zweifellos von einer Überfülle des Wissens getragen – vom Gegenstand ab und verloren sich in Abstraktionen.

Dieser Mangel kennzeichnet auch sein 1866 erschienenes Werk »Vergleichende Psychologie oder Geschichte der Seele in der Reihenfolge der Thierwelt«, das er der vergleichenden Anatomie zur Seite stellen wollte:

»Von der vergleichenden Anatomie zur vergleichenden Psychologie ist es nur ein Schritt! – Und schon zeitig schwebte mir auch der Gedanke vor, Alles, was mir jenes erstere Studium an wichtigen Resultaten geboten hatte, eigens zur Ausarbeitung eines Handbuches über die letztere zu verwenden.«[26]

Bereits 1835 hatte er mit Heinroth den Plan eines solchen Buches erörtert, war aber durch die Vielfalt seiner Aufgaben an der Fertigstellung gehindert worden.

Carus stellte sich in seinem Buch das Ziel, eine »Entwicklungsgeschichte der Thierseele vom Infusorium an bis zum menschenähnlichen Affen zu geben, und ein solches Gesammtbild dem gegenüberzustellen, was (er) einestheils in somatischer Beziehung in der vergleichenden Anatomie, anderntheils aber in (der) ›Psyche‹ als Entwicklungsgeschichte der menschlichen Seele, vom Embryo an bis zur Geistesreife des vollkommnen Menschen, gegeben hatte.«[27]

Von seinen Freunden gedrängt, hatte sich Carus 1865 zur Veröffentlichung seiner »Lebenserinnerungen und Denkwürdigkeiten« entschlossen, die er ursprünglich für eine postume Herausgabe bestimmt hatte.

Die Niederschrift des Werkes erstreckte sich über zwei Jahrzehnte. Carus begann es achtundfünfzigjährig Ostern 1846 und schloß es im achtundsiebzigsten Lebensjahr ab. Im wesentlichen endet die Schilderung aber bereits mit seinen sechziger Jahren, die Folgezeit findet nur in kurzen Notizen Erwähnung.

Vergleicht man die Lebenserinnerungen mit anderen autobiographischen Zeugnissen, so werden erhebliche Unterschiede deutlich. Das Werk setzt sich aus einzelnen Teilen, wie Tagebuchnotizen, Anekdoten, Stimmungsmalereien, Reisetagebüchern, Briefteilen, lose zusammen, die offensichtlich später kommentierend miteinander verbunden und in ein sachlich-chronologisches Gerüst eingebettet wurden. Im Vordergrund steht der sachbetonte Rechenschaftsbericht über die eigene geistige Entwicklung. Die Bilanz seines Lebens und Wirkens widmet sich in gemütvollen Reflexionen Zeitereignissen und vor allem Zeitgenossen. So lebendig es Carus verstand, seine Reiseeindrücke wiederzugeben, so sehr bestimmt das Gleichmaß der Schilderung den Ablauf der Jahre, wobei er sich häufig in Nebensächlichkeiten verliert, die recht bedächtig kommentiert werden. Unverkennbar ist auch das didaktische Prinzip der Selbstschau. Carus verschließt sich keineswegs den politischen Ereignissen, doch gilt sein Streben dabei dem Ausgleich und gegenseitigen Verständnis, von kämpferischer Einstellung ist kaum etwas spürbar.

Allerdings ist Carus sich durchaus bewußt, Zeitgenosse einer historischen Wende zu sein, wobei ihn angesichts der negativen sozialen Begleitumstände der sich entfaltenden industriellen Revolution Pessimismus befällt. Die revolutionären Erhebungen erscheinen ihm als Folge unseliger Mißverständnisse und des Fehlverhaltens einzelner Personen.

Ungeachtet aller formalen und inhaltlichen Mängel ist Carus' umfangreiches Memoirenwerk eine wesentliche Quelle zum Verständnis seiner Persönlichkeit, weniger für sein Familienleben, das kaum Erwähnung findet.

Am 26. Januar 1866 äußerte Carus zu seinen Lebenserinnerungen folgenden Wunsch:

»Würde es mich doch am meisten befriedigen, wenn ich nach und nach mir sagen könnte: Das Buch sei in die Familien-Bibliothek recht vieler meiner deutschen Landsleute aufgenommen worden und wirke nicht bloß wie ein einmal durchgelesener Roman, sondern wie eine durch die verschiedensten Situationen durchgehende, selbst zu wiederholtem Bedenken auffordernde Lebensbetrachtung auf Sinn und Charakter vieler Tüchtigen ein. ——«.[28]

Dieses Anliegen fand keine Erfüllung. Die Lebenserinnerungen wurden alles andere als ein Bestseller. Im Jahre 1892 mußte sich der Verlag zur Makulierung des unverkäuflichen Restbestandes entschließen. Erst hundert Jahre nach dem Erscheinen der Originalausgabe wurde das Werk auf der Grundlage der von Carus besorgten Fassung in der DDR neu herausgegeben und fand größtes Interesse.[29]

Anderthalb Jahre nach Abschluß des vierten und letzten Teils seiner Lebenserinnerungen begann Carus mit den Vorarbeiten zu einem fünften Teil.

Am 10. Oktober 1867, dem Tag, an dem er diese Arbeit aufnahm, vermerkt er dazu in seinem Tagebuch:

»Als ich vor einigen Jahren am vierten Bändchen meiner ›Lebenserinnerungen und Denkwürdigkeiten‹ die letzten Zeilen niederschrieb, lag mir der Gedanke noch ganz fern, daß ich diesen einfach erzählten Selbstbekenntnissen einmal noch eine Fortsetzung würde geben können. Ja, eigentlich kann ich mich selbst jetzt, wo ich eben die Feder ansetze, um weiter zu schreiben, noch kaum überzeugen, es sei im fortgesetzten Gange des Lebens möglich, jenen früheren Mitteilungen eine wirkliche Fortsetzung zu gewähren.

Ist es doch sonderbar, wenn man Jahre darauf verwandt hat, den Blick tief einwärts auf das innere Getriebe des Lebens zu richten, gleichsam alles Glück und alle Schmerzen, an denen der Geist mehr und mehr herangereift war, wieder durchzuempfinden und durchzuarbeiten, ja, eine lange Reihe von Persönlichkeiten gleichsam als Schatten an uns vorübergehen zu lassen, mit denen wir früher bald in anziehenden, bald in abstoßenden Verhältnissen gestanden und vielfach verkehrt hatten, so kann dies alles etwas so Angreifendes haben, daß, wenn wir endlich unser Auge wieder dem gewöhnlichen Lebensgange zuwenden, es uns oft sein wird, wie dem, der nach langer Seefahrt ans Land tritt und noch geraume Zeit das Schwanken und Schaukeln des Schiffes unter seinen Füßen zu fühlen meint. Eben daran liegt es ja auch, daß der Mensch bis zur mittleren Höhe des Lebens und darüber hinaus noch so selten dazu kommt, gleichsam als vollkommener Januskopf solchen Rückblicken sich selbständig hinzugeben. Ist er doch bis dahin gewöhnlich auch noch so sehr von den Interessen des Tages in Anspruch genommen, daß hierzu ihm die nötige Ruhe unbedingt mangelt. Das höhere Alter aber, der eigentliche Abstand des Lebens, wo im guten Falle die untergehende Sonne mit goldenem Schimmer noch einmal die ganze Umgebung verklärt, das ist dann die Zeit, wo das meiste erst in seinem wahren Werte hervortritt, der Sinn für das Echte sich in reinerer Weise betätigt, dagegen vieles Flüchtige und bloß ergänzende großenteils oder vollkommen abfällt.«[30]

Die Niederschrift blieb ein Fragment. Die darin fixierten Gedanken zu Persönlichkeiten wie Alexander von Humboldt, Goethe, Tieck, Ida von Lüttichau, Äußerungen zur Literatur und zahlreiche Einzelreflexionen aber sind sehr aufschlußreich. Das in Carus' Nachlaß befindliche Manuskript wurde während einer späteren Abschrift teilweise verändert, während das Original von Carus' Tochter Caroline aufbewahrt wurde und in den Besitz ihrer Pflegetochter Margarete Schwerdtner kam. Ein entfernter Verwandter, Otto Carus aus Gotha, ließ davon sieben Abschriften anfertigen, in denen wiederum einige Textstellen verändert wurden. 1931 stellte Rudolph Zaunick auf der Grundlage des Ursprungsmanuskripts den fünften Band zusammen und ergänzte ihn mit weiteren Dokumenten aus dem Nachlaß.

Carus, der die Schrecken des Krieges als junger Arzt in

Leipzig kennengelernt hatte, mußte am Ende seines Lebens nochmals den verhaßten Krieg erleben.

Seit Ende der fünfziger Jahre hatten sich die Auseinandersetzungen um die Lösung der 1848 ungelöst gebliebenen nationalen Frage verstärkt. Die Herstellung der Reichseinheit »konnte bei den damaligen Klassenverhältnissen auf zweierlei Art gelöst werden: Entweder durch eine Volksrevolution gegen die Dynastien und ihre Stützen, aus der eine deutsche Republik hervorgehen konnte, oder aber unter Führung Preußens, durch Kriege, in denen die preußischen Junker und ihr Staat die politische Hegemonie in ganz Deutschland erlangen würden. Der Kampf um diese beiden Wege der deutschen Einigung war bestimmend für die deutsche Geschichte der sechziger Jahre des 19. Jahrhunderts«.[30a]

Der Weg, der beschritten wurde, führte über drei Kriege zur Reichseinigung von oben. Nachdem bereits im Krieg gegen Dänemark 1864 die erste Etappe dieses Weges mit Hilfe des preußischen Militarismus bewältigt worden war, beabsichtigte Otto von Bismarck (1815–1898) 1866 in einem neuen Krieg gegen den Rivalen Österreich und dessen Bundesgenossen, zu denen auch Sachsen zählte, den Weg für die preußische Vorherrschaft in Deutschland weiter zu ebnen.

Carus hatte gehofft, daß der Krieg verhindert werden könnte:

»Noch lebten ja in vielen Herzen die Bilder jener ersten zerstörenden napoleonischen Kriege; die schrecklichen Geschichten des Russischen Feldzuges stellten noch dann und wann der Erinnerung und teilweise selbst in Träumen sich dar, ebenso aber die Kämpfe, welche an das Jahr 1848 sich anreihten. Und doch war keiner dieser Kriege in dem Maße vorausgefürchtet worden als der diesmal bevorstehende. Denn selbst unter den einflußreichsten und am meisten kriegerisch gesinnten Deutschen suchte man alle erlaubten Mittel, wie Versammlungen, Petitionen und Adressen hervor, um gerade diesen Krieg, wenn irgend noch möglich, zu verhüten.«[31]

Am 11. Juni brach der Krieg aus, und schon zwei Wochen später drangen preußische Truppen in Dresden ein. Carus erlebte deren Schreckensherrschaft: «... in all diesen Unruhen erfolgte jetzt plötzlich und den meisten ganz unerwartet von Westen her in dichtgedrängten Haufen der Einzug der Preußen am 23. Juni. Sie waren durch Abbrennen der Elbbrücke bei Meißen etwas aufgehalten worden, sonst würde der Einzug noch einen Tag früher erfolgt sein. Auch mein für ungewöhnlich so ruhiges und stilles Besitztum nahm für den Augenblick hierdurch eine kriegerische Färbung an. Ein Rittmeister mit mehreren Fuhrwerk und Pferden richtete sich momentan in Hof und Stallung ein, ja, er fragte noch in umliegenden Grundstücken nach mehr ähnlicher Unterbringung, und beinahe wäre es hier bei einer solchen Umfrage sogar zu tätlichen Streitigkeiten gekommen. Da ich indeß später dem bei mir einquartierten Offizier selbst einen Besuch machte und ihm versichert, daß hier nirgends bösliche Absichten vorauszusetzen wären, der Rittmeister selbst aber als gebildeter Mann sich vorstellte, so schlichtete diesmal sich endlich alles in vollkommenem Frieden.

Natürlich galt dieser Frieden noch lange nicht für die Stadt selbst, allwo es an Requisitionen und anderen Unannehmlichkeiten freilich nicht fehlte ... Besondere Beunruhigung verbreitete es übrigens, als man davon hörte, daß demnächst die Stadt mit Schanzen umgeben würde und zum Schanzenbau, wofür bereits Arbeiter und Bergleute hier aufgeboten waren, nächstdem auch Berliner Straßenbevölkerung mittels Eisenbahn en masse hierher geführt werden sollte. Auch der Große Garten, diese Zierde Dresdens, stand in Gefahr, vielleicht in den Bereich jener Verschanzungen gezogen zu werden und dadurch teilweise Zerstörungen zu erfahren.«[32]

Der Widerstand der Verbündeten brach bald zusammen. Am 3. Juli 1866 errang die preußische Kriegsmaschine bei Königsgrätz den Gesamtsieg in dem ungerechten dynastischen Krieg und beseitigte damit weitgehend die äußeren Schwierigkeiten zur preußischen Hegemonie in Deutschland.

Im Jahre 1867 erschien Carus' letztes Buch. Es wendet sich einem Gegenstand zu, dem neben der Wissenschaft und ärztlichen Praxis zeit seines Lebens seine große Liebe galt, der Kunst. Die »Betrachtungen und Gedanken vor auserwählten

Bildern der Dresdner Galerie« werden eingeleitet mit Reflexionen über Raffaels (1483–1520) »Sixtinische Madonna«, von Carus »das erste Bild der Welt« genannt. Es schließen sich an Betrachtungen über Paolo Veronese (1528–1588), Rembrandt (1606–1669), Salomon van Ruysdael (um 1600–1670) u. a. Entstanden war diese Schrift schon eher. Doch hat, wie Carus mit leichter Resignation vermerkt, ... »das Heft noch manches Jahr bei mir im Pulte gelegen, da überdies die Verleger sich nach Schriften, welche keinen schnellen Ertrag versprechen, nicht eben zu drängen pflegen, und so habe ich jetzt geradezu den Abdruck des Ganzen selbst angeordnet ...« — auf eigene Kosten in Kommission.

Einsames Ende

Eine schwere Erkankung zwang den achtundsiebzigjährigen Carus schließlich endgültig, die ärtzliche Praxis niederzulegen. Glücklicherweise konnte er sich wieder erholen und im Kreise der Familie den Lebensabend verbringen. Briefe an seinen Altersfreund, den Botaniker Karl Philipp Friedrich von Martius (1794–1868), berichten davon: »Wir setzen ein stilles einfaches Leben gleichmäßig fort, fahren wo möglich täglich etwas ins Freie, sehen zu weilen ein paar Freunde bei uns, Abends kommt fast täglich mein Sohn u. seine Frau (unsere liebe Vorleserin), allwöchentlich ißt mein Enkel mit seiner Frau einmal bei uns, indem dann (bei schönem Wetter) auch der kleine Urenkel (eben jetzt geimpft) ein Stündchen hergebracht wird; einigemal wöchentlich sehe ich unsre verehrten Herrschaften, ... oder habe ich Sitzung in unserem Landes-Medicinal-Collegium, u. so vergeht Woche um Woche leidlich genug obwoh(l) jede aufbrechende Blume im Garten mir mein geliebtes Kind, dem die Sorge des Gartens oblag, schmerzensreich hervorruft.«[33] Und am 8. April des gleichen Jahres: »Ich lebe jetzt viel in meinem Garten, der sich unmittelbar unter meinen Fenstern ausbreitet und von Marianen mit Vorliebe überwacht und gepflegt wurde. Sie hatte mir noch im vorigen Jahre einen guten Gärtner ausgesucht, welcher dann auch ihn besonders hübsch dargestellt hat. Möchte ich doch noch einst das Glück haben, Ihnen alle diese meine kleinen Herrlichkeiten zu zeigen und genießen laßen zu können!«[34]

Doch das Glück des Alters wurde noch im gleichen Jahr jäh durch den wohl schwersten Schicksalsschlag seines Lebens zerstört. Seine Lieblingstochter und Hauptstütze des Alters, Mariane stirbt. Von diesem schweren Leid vermochte sich Carus nicht mehr zu erholen. Unter diesen Umständen ist es bewundernswert, mit welcher Würde er das ihm angetragene Amt übernahm, neben dem Mathematiker Oscar Schlömilch (1823–1901) als Geschäftsführer der 42. Deutschen Naturforscherversammlung, die in Dresden stattfand, zu wirken.

Da Carus nicht mehr in der Lage war, die zahlreichen Gäste in einer Ansprache zu begrüßen, entbot er ihnen am 18. September 1868 einen herzlichen schriftlichen Festgruß, der als letzte öffentliche Proklamation zugleich sein humanistisches Vermächtnis war:

»Die Geschichte der Wissenschaft, wie die politische Geschichte der Völker, haben beide einen grossen organischen Gang, berühren in diesem beide sich vielfältig...

Gesegnet dann Er (der Naturwissenschaftler, W. G.), wenn es ihm oftmals gelingt, nicht auf blutigen Feldern des Todes, sondern auf palmenreichen Gefilden wechselseitig sich unterstützender und kräftigender Nationen, leuchtende Merkzeichen an solchen Flüssen aufrichten zu können, theils für immer vollständigere Ueberwindung von Irrsal, Lüge und moralischer Verderbtheit, theils für Entdeckung neuer grosser Wahrheiten der Wissenschaft und rastlos fortschreitenden Sieg alles Rechten, Guten und Edlen im Leben«.[35]

Von den alten Freunden und Bekannten waren nach und nach fast alle gestorben. Carus wurde einsam:

»Wird doch das Leben überhaupt in seinen höchsten Regionen nach und nach immer einsamer und in sich gekehrter; und wenn nun dabei immer mehr die Zahl derjenigen sich verringert, die selbst dann noch in Liebe uns nahe stehen, so wird zuletzt das Tagebuch fast zu dem einzigen mit uns fortschreitenden Freunde, in dessen treuen Busen wir das meiste vertrauensvoll niederlegen, was der äußern Welt zuletzt doch zum größten Teil entfremdet bleiben mußte; und in dieser

Weise ist dann endlich ein ganzes entstanden, bei welchem man nie vergessen möge, daß hier weniger von einer Lebenschronik im gewöhnlichen Sinne die Rede sein sollte, sondern daß es eigentlich nur Ausatmungen innerer Lebenszustände waren, welche nach und nach zu diesem einfachen, wesentlich der ersten Hälfte des 19. Jahrhunderts angehörenden Lebensbilde sich vereinigten, jedenfalls aber auch so das Wohlwollen Mitlebender und das Andenken Nachgeborener einigermaßen in Anspruch nehmen möchten«.[36]

Carus' letztes literarisches Zeugnis war ein Nekrolog auf den Freund Martius.

Die letzten Monate seines Lebens verschönte ihm Beatrice Petz von Pétzy (1830–1909), die nach dem Tode ihres Mannes seit 1867 meist bei ihrer Mutter in Dresden wohnte. Sie erfreute Carus mit ihrem Gesang und war ihm bis zuletzt Partnerin geistreicher Gespräche. Wie sehr er ihre Besuche erwartete, zeigen zwei Briefe:

»Liebste Freundin!
Heut Nachmittag sagte ich zu Linchen (da ich die Aussicht hatte fast allein zu bleiben Abends), ach! käme doch Frau v. Pözy etwas her um mich ein paar Lieder hören zu lassen! – ›Aber Linchen meinte, dazu sey gar keine Aussicht!‹

Doch Sie haben mir ja auch erlaubt, den Wunsch selbst dann auszusprechen, wenn er sich nicht realisieren läßt. – So frage ich also ganz bescheidentlich ob es vielleicht nur für 1–2 Stunden doch ginge mit Ihrer lieben Begleiterin? Sie möchten es ja ganz bestimmen wie es Ihnen recht wäre oder Ihrer lieben Schwester! – ich werde Alles geduldig erwarten und immer bleiben

Ihr alter
treu ergebener
Carus«[37]

»Liebste Freundin!
Wie schön daß Sie mir selbst so bald die Lücke persönlicher Gegenwart durch Ihre lieben Züge einigermaßen ausfüllten! – Zeichen denen ich heute durch diese gebrechlichen ungenügenden erwidere, bei denen Sie jedenfalls dann am besten fahren werden wenn Sie zwischen den Zeilen zu lesen ver-

stehen. Meine Gesundheit ist noch immer so schlecht daß ich es Carolinen überlassen muß Ihnen nächstens einen kleinen Bericht zu erstatten. Sie verdrießt mich zu sehr. In der Erinnerung an Ihre wunderschönen und so meisterhaft vorgetragenen Gesänge schwärme ich noch oftsmals täglich, hoffend natürlich auf die Wiederkehr solcher beglückender Stunde, obwohl sie manchmal bezweifelnd. – O! daß das Leben so unvollkommen ist! – Mein ganzes Haus grüßt bestens Sie, und die lieben Ihrigen.

In ausharrender Verehrung
Ihr ergebenster
C. G. Carus«[38]

Ohne sie nochmals gesehen zu haben, vollendete der große Humanist am 28. Juli 1869, gegen 19 Uhr, einundachtzigjährig sein Leben. Über das Begräbnis, das am 31. Juli auf dem Trinitatisfriedhof stattfand, berichtet der Hofkapellmeister Julius Rietz (1812–1877) in seinem Tagebuch: »Begräbniß um $^1/_2 8$ Uhr. Um 8 Uhr nachgefahren; Tschirsky, Witzleben u. a. schon draußen; später auch Prinz Georg ... Leiche kam gegen 9 Uhr; keineswegs festlich u. feierlich; nothdürftig die Nächsten – kein Hettner, Schubert, Pabst u. a. – Kein Musikchor, acht dürftige Kreuzschülerstimmen. Die ärztlichen Corporationen hätten viel mehr thun können und müssen; Erdmann erklärte es durch Carus' gänzliche Unpopularität und wissenschaftliche Verschollenheit; aber das einem ehemals so bedeutendem Manne am Beerdigungstage nachzutragen und der Welt zu zeigen? es geht toll zu. Geh. R. Reinhard sprach, dann Hübner nicht übel – aber egoistisch und heuchlerisch, dann Prediger Rüling ... Bei Kn. Victor Carus und die 3 Rietschels; mich über die Armseligkeit des Begräbnisses geäußert; Wolfgang Rietschel sagt sehr richtig, daß die Familie doch nichts hatte provociren können; auch wäre es zu wenig bekannt gewesen etc. Sie waren aber alle ganz fidel. Neugierig macht mich das Testament ...«.[39]

Anders als diese offiziellen letzten Ehrungen des bedeutenden Wissenschaftlers und Humanisten sind die warmherzigen Worte, die Ottilie von Goethe in ihrem Kondolenzschreiben an Carus' Tochter, sein Wesen erfassend, fand:

»Meine liebe Caroline!
Die Zeitung in die Hand nehmend, ersehe ich den unersetzlichen Verlust, den Sie, den der Kreis der bedeutendsten Menschen, den ich erlitten. Es ist ein wunderbares Gefühl wenn man mit dem eignen Herzenskummer, mit der eignen Familientrauer hinein gehört in die allgemeine Klage. Meine liebe Caroline, was die Wissenschaft verliehrt kann ich nicht erwähnen denn ich kann es nicht beurtheilen, aber was für ein Vorbild eines seltenen edlen, ich möchte sagen durchleuchteten Menschen in Ihrem Vater aus der Welt geschieden, das weis ich wohl, und sein Schönheitssinn war zugleich der Schönheitssinn der Verschmelzung von Geist und Gemüth, war die Erhebung in Allem zur Veredlung. Er sprach so schön, weil er so schön dachte, er hatte keine Feiertagsreden, weil die Tage ihm gleich waren, und doch, so ängstlich ich auch an der Hoffnung klammerte ihn wiederzusehen, vergeben Sie mir, wenn ich sage, gönnen Sie ihm gestorben zu sein, wenn das Alter mit seinen Bemühungen doch erst anfing herein zu brechen, wenn der Baum noch nicht ganz entblättert war. Die schwere Zeit getragen, wie viel Sie erleichterten, wird jetzt beruhigend vor Ihrer Seele stehen, und seines Lebens Aufgabe hatte er reichlich erfüllt.«[40]

Fazit

Carl Gustav Carus zählt zu den hervorragenden Persönlichkeiten der Geschichte. Sein weltbekanntes humanistisches Werk findet in der Deutschen Demokratischen Republik Fortsetzung und Vollendung. Zahlreiche Einrichtungen und Arbeitskollektive des Gesundheitswesens tragen seinen Namen und sind sich dabei einer großen Verpflichtung bewußt.

Carl Gustav Carus war nicht schlechthin ein Arzt, der bekannte und gesicherte medizinische Erkenntnisse bei der Gesundheitspflege nutzte. Darüber hinaus von wissenschaftlicher Leidenschaft besessen, suchte er die Gesetzmäßigkeiten der Entwicklung des Lebens zu ergründen und nahm wesentlich daran teil, den Prozeß der Verwissenschaftlichung auf dem Gebiet der Medizin voranzutreiben.

Die naturwissenschaftliche Arbeit in Lehre, Forschung und Publikation wurde ihm zu einem echten Bedürfnis. Er betrieb sie in engem Kontakt zu anderen hervorragenden Persönlichkeiten seiner Zeit, wie Alexander von Humboldt und Johann Wolfgang von Goethe. Mit seinem Schaffen trug Carus dazu bei, theologisch begründete Dogmen in der Naturwissenschaft zu überwinden. Wenn es ihm auch nicht gelang, zu der Konsequenz der Deszendenztheorie vorzudringen, so steht er mit seinem Werk doch auf den Seiten derer, die zur Herausbildung der Darwinschen Entwicklungstheorie beitragen.

Carus war als Arzt — auch als königlicher Leibarzt — unabhängig von dem sozialen Status der Patienten zu steter Hilfe bereit und erfüllte seine durch den hypokratischen Eid übernommenen Verpflichtungen gewissenhaft.

Sein Arztberuf vermittelte ihm tiefe Einblicke in die Unzulänglichkeiten der Gesellschaftsordnung seiner Zeit, und er strebte als Humanist ihre Vervollkommnung an. Dabei schienen ihm Reformen die gegebenen Änderungsmethoden. Revolutionen lehnte er ab, da er die sozialen Mißstände nicht als gesetzmäßige Erscheinung der Ausbeutergesellschaft, sondern allenfalls als zu beseitigende Auswüchse oder Fehlentwicklungen interpretierte.

Wie viele Vertreter des Kleinbürgertums bezog Carus während der bürgerlich-demokratischen Revolution von 1848/49 keine konsequent demokratische Stellung, sondern verblieb auf der Position eines konstitutionellen bürgerlich-liberalen Humanisten. Die gesellschaftliche Konsequenz seines wissenschaftlich-humanistischen Denkens vermochte er nicht zu ziehen.

Carus nahm regen Anteil am wissenschaftlichen Leben seiner Zeit und förderte durch bewußte Unterstützung nationaler deutscher Gesellschaften die Überwindung des politischen Partikularismus in Deutschland und seiner negativen Folgen für die Entwicklung der Produktivkräfte allgemein wie der Naturwissenschaft speziell.

Carus erkannte die Notwendigkeit philosophischer Arbeit als Grundlage nützlichen gesellschaftlichen und wissenschaftlichen Wirkens. Auch in seinem künstlerischen Schaffen war er ein Wegbereiter des Fortschritts, sein Wirken als Künstler stand in engem Zusammenhang mit seinem wissenschaftlichen Werk und entsprach seinem humanistischen Ethos.

Carl Gustav Carus zeigt uns in überzeugender Wese, daß hohe Leistungen nur bei Überwindung eines einseitigen Spezialistentums unter Zuwendung zu den gesellschaftlichen Problemen der Zeit möglich sind.

Zitatnachweis

Kindheit und Jugendjahre

1 Zitiert nach Carus, Carl Gustav: Lebenserinnerungen und Denkwürdigkeiten. Bd. 1. Weimar 1966. S. 45–46.
2 Ebenda S. 22.
3 Ebenda.
4 Ebenda S. 31.
5 Zitate nach Kaemmel, Otto: Geschichte des Leipziger Schulwesens vom Anfange des 13. bis gegen die Mitte des 19. Jahrhunderts (1214–1846). Leipzig 1909. S. 490.
6 Carus, Carl Gustav: Lebenserinnerungen a. a. O. Bd. 1. S. 39.
7 Ebenda S. 49.
8 Ebenda S. 41–42.
9 Ebenda S. 43–44.
10 Ebenda S. 51.
11 Ebenda S. 58–59.
12 Ebenda S. 57–58.
13 Ebenda S. 62.
14 Ebenda S. 63.
15 Ebenda.

16 Ebenda S. 64.
17 Ebenda.
18 Ebenda S. 73.
19 Ebenda S. 79.
20 Ebenda S. 80—81.
21 Ebenda S. 48.

Beginn der ärztlichen Tätigkeit

1 Siehe hierzu Ritzow, W.: Einquartierung. Ihre Aufgabe und Last. Leipzig 1954.
2 Carus, Carl Gustav: Lebenserinnerung a. a. O. Bd. 1. S. 25.
3 Ebenda S. 103.
4 Ebenda S. 103—104.
5 Richter, Ludwig: Lebenserinnerungen eines deutschen Malers. Berlin 1922. S. 37—38.
6 Carus, Carl Gustav: Lebenserinnerungen a. a. O. Bd. 1. S. 114—116.
7 Ebenda S. 75.
8 Ebenda S. 109.
9 Ebenda S. 75—76.
10 Ebenda S. 96—97.
11 Carus, Carl Gustav: Versuch einer Darstellung des Nervensystems und insbesondere des Gehirns nach ihrer Bedeutung, Entwicklung und Vollendung im thierischen Organismus. Leipzig 1814. S. III—IV.
12 Ebenda S. 1.
13 Ebenda S. 4.
14 Ebenda S. 2.
15 Ebenda.
16 Carus, Carl Gustav: Lebenserinnerungen a. a. O. Bd. 1. S. 120—121.
17 Zitiert nach Seydewitz, Max: Dresden. Musen und Menschen. Berlin 1973. S. 116.
18 Carus, Carl Gustav: Lebenserinnerungen a. a. O. Bd. 1. S. 128—129.
19 Brief an Regis Nr. 2. Msc. Dresd. h. 24.
20 Carus, Carl Gustav: Lebenserinnerungen a. a. O. Bd. 1. S. 124.

An der medizinisch-chirurgischen Akademie

1 Brief an Regis. Nr. 7. a. a. O.
2 Carus, Carl Gustav: Lebenserinnerungen a. a. O. Bd. 1. S. 135–136.
3 Ebenda S. 133.
4 Ebenda S. 137.
4a Engelberg, Joachim: Deutschland von 1789 bis 1815. Berlin 1959. S. 236.
4b Sachwörterbuch der Geschichte Deutschlands und der deutschen Arbeiterbewegung. Bd. 2. Berlin 1970. S. 828–829.
5 Brief an Regis. Nr. 14. a. a. O.
6 Carus, Carl Gustav: Lebenserinnerungen a. a. O. Bd. 1. S. 140.
7 Handschriftliche Fassung in Landesbibliothek Dresden. Msc. Dresd. App. 195.
8 Zitiert nach Kleine-Natrop, Heinz-Egon: Als Carus noch in der Klinik wohnte. In: Hentschel, Walter: Villa Cara. Dresden 1963. S. 92–93.
9 Brief an Regis. Nr. 9. a. a. O.
10 Ebenda Nr. 14.
11 Zitiert nach Prause, Marianne: Carl Gustav Carus. Berlin 1968. S. 95.
12 Brief an Regis. Nr. 3. a. a. O.
13 Carus, Carl Gustav: Lebenserinnerungen a. a. O. Bd. 1. S. 147–148.
14 Carus, Carl Gustav: Lehrbuch der Zootomie. Mit stäter Hinsicht auf Physiologie ausgearbeitet, und durch zwanzig Kupfertafeln erläutert. Leipzig 1818. S. III.
15 Ebenda S. V.
16 Ebenda S. 6.
17 Ebenda S. 8.
18 Ebenda S. 9.
19 Carus, Carl Gustav: Goethe. Zu dessen näherem Verständnis. Dresden 1927. S. 11–13.
20 Goethe, Johann Wolfgang: Briefe. Bd. 3. Hamburg 1965. S. 423–424.
21 Carus, Carl Gustav: Lebenserinnerungen a. a. o. Bd. 1. S. 157.
22 Ebenda S. 158.
23 Ebenda S. 159.
24 Ebenda S. 160.
25 Ebenda S. 161.
26 Ebenda S. 178–179.
27 Ebenda S. 184.

28 Ebenda S. 196.
29 Ebenda S. 197–198.
30 Brief an Regis Nr. 31 a. a. O.
31 Carus, Carl Gustav, Frommsein und Pietismus. In: Mnemosyne. Pforzheim 1848. S. 39.
32 Carus, Carl Gustav: Lebenserinnerungen a. a. O. Bd. 1. S. 205–206.
33 Ebenda S. 209.
34 Ebenda S. 213.
35 Ebenda S. 224.
36 Ebenda S. 224–225.
37 Ebenda S. 217.
38 Ebenda S. 218.
39 Ebenda S. 141.
40 Brief an Regis Nr. 29. a. a. O.
41 Ebenda Nr. 30.
41a Zitiert nach Prause, Marianne: Carl Gustav Carus a. a. O. S. 28.
42 Carus, Carl Gustav: Lebenserinnerungen a. a. O. Bd. 1. S. 166.
43 Ebenda S. 168.
44 Brief an Regis Nr. 45 a. a. O.
45 Ebenda Nr. 47.
46 Zitiert nach Carus, Carl Gustav: Goethe a. a. O. S. 17–18.
47 Zitiert nach Briefe von Goethe. Hrsg. von Karl Robert Mendekow. Bd. 2. Hamburg 1969. S. 290.
48 Carus, Carl Gustav: Lebenserinnerungen a. a. O. Bd. 1. S. 227.
49 Ebenda S. 229.
50 Ebenda S. 226.
51 Carus, Carl Gustav: Lehrbuch der Gynäkologie, oder systematische Darstellung der Lehren von Erkenntniß und Behandlung eigenthümlicher gesunder und krankhafter Zustände, sowohl der nicht schwangeren, schwangeren und gebärenden Frauen, als der Wöchnerinnen und neugeborenen Kinder. Leipzig 1820. Vorrede.
52 Ebenda S. III.
53 Ebenda S. IV.
54 Carus, Carl Gustav: Lebenserinnerungen a. a. O. Bd. 1. S. 253.
55 Ebenda S. 259.
56 Eenda S. 278–279.
57 Carus, Carl Gustav: Goethe a. a. O. S. 19–23.
58 Goethe, Johann Wolfgang: Briefe. Bd. 3. Hamburg 1965. S. 513.
59 Carus, Carl Gustav: Lebenserinnerungen a. a. O. Bd. 1. S. 352–353.
60 Ebenda S. 411–412.

61 Carus, Carl Gustav: Goethe a. a. O. S. 23—25.
62 Goethe, Johann Wolfgang: Briefe a. a. O. Bd. 4. S. 33—34.
63 Zitiert nach Zaunick, Rudolph: Zwei Briefe Lorenz Okens vom Juni 1821 an den Leipziger Biologen Friedrich Schwägrichen. In: Nova Acta Leopoldina. N. F. Bd. 29. Nr. 17. Leipzig 1964. S. 39—40.
64 Ebenda S. 40.
65 Carus, Carl Gustav: Lebenserinnerungen a. a. O. Bd. 1. S. 414—415.
66 Ebenda S. 416.
67 Carus Carl Gustav: Von den Anforderungen an eine künftige Bearbeitung der Naturwissenschaften. Leipzig 1812. S. 6.
68 Ebenda S. 6—7.
69 Ebenda S. 9.
70 Ebenda S. 11—12.
71 Ebenda S. 13—14.
72 Carus, Carl Gustav: Lebenserinnerungen a. a. O. Bd. 1. S. 419.
73 Ebenda S. 433—434.
74 Engels, Friedrich: Dialektik der Natur. Berlin 1952. S. 12.
75 Ebenda S. 11.
76 Zitiert nach Zirnstein, Gottfried: Charles Darwin. 4. erw. Auflage. Leipzig 1982. S. 53.
76a Engels Friedrich: Dialektik der Natur a. a. O. S. 15.
76b Ley, Hermann: Zum Naturbild der Klassischen deutschen Philosophie und der Romantik. In: Naturphilosophie — von der Spekulation zur Wissenschaft. Berlin 1965. S. 181.
76c Siehe hierzu Voigt, Wolfram u. Ullrich Sucker: Johann Wolfgang Goethe als Naturforscher. 2. Auflage. Leipzig 1982.
77 Goethe, Johann Wolfgang: Werke. Bd. 12. Berlin, Weimar 1974. S. 442.
78 Ebenda S. 446.
79 Ebenda S. 447.
79a Siehe Hamm, Heinz: Der Theoretiker Goethe. Berlin 1975. S. 26f., S. 61ff.
79b Klink, S. a. a. O. S. 15—22.
80 Kramer, Dietrich: Die Gottesvorstellung des Carl Gustav Carus und ihre Beziehung zu Herder. Göttingen 1942. S. 112—117.
81 Zitiert nach Geerdts, Hans-Jürgen: Johann Wolfgang Goethe. Leipzig 1972. S. 301—302.
82 Carus, Carl Gustav: Goethe a. a. O. S. 31—32.
83 Carus, Carl Gustav: Grundzüge allgemeiner Naturbetrachtung. (Nachdruck) Darmstadt 1962. S. 16.
84 Carus, Carl Gustav: Goethe a. a. O. S. 37.

85 Briefe an Goethe a.a.O. Bd.2. S.357–358.
86 Zitiert nach Ebenda Bd.3. S.671.
87 Carus, Carl Gustav: Goethe a..a.O. S.42.
87a Zitiert nach Kloppe, Ernst: Erinnerung an Carl Gustav Carus. Berlin 1969. S.21.
88 Carus, Carl Gustav: Lebenserinnerungen a.a.O. Bd.1. S.439.
89 Carus, Carl Gustav: Goethe a.a.O. S.39–40.
90 Ebenda S.40.
91 Ebenda S.41–42.
92 Carus, Carl Gustav: Neun Briefe über Landschaftsmalerei, geschrieben in den Jahren 1815–1824. (Nachdruck) Dresden 1955. S.5–6.
93 Ebenda S.213–214.
94 Ebenda. Nachwort S.15–16.
95 Ebenda S.133–134.
96 Ebenda S.136.
97 Ebenda S.165–166.
98 Ebenda S.166.
99 Zitiert nach Prause a.a.O. S.13.
100 Carus, Carl Gustav: Lebenserinnerungen a.a.O. Bd.1. S.440.
101 Brief an Regis Nr.86. a.a.O.
102 Carus, Carl Gustav: Lebenserinnerungen a.a.O. Bd.1. S.438.
103 Ebenda S.448.
104 Goethe, Johann Wolfgang: Briefe a.a.O. Bd.IV. S.242.
105 Ebenda S.170–171.
106 Carus, Carl Gustav: Von dem Unterschiede zwischen descriptiver geschichtlicher, vergleichender und philosophischer Anatomie, von der Entwicklung dieser einzelnen Methoden in verschiedenen Zeitaltern, und von der zweckmäßigsten Aufeinanderfolge im Studium dieser verschiedenen Methoden. Berlin, Landsberg 1826. S.6.
107 Ebenda S.10.
108 Zaunick, Rudolph: Zwei Briefe Lorenz Okens an Carl Gustav Carus. In: Mitteilungen zur Geschichte der Medizin und der Naturwissenschaften. 25 (1926) S.14ff.
109 Von Oken begründete Zeitschrift (1817–1848), in der mit enzyklopädischem Anspruch naturwissenschaftliche Fragen, aber auch im Geiste der bürgerlichen Demokratie politische Probleme behandelt wurden.
110 Isis 20 (1827) Sp.318.
111 Nova Acta physico-medica Acad. Caes. Leop.-Carol. Nat. curios. 15.2. (1831) S.1ff.
112 Zitiert nach Zaunick, Rudolph: C.G.Carus und die Versamm-

lungen Deutscher Natuforscher und Ärzte. In: Nova Acta Leopoldina. N. F. 171. Bd. 29. 1964. S. 118—119.
113 Carus, Carl Gustav: Lebenserinnerungen a. a. O. Bd. 1. S. 474.
114 Ebenda S. 467.

Als Leibarzt am sächsischen Hofe

1 Carus Carl Gustav: Lebenserinnerungen a. a.O. Bd. 1. S. 478.
2 Ebenda S. 479.
3 Ebenda S. 480.
4 Carus, Carl Gustav: Goethe a. a. O. S. 50—51.
5 Goethe, Johann Wolfgang: Briefe a. a. O. d. 4. S. 279.
6 Carus Carl Gustav: Lebenserinnerungen a. a. O. Bd. 1. S. 488—489.
7 Carus, Carl Gustav: Von den Ur-Theilen des Knochen- und Schalengerüstes. Leipzig 1828. S. XI—XII.
8 Ebenda S. 1.
9 Carus, Carl Gustav: Grundzüge der vergleichenden Anatomie und Physiologie. Dresden 1828. Bd. 1. S. V.
10 Ebenda S. 3.
11 Carus, Carl Gustav: Reisen und Briefe. Ausgewählt von E. V. Sydow. T. 1. Leipzig o. J. S. 43.
12 Ebenda S. 43—44.
13 Ebenda S. 63—65.
14 Ebenda S. 67—68.
15 Ebenda S. 65 ff.
16 Ebenda S. 77.
17 Ebenda S. 121—122.
18 Ebenda S. 153.
19 Ebenda S. 180.
20 Ebenda S. 185.
21 Ebenda S. 208—209.
22 Ebenda S. 223.
23 Ebenda S. 221.
24 Carus, Carl Gustav: Lebenserinnerungen a. a. O. Bd. 1. S. 490—491.
25 Ebenda S. 500.
26 Carus, Carl Gustav: Vorlesungen über Psychologie, gehalten im Winter 1829/30 zu Dresden. Leipzig 1831. S. XI.
27 Carus, Carl Gustav: Goethe. a. a. O. S. 53—54.
28 Carus, Carl Gustav: Lebenserinnerungen a. a. O. Bd. 1. S. 502.

29 Ebenda S. 504.
30 Ebenda S. 507.
31 Siehe hierzu Watzdorf-Bachoff, Erika von: Bernhard von Lindenau (1779—1854). Altenburg 1954.
32 Carus, Carl Gustav: Lebenserinnerungen a.a.O. Bd.1. S. 514—516.
33 Ebenda S. 522—523.
34 Carus, Carl Gustav: Dienstverhältnisse im Staate. In: Mnemosyne. a.a.O. S. 55—56.
35 Carus, Carl Gustav: Goethe. a.a.O.
36 Zitiert nach Zaunick, Rudolph: Carl Gustav Carus a.a.O. S. 124—125.
37 Carus, Carl Gustav: Lebenserinnerungen a.a.O. Bd.1. S.536.
38 Ebenda S. 537.
39 Brief an Regis undatiert. Juni 1834. a.a.O.
40 Carus, Carl Gustav: Lebenserinnerungen a.a.O. Bd.1. S.536.
41 Förster, Luise: Biographische und literarische Skizzen aus dem Leben und der Zeit Carl Försters. Dresden 1846. S. 489ff.
41a Carus, Carl Gustav: Briefe über Goethes Faust. Zürich 1948. S. 233.
42 Carus, Carl Gustav: Reisen und Briefe a.a.O. T.2. S.28—29.
43 Ebenda S. 29.
44 Ebenda S. 36.
45 Ebenda S. 100.
46 Zitiert nach Bruhns, K.: Alexander von Humboldt. Leipzig 1872. Bd.2. S. 169.
47 Carus, Carl Gustav: Lebenserinnerungen a.a.O. Bd.1. S. 565—566.
48 Rudolph, Günther: Aus der Geschichte des Sächsischen Kunstvereins 1828—1928. In: Hundert Jahre Sächsischer Kunstverein. Jubiläums-Festschrift. Bd.2. Dresden 1928. S. 186.
49 Richter, Ludwig: Lebenserinnerungen a.a.O. S. 294—295.
50 Seydewitz, Max: Dresden. a.a.O. S. 79.
51 Carus, Carl Gustav: Denkwürdigkeiten aus Europa. Hamburg 1963. S. 488.
52 Hütt, Wolfgang: Die Düsseldorfer Malerschule 1819-1869. Leipzig 1964. S. 15.
53 Carus, Carl Gustav: Lebenserinnerungen. a.a.O. Bd.1. S. 568.
53a Siehe Engels, Friedrich: Dresdner Fortschritt des Kommunismus in Deutschland. In: MEW. Bd.2. S. 510—511.
54 Carus, Carl Gustav: Lebenserinnerungen. a.a.O. Bd.1. S. 571.
55 Ebenda Bd.2. S. 46.

56 Carus, Carl Gustav: System der Physiologie. Dresden, Leipzig 1838. Teil 1. S. IV.
57 Ebenda S. XIII.
58 Carus, Carl Gustav: Lebenserinnerungen. Bd. 2. a. a. O. S. 69.
59 Schleiden, Mathias Jakob: Grundzüge der wissenschaftlichen Botanik nebst einer methodologischen Einleitung. Bd. 1. S. 74.
60 Carus, Carl Gustav: Lebenserinnerungen. Bd. 2. a. a. O. S. 63–64.
61 Ebenda S. 53–54.
62 Carus, Carl Gustav: Friedrich der Landschaftsmaler. Dresden 1841. S. 8–9.
63 Carus, Carl Gustav: Göthe. a. a. O. S. 5–6.
64 Ebenda S. 6.
65 Ebenda S. 9.
66 Ebenda S. 114.
67 Ebenda S. 186–187, S. 183–185.
68 Ebenda S. 164–166.
69 Zitiert nach Kirchner, Bernd: Carl Gustav Carus. Bonn 1962. S. 114.
70 Carus, Carl Gustav: Lebenserinnerungen. Bd. 2. a. a. O. S. 92.
71 Ebenda S. 112.
72 Ebenda.
73 Carus, Carl Gustav: Einige Worte über das Verhältnis der Kunst krank zu sein zur Kunst gesund zu sein. Leipzig 1843. S. 5.
74 Ebenda S. 16.
75 Ebenda S. 16–17.
76 Carus, Carl Gustav: Lebenserinnerungen. Bd. 2. a. a. O. S. 117.
77 Carus, Carl Gustav: England und Schottland im Jahre 1844. Berlin 1845. Teil 1. S. VI.
78 Ebenda S. 115.
79 Ebenda S. 117.
80 Ebenda S. 342.
81 Ebenda S. 371–372.
82 Ebenda Teil 2. S. 143.
83 Ebenda S. 179.
84 Carus, Carl Gustav: Lebenserinnerungen. Bd. 2. a. a. O. S. 122.
85 Gutzkow, Karl: Rückblicke auf mein Leben. Berlin 1877. S. 315 ff.
86 Carus, Carl Gustav: Lebenserinnerungen. Bd. 2 a. a. O. S. 130–131.
87 Zitiert nach Blum, Hans: Das Buch von Robert Blum. S. 213.
88 Carus, Carl Gustav: Psyche. Pforzheim 1846. S. IV.
89 Ebenda S. XV–XVI.

90 Iwanow, W. I.: Über die Möglichkeit des Nicht-Bewußtwerdens der Prozesse in den Grenzen des zweiten Signalsystems. In: Bewußtsein und Unbewußtes. Leipzig 1970. Beiheft 12 zur Zeitschrift Psychiatrie, Neurologie u. Med. Psychologie. S. 38.
91 Bassin, F. W.: Das Problem des »Unbewußten« unter dem Gesichtspunkt der modernen Vorstellungen von der Organisation der Hirntätigkeit. In: Ebenda. S. 3.
91a Sachwörterbuch der Geschichte Deutschlands. Bd. 2. a. a. O. S. 395—396.
92 Rietschel, Ernst: Erinnerungen aus meinem Leben. Dresden 1954. S. 153—160.
93 Carus, Carl Gustav: Lebenserinnerungen. Bd. 2. a. a. O. S. 137—138.
94 Ebenda S. 157.
95 Ebenda S. 160.
96 Ebenda S. 161—163.
97 Ebenda. S. 163.
97a Sachwörterbuch der Geschichte Deutschlands. Bd. 2. a. a. O. S. 458.
98 Carus, Carl Gustav: Lebenserinnerungen. Bd. 2. a. a. O. S. 169—170.
99 Leipziger Zeitung. 1848. Nr. 132. S. 3077.
100 Ebenda. Nr. 195. S. 4523.
101 Correspondenzblatt der Deutschen Vereine Sachsens. 1849. Nr. 9. S. 69.
102 Siehe Weber, Rolf: Die Revolution in Sachsen. S. 240f.
103 Ebenda S. 296—299.
104 LHA Dresden. Minist. des Innern Nr. 11036. S. 22—23.
105 Carus, Carl Gustav: Lebenserinnerungen. Bd. 2. a. a. O. S. 177.
106 Ebenda S. 182.
107 LHA Dresden. Minist. des Innern Nr. 15132.
108 Acten des Sächsischen Landtags 1845/46. 5. Abt. Bd. 2. S. 818.
109 Siehe Genschorek, Wolfgang: Die medizinische Reformbewegung während der bürgerlich-demokratischen Revolution 1848/49 im Königreich Sachsen. Leipzig 1973.
110 Janus. 1847.
111 Ebenda.
112 Carus, Carl Gustav: Goethe. Berlin 1938. S. 20.
113 Carus, Carl Gustav: Physis. Stuttgart 1851. S. V—VI.
114 Ebenda S. VII.
115 Ebenda S. 1.
116 Ebenda S. 474.
117 Carus, Carl Gustav: Lebenserinnerungen. Bd. 2. S. 167.

118 Ebenda S. 208.
119 Ebenda S. 218.
120 Ebenda S. 220.
121 Ebenda S. 238—239.
122 Ebenda S. 243.
123 Ebenda S. 245.
124 Ebenda S. 252.
125 Ebenda S. 254.
126 Carus, Carl Gustav: Symbolik der menschlichen Gestalt. Leipzig 1853.
127 Ebenda S. 9.
128 Carus, Carl Gustav: Proportionslehre der menschlichen Gestalt. S. 56.

Die letzte Wegstrecke

1 Carus, Carl Gustav: Über Schloßenbildung. Ein Beitrag zur Meteorologie. In: Berichte über d. Verhandlungen d. Kgl. Sächsischen Gesellschaft d. Wissenschaften zu Leipzig. Math.-phys. Classe. 1853. S. 133—142.
2 Zitiert nach Carus, Carl Gustav: Lebenserinnerungen. Bd. 5. S. 87.
3 Ebenda S. 177.
4 Mehring, Franz: Aufsätze zur Geschichte der Philosophie. Leipzig 1960. S. 223.
5 Carus, Carl Gustav: Gelegentliche Betrachtungen. 1936. S. 20—22.
6 Carus, Carl Gustav: Organon der Erkenntnis der Natur und des Geistes. Leipzig 1856.
7 Carus, Carl Gustav: Über Lebenskunst. Wurzen 1856.
8 Carus, Carl Gustav: Lebenserinnerungen. Bd. 2. a. a. O. S. 281.
9 Carus, Carl Gustav: Die Lebenskunst nach den Inschriften des Tempels zu Delphi. Dresden 1863.
10 Carus, Carl Gustav: Über Lebensmagnetismus und über die magischen Wirkungen überhaupt. Leipzig 1857.
11 Carus, Carl Gustav: Lebenserinnerungen. Bd. 2. a. a. O. S. 260.
12 Ebenda S. 261.
13 Ebenda S. 72.
14 Carus, Carl Gustav: Erfahrungsresultate aus ärztlichen Studien und ärztlichem Wirken während eines halben Jahrhunderts. Leipzig 1859. S. 3—4.

15 Ebenda S. 1.
16 Carus, Carl Gustav: Lebenserinnerungen Bd. 5. a. a. O. S. 15–16.
17 Carus, Carl Gustav: Natur und Idee oder das Werdende und sein Gesetz. Wien 1861. S. V.
18 Ebenda S. VI.
19 Ebenda S. 1.
20 Carus, Carl Gustav: Lebenserinnerungen. Bd. 5. a.. O. S. 26.
21 Ebenda S. 27.
22 Ebenda S. 59.
23 Mscr. Dresd. h 45. Bd. 3 Nr. 1.
24 Carus, Carl Gustav: Lebenserinnerungen. Bd. 5. a. a. O. S. 132–133.
25 Carus, Carl Gustav: Goethe, dessen Bedeutung für unsere und die kommende Zeit. Wien 1963. S. 39.
26 Carus, Carl Gustav: Vergleichende Psychologie der Geschichte der Seele in der Reihenfolge der Thierwelt. Wien 1866. S. III.
27 Ebenda S. IV.
28 Carus, Carl Gustav: Lebenserinnerungen. Bd. 5. a. a. O. S. 141.
29 Carus, Carl Gustav: Lebenserinnerungen und Denkwürdigkeiten. Neu herausgegeben von Elmar Jansen. Bd. 1–2. Weimar 1966.
30 Carus, Carl Gustav: Lebenserinnerungen. Bd. 5. a. a. O. S. 3–4.
30a Streisand, Joachim: Deutsche Geschichte in einem Band. Berlin 1968. S. 138.
31 Carus, Carl Gustav: Lebenserinnerungen. Bd. 5. a. a. O. S. 133–134.
32 Ebenda S. 136–137.
33 Zitiert nach Kleine-Natrop. In: Villa Cara. a. a. O. S. 46.
34 Ebenda S. 47.
35 Zitiert nach Zaunick, R.: C. G. Carus. a. a. O. S. 135–138.
36 Carus, Carl Gustav: Lebenserinnerungen Bd. 2. a. a. O. S. 197.
37 Carus, Carl Gustav: Lebenserinnerungen Bd. 5. a. a. O. S. 147.
38 Ebenda S. 149–150. Geschrieben am 12. 7. 1869.
39 Mscr. Dresd. h. 53. Bd. 3.
40 Zitiert nach Carus, Carl Gustav: Lebenserinnerungen. Bd. 5. a. a. .O. S. 150–151.

Literaturauswahl

Arnim, Sophie von: Carl Gustav Carus. Sein Leben und Wirken. Dresden 1930.
Bülck, Elisabeth: Carl Gustav Carus. Sein Leben und sein Werk im Verhältnis zu Caspar David Friedrich und dessen anderen Schülern betrachtet. Greifswald 1943.

Carus, Carl Gustav (Auswahl seiner Werke in chronologischer Folge ihrer Entstehung)
Dissertatio sistens specimen biologiae generalis. Lipsiae 1811.
Dissertatio de uteri rheumatismo. Lipsiae 1811.
Versuch einer Darstellung des Nervensystems und insbesondere des Gehirns nach ihrer Bedeutung, Entwicklung und Vollendung im thierischen Organismus. Leipzig 1814.
Lehrbuch der Zootomie. Mit stäter Hinsicht auf Physiologie ausgearbeitet, und durch zwanzig Kupfertafeln erläutert. Leipzig 1818.
Lehrbuch der Gynäkologie, oder systematische Darstellung der Lehren von Erkenntniß und Behandlung eigenthümlicher gesunder und krankhafter Zustände, sowohl der nicht schwangern, schwangern und gebärenden Frauen, als der Wöchnerinnen und neugeborenen Kinder. Zur Grundlage akademischer Vorlesungen, und zum

Gebrauche für praktische Aerzte, Wundärzte und Geburtshelfer ausgearbeitet. Leipzig 1820.
Zur Lehre von Schwangerschaft und Geburt, physiologische, pathologische und therapeutische Abhandlungen, mit besonderer Hinsicht auf vergleichende Beobachtungen an den Thieren. Leipzig 1822.
Von den Anforderungen an eine künftige Bearbeitung der Naturwissenschaften. Eine Rede gelesen zu Leipzig am 19. September 1822 in der ersten Zusammenkunft deutscher Naturforscher und Aerzte. Leipzig 1822.
Von den äußern Lebensbedingungen der weiß- und kaltblütigen Thiere. Leipzig 1824.
Von dem Unterschiede zwischen descriptiver, geschichtlicher, vergleichender und philosophischer Anatomie, von der Entwicklung dieser einzelnen Methoden in verschiedenen Zeitaltern, und von der zweckmäßigsten Aufeinanderfolge im Studium dieser verschiedenen Methoden. Berlin, Landsberg 1826.
Erläuterungstafeln zur vergleichenden Anatomie. Heft 1–9. Leipzig 1826–1855.
Entdeckung eines einfachen vom Herzen aus beschleunigten Blutkreislaufes in den Larven netzflüglicher Insecten. Leipzig 1827.
Grundzüge der vergleichenden Anatomie und Physiologie. Dresden 1828.
Von den Ur-Theilen des Knochen- und Schalengerüstes. Leipzig 1828.
Analekten zur Naturwissenschaft und Heilkunde. Gesammelt auf einer Reise durch Italien, im Jahre 1828. Dresden 1829.
Vorlesungen über Psychologie, gehalten im Winter 1829/30 zu Dresden. Leipzig 1831.
Neun Briefe über Landschaftsmalerei, geschrieben in den Jahren 1815–1824. Zuvor ein Brief von Goethe als Einleitung. Leipzig 1831.
Lehrbuch der vergleichenden Zootomie. Mit stäter Hinsicht auf Physiologie ausgearbeitet, und durch zwanzig Kupfertafeln erläutert. Leipzig 1835.
Reise durch Deutschland, Italien und die Schweiz, im Jahre 1828. Leipzig 1835.
Briefe über Göthe's Faust. Leipzig 1835.
Paris und die Rheingegenden. Tagebuch einer Reise im Jahre 1835. Leipzig 1836.
System der Physiologie umfassend das Allgemeine der Physiologie, die physiologische Geschichte der Menschheit, die des Menschen und die der einzelnen organischen Systeme im Menschen für Naturforscher und Aerzte bearbeitet. Dresden, Leipzig 1838–1840.

(Caspar David) Friedrich der Landschaftsmaler. Dresden 1941.
Zwölf Briefe über das Erdleben. Stuttgart 1841.
Göthe. Zu dessen näherem Verständniß. Leipzig 1843.
England und Schottland im Jahre 1844. Berlin 1845.
Psyche. Zur Entwicklungsgeschichte der Seele. Pforzheim 1846.
Mnemosyne. Blätter aus Gedenk- und Tagebüchern. Pforzheim 1848.
Göthe und seine Bedeutung für diese und die künftige Zeit. Dresden 1949. Dresden 1849.
Physis. Zur Geschichte des leiblichen Lebens. Stuttgart 1851.
Symbolik der menschlichen Gestalt. Ein Handbuch zur Menschenkenntniß. Leipzig 1853.
Die Proportionslehre der menschlichen Gestalt. Leipzig 1854.
Organon der Erkenntniß der Natur und des Geistes. Leipzig 1856.
Ueber Lebensmagnetismus und über die magischen Wirkungen überhaupt. Leipzig 1857.
Erfahrungsresultate aus ärztlichen Studien und ärztlichem Wirken während eines halben Jahrhunderts. Leipzig 1859.
Natur und Idee oder das Werdende und sein Gesetz. Wien 1861.
Goethe, dessen Bedeutung für unsere und die kommende Zeit. Wien 1863.
Die Lebenskunst nach den Inschriften des Tempels zu Delphi. Dresden 1863.
Lebenserinnerungen und Denkwürdigkeiten. Band 1–4. Leipzig 1865–66.
Lebenserinnerungen und Denkwürdigkeiten. Band 5. (Aus dem Nachlaß) herausgegeben von R. Zaunick. Dresden 1931.
Vergleichende Psychologie oder Geschichte der Seele in der Reihenfolge der Thierwelt. Wien 1866.
Betrachtungen und Gedanken vor auserwählten Bildern der Dresdner Galerie. Dresden 1867.

Carus, Otto: Carl Gustav Carus in seinem Antlitz. Gotha 1936.
C. G. Carus in mortis centenarium. Denkschrift und Ausstellungskatalog zum 100. Todestag. Dresden 1969.
Hentschel, Walter: Villa Cara. Die Geschicht des Dresdener Carus-Hauses. Dresden 1963.
Kloppe, Wolfgang: Erinnerung an Carl Gustav Carus 1789–1869. Berlin 1969.
Prause, Marianne: Carl Gustav Carus. Berlin 1968.
Zaunick, Rudolph: Carl Gustav Carus, eine historisch-kritische Literaturschau. Dresden 1936.

Personenregister

Abraham a Santa Clara 76
Agassiz, Louis 102
d'Alton, Johann Samuel Eduard 110, 125, 126, 180
d'Alton, Wilhelm Eduard Joseph 125
Ammon, Friedrich August von 183
d'Angers, David 156
Anton, König von Sachsen 131, 163
Aristoteles 216
August, Prinz von Sachsen 148

Baer, Karl Ernst von 104
Baudissin, Wolf Heinrich, Graf von 174
Bendemann, Eduard Julius Friedrich 169
Bertuch, Friedrich Justin 82
Bismarck, Otto von 237
Blücher, Gebhard Leberecht von 35

Blum, Robert 189
Blumenbach, Johann Friedrich 19, 57, 94, 105, 110
Born, Stephan 200
Breitkopf, Christoph Gottlob 13
Buch, Leopold von 171
Büchner, Ludwig 221
Buffon, Georges-Louis Leclerc, Comte de 103
Burdach, Karl Friedrich 23, 86, 105

Camper, Peter 110
Canaletto 167
Carlowitz 147
Carus, Albert Gustav 56, 188, 220
Carus, August Gottlob Ehrenfried (Vater) 12, 19, 47, 54
Carus, August Wolfgang 114, 188, 228
Carus, Caroline Cäcilie 76, 87, 236, 242

Carus, Charlotte 32, 45, 48, 158, 164
Carus, Elisabeth Christiane (Mutter) 11, 12, 48, 188
Carus, Ernst Albert 32, 38, 56, 120
Carus, Friedrich August 13, 21, 223
Carus, Johanna Eugenia 130, 164, 214
Carus, Julius Victor 223, 226
Carus, Karoline (Gattin) 27, 29, 32, 45, 87, 130, 228
Carus, Mariane Albertine 47, 158, 183, 240
Carus, Otto 236
Carus, Sophie Charlotte 32, 114, 157
Carus, Wolfgang 170, 225
Choulant, Johann Ludwig 215
Clarus, Johann Christian August 25, 32, 38, 64, 183, 199, 215
Crede, Karl Franz 226
Cuvier, Georges, Baron de 27, 104, 105, 124, 128, 156

Dahl, Johann Christian Clausen 151
Dante, Alighieri 129, 174
Darwin, Charles 107, 223
Davoust, Louis Nicolas 30
Demokrit 191
Descartes, René 191
Devrient, Eduard 198
Devrient, Emil 198
Diderot, Denis 191
Diebitsch 31
Dietz(e), Julius Athanasius 20, 21, 24, 37, 43, 53, 63, 68, 82, 87, 126
Döbereiner, Johann Wolfgang 100
Döllinger, Ignaz 87

Dove, Heinrich Wilhelm 181
Dürer, Albrecht 164

Ehrenberg, Christian Gottfried 50, 181, 225
Einsiedel, Detlev, Graf von 132, 147, 148
Engels, Friedrich 101, 102, 106, 222
Erdmann, Otto Linné 188, 242
Ernesti, Johann August 15
Eschenbach, Christian Gotthold 18, 19
d'Ester, Karl 201

Fichte, Johann Gottlieb 106
Ficinus, Heinrich David August 80, 81, 100
Fischer, Johann Friedrich 15, 16
Förster, Karl 157
Formey, Johann Ludwig 94
Francke, Heinrich Leopold 131, 132, 183, 215
Freund 184
Friedrich August I., König von Sachsen 30, 49, 131
Friedrich August II., König von Sachsen 138, 157, 160, 163, 183
Friedrich, Caspar David 8, 54, 63, 68, 71, 72, 73, 74, 89, 107, 114, 117, 119, 121, 151, 168, 174, 175, 181
Friedrich, Johann Heinrich 69
Friedrich, Johannes Samuel 69
Frommann, Karl Friedrich Ernst 74, 84
Froriep, Friedrich Ludwig von 82, 94

Galenos 216
Gall, Franz Joseph 217
Gauß, Carl Friedrich 163

Geoffroy de Saint Hilaire, Etienne 105, 110
Georg, Prinz von Sachsen 220, 242
Gesner, Johann Matthias 15
Gneisenau, Neithardt, Graf von 35
Göschen, Georg Joachim 17
Goethe, Johann Wolfgang 7, 8, 14, 50, 59, 74, 75, 82, 83, 84, 85, 88, 89, 90, 91, 101, 108, 109, 110, 111, 112, 113, 114, 115, 116, 117, 125, 126, 132, 134, 136, 138, 145, 146, 149, 153, 159, 166, 176, 177, 178, 179, 180, 208, 209, 229, 232, 233, 236, 244
Goethe, Ottilie von 153, 225, 242
Goethe, Walther Wolfgang von 226
Graff, Anton 167
Graß, Carl 118
Griesinger, Wilhelm 191, 192
Gutzkow, Karl von 188, 198

Haast, Johan Francis 231
Härtel, Gottfried Christoph 4
Hagedorn, Christian Ludwig von 167
Heinroth, Johann Christian Friedrich August 23, 29, 64, 233
Herder, Johann Gottfried 108, 145
Heubel, H. 158
Heuchner, Johann Heinrich 167
Hippokrates 216
Hobbes, Thomas 191
Hochstetter, Ferdinand von 231
Horn, Ludwig Ernst 65
Hübner, Julius 169, 170
Hufeland, Christoph Wilhelm 65, 82, 124, 182

Humboldt, Alexander von 61, 135, 137, 157, 162, 163, 171, 175, 212, 220, 221, 225, 236, 244
Huschke, Emil 217
Huygens, Christian 91

Jacoby, Johann 189
Jäger, Daniel 12
Joerg, Johann Christian Gottfried 26, 64
Johann, Prinz von Sachsen 171, 174, 189

Kant, Immanuel 38, 103, 106, 216
Kielmeyer, Karl Friedrich 105
Kieser, Dietrich Georg 82
Klengel, Johann Christian 37, 48, 54, 63, 119, 181
Knöffel, Johann Christoph 155
Koch, Joseph Anton 88
Koch, Robert 150
Könneritz 197
Krause, Karl Christian Friedrich 110
Kreysig, Friedrich Ludwig 51, 131, 132, 170
Kutusow, Michail Illarionowitsch 31

Lamarck, Jean Baptiste de 103
Lavater, Johann Caspar 216
Leibniz, Gottfried Wilhelm 91
Lessing, Karl Friedrich 180
Lichtenberg, Georg Christoph 216
Lindenau, Bernhard von 148, 149, 155, 164, 181, 182
Linné, Karl von 102
Liszt, Franz 226
Lorrain, Claude 119
Lüttichau, Ida von 187, 188, 214, 225, 236

Lüttichau, Wolff August von 187, 188
Lyell, Charles 104

Malpighi, Marcello 127
Martius, Karl Philipp Friedrich 239, 241
Marx, Karl 200, 222
Meckel, Johann Friedrich 64, 104
Meckel, Philipp Friedrich 64
Mehring, Franz 221
Mesmer, Franz Anton 65, 66
Moleschott, Jakob 221
Mozart, Wolfgang Amadeus 129, 146
Müller, Friedrich von 146, 180
Mursinna, Christian Ludwig 65

Napoleon I., Bonaparte 30, 32, 34, 35, 38, 50
Nasse, Christian Friedrich 64, 163
Nathe, Christoph 53

Oeser, Adam Friedrich 17
Oken, Lorenz 8, 93, 94, 95, 106, 110, 127, 145, 190, 217, 229
Osann, Emil 65, 124
Osiander, Friedrich Benjamin 78, 88
Otto, Adolph Wilhelm 125
Owen, Richard 184, 185

Pestalozzi, Johann Heinrich 87
Peters, Wilhelm 213
Petzy, Beatrice Petz von 241
Pfotenhauer, Friedrich Wilhelm 230
Platner, Ernst 17, 18, 23, 229
Pogwisch, Ulrike von 226
Poussin, Nicolas 119
Preller, Friedrich d. Ä. 88, 226

Pückler-Muskau, Hermann von 184
Purkyne, Jan Evangelista 94

Quandt, Johann Gottlieb von 165, 166

Raffael 239
Rauch, Christian Daniel 83, 180, 213, 221, 224
Raumer, Friedrich Ludwig von 172, 225
Regis, Johann Gottlob 25, 43, 46, 50, 55, 66, 70, 72, 74, 89, 120, 121, 133, 147, 154, 156, 159, 170, 176, 181, 187, 188
Reichel, Gottlob 12
Reichenbach, Heinrich Gottlob Ludwig 28, 93
Reinhold, Johann Christian Leopold 25
Rembrandt 239
Renner, Theobald 59, 82
Repnin-Wolonski, Nikolai Grigorjewitsch 42, 45, 49, 167
Richter, Ludwig 34, 164, 165, 168, 195
Rietschel, Charlotte geb. Carus 170
Rietschel, Ernst Friedrich August 157, 164, 168, 195
Rietz, Julius 242
Rochlitz, Johann Friedrich 13, 75
Röckel, August 203
Rößler, Johann Carl 122
Rosenmüller, Johann Christian 21, 64
Rost, Friedrich Wilhelm Ehrenfried 16
Rudolphi, Karl Asmund 61, 123
Ruisdael, Jakob van 75, 119
Rust, Johann Nepomuk 65, 171
Ruysdael, Salomon van 239

Sauerbruch, Ferdinand 7
Schadow, Gottfried 169
Schadow, Wilhelm von 168, 180, 219
Schelling, Friedrich Wilhelm Joseph 38, 80, 82, 106, 229
Schiller, Friedrich von 12, 17, 145
Schlegel, Friedrich 144, 145
Schleiden, Mathias Jakob 172
Schlömilch, Oscar 240
Schnorr, Veit Hans 24
Schröder-Devrient, Wilhelmine 157, 198
Schulz, Heinrich Wilhelm 208
Schumann, Robert 147
Schwägrichen, Christian Friedrich 18, 20
Schweigger, Johann Salomo Christoph 92
Schwerdtner, Margarete 236
Seidler, Louise 166
Seiler, Burkhard Wilhelm 46, 126
Semper, Gottfried 166, 168, 203
Seume, Johann Gottfried 17
Simpson, J. Y. 187
Spinoza, Benedikt 108
Sprengel, Kurt Polykarp Joachim 100, 101
Spurzheim, Johann Caspar 217

Sternberg, Kaspar Maria, Graf von 124

Theophrastos 216
Thienemann, Friedrich August Ludwig 28
Thomasius, Jacob 15
Thorvaldsen, Bertel 61
Tieck, Johann Ludwig 81, 122, 157, 172, 174, 181, 187, 198, 212, 214, 236
Tilesius, Wilhelm Gottfried 13, 20
Tischbein, Johann August Friedrich 24

Veronese, Paolo 239
Vogt, Karl 221

Wagner, Richard 203
Watzdorff, Bernhard von 147
Weiß, Christian Samuel 225
Wieck, Clara 147, 157
Wittgenstein, Carolyne von 226
Wolfart, Karl Christian 65, 66
Wolff, Caspar Friedrich 104

York, Hans David Ludwig von 31

Zaunick, Rudolph 236
Zelter, Friedrich 65

Bildquellennachweis

Universitätsbibliothek, Leipzig 37, Sächsische Landesbibliothek, Dresden 16, Autor 18, Carus: C. G. Carus 13, Carl-Sudhoff-Institut, Leipzig 12, Staatsarchiv, Dresden 12, VEB Seemann Verlag, Leipzig 5, Deutsche Fotothek, Dresden 4, Verlagsarchiv 6, Deutsche Staatsbibliothek, Berlin 5

In der gleichen Reihe erscheinen folgende Titel:

K. Kühn und P. Schneck

Robert Ganse

Das Schicksal eines Frauenarztes in den Kämpfen seiner Zeit

Etwa 272 Seiten mit 100 Abbildungen, Leinen 14,– M; Ausland etwa 19,80 DM
Bestell-Nummer 796 856 1

Ganse war als hervorragender Arzt, Wissenschaftler von Ruf, vorbildlicher Hochschullehrer und Kommunist stets ein Humanist der Tat. Diese Biographie verfolgt die Stationen seines kämpferischen Lebens.

S. Hirzel Verlag Leipzig

E. A. Asratjan

Iwan Petrowitsch Pawlow

Aus dem Russischen übersetzt und fachlich bearbeitet von L. Pickenhain

3., unveränderte Auflage, 252 Seiten mit 49 Abbildungen, Leinen 14,– M; Ausland 19,80 DM
Bestell-Nr. 796 792 1

Der Autor schildert in der Biographie das Leben und die wissenschaftlichen Leistungen seines Lehrers, dieses großen Physiologen, erzählt von dessen Kindheit und Jugend, von den Schwierigkeiten, die sich dem armen Studenten und dem jungen Wissenschaftler im zaristischen Rußland in den Weg stellten, ehe er sich durchsetzen konnte und mit seinen Arbeiten Weltruhm erwarb, der ihm im Jahre 1904 als erstem Physiologen der Welt den Nobelpreis einbrachte.

S. Hirzel Verlag Leipzig